# 灌阳年鉴

GUANYANG NIANJIAN

2021

灌阳县地方志编纂委员会　编

方志出版社
Publishing House of Local Records

图书在版编目（CIP）数据

灌阳年鉴. 2021 / 灌阳县地方志编纂委员会编. --
北京 : 方志出版社，2021.11
ISBN 978-7-5144-4887-0

Ⅰ. ①灌… Ⅱ. ①灌… Ⅲ. ①灌阳县－2021－年鉴
Ⅳ. ①Z526.74

中国版本图书馆CIP数据核字(2021)第276627号

灌阳年鉴（2021）

编　　者：灌阳县地方志编纂委员会
责任编辑：顾　洁

出 版 者：方志出版社
地址　北京市朝阳区潘家园东里9号（国家方志馆4层）
邮编　100021
网址　http://www.zgfzcb.cn
发　　行：方志出版社图书经销中心
电话（010）67110500
经　　销：各地新华书店
装帧设计：南宁市佳彩广告设计有限公司
印　　刷：深圳市精一瑞兰印刷有限公司

开　　本：889 ×1194　1/16
印　　张：24
字　　数：625千字
版　　次：2021年11月第1版　2021年11月第1次印刷
印　　数：001～500册

ISBN　978-7-5144-4887-0　定价：200.00元

# 编辑说明

一、《灌阳年鉴(2021)》的编纂,坚持以马克思列宁主义、毛泽东思想、邓小平理论、“三个代表”重要思想、科学发展观、习近平新时代中国特色社会主义思想为指导,坚持辩证唯物主义和历史唯物主义的立场、观点和方法,着重记载2020年灌阳县经济和社会发展各项事业的基本情况及大事、要事、新事,个别重要内容适当上溯或下延。

二、《灌阳年鉴(2021)》全面系统地记述灌阳县行政区域内自然、政治、经济、文化、社会等方面的基本情况,旨在为灌阳县经济社会的全面发展服务,为构建富裕、文明、美丽、和谐灌阳服务,为县、乡两级领导机关决策、指导工作提供县情依据,是社会各界和海外人士了解、研究灌阳的信息载体。

三、本卷年鉴设特载、大事记、灌阳县概况、中国共产党灌阳县委员会、灌阳县人民代表大会、灌阳县人民政府、中国人民政治协商会议灌阳县委员会、纪检·监察、群众团体、法治、军事、城乡建设·环境保护、交通运输·邮政、工业·信息产业、农业·农村扶贫、林业·水利、商业、旅游、财政·税务、金融·保险、经济管理与监督、文化·体育·卫生·融媒体、教育·科学技术、社会生活、乡镇、附录,共计26篇。

四、本卷年鉴内容设3个层次,在类目下设分目,分目下设条目。条目为年鉴纪事的基本单元,用黑体字加【 】号作条目标题,一般先以【概况】条目介绍行业、事业的基本情况,后按一事一目的原则设置条目。年鉴内容的层次设置,总体上按科学分类和社会分工相结合的原则归类和排列,机关、企事业单位等排序和层次一般不表示其地位和规模。

五、考虑到历史原因及习惯,在农村“亩”仍是最主要的土地面积计量单位,本年鉴记述农业事项时仍使用“亩”作为土地面积的计量单位,1亩=666.67平方米,随文不再括注同比例平方米数。

六、本卷年鉴稿件由各乡镇、县直各部门及各有关单位提供,并经供稿单位领导审核、加盖单位公章。主要统计数据均由撰稿单位提供,因统计口径不同等原因,可能与统计部门公布的数据有出入,引用时请加以区别。

七、本卷年鉴为便于读者查阅,配备双重检索系统,书首设中文目录和英文目录,书尾设索引。

## 灌阳县地方志编纂委员会

主　　任：孙清洪

副 主 任：唐文政　赵春燕　杨小平　谢　艳
肖　逸　史秋莹　蒋　仁

委　　员：唐爱明　易塬舒　曹湘柱　雷祖文
蒋修忠　袁　文　莫家斌　蒋邦奎
熊鹏飞　王双华　王德鹏　梁　赟
唐琳春　陈国栋　余明耀　蒋兴旺
熊国旭

## 《灌阳年鉴（2021）》编辑人员

主　　编：史秋莹

副 主 编：熊国旭

编　　辑：文东柏　莫国建　熊国红　刘慧菊
唐玲玲　唐广桢　吴明洁

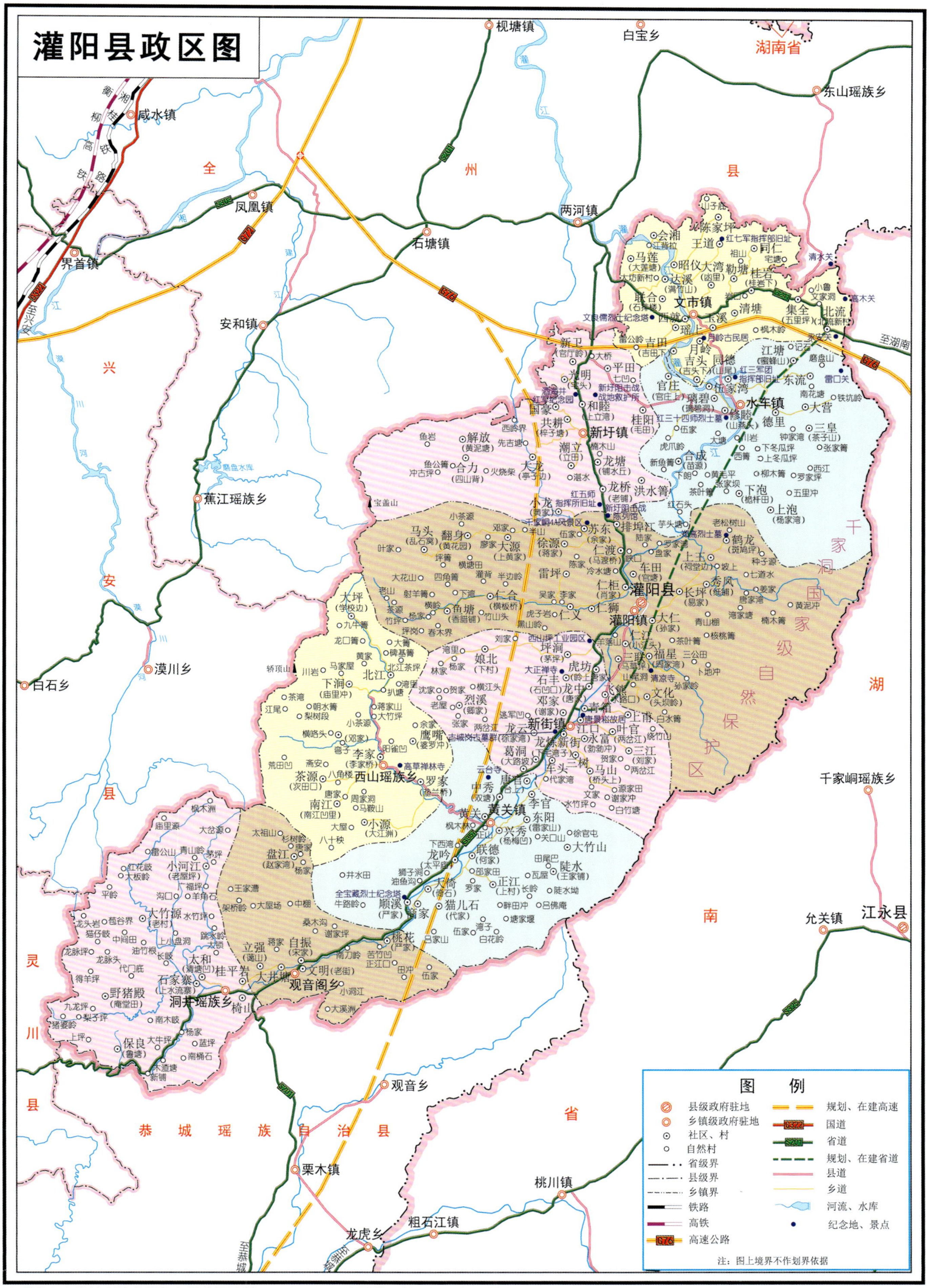


广西南宁六维地理信息服务有限公司编制　　　　审图号：桂S（2017）82号

广西南宁六维地理信息服务有限公司编制　　　　审图号：桂S（2017）82号

# 领导调研

2020 年 5 月 26 日，自治区人民政府副主席、公安厅厅长周成方（左二）到灌阳县调研脱贫攻坚、维稳及司法工作 唐显才 摄

2020 年 11 月 4 日，自治区人大常委会副主任、市委书记赵乐秦（左四）到灌阳县调研脱贫攻坚工作 唐显才 摄

2020年4月21日，市长秦春成（右二）到灌阳县调研

《今日灌阳》　提供

2020年5月21日，市人大常委会主任张晓武（右二）到灌阳县调研

湛剑南　摄

2020 年 12 月 28 日，市委副书记赵仲华（左三）、副市长谢灵忠（左一）到红旗中学指导“脱贫感党恩　奋进新起点”进校园现场会

县教育局　提供

2020 年 1 月 16 日，市委常委、常务副市长彭代云（左一）到灌阳县新街镇永富村调研

伍秋福　摄

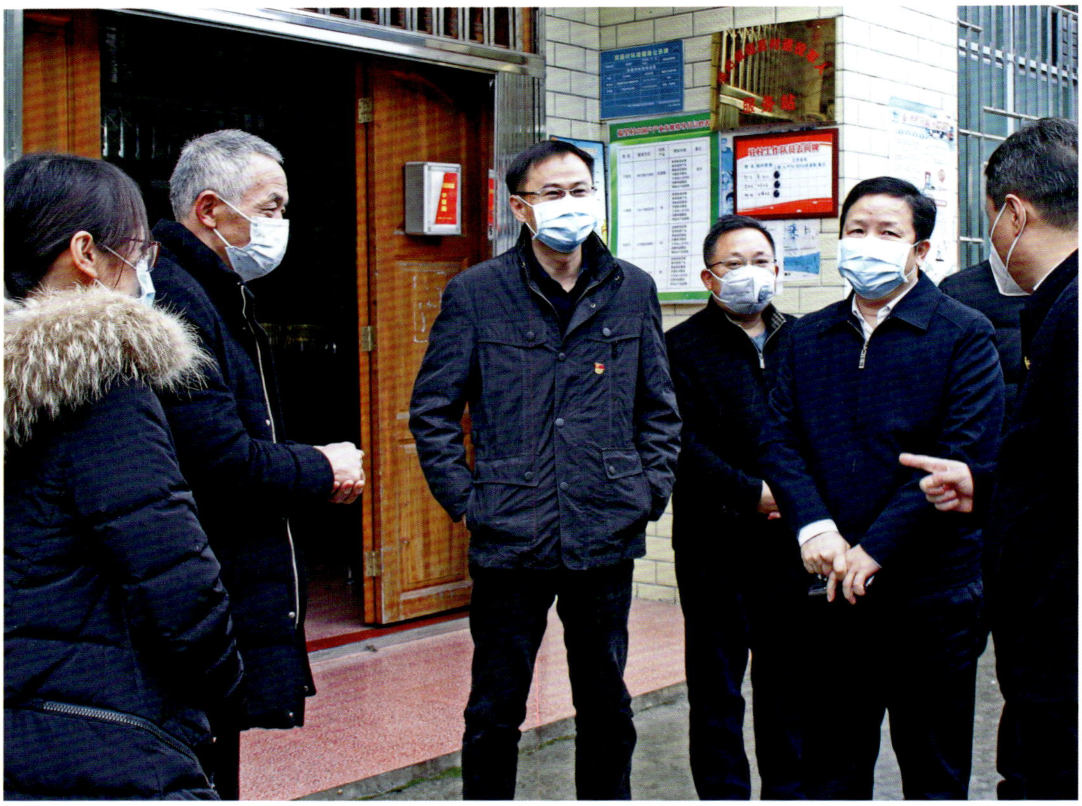

2020 年 2 月 3 日，市委常委、纪委书记古国章（右一）到灌阳县督查新冠肺炎疫情防控工作
伍秋福　摄

2020 年 3 月 7 日，市委常委、宣传部部长、副市长韦凤云（左二）到灌阳县调研长征国家文化公园（广西段）建设保护规划工作　唐显才　摄

2020 年 1 月 7 日，市委常委、统战部部长王建毅（左三）到灌阳县开展“助力清水行动，打好水污染防治攻坚战”主题活动　罗融检　摄

2020 年 11 月 17 日，副市长、市公安局局长朱永辉（左二）到灌阳县对政法重点工作存在的突出问题进行监督检查

县公安局　提供

2020年2月13日，副市长谢灵忠（右二）到灌阳县督查新冠肺炎疫情防控工作　唐显才　摄

2020年8月25日，副市长赵奇玲（前中）到灌阳县调研灌平高速公路项目建设工作

唐显才　摄

2020 年 9 月 30 日，县委书记周春涌（右二）检查安全生产工作

《今日灌阳》 提供

2020 年 9 月 8 日，县人大常委会主任余桂兰（右三）到县政务中心调研 唐显才 摄

2020年7月14日，县长卢嵩（右四）到灌阳县旅游“双创”重点项目现场办公　　唐子婷　摄

2020年11月10日，县政协主席桂文英（右三）到文市镇大湾村调研莲溪庐项目建设情况

县文广体旅局　提供

# 新冠肺炎疫情防控

自新冠肺炎疫情发生以来，灌阳县在全区率先推出“网格化管理、小单元作战”的防控措施，紧急购置3辆防疫救护车，启用全市首家县级疾控中心核酸检测实验室。及时组织灌阳企业引进两条口罩生产线投产，免费发放60.5万个口罩给全县人民。实现新冠肺炎病例“零输入、零确诊”。在这次抗疫斗争中，全县各级各部门闻令而动、精准施策，349个基层党组织、3342名党员干部参与一线疫情防控工作，485名医务人员主动递交请战书，4000名志愿者奋战在一线，2个集体、5名个人被全市通报表彰。

2020年3月18日，灌阳县全民免费口罩发放启动仪式在县政府大院举行　　伍秋福　摄

2020年2月6日，灌阳县捐赠30吨蔬菜驰援武汉

唐显才　摄

2020年7月20日，县疾控中心核酸实验室投入使用　唐显才　摄

2020年1月28日，灌阳北高速路口新冠肺炎疫情防控设卡值守

罗融检　摄

2020年2月25日，文市镇达溪村开展防疫宣传

唐子婷　摄

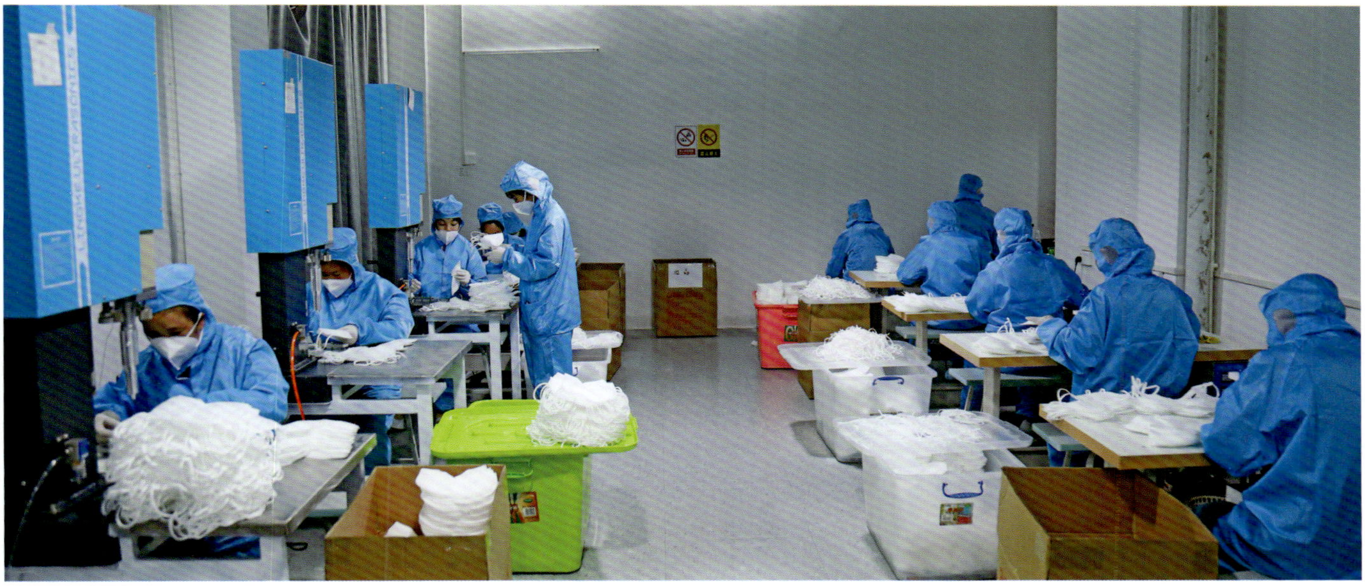

2020 年 2 月 24 日，生产基地加工口罩　　《今日灌阳》 提供

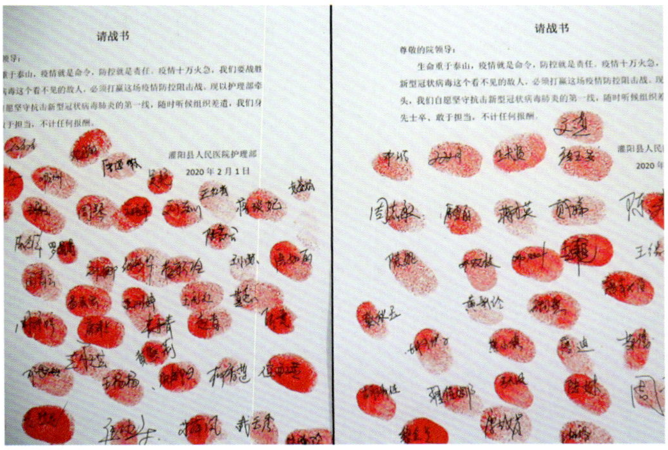


2020 年 2 月 1 日，灌阳县人民医院护理部提交疫情防控请战书　　唐子婷　摄

2020 年 2 月 16 日，县中医医院为疫情防控一线的工作人员送汤剂和中药包　　唐显才　摄

2020 年 2 月 8 日，县疾控中心到村屯开展消杀防疫工作　　伍秋福　摄

2020 年 5 月 8 日，幼儿园复学前的入园检查　唐子婷　摄

# 脱贫攻坚

灌阳县是自治区定贫困县，辖6个镇、3个乡、138个行政村4个社区，总人口29.6万，其中农业人口25.86万。素有“八山一耕地，半水半村庄”之说，是世界瑶族发祥地、桂剧发源地、红军三次经过的红土地，也是国家重点生态功能县。灌阳县持续加大扶贫投入，强化财政资金保障。截至2020年12月25日，共筹集安排扶贫资金40301.5万元，整合涉农资金11974.87万元。全县共有67个贫困村，其中18个深度贫困村，2015年年底全县共精准识别建档立卡户14208户、53665人。2016年至2020年，全县贫困发生率由15.83%降至0，贫困村全部脱贫出列，圆满实现整县脱贫摘帽。

## 产业扶贫

2020年，洞井瑶族乡保良村猕猴桃种植基地　蒋人轲　摄

2020年，灌阳镇大源村下黄家自然屯特色产业黄金百香果种植基地　县扶贫办　提供

2020年，新圩镇合力村特色药材种植基地　伍秋福　摄

2020年，文市镇陈家坪村螺丝形屯家庭养猪场　县扶贫办　提供

# 教育扶贫

2020 年 11 月 7 日，2020 年“广西学前教育帮扶工程”——灌阳县培训班开班仪式在县直属机关幼儿园江东园举行

唐子婷　摄

2020 年 4 月 30 日，桂林理工大学到灌阳县红军小学开展捐赠活动

唐子婷　摄

2020 年 3 月 31 日，灌阳爱心帮扶协会到黄关镇对贫困学生进行帮扶　　伍秋福　摄

# 金融扶贫

2020 年 7 月 15 日，自治区扶贫办扶贫小额指导专班到灌阳指导工作

县扶贫办　提供

2020 年 6 月 1 日，灌阳县金融扶贫工作联席会议在县卫健局会议室召开

县扶贫办　提供

2020 年 3 月 10 日，灌阳农商行举行战“疫”春耕备耕贷款授信活动

《今日灌阳》　提供

2020 年 12 月 29 日，桂林银行灌阳支行采购灌阳特色农产品上行销售

桂林银行灌阳支行　提供

# 饮水安全

灌阳镇水里冲水厂饮水安全工程　　县扶贫办　2020 年摄

山区群众用上自来水　　县扶贫办　2020 年摄

飞熊村集中连片饮水安全巩固提升工程　周兵　2020 年摄

# 医疗扶贫

2020年1月7日，灌阳县灌阳镇卫生院到江东移民安置区开展医疗服务

县卫健局　提供

2020年2月25日，医务人员开展家庭医生服务工作

县卫健局　提供

2020年3月12日，文市镇中心卫生院家庭医生团队签约履约服务在达溪村举行

县卫健局　提供

2020年4月17日，灌阳县灌阳镇福星村家庭医生宣传卫生健康知识

县卫健局　提供

# 消费扶贫

2020年10月16日，灌阳县2020年消费扶贫农产品展销会在云水瑶特色街区举行　　唐子婷　摄

2020年10月16日，国家"扶贫日"活动——灌阳扶贫展销会现场　　《今日灌阳》　提供

2020年10月17日，扶贫农产品进校园展销推介会灌阳专场在桂林理工大学举行　　《今日灌阳》　提供

2020年10月17日，灌阳扶贫农产品进校园展销推介会现场　　《今日灌阳》　提供

# 住房保障

2020 年 11 月 3 日，县城易地扶贫集中安置点被评为全国美丽搬迁安置区　　蒋人轲　摄

新街移民新区　　蒋人轲　2020 年摄

新圩移民新区　　蒋人轲　2020 年摄

## 交通基础设施

2020 年 11 月 24 日，灌平高速灌阳段麻地隧道施工现场

伍秋福　摄

2020 年，改建后的长渡经水车至文市二级公路

县交通运输局　提供

2020 年 11 月 19 日，灌阳县新街镇上甫村铺设的沥青路

《今日灌阳》　提供

2020 年，文市镇与伍家湾的渡改桥　县交通运输局　提供

## “脱贫感党恩 奋进新起点”活动

2020 年 12 月 28 日，全市“脱贫感党恩　奋进新起点”主题活动现场会在灌阳召开　　唐子婷　摄

2020 年 12 月 9 日，灌阳县新街镇举办“脱贫感党恩　奋进新起点”专场演出　　唐显才　摄

2020 年 12 月 28 日，灌阳县“脱贫感党恩　奋进新起点”主题活动进江东移民安置区　　唐子婷　摄

2020 年 12 月 28 日，灌阳县红旗初级中学举行“脱贫感党恩　奋进新起点”主题班会　　唐子婷　摄

# 旅 游

2020年，灌阳县坚持“红、古、绿”特色旅游融合发展定位，成功创建广西全域旅游示范区、广西旅游标准化示范县，获评全国十佳生态休闲旅游城市。健全旅游标准化服务体系，启用“一键游灌阳”智慧旅游服务，旅游交通网络高效便捷，实现与县域外景区客源的互动串联发展。酒海井红军烈士遗骸挖掘收殓安葬及纪念活动，得到习近平总书记等中央领导高度重视和充分肯定。《湘江战役灌阳新圩阻击战旧址》列入全国红色旅游经典景区名录，新圩阻击战酒海井红军纪念园被列入长征国家文化公园（广西段）及全国“重走长征路”精品线路。新创建2个国家AAAA级旅游景区、5个国家AAA级旅游景区。全年旅游接待总人数322.59万人次，完成旅游总消费30.11亿元。

（该专题图片除署名外均由县文体广旅局提供）

2020年6月15日，自治区专家组对灌阳县创建广西旅游标准化示范县进行验收

2020年7月8日，自治区评估指导组到灌阳县进行“广西全域旅游示范区”中期评估

2020年9月13日，桂林旅游质量等级评定验收组对灌阳国家AAA级旅游景区进行创建验收

2020年9月17日，市文化广电和旅游局到灌阳县指导广西全域旅游示范区创建工作

2020 年 12 月 9 日，中国红色旅游城市联盟"2020 畅游桂林·红色之旅"自驾车旅游启动仪式在湘江战役新圩阻击战酒海井红军纪念园举行

2020 年 12 月 23 日，桂林市文明旅游大会灌阳现场

旅游体验

旅游厕所

红色绿道　　秋　莹　摄

旅游标识牌（一）　　秋　莹　摄

旅游标识牌（二）　　秋　莹　摄

湘江战役新圩阻击战酒海井红军纪念园

唐景崧故里

洞井古民居

千家洞文旅度假景区

都庞岭大峡谷

文市石林

神农稻博园

# 灌阳传统村落

灌阳县地处湘桂结合处，是中原与岭南地区经济和文化交流的热点区域，是世界瑶族发祥地。县域内传统村落数量众多、建筑独具特色、历史积淀丰厚、文化个性鲜明，具有极高的保护价值、研究价值和开发价值。自2012年实施传统村落保护发展工作以来，截至2020年年底，有26个村落被列入中国传统村落名录，其中灌阳镇孔家村、灌阳镇仁义村唐家屯、新街镇青箱村、文市镇达溪村、文市镇岩口村、水车镇夏云村于第三批入选中国传统村落。

据调查统计，全县传统村落形成年代主要为三类：一是元代以前建成、至今尚保留较为完整的村落建筑；二是明代的建筑；三是清朝、民国时期的村落建筑。这些传统村落不仅具有浓郁的历史传统风貌、优美的自然生态环境、科学布局的人文景观，而且是具有浓厚灌阳民族特色的物质与非物质文化遗产。

## 达溪村

达溪村位于文市镇的西北部。达溪原名达石，后以村旁一条小溪而更名达溪。自宋开始成村，明清时期民居建筑已成规模。达溪村处于灌江中下游，两面环水，地形平坦，村前屋后皆为稻田。村庄分为南北两大组团，环形道路连接北部新村，灌江支流沿村北端流过，中部亦为大片粮田。居民住宅多为南北朝向，达溪老村成片布置，井然有序，建筑主要为土木结构，大多具有深厚的湘南式古建筑风格。从高空俯瞰古民居，其屋顶式样有过山顶、硬山顶，山墙造型主要有台阶形、人字形、蜈蚣形，建筑形制有门楼、风水楼、过道楼等。古宅院落之间，均有青石板或江卵石铺成的里弄。保留有清朝时期开挖的一条自西向东水渠。以前水渠两旁开设商铺，还利用水渠，架上石板，改成吊脚楼。还遗存了“达溪古渡”“占鳌桥”“达人亭”等人文古迹，人文景观与自然景观互为映衬，相得益彰，极为和谐。

达溪村村景　　县住建局　提供

达溪古渡　　蒋人轲　摄

占鳌桥　　文东柏　摄

吊脚楼　　蒋人轲　摄

村中水渠　　蒋人轲　摄

石板巷道　　蒋人轲　摄

门楣　　蒋人轲　摄

雕刻精美的门槛石　　文东柏　摄

雕刻精美的柱基　　蒋人轲　摄

马头墙　　文东柏　摄

# 岩口村

翠福亭

岩口村位于灌阳县文市镇的东部，村口有一岩石峭壁，峭壁间有一岩洞，村居岩口，故名岩口村。该村规划整齐有序，除家族宗祠、民居宅院之外，还有古亭、古树、门楼、甲石、古井、街巷等。村口的古亭名为翠福亭，为石、木、瓦结构单檐歇山式凉亭，抬梁式屋顶，亭内立四方石柱、设条石凳，有古碑，凉亭有四根石柱，分别刻有“长亭风静看龙挂，古树烟笼待鹤归”“座中佳士林下清风，石上流泉山间明月”两副对联。村前的文氏祠堂，始建于清代，祠堂左侧有一座八字门楼，建于明末清初。门楼前立有两对甲石，上刻“例授明经进士候选儒学正堂文展纶”，落款“大清光绪丙午岁孟冬月穀旦立”。现存的民居多为清代建造，用青砖砌筑，有侧开门、正开门，大门有门匾，部分配有照壁，山墙握头、门头造型、天井布局，无不体现湘南民居风格。村巷的道路以青石板为主。（该专题图片由县住建局提供）

岩口村村口

古城墙

古树

村巷道路

红军岩

甲石

山墙墀头

精致门楣

门槛石

## 夏云村

门楼

夏云村位于水车镇的东部。整个村落坐西北朝东南，村落处地独特，三面临江，水绕村庄。村内建筑为清代建筑，建筑群体均为砖木结构。每条巷道，均设有门楼。宅内布局为有天井的合院式，且多为两进院。迎面是木照壁，正后方天井，其周围布置堂屋、厨房、卧室，房屋常常为上下两栋。建筑内部的梁柱粗大坚硬，柱基多为石础，大梁、枋檐、窗棂、门楣均雕刻有生动的人物、鸟兽。院门有木结构和砖结构，院门下方为石料门槛，上面是砖砌的弧形，或者是木质的方形。外墙多为徽派建筑的“马头墙”，盖的都是青瓦。村内的道路用卵石铺成。夏云村文家祠堂（又名乃辉公祠），始建于清光绪年间（1875—1908），建筑坐西朝东，占地 381 平方米，三进三开间，砖木穿斗式结构，饰小青瓦，北边配耳房，连着门楼。建筑内梁柱、枋、门楣等雕刻人物故事，花鸟虫鱼，工艺精细。

（该主题图片由县住建局提供）

乃辉公祠

红军标语墙

卵石铺成的钉子路

雕刻精美的马头墙

照壁上的“福”字

院内天井及雕刻精美的窗棂

# 目　　录

## 中国共产党灌阳县委员会

## 灌阳县人民代表大会



## 灌阳县人民政府

## 中国人民政治协商会议灌阳县委员会



## 纪检·监察



## 群众团体

## 法　　治

## 军 事



## 城乡建设·环境保护

## 交通运输·邮政

## 工业·信息产业



## 农业·农村扶贫

## 林业·水利

## 商　业



## 旅　游

# 财政·税务



# 金融·保险

# 经济管理与监督

## 文化·体育·卫生·融媒体



## 教育·科学技术

## 社会生活



## 乡　镇

## 附　录



## 索　引

# Contents

## Special Compilation



## Chronicle of Major Events



## General Introduction of Guanyang County



## Guanyang County Committee of CPC

## Guanyang County People's Congress



## Guanyang County People's Government



## Guanyang County Committee of the CPPCC



## Discipline Inspection & Supervision



## Mass Organizations



## Rule of Law



## Military



## Urban & Rural Construction & Environmental Protection

## Transportation & Postal Administration



## Industry & Information Industry



## Agriculture & Rural Poverty Alleviation



## Forestry & Water Conservancy



## Commerce



## Tourism



## Finance & Taxation



## Banking & Insurance

## Economic Administration & Supervision



## Culture, Sports, Health & Media Integration



## Education & Science & Technology



## Civil Life



## Village & Town



## Appendix



## Indexes

# 特　　载

## 在中共灌阳县委十五届七次全会上关于县委常委会工作的报告

（2021 年 1 月 12 日）

县委书记　周春涌

这次全会的主要任务是，深入学习贯彻党的十九届五中全会、自治区党委十一届九次全会、市委五届七次全会和中央、区市经济工作会议精神，听取和讨论县委常委会工作报告，审议通过《中共灌阳县委员会关于制定国民经济和社会发展第十四个五年规划和二〇三五年远景目标的建议》。

县委十五届六次全会以来，面对国内国际环境的深刻复杂变化、艰巨繁重的改革发展稳定任务和突如其来的新冠肺炎疫情，在上级党委的坚强领导下，县委常委会团结带领全县各级党组织、广大党员和干部群众，高举习近平新时代中国特色社会主义思想伟大旗帜，深入贯彻落实党的十九大及十九届二中、三中、四中、五中全会精神，紧紧围绕“建设壮美广西　共圆复兴梦想”总目标总要求，坚持稳中求进工作总基调，准确把握新发展阶段，抢抓用好新发展机遇，全面贯彻新发展理念，积极融入新发展格局，坚定不移推进改革开放，沉着有力应对各种风险挑战，把人民生命安全和身体健康放在第一位，统筹疫情防控和经济社会发展，推动各项事业取得新成效，圆满完成脱贫攻坚收官战，全面建成小康社会取得关键性成就，为“十四五”发展打下了坚实基础。

一年来，我们全面落实“三大定位”新使命、“五个扎实”新要求，深学笃行十六字工作方针，突出“生态功能县”发展定位，聚焦“一条主线、两大突破、三个巩固提升”，全力做好“六篇文章”，推进“六稳”工作，落实“六保”任务，对标对表发力冲刺“十三五”目标，全县经济社会发展取得明显进步。现行标准下贫困人口全部脱贫，贫困发生率降至零，胜利实现整县脱贫摘帽，解决了区域性整体贫困问题。疫情防控工作由应急性超常规防控向常态化防控转变，全县生产生活秩序全面恢复，经济增长加快回升，人民生活得到有力保障，社会大局保持稳定，荣获 2019 年广西高质量发展进步县。大力倡导新时代新担当新作为，干事创业的工作氛围和风清气正的政治生态更加巩固。

一年来，县委常委会重点抓好七方面工作。

**一、着力抓好政治建设和理论武装，坚持以习近平新时代中国特色社会主义思想引领发展、推动工作**

始终把政治建设摆在首位，坚持把深入学习贯彻习近平新时代中国特色社会主义思想作为首要政治任务，切实在学懂弄通做实上下功夫，召开 3 次常委会会议、13 次中心组会议及时传达学习、专题研究部署、坚决抓好贯彻落实，示范引领全县学习贯彻不断往深里走、往心里走、往实里走，学出坚定信念、学出绝对忠诚、学出使命担当。

坚持以习近平总书记重要讲话和指示批示精神引领发展。准确把握上级赋予灌阳的发展定位，结合实际主动融入区市发展大局，牢固树立和践行“两山”理念，实现经济与生态相互支撑转化，发展高质量与生态高颜值相得益彰。准确把握中央对国际国内疫情形势变化的判断，实事求是对年度经济增长量化目标作出适当调整，集中精力抓好“六稳”“六保”，更加关注疫情下的民生民计民安，坚定不移推动习近平总书记关于统筹推进疫情防控和经济社会发展的系列重要讲话精神落实落细。准确把握脱贫攻坚、乡村振兴、社会治理、文旅融合等重点工作要求，立足县情制定出台系列政策措施，作出系列工作部署，推动习近平总书记重要指示批示精神、中央重大决策部署在灌阳落地见效。

迅速掀起党的十九届五中全会精神的学习宣传热潮。县委常委会坚持先学一步、深学一层，县领导带头宣讲，各级各部门精心组织领导，周密部署安排，持续营造学习宣传贯彻浓厚氛围。成立县“十四五”规划《建议》和《纲要》起草组，召开系列会议，广泛听取意见建议，科学谋划全县“十四五”发展，经过多次修改，形成提交本次全会审议的建议稿。

**二、着力打好疫情防控主动仗，生产生活秩序全面恢复**

面对突如其来的新冠肺炎疫情，按照“坚定信心、同舟共济、科学防治、精准施策”的总要求，县委常委会团结带领全县上下迅速进入战时状态，举全县之力坚决打赢疫情防控的人民战争、总体战、阻击战。坚持全面部署、全民动员，第一时间成立由县委、县政府主要领导任组长的疫情防控工作领导小组，及时启动重大突发公共卫生事件Ⅰ级响应，全面推行县领导下沉乡镇、乡镇领导包干到村（社区）、村（社区）干部包干到户的高位协调防控体系和三级包干制，在全区率先推出“网格化管理、小单元作战”的防控措施，确保防控管理服务全覆盖，确保了灌阳“一片净土”。在这次抗疫斗争中，全县各级各部门闻令而动、精准施策，349个基层党组织、3342名党员干部参与一线疫情防控工作，485名医务人员主动递交请战书，近4000名志愿者奋战在一线，凝聚起联防联控、群防群控的强大合力，生动诠释了伟大抗疫精神，2个集体、5名个人被全市通报表彰。

准确把握疫情形势变化的阶段性防控工作重点，启用全市首家县级疾控中心核酸检测实验室，在保持“零输入、零感染、零病例”成果的基础上，强力推动复工复产。及时出台34条政策措施，完善协调调度机制，严格落实“一企一策”精准帮扶，抓实抓细用工就业、交通物流、农业生产等工作。在中央召开统筹推进新冠肺炎疫情防控和经济社会发展工作部署会议后不到1个月，全县列入全市复工复产调度名单107家企业复工率达100%，工人到岗率达94.8%，一批重大项目加快开工、推进、竣工，全县经济社会运行加快复苏，生产生活秩序加快恢复。

**三、着力打好脱贫攻坚收官战，精准脱贫成果全面巩固**

坚持战“疫”和战贫双向发力，最大限度、最快速度化解疫情不利影响，全力攻克最后的贫困堡垒。持续加大产业奖补、就业稳岗力度，切实加强对特殊贫困人口的兜底保障，不断完善“一巩固三结合”工作机制，全面巩固“一过线两不愁三保障”成果，全县贫困人口成功“清零”，户脱贫、村出列、县摘帽目标全部实现，贫困面貌彻底改变，生产生活条件持续改善，群众生活质量进一步提高，千百年来的绝对贫困问题历史性画上了句号。全年累计筹集安排各级财政扶贫资金4.01亿元，整合涉农资金1.2亿元；新增扶贫小额贷款4272笔、1.67亿元，分别完成区、市“争百任务”的194.6%、210.9%；落实稳岗补助224万元、产业奖补5729万元，县级“5+2”特色产业覆盖率达98%以上，有力保障贫困群众稳岗就业、稳定增收；村级集体经济总收入同比增长19.9%，142个行政村（社区）集体经济收入均超过5万元；圆满完成四类重点对象农村危房改造任务，全县农户住房安全保障率达100%；实现易地扶贫搬迁旧房应拆尽拆，县江东移民新区获评全国美丽搬迁安置区；建档立卡贫困人口医疗保险和养老保险参保率、家庭医生签约率、农户有安全饮水覆盖率均达100%，义务教育巩固率达107.96%。成立灌阳县翰林教育基金并完成首轮资金筹措5300多万元，教育公益扶贫走在广西前列。

**四、着力强引领优布局调结构，县域经济发展稳中提质**

面对全球疫情冲击、世界经济严重衰退、贸易投资萎缩的国际大环境和国内产业链供应链循环受阻、经济下行压力加大的诸多困难和挑战，我们增强信心、保持定力、鼓足干劲，持续抓复工复产、抓项目落地、抓产业调整、抓潜力挖掘，成功实现经济发展提质增效。

（一）经济增长加快回升

坚持总揽全局、稳中求进，加强经济运行调度，县委常委会多次召开专题会议研究部署，及时调整阶段性工作重点，全面落实减税降费及企业融资贷款等政策，做好“一帮一联”结对帮扶工作，出台促进经济平稳运行若干措施，鼓励农业生产发展，加快工业高质量发展，积极促消费扩内需，全县主要经济指标逐月回升、稳步向好。初步预计，全年生产总值同比增长3.8%。一产同比增长5.7%；二产同比增长5.9%，其中规上工业增加值增长15.5%；三产同比增长1.5%。固定资产投资同比增长10.7%；财政收入完成2.62亿元，同比下降26.6%（压减非税收入7000多万元，财政收入质量提高，税收占财政收入的比重达79.54%，全市排名靠前）。主要经济指标好于预期目标。

（二）产业加快优化提升

坚持“一产明晰主导、提质增效，二产做大增量、盘活存量，三产文旅融合、争创优势”的发展思路，加快推动产业优化升级。现代农业基础更加稳固。出台发展现代农业助推乡村振兴工作方案，超级稻、优质水果、生猪等特色优势产业稳步增长提升。加强农产品产销对接，加大品牌打造，“灌阳雪梨”获得中国地理标志证明商标。全力保障粮食生产，集中整治农村乱占耕地建房和耕地“非粮化”问题，新建高标准农田3万亩，全县主要农作物耕种收综合机械化水平达70.8%。新建县乡村三级示范区（园、点）57个、新增规模养殖场33个，市级以上农业龙头企业增至14家。“红色记忆·梨李飘香”被评为桂林市五星级田园综合体，“稻甲天下·茶香万家”“千家神洞·瑶源秘境”2个田园综合体完成总体规划、设计并有序推进实施。农业产业基础更加扎实，资源进一步集聚，“接二连三”更加融合，获得2019年全国农牧渔业丰收奖三等奖，获评自治区“平安农机”示范县称号。工业振兴战略深入实施。全面落实工业高质量发展二十三条政策措施，强化“保姆式”服务，构建县级统筹、部门配合、上下联动、一体推进的工业振兴工作机制。聚力改善园区软、硬环境，新建标准厂房7.6万平方米、园区土地收储396亩，园区发展基础进一步夯实。狠抓产业转型升级，按照“强龙头、补链条、聚集群”要求，持续补链强链延链，石材产业、石英砂硅基新材料产业、合金新材料产业三大特色优势产业集群初步形成。新引进计划投资5000万元以上工业项目6个，其中亿元以上项目4个，新增规上工业企业9家。在全市工业振兴大会作典型发言，获2019年全市产业大招商工作先进县及推进工业振兴先进单位。文旅融合成效更加凸显。深化旅游与文化融合发展，实施“旅游+”战略，新增灌阳千家洞文旅度假区AAAA级、灌阳茶博园景区和都庞岭大峡谷景区等5个AAA级旅游景区及太子山生态旅游区、莲溪庐旅游度假区等一批星级乡村旅游示范区。广西青少年体育竞训基地、广西球类运动发展中心灌阳竞训基地挂牌，广西青少年篮球网球锦标赛成功举办，“旅游双创”成效显著，助推灌阳旅游服务业稳步回升。全县接待游客322.6万人次，旅游总消费30.2亿元，分别完成全年计划数的154.7%和146.3%，获评广西旅游标准化示范县、广西全域旅游示范区。

（三）城乡融合生态宜居

依托生态资源优势，大力发展绿色生态健康产业，加紧推进生态项目建设，加快推动绿色发展。灌江国家湿地公园获评广西生态旅游示范区，观音阁乡获评自治区避暑旅游小镇。聚焦打好蓝天碧水净土保卫战，高位推动中央环境保护督察回头看整改工作，空气质量优良率、地表水环境质量、主要河流水质达标率和城市集中式生活饮用水水源地水质达标率均达100%，区级生态乡镇创建率达100%、生态村创建率达91.3%。获国务院第二次全国污染普查领导小组办公室表彰，获评

2020年度自治区级生态县、自治区卫生县城。持续提升城市功能，新体育中心等一批文教卫体项目建成投入使用。城乡交通体系不断完善，灌平高速、357国道、洞潮公路、黄西公路等一大批基础设施项目加速推进。抓实水车镇新型城镇化示范乡镇建设，持续巩固新街、文市、黄关、新圩4个新型城镇化示范乡镇建设成果，稳步推进自治区第二批特色小镇黄关油茶小镇项目。加强农房建设管控，持续推动乡村风貌提升，统筹抓好美丽乡村建设，15个乡村振兴（幸福乡村）示范村建设成效初显，城乡发展协调性有效增强，人居环境进一步优化。

（四）发展后劲持续增强

坚持把项目招商作为支撑经济社会高质量发展的主要抓手。聚焦要素保障，积极发挥重大项目联审联批联席会议等机制优势，加大土地征迁、资金调度、矛盾调处等工作力度，灌阳高中江东校区、东岸丽苑、麒麟学苑、双百双新产业园、城南建材市场等一大批项目加速推进。县级层面统筹推进82项重大项目，完成投资17.3亿元；储备土地874亩、出让土地225亩，分别完成任务的146%、113%；完成征地5805亩。一些批而未征、征而未供等用地“瓶颈”问题得到破解。坚持主要领导带头抓招商，高度重视招商项目策划，提前做足做好土地、资源、政策等要素保障文章，促进“三企入桂”项目与政策体系的精准匹配、衔接平衡和签约落地。新引进签约项目15个，其中央企入桂项目4个，民企入桂项目10个，湾企入桂项目1个。全年引进项目到位资金29.4亿元，向上争取项目资金13.88亿元，双双再创历史新高。

（五）发展活力更加凸显

坚持把深化改革作为转型发展的关键之举，向改革要动力，向创新要活力。51项重点改革任务加快推进，第三批增量配电等改革试点取得阶段性成果，“放管服”“聚通用”“同城通办”改革全面落实，“无差别全科受理窗口”政务服务新模式正在探索实施，乡镇政府服务能力建设试点成效初显，“双容双承诺”政策落地见效，县内营商环境持续优化，企业满意度大幅提升。全市“双随机、一公开”监管经验交流现场会在我县召开。

**五、着力强化治理效能建设，社会民主法治更加健全**

坚持加强县域治理体系和治理能力建设，全面推进依法治县和社会治理创新，有效巩固安定团结良好局面，凝聚起干事创业强大合力。

民主法治全面发展。深入宣传贯彻宪法和民法典，全县尊法学法用法守法氛围更加浓厚，法治政府、法治社会建设相互促进。监察体制改革、司法体制综合配套改革全面深化，法律顾问制度加快建立。集中听取县人大常委会、政府、政协、法院、检察院五家党组工作汇报，充分发挥县委总揽全局、协调各方作用，全力支持人大常委会、政府、政协、法院、检察院班子依法依章程开展工作。创新打造四级人大代表履职平台“灌阳品牌”取得明显成效；发挥政协优势，“灌商回灌”助推灌阳工业振兴发展在自治区作典型发言。退役军人服务管理全面加强，军地共建融合发展，党的民族宗教政策全面贯彻，工青妇等人民团体作用充分发挥，基层民主不断深化，民族团结和谐，政治大局安定。

社会事业全面进步。落实就业优先政策，发放就业补助资金607.1万元，农村劳动力转移新增就业6631人次，城镇登记失业率控制在5.5%以内。县直机关幼儿园江东分园、县红军小学、县国典实验中学建成招生，县城学校大班额问题有效化解，进城务工人员子女上学难问题有效解决。新中医院、新妇幼保健院建成启用，全县城乡居民基本医疗保险参保率达98%以上。关心关爱贫困群体、特殊弱势群体、低收入群体的生产生活，发放社会救助补助资金8508.4万元；养老事业持续发展，养老服务机构增至111家、床位1680张。应急救援体系不断健全，全力抓好安全生产、食品药品安全、防灾减灾救灾等工作，确保人民群众生命财产安全。圆满完成第七次全国人口普查各项工作。

平安建设深入推进。全面贯彻落实总体国家安全观，统筹推进发展和安全两件大事，扎实推进扫黑除恶专项斗争“六清”行动，持续深化市域社会治理突出问题集中整治百日攻坚行动，创新推行“农村百米警务”新模式，实现命案、街面“两抢”等七类案件零发生。平安灌阳建设持续推进，打造了农村警务创新升级版，“一村一协警、一屯一警助”社会治理模式在全区推广。全面完成市下达的各项禁毒指标任务。人民群众的安全感和政法队伍执法满意度处在全市第一方阵。

**六、着力构筑思想引领高地，红色灌阳名片更加靓丽**

强化思想引领，讲好灌阳故事，提振精气神，为灌阳经济社会发展提供强大的精神动力和思想保证。

全面落实意识形态工作责任制，组织开展意识形态巡察两轮、专项督查2次，压实基层党委（党组）意识形态工作责任。持续抓好县融媒体中心“三融三促”高效建设，精心组织党的十九届四中、五中全会精神宣讲，广泛开展“脱贫感党恩　奋进新起点”主题活动，掀起理想信念教育、爱国主义教育和革命传统教育热潮，全市“脱贫感党恩　奋进新起点”主题活动进安置点、进校园现场会在灌阳召开。强化阵地建设，加大红色资源管护利用，赣州、遵义、延安、龙岩、桂林五市干部党性教育培训联盟现场教学点在我县挂牌，湘江战役新圩阻击战酒海井纪念园成为桂林市社会主义核心价值观首批示范点，承接区内外开展爱国主义教育55.3万人次，自发到我县开展红色旅游的社会各界人士达141.1万人次。

培育和践行社会主义核心价值观，广泛开展先进典型选树宣传活动，陆吉顺、赵小荣获全国新冠肺炎疫情防控最美志愿者，郝宝兰、陆增勇分获全国模范人民调解员和全国首批“平安之星”。精神文明建设宣传用稿量和学习强国活跃度排全市前列，志愿者注册率、活跃度排名全市第一。

挖掘优秀传统文化内涵和价值，深入开展基层群众文艺会演活动，培育以灌阳油茶、桂剧、山歌等为题材的特色文化品牌，不断满足群众精神文化需求，提升灌阳文化软实力。竹编技艺和红薯粉自治区级非遗项目成功申报。《万众一心战疫情》入选自治区“防控抗击新型冠状病毒肺炎疫情”主题艺术作品。

**七、着力强化从严管党治党，良好政治生态持续巩固**

压实全面从严治党主体责任，深入推进“红色沃土、清风灌阳”建设，全年打造自治区星级党组织17个，整顿提升软弱涣散村级党组织4个、后进村7个。按照“情况掌握全、问题查找准、形势分析清、对策谋划深”的工作要求，精心研究部署、提前谋划布局，村（社区）“两委”换届选举工作有力有序推进。强化党建引领推动做好疫情防控，成立“疫情监管党员先锋队”，党员捐款率达96.7%，排名全市第一。“初心红田”获评桂林市十佳党建品牌。按照“凭实绩、讲担当、重实干”用人导向，提拔调整干部3批次49人，其中，“五个一线”30人，占比超过60%。干部关心关爱、容错纠错、澄清正名机制不断健全。

深入推进纪律作风建设，规范履行监督职责，开展疫情防控和“六稳”“六保”专项督查46次，发现并督促整改问题55个。深化政治巡察，全年开展巡察3轮，发现并反馈问题537个，转立案17件。全力配合做好自治区党委第七巡视组巡视工作，坚决落实上级巡视巡察督查检查审计反馈问题整改，持续巩固整改成果。集中整治形式主义、官僚主义问题，推动基层减负各项措施落地落实，县级层面发文数量同比减少45.9%，会议数量同比减少13.5%，督查检查考核事项同比减少24.4%。

持续推进反腐败斗争，精准运用监督执纪“四种形态”，做实以案促改后半篇文章，落实约谈提醒函询诫勉制度，持续抓好扶贫领域腐败和作风问题专项治理、漠视侵害群众利益专项治理、扫黑除恶专项斗争监督执纪问责工作，严肃查处各类腐败问题，信访举报量同比下降53.7%，立案查处违纪违法案件127件，给予党政纪处分99人（科级干部14人），其中形式主义、官僚主义案件36件，扶贫领域腐败和作风问题案件44件。一体推进“三不”机制，推进监察工作向乡镇延伸，实现县监察委员会派驻乡镇监察办公室全覆盖，基层纪检监察机关监督能力进一步提升。

一年来，县委常委会高度重视自身建设，增强“四个意识”、坚定“四个自信”、做到“两个维护”，自觉在思想上政治上行动上同以习近平同志为核心的党中央保持高度一致。严格贯彻民主集中制，落实请示报告制度，履行管党治党主体责任，着力提升政治能力、强化斗争精神、切实改进作风，团结带领各级领导班子和党员干部求真务实、开拓奋进，全县风清气正的政治生态和干事创业的良好氛围进一步浓厚。

# 灌阳县人大常委会工作报告

——2021年3月17日在灌阳县第十六届人民代表大会第六次会议上

灌阳县人大常委会主任　余桂兰

## 2020年主要工作

2020年是全面建成小康社会和“十三五”规划收官之年。在县委坚强领导下，常委会坚持以习近平新时代中国特色社会主义思想为指导，全面落实党的十九大和十九届二中、三中、四中、五中全会精神，深入学习贯彻习近平总书记关于坚持和完善人民代表大会制度的重要思想，坚持党的领导、人民当家作主、依法治国有机统一，紧扣疫情防控、“六稳”“六保”、打赢脱贫攻坚战、工业振兴、乡村振兴、优化营商环境、推进灌阳治理现代化等重大决策部署，担当实干，积极履职，全面完成了县十六届人大五次会议确定的任务。一年来，常委会依法行使监督权、决定权、任免权，听取和审议8个工作报告，开展执法检查5次，协助市人大开展湘江战役遗址保护立法调研2次，向市人大提出建议5条；开展专题视察2次，专题调研6项，作出决议决定8项，任免国家机关工作人员17人次。

**一、深入学习贯彻习近平新时代中国特色社会主义思想，确保人大工作正确政治方向**

常委会把学习贯彻习近平新时代中国特色社会主义思想作为首要政治任务，把深入学习贯彻习近平总书记重要讲话和重要指示批示精神、习近平法治思想、习近平总书记关于坚持和完善人民代表大会制度的重要思想及党的十九届五中全会精神等，作为常委会党组会议理论学习的重要内容，坚持自觉主动学、及时跟进学、联系实际学，确保学懂弄通做实。牢牢把握人大是党领导下的政治机关定位，把习近平法治思想作为做好新时代人大工作的根本遵循，进一步增强“四个意识”、坚定“四个自信”、坚决做到“两个维护”。积极邀请各级人大代表参加自治区党委、市委举办的民法典知识讲座电视电话会议及县委举办的民法典知识讲座，助推全县上下全面学习宣传实施民法典。一年来，进行9次专题集中学习研讨，常委会领导带头学习和宣讲，推动理论学习往深里走、往心里走、往实里走，不断筑牢思想根基，切实把学习成果转化为做好新时代人大工作的具体实践，推动人大工作与时俱进、完善发展。

自觉坚持党对人大工作的领导，坚持把党的领导贯穿于人大工作全过程、各方面，严格落实向县委请示报告工作制度，及时请示报告行使职权中的重大事项、重要问题。全面贯彻落实县委十五届六次全会精神，按照分工积极参与县委中心工作，认真完成县委交办的工作任务，确保在县委领导下统筹安排和有序推进监督、代表履职等各项工作。切实发挥常委会党组在人大工作中把方向、管大局、保落实的领导作用，定期和不定期召开党组会议、主任会议，研究解决工作中遇到的突出问题，有力有序推动各项工作落细落实，使各项工作更好围绕中心和大局，更好地服务人民。

**二、强化依法履职意识，着力提升监督实效**

常委会紧紧围绕县委推进灌阳治理现代化的决策部署，始终与县委同频共振、同向发力，充分发挥法定职能优势，加强对常委会审议意见办理情况的有效监督，推动各项重大决策部署落到实处。

（一）坚持人民至上、生命至上，推动疫情防控。

面对突如其来的新冠肺炎疫情，常委会及时向全县各级人大代表发出“发挥人大代表作用，共抗疫情、保护人民群众生命安全”的倡议，全县600多名人大代表积极投身疫情防控一线，开展摸排宣传劝导、网格化管理和志愿服务等工作，织密筑牢防疫安全网，促进全县实现零输入、零感染、零确诊。常委会根据疫情防控需要，开展《传染病防治法》《突发公共卫生事件应急条例》《动物防疫法》等执法检查，进一步防范重大公共卫生风险，加快筑牢维护公共卫生安全法治防线。组织代表开展“推动爱国卫生运动，强化疫情防控，倡导文明健康”主题活动，有效推动疫情防控工作常态化，保障人民健康安全。

（二）聚焦民生和重大问题，全程监督落实到位。

坚持“民有所呼，我有所应”“民有所求、我有所为”，始终把民生工作摆在突出位置，认真梳理涉及民生领域的人大代表建议，依法转交县人民政府办理后，针对落实方面存在的问题，进行跟踪督办、现场督办，特别是对重大民生问题更注重监督工作的连续性，持续有力推动民生工程落地落实。一年来持续关注灌阳高中江东校区建设项目的推进，推动解决项目建设中的困难和问题，审议批准《灌阳县人民政府关于提请审议灌阳县高级中学江东校区政府和社会资本合作(PPP)项目运营期间政府年度付费及总付费额的预算方案的议案》；继续发挥常委会领衔督办的监督作用，对群众反映的医保缴费难等问题，进行走访调研，收集到关于进一步强化医保缴费便民化、完善农村居民基本医疗保险金个人账户余额管理等意见建议，转交县人民政府有关部门办理；为进一步优化营商环境，组织部分代表及相关人员到办证大厅开展体验式监督问政，找出存在的问题，在简化审批程序、规范办理流程和完善信息采样工作机制等方面提出意见建议。将需区、市级层面解决的问题在市人大调研座谈会上提出，并取得支持。针对人大代表和群众反映强烈的大理石石浆严重污染环境、屠宰场污染水源等问题，及时召开座谈会，听取检察院工作汇报，通过推动检察公益诉讼，问题得以妥善解决。

（三）聚力脱贫攻坚收官战，推进脱贫攻坚与乡村振兴有效衔接。

常委会切实扛起脱贫攻坚政治责任，紧盯打赢打好脱贫攻坚总目标，开展专题调研，推动危房改造、医疗保障、教育保障等存在问题的解决；跟踪检查《广西扶贫开发工作条例》执法检查审议意见落实情况，推动政府压实脱贫攻坚责任，补齐短板弱项。常委会领导认真履行脱贫攻坚战区责任制，投身脱贫攻坚一线，带领扶贫干部深入定点帮扶联系乡(镇)、村，扎实开展结对帮扶和“脱贫感党恩、奋进新起点”等活动，积极宣传、落实扶贫政策，推动产业发展，改善联系村基础设施，发展村集体经济，为实现脱贫攻坚圆满收官作出了应有的贡献。

着眼巩固脱贫攻坚成果，推进脱贫攻坚与乡村振兴有效衔接，组织常委会组成人员视察我县田园综合体建设情况，组织部分市县人大代表赴周边市、县考察学习农旅融合发展、农业产业升级等乡村振兴先进经验；召集农业专家学者进行座谈建言献策，形成乡村振兴调研报告，为县委决策提供参考。

（四）寓支持于监督之中，依法开展工作监督和法律监督。

根据监督工作计划，强化财经监督。听取审议了2019年财政决算报告、审计工作报告，审查批准2019年财政决算及2020年财政预算调整方案。注重发挥审计部门的监督作用，审查了2018年县财政预算执行和其他财政收支情况审计存在问题的整改落实情况报告、2019年财政预算执行情况审计报告，形成7条审议意见，督促相关部门严格执行财经法律法规、落实整改到位，切实增强预算约束力和执行力。

加强司法工作监督，着力维护公平正义。积极组织人大代表走进法院参加案件庭审旁听，参加县检察院“开放日”等活动，督促相关部门依法办事、公正执法，维护社会公平正义和人民群众切身利益。开展执法检查和协助桂林市人大开展执法检查共7次。其中，聚焦灌江生态保护，对民事诉讼法和行政诉讼法中有关公益诉讼法律法规执行情况进行执法检查2次。

（五）深入开展调研，做好我县“十四五”规划纲要审查工作。

围绕我县“十四五”规划纲要编制若干重要

问题,开展旅游发展、基础设施建设、水污染防治、农业产业高质量发展、工业振兴等专题调研,收集意见建议,为我县制定规划提供参考。做好本次大会审查批准我县“十四五”规划和二〇三五年远景目标纲要(草案)准备工作。

**三、尊重代表主体地位,支持和保障代表依法履职**

尊重代表的权利就是尊重人民的权利,保障代表依法履职就是保证人民当家作主。常委会全力做好代表服务工作,加强常委会与人大代表、人大代表与人民群众的联系,充分发挥代表主体作用,切实把“当好代表为人民”落到实处。

(一)加强学习培训,增强代表履职能力

常委会把对代表的学习培训作为提升履职能力的有效手段来抓好落实,2020年克服疫情影响、脱贫攻坚工作任务繁重等各种困难,组织全县109名县人大代表和13名县乡人大工作人员赴北京全国人大会议中心参加履职培训。培训班突出内容设置,创新培训方式,注重更新完善人大履职知识结构,提升了代表依法履职能力水平,激发了代表履职为民新动能。

(二)完善履职平台建设,提升代表活动成效

持续推进代表履职平台建设优化提档升级、拓展平台内涵、提高平台运行效能,充分利用灌阳红色旅游资源优势,突出灌阳特色,打造了灌阳镇排埠江村、新圩镇和睦村等代表联络示范站。注重拓展代表履职新内容,创新代表履职新形式,在推动“红旅融合发展”“农旅融合发展”等方面拓展平台新功能。依托代表联络站的支撑,支持和鼓励人大代表运用自身专长,发挥模范带头和示范引领作用。我县代表联络站的创建工作得到市人大的肯定和表扬。

继续推进代表“混合编组、多级联动、履职为民”工作。县委书记周春涌同志带头,全县684名四级人大代表积极进站履职,召开民情沟通会,对加强公共卫生和疫情防控工作征求意见建议,共收集属自治区级层面解决的意见建议2件,市级层面意见建议1件,县级层面意见建议48件,乡镇级层面意见建议66件,充分利用四级人大代表同一平台的优势,助推意见建议逐条落实。

(三)创新服务机制,进一步密切联系代表

深化拓展“四联系”制度,密切常委会组成人员与代表、人大各委室与代表、代表与人民群众的联系,通过约见和走访代表、集中座谈、参加代表小组活动等多种方式加强与代表的联系,了解代表履职情况,解决代表履职中遇到的困难和问题,支持和保障代表依法履职,提高代表履职质量。打破原来定向走访乡镇的惯例,适时调整联系乡镇,拓展了常委会领导联系代表的深度、广度。在组织市人大代表到荔浦市、全州县、龙胜各族自治县等地开展视察工作时,组织部分县人大代表一同参加考察学习;适时组织县人大代表对县内重点项目和重点工作进行视察,进一步拓宽代表知情知政的渠道,更好地集中民智、反映民意。新增县人大代表“履职之星”评选活动,进一步激励代表增强责任意识、提升履职能力。

(四)完善督办机制,代表建议办理精准有效

坚持把代表建议办理作为解决问题、推动工作改进的重要抓手。完善《关于进一步加强和改进县人大代表建议、批评和意见办理工作的实施意见》,为做好代表建议办理工作提供具体指导。改进代表建议督办机制,由选联工委单一牵头督办转变为县人大各专委和工委对口牵头督办,充分发挥各专委和工委职能,形成建议督办合力。坚持领导领衔督办、全面督办、跟踪督办相结合,精准发力,增强代表建议办理质量。抓好承办单位与代表办前、办中、办后“三见面”协商沟通,推动解决代表建议办理中的堵点、痛点、盲点和难点问题,切实提高建议的办结率和代表满意度。一年来,督促政府对代表提出的77件意见建议,按法定程序转交县人民政府有关部门承办;强化督办全面性,对五次会议期间及闭会期间代表建议和2019年28件B类代表建议进行全覆盖督办,已解决或落实的代表建议31件;正在协调解决的有26件;列入计划逐步解决的14件;因上级政策和其他原因一时不能解决的6件。扎实开展评选“代表优秀建议”“承办建议先进单位”活动,推动代表建议办理工作不断取得新成效。

四、坚持守初心担使命，不断加强自身建设

落实全面从严治党责任制。常委会按照新时代党的建设总要求，落实全面从严治党主体责任和“一岗双责”，始终把加强党风廉政建设作为强化自身建设的必修课程，深入推进反腐倡廉工作常抓不懈，扎实抓好意识形态工作，严格执行中央八项规定精神及其实施细则，推动全面从严治党向纵深发展。全力支持县纪委监委派驻纪检监察组履行好监督执纪职能，推进机关廉政文化阵地建设，形成风清气正、奋勇争先的良好工作氛围。

强化履职能力建设，激发担当热情。以创建灌阳人大工作品牌为抓手、以展示人大新形象为载体、以打铁还需自身硬为目标，开展“外树形象、内强素质”主题活动，加强学法学典，组织常委会组成人员及机关干部深入学习宪法、民法典等法律法规，不断提升自身法律素养。组织外出考察学习培训，拓展人大干部视野，不断增强履职能力。制定完善机关内部和乡镇人大工作考核机制和评优评先方案，激发干部干事创业的热情和动力。常委会领导按照县委安排，积极参与江东新区开发、风电建设项目等7项重点工作，机关5名同志参与灌平高速公路灌阳段建设等6项重点项目建设，为推动灌阳高质量发展出力献策。

抓好人大宣传工作，展示人大新风采。加强信息员队伍建设，建立宣传信息工作约稿、交流、考核、通报、评优推先制度，修订完善宣传信息工作考核办法。积极向《广西人大》杂志及网站、桂林人大网站和微信公众号以及其他各类主流新媒体平台投稿，发出人大好声音、讲好人大好故事，全面展示人大机关和人大代表的新时代风采，共被各级媒体用稿209篇，其中国家级媒体采用9篇，自治区级采用12篇，市级采用52篇，县级采用136篇。常委会获评2019—2020年全区人大宣传工作先进单位、全市人大宣传工作先进集体，3名同志分别被评为《广西人大》优秀通讯员、桂林市人大宣传工作先进个人。

健全完善人大信访工作机制，提高办理信访案件的质量和效率。全年共受理群众来信来访21件，其中群众来信7件，来访14件，接待上访群众41人次，按照信访案件办理程序转交并及时督促“一府一委两院”做好办理工作，畅通了社情民意反映和表达渠道。

回顾过去一年的工作，我们也清醒认识到，常委会工作还存在差距和不足。主要是依法监督的方式有待进一步完善，监督工作实效有待进一步增强；代表履职能力还有待进一步提升；代表履职平台建设还需进一步完善；巩固拓展自身建设还须进一步加强。常委会将高度重视这些问题，虚心听取各方面的意见建议，增强做好工作的主动性，采取有力措施，不断加强和改进工作方法，努力推动我县人大各项工作再上新台阶。

## 2021年主要任务

2021年是中国共产党建党100周年，是实施“十四五”规划、开启全面建设社会主义现代化国家新征程的第一年，做好今年各项工作意义重大。常委会工作的总体要求是：高举中国特色社会主义伟大旗帜，坚持以习近平新时代中国特色社会主义思想为指导，全面贯彻党的十九大和十九届二中、三中、四中、五中全会精神，深入贯彻习近平法治思想、习近平总书记关于坚持和完善人民代表大会制度的重要思想，坚持党的领导、人民当家作主、依法治国有机统一，认真贯彻落实自治区党委十一届九次全会、市委五届七次全会和县委十五届七次全会精神，准确把握新发展阶段，全面贯彻新发展理念，积极融入新发展格局，依法履行监督、重大事项决定、人事任免等职权，围绕中心，服务大局，展现人大作为，以优异的成绩庆祝建党100周年。

一、进一步提高政治站位

始终坚持党对人大工作的全面领导，严格落实向县委请示报告工作制度，严守政治纪律和政治规矩，坚决执行党中央、区委、市委和县委重大决策部署，不断提高政治领悟力、政治判断力和政治执行力。紧紧围绕县委“准确把握新发展阶段、全面贯彻新发展理念、积极融入新发展格局”的工作要求和全县发展大局，谋划和推进人大工作，依法履行好各项职责，推动灌阳各项工作顺利开展。

**二、进一步增强监督实效**

坚持关注民生、突出重点，遵循依法原则，采用多种形式依法开展监督、切实增强监督实效，推动“一府一委两院”依法履职。加强财政预决算审查监督和国有资产监督工作。听取和审议2020年县财政决算报告、2021年县财政预算调整方案。深化对预算资金使用绩效的监督，促进预算编制和预算资金分配更加科学合理；充分发挥审计部门的监督作用，形成人大监督与政府内部监督有机结合、相互协调的监督体系，督促政府不断提高财政资金的使用效益。强化法律法规实施监督。积极探索完善执法检查机制，采取常委会执法检查与“一府一委两院”自查相结合、上级人大与县人大联动检查相结合的方式，重点对监察法、食品安全法、城乡规划法、自治区爱国卫生条例和义务教育法执法检查，为促进全县经济社会高质量发展营造良好的法治环境。对公益诉讼工作开展情况、动物防疫法和传染病防治法实施情况进行跟踪检查，推动法律法规有效实施，让人大监督落地有声。围绕推进工业振兴，对国民经济和社会发展计划、预算执行情况、“十四五”规划、重大项目建设进展等情况进行专题调研。持续跟踪检查优化营商环境，助推经济高质量发展。围绕推进乡村振兴开展专题调研，推进脱贫攻坚与乡村振兴有效衔接。聚焦社会建设和民生保障，对群众“看病难、看病贵”、特殊群体保障等热点难点问题开展监督，为不断完善社会建设和民生保障发挥人大作用。突出绿色发展，对红色旅游资源开发保护、灌江生态治理等情况开展专题调研。

**三、进一步发挥代表作用**

办好代表履职培训班，不断提高代表履职能力和水平；完善建议督办工作机制，加大代表建议办理力度，提高代表建议办理质量，做到“人民有意愿、代表有呼声、政府有回应”，进一步提升建议落实率、代表满意率；推动“一府一委两院”就重大决策和工作征求代表意见，拓宽代表知情知政渠道；采取专题调研、执法检查、专题询问、实地视察等方式，组织开展好代表活动，不断增强代表履职意识，切实发挥好代表主体作用。进一步拓展代表履职平台的功能，完善代表履职活动机制建设，打造一批特色鲜明、亮点突出的代表联络品牌站。进一步落实好“代表接待日”和“选民接待日”制度，为密切代表与选民的联系提供制度保障。

**四、进一步加强自身建设**

加强党的建设，认真履行全面从严治党主体责任，严格遵守中央八项规定精神，持续反对“四风”。健全完善常委会及机关有关议事规则、工作制度，规范常委会及机关运转。加快智慧人大建设，推广运用信息化智能化办公，提高常委会依法履职质量和效率。加强人大宣传工作，强化人大理论和人大工作研究，大力宣传人民代表大会制度、人大工作实践和代表风采，讲好灌阳人大故事。持续推进人大工作品牌创建，形成品牌创建工作整体效应。继续向区、市人大常委会推送人大代表先进人物事迹，激励代表担当作为。加强对乡镇人大工作的联系指导，不断增强乡镇人大工作效力。

**五、认真抓好人大换届选举工作**

按照县委抓好县乡人大换届工作要求，加大工作调研，制定下发指导文件，及时研究解决选举工作中的重大问题，确保县乡两级人大换届选举工作顺利完成。

# 政府工作报告

——2021年3月17日在灌阳县第十六届人民代表大会第六次会议上

县长　卢　嵩

## 一、"十三五"时期及2020年工作回顾

过去五年，是灌阳发展进程中极不平凡的五年。我们全面贯彻落实中央、区市决策部署，按照县委要求，坚持稳中求进工作总基调，坚持贯彻新发展理念，坚持高质量发展，聚焦脱贫攻坚，突出"三条主线"①，做好"六篇文章"②，打赢"三大翻身仗"③，经济社会发展成效显著，全面实现了"十三五"奋斗目标。

——五年来，我们坚定不移谋发展提质量，综合实力不断增强做优。地区生产总值年均增长5.3%，主要经济指标增速进入全市第二方阵，一二三产增加值、规上工业增加值、社会消费品零售总额等指标增速位居全市前列。累计完成固定资产投资年均增长14%，实现社会消费品零售总额96亿元。城镇、农村居民人均可支配收入年均分别增长7.4%和9.5%。税收占财政收入的比重提高至79.5%。五年争取各类财政补助资金年均超过16亿元，比"十二五"年均增长4亿元。"十三五"相继获得15个国家级和10个自治区级先进荣誉称号④。

——五年来，我们坚定不移举全力打硬仗，脱贫攻坚取得全面胜利。坚持以脱贫攻坚统揽经济社会发展全局，举全县之力组织5312名帮扶干部、精选359名工作队员全面投入脱贫攻坚战，五年实现13797户53031人贫困人口脱贫、67个贫困村出列、整县摘帽，贫困发生率由15.86%降为零。聚焦"两不愁三保障"突出问题，五年投入扶贫资金18.1亿元，是"十二五"的12.2倍。整合项目资金1.8亿元用于扶持发展壮大村级集体经济，到2020年全县142个村（社区）村级集体经济到账收入全部达5万元以上。全县"5+2"特色产业覆盖率达98.1%，建成扶贫车间80家。实现义务教育阶段学生辍学动态清零，贫困人口全部享受基本医疗保险、按比例大病兜底政策，有劳动能力的贫困户实现产业、就业扶贫全覆盖，实现贫困群众低保、特困全覆盖。历史性消除了灌阳绝对贫困问题。

——五年来，我们坚定不移调结构促转型，现代产业体系完善成型。工业发展实现大提升。出台加快工业发展二十三条等系列政策支持工业高质量发展，逐步形成黑白根大理石、石英砂硅基材料、合金新材料三大产业集群，占工业总产值60%。规模工业总产值年均增长5.1%，规模工业增加值年均增长6.5%。五年累计新征盘活工业用地1860亩、新建改造标准厂房17万平方米，分别是"十二五"的4.2倍和3.6倍。五年新增规上

①"三条主线"：是指突出生态建设、产业融合、城乡统筹。

②"六篇文章"：是指"富农强工、崇文重教、兴旅美城"。

③"三大翻身仗"：是指"脱贫攻坚、县域经济发展、党的基层组织建设"翻身仗。

④15个国家级先进荣誉称号：分别是指国家重点生态功能区、国家超级杂交稻高产攻关与示范先进示范基地、全国爱国主义教育示范基地、全国红军小学建设工程爱国主义教育基地、国家紧密型县域医共体试点县、全国义务教育发展基本均衡县、全国国土资源节约集约模范县、全国平安农机示范县、全国十佳生态休闲旅游城市、现代农业桃李产业技术体系桂林综合试验站示范县、中国绿色生态农业示范县、李官村获评全国民主法治示范村、大仁村万亩梨园被誉为中国美丽田园，江口村被列入全国第二批乡村旅游重点村、县城易地扶贫集中安置点被评为全国美丽搬迁安置区。

10个自治区级先进荣誉称号：分别是指广西科学发展先进县、广西高质量发展进步县、广西全域旅游示范区、广西旅游标准化示范县、自治区生态县、自治区卫生县城、广西生态旅游示范区、自治区平安农机示范县、广西新时代基层统计工作规范化建设先进县、观音阁乡获得自治区避暑旅游小镇。

工业企业21家、高新技术企业4家，荣获2019年全市产业大招商工作先进县、推进工业振兴先进单位称号。

"三农"工作实现大提升。五年累计新建高标准农田5万亩。"超级稻+再生稻"平均亩产连续11年稳居广西第一，广西首家县域级袁隆平院士工作站挂牌运行。灌阳双胞胎40万头生猪养殖全产业链项目建成投产，生猪规模养殖场增至80个。改良传统水果产业，全县水果种植总面积达27.6万亩，水果产业总产值达18.9亿元，经济作物种植面积年均增长4.5%。全县农民专业合作社、家庭农场和规模养殖场分别增至272家、268家、106个，辐射带动近1.2万人就业，产业覆盖贫困村贫困户达98.3%。新增区市级以上龙头企业5家，国家地理标志保护产品2个，"三品一标"认证产品13个。累计创建区市县级现代特色农业示范园（区）及田园综合体14个，实现农旅深度融合发展。

全域旅游实现大提升。坚持"红、古、绿"特色旅游融合发展定位，一次性成功创建广西全域旅游示范区、广西旅游标准化示范县，获评全国十佳生态休闲旅游城市。健全旅游标准化服务体系，启用"一键游灌阳"智慧旅游服务，旅游交通网络高效便捷，实现与县域外景区客源的互动串联发展。酒海井红军烈士遗骸挖掘收殓安葬及纪念活动，得到习近平总书记等中央领导高度重视和充分肯定。《湘江战役灌阳新圩阻击战旧址》列入全国红色旅游经典景区名录，新圩阻击战酒海井红军纪念园被列入长征国家文化公园（广西段）及全国"重走长征路"精品线路。新创建2个国家AAAA级旅游景区①、6个国家AAA级旅游景区②，分别是"十二五"的2倍和6倍，新培育限上"批零住餐"服务企业13家，建成一大批旅游三产项目，办成一系列文体旅游节庆赛事。五年接待游客933.1万人次、实现旅游总消费102.8亿元，分别是"十二五"的6.3倍和8.7倍。

——五年来，我们坚定不移抓统筹塑特色，城乡发展面貌焕然一新。坚持多规合一，建管并举，完成江东新区规划编制、老城区控规修编等工作，健全城乡规划、建设管理机制，累计完成城乡基础设施投资72.5亿元。城市功能完善提升，观澜购物公园综合体成为城区商业地标中心，一大批"文教卫体项目"③建成启用，县城易地扶贫集中安置点被评为全国美丽搬迁安置区。老城疏解效果明显，改扩建一批市政交通配套设施，推行县城道路停车收费管理制度，新增公共停车位1625个，群众出行难、停车难问题得到有效缓解。水车顺利完成撤乡建镇，5个新型城镇化示范乡镇顺利通过验收，污垃设施稳定达标运营，乡镇基础设施、公共服务、产业发展、人居环境优化升级效果明显。建设"三清三拆"基本整治型村庄280个，全县国家级传统村落达26个，黄关油茶小镇入选自治区第二批特色小镇名单。城镇建成区面积达12.6平方公里，城镇人口近10万人，城镇化率提升到39.2%。

——五年来，我们坚定不移强举措守底线，生态文明建设成果丰硕。坚持生态立县，创建了国家重点生态功能区、自治区生态县、自治区卫生县城。全县$PM_{10}$、$PM_{2.5}$平均浓度分别比2015年降低17.6%、34.2%，连续6年实现"双降"；县城环境空气质量优良天数增至363天，年均增加9.2天，优良排名连续三年居全市前三。森林覆盖率提高2.81个百分点，达到76.71%。高质量落实中央和自治区环保督察及"回头看"反馈问题整改。强力整治非法采砂采石促进产业整合，依法取缔非法采砂点205个，淘汰石材小作坊86家。灌江国家湿地公园进入验收阶段，海洋山自然保护区确界方案、县城饮用水水源保护区划定调整方案顺利通过上级批复。县城垃圾无害化处理率、畜禽规模场环保设施配套率、粪污资源化利用率均达100%。打击非法捕鱼捕猎、非法排污、农村面源污染防治、扬尘

①2个国家AAAA级旅游景区：是指湘江战役新圩阻击战酒海井纪念园景区、灌阳千家洞文旅度假区。

②6个国家AAA级旅游景区：分别是指唐景崧故里景区、洞井古民居景区、茶博园景区、神农稻博园景区、都庞岭大峡谷景区、文市石林景区。

③"文教卫体项目"：是指灌阳高中江东校区、县国典实验中学、县红军小学、县移民幼儿园、新老年大学、新文化大厦、新会议中心、新中医院、新妇幼保健院、新残疾康复中心、新体育中心等。

污染、燃烧散烧、烟花爆竹禁限放和秸秆禁烧等专项治理工作实现常态化、长效化。

——五年来，我们坚定不移稳投资破瓶颈，基础设施短板实现突破。灌凤高速公路建成通车，灌平高速公路正全线加快建设，江永经灌阳至桂林高速公路、东安经全州至灌阳高速公路已获批“十四五”开建，桂永郴赣红色高铁列入自治区“十四五”规划，正争取纳入《国家中长期铁路网规划》。城乡综合立体交通体系不断完善，打通县城断头路5条，改造提升兴灌路、双桥路，都庞岭路全线贯通，新灌江一桥、解放桥建成通车，357国道、绕城公路、洞潮公路等一批基础设施项目加速推进。新改扩建农村公路682公里及危桥、渡改桥15座，行政村全部通硬化路，实施20户以上自然村(屯)通硬化路工程546公里。农村自来水普及率达87.1%，农村电网改造升级工程及“智慧广电”工程全面竣工。启用185个村级综合文化服务中心，建成便民候车亭111座，新投放58辆绿色环保公交车开通县城及乡村公交路线，城乡公交车通车率100%。

——五年来，我们坚定不移促改革扩开放，发展动力活力加快释放。桂林银行、北部湾银行及香港雅高集团、国电投集团、中核汇能集团、双胞胎集团、秋潮集团等一批上市公司和知名企业先后入灌，五年累计招商引资到位资金137.5亿元。国家电信普遍服务试点项目、全市首个国家第三批增量配电试点项目等获批建设。在南宁、柳州、桂林等市新培育30家灌阳油茶旗舰店，灌阳瑶族油茶技艺列入自治区级非物质文化遗产名录。营商环境建设达到全区平均水平，累计减税降费1.48亿元，减少企业及个人社保缴费3892万元，惠及5732户小规模纳税人和多数民营企业。投资项目“双容双承诺”改革成效明显，一批重大项目实现当年开工、当年投产、当年入规。机构改革、公车改革顺利完成。深化农村集体产权制度改革，乡镇“七所合一”改革经验在自治区推广。率先成立全区首家县域公立医院集团，灌阳医改模式获国务院及自治区多次激励表彰。

——五年来，我们坚定不移强保障惠民生，社会大局保持和谐稳定。五年投资31.4亿元完成区、市为民办实事项目171个，累计获得土地“增减挂”用地指标4765亩，征收土地8225亩用于全县重大项目建设。五年新增城镇就业13624人，新增农村劳动力转移就业23828人。城乡居民基本养老保险、基本医疗保险实现全覆盖。城乡低保、养老、特困人员供养补助人均每年分别提高460元、1800元、710元。建成易地扶贫搬迁安置住房1186套，分别完成农村危房改造和棚户区改造7862户、2312户；改造老旧小区34个，惠及1611户。新改建各类学校56所，全国义务教育发展基本均衡县通过验收，县城义务教育阶段学校“大班额”现象全面消除。新改建各类医疗机构5家，乡镇卫生院、村卫生室标准化建设达标率分别为88.9%、100%。政府债务化解稳步推进，防范区域性金融风险成效明显。平安灌阳、法治灌阳建设取得新成效，扫黑除恶专项斗争深入开展，“一村一协警、一屯一警助”农村警务机制在全区推广。维稳应急能力不断提升，未发生较大及以上生产安全事故和食品药械安全事故，人民群众获得感、幸福感、安全感不断增强。

——五年来，我们坚定不移守规矩讲担当，政府自身建设持续加强。建立健全重大行政决策机制，加强和改进行政复议、行政应诉工作，落实法律顾问制度，强化行政执法监督，接受县人大及其常委会的法律监督、工作监督以及县政协的民主监督，执行县人大及其常委会的决议决定，积极研究处理各类审议意见，累计办理县人大代表建议240件、县政协提案219件，人大代表建议和政协委员提案答复率100%。政务服务持续优化，政风作风明显改进。政府系统党的建设全面加强，“两学一做”学习教育、“不忘初心、牢记使命”主题教育扎实开展。驰而不息纠“四风”，会议文件有效压减，考核评比逐步规范，“三公”经费持续下降。审计监督全面覆盖，党风廉政建设和反腐败工作扎实推进，政府公信力不断提升。

五年来，国防教育深入开展，国防动员、人防建设、军民融合和民兵预备役等工作得到进一步加强，退役军人服务保障体系基本建立。民宗、侨台、科技、审计、统计、人事、编制、档案、供销、保密、水文、机关事务、检验检疫、防灾减灾救灾、老龄、史志及残疾人事业等工作取得新进步,金融、通信、烟草、石油、气象等中、区直单位取得新成绩,工会、共青团、妇联、工商联、红十字会等群团组织在经济社会发展中发挥了重要作用。

刚刚过去的2020年,困难比预料的多,挑战比预想的大,但成效比预期的好。面对突如其来的新冠肺炎疫情,我们在以习近平同志为核心的党中央坚强领导下,扎实做好"六稳"工作,全面落实"六保"任务,统筹疫情防控和经济社会发展,县域经济全面回升向好,稳中提质增效,各项工作取得新进展。

(一)抓好疫情防控和复工复产

第一时间成立由县委书记、县长任组长的疫情防控工作领导小组,及时启动重大突发公共卫生事件Ⅰ级响应和相关管控措施,建立健全联防联控防疫机制,在全区率先推出"网格化管理、小单元作战"的防控措施,紧急购置三辆防疫救护车,启用全市首家县级疾控中心核酸检测实验室。及时组织本地企业引进两条口罩生产线投产,免费发放60.5万个口罩给全县人民,稳定保持了全市乃至全区为数不多"零输入、零感染、零病例"县区的防疫成果。全力保产业链、保关键环节、保用工、保市场主体稳定,及时出台促进经济平稳运行等34条政策措施,为企业减免税费900万元,落实各类政策性补助资金7832万元,发放"复工贷""稳企贷""桂惠贷"等政策性融资贷款12.9亿元,3月初实现全县重点建设项目、规模工业企业全面复工复产。

(二)打赢县域经济发展翻身仗

主要经济指标赶超进位实现新突破,荣获广西高质量发展进步县称号。据统计,2020年全县地区生产总值同比增长5.2%,增幅比全市高3.1个百分点,排全市第一。固定资产投资同比增长10.6%,排全市第二。全年争取上级转移支付22.6亿元、专项债券1.9亿元。乡村振兴开局良好。集中整治农村乱占耕地建房和耕地"非粮化"问题,全年粮食种植面积达41.1万亩,同比增长4.4%。全年生猪出栏26.1万头,同比增长0.8%。"红色记忆·梨李飘香"田园综合体被认定为第一批市级五星级田园综合体。荣获2020年桂林市乡村振兴"综合评价好"及乡村振兴优秀县荣誉。工业振兴稳中有进。新建标准厂房7.6万平方米、收储园区土地896亩,投入园区基础设施建设资金6000万元。实施"绿色通道"容缺审批改革,康雷石材、宸鸿木业等6个项目实现当年投产当年入规入统。新引进计划投资5000万元以上工业项目6个,其中亿元以上项目4个,新培育9家规上工业企业,完成市下达任务的225%。旅游"双创"成绩突出。全域旅游和旅游标准化创建获自治区授牌表彰。广西青少年体育竞训基地、广西球类运动中心竞训基地落户灌阳,体育中心田径场通过国家二类比赛场地验收,成功承办广西青少年篮球网球锦标赛等系列赛事。全年接待游客人次、旅游总消费分别是全年计划数的154.7%和146.3%。

(三)加快社会事业可持续发展

项目支撑更加有力。全年市级统筹推进重大项目完成年度投资计划的103.4%,自治区级统筹推进重大项目完成年度投资计划的113.6%。灌阳高中江东校区PPP项目获自治区绩效奖励。"三企入桂"招商新引进签约项目11个,计划总投资65.4亿元。民生指数持续向好。全年整合安排各级财政扶贫资金5.2亿元。投资9.3亿元全面完成区市级层面为民办实事项目。成立灌阳翰林教育基金,启用新残疾人康复中心和全民健身中心。圆满完成第七次全国人口普查工作。群众对政法队伍执法满意度排名全市第一。

在充分肯定成绩的同时,我们也要清醒地看到,我县经济恢复基础尚不牢固,经济总量偏小,产业结构不优,质量效益不高,工业仍是发展的最大短板;巩固拓展脱贫攻坚成果的任务依然艰巨;就业、教育、医疗、养老等方面还有不少困难;一些干部适应新常态、破解新难题、推动高质量发展的能力不强,对一些重大改革举措和政策落实不够到位,等等。对此,我们必须坚持问题导向和结果导向,采取有效措施加以解决。

## 二、"十四五"发展的主要目标和任务

"十四五"时期是我国开启全面建设社会主义现代化国家新征程、向第二个一百年奋斗目标

进军的第一个五年，也是我县推动高质量发展、实现赶超进位的关键期和大有可为、大有作为的重要战略机遇期。我们要切实增强机遇意识、危机意识，善于在危机中育先机、于变局中开新局，敢抓善成，加力赶超，在全面建设社会主义现代化新征程中谱写灌阳发展新篇章。

《中共灌阳县委员会关于制定国民经济和社会发展第十四个五年规划和二〇三五年远景目标的建议》提出了“十四五”时期经济社会发展的指导思想：高举中国特色社会主义伟大旗帜，坚持以习近平新时代中国特色社会主义思想为指导，深入贯彻党的十九大和十九届二中、三中、四中、五中全会精神，统筹推进“五位一体”总体布局，协调推进“四个全面”战略布局，深入贯彻习近平总书记对广西工作的重要指示精神，全面落实“三大定位”新使命和“五个扎实”新要求，围绕“建成生态经济可持续发展示范县”目标，坚定不移贯彻新发展理念，坚持稳中求进工作总基调，以推动高质量发展为主题，以深化供给侧结构性改革为主线，以改革创新为根本动力，以满足人民日益增长的美好生活需要为根本目的，统筹发展和安全，积极融入新发展格局，巩固拓展脱贫攻坚成果，强力推动工业振兴、乡村振兴、城乡统筹、文旅融合，加快推进文化建设、生态建设、社会建设，推进县域治理现代化，加快提高人民生活品质，实现经济持续健康发展，社会和谐稳定，建设富裕和谐美丽新灌阳，为“建设壮美广西　共圆复兴梦想”贡献灌阳力量，为与全国同步基本实现社会主义现代化奠定坚实基础。

《灌阳县国民经济和社会发展第十四个五年规划纲要》提出：到2025年全县地区生产总值突破102.6亿元，年均增长7.5%；工业总产值年均增速达8%以上，其中规上工业产值年均增速达10%以上；财政收入年均增长5%；固定资产投资、社会消费品零售总额分别年均增长10%、6%；粮食综合产能稳定在16万吨左右。

要实现上述目标，必须抓好五大重点任务落实。

（一）持续提高发展质效，构建现代产业体系

巩固一产发展优势。继续建好以“粮食、果蔬、禽畜、林药”为主的农业产业体系。打造超级稻产业带，进一步提升“南橙北李中雪梨”产业发展水平，着力抓好无公害、绿色生态有机蔬菜种植基地建设。发展壮大特色养殖产业，加快推进双胞胎二期生猪养殖全产业链项目，打造和巩固灌阳桂北冷水鱼优势区。鼓励和促进农业适度规模经营，力争到2025年培育农业龙头企业5家以上，创建农民合作社示范社30家以上，创建示范家庭农场20家以上。积极开展新型城镇化示范乡镇、田园综合体和现代特色农业示范区建设。到2025年，力争农业总产值突破50亿元。

推动二产壮大规模。以创建自治区级生态工业园区为契机，推动“3+N”①重点产业总量突破、结构优化、效益倍增，加快“一区两园三产业”创新发展、提档升级。到2025年完成园区土地收储4000亩、新建标准厂房20万平方米，完成工业技改投资、固定资产投资分别年均增长13%以上。实施龙头企业引进培育计划，培育壮大一批“链主”核心企业和生态龙头企业，力争实现本土石材企业上市零突破。到2025年，石材开采、加工及延伸产业链实现综合产值20亿元，硅基材料产业实现综合产值超30亿元，合金新材料产业综合产值20亿元，清洁能源产业实现综合产值10亿元；全县工业总产值年均增速达8%以上，其中规上工业产值年均增速达10%以上，力争打造百亿级园区、十亿级产业。

加快三产融合发展。加快以“红、古、绿”为核心的特色景区、精品旅游线路的开发建设，完善旅游点线面标准化建设，力争“十四五”新创AAAAA级AAAA级景区各1家以上、AAA级景区2家以上。重点加快推进长征国家文化公园（灌阳段）及县红色记忆游客集散中心、红色文化培训中心等重大项目建设。深挖世界瑶族发祥地文化内涵，打造瑶族同胞寻根问祖圣地，推动千家洞文旅度假区升级为国家AAAAA级旅游景区。继

①“3+N”：“3”是指黑白根大理石、石英砂硅基材料、合金新材料，“N”是指新能源发电、绿色食品加工等新兴产业以及传统产业。

续高标准办好“二月八”“六月六”等传统节庆活动，主动承接国家、区市各类体育赛事，打造户外运动特色品牌。到2025年，力争创成国家级全域旅游示范区，接待旅游人数突破500万人次、旅游总收入突破45亿元。

（二）持续优化空间规划，统筹城乡协调发展

深入推进以人为核心的新型城镇化建设，力争到2025年城镇化率达到42%以上。积极融入自治区“北联”开放格局，力推“一铁三高”建设，争取桂永郴赣红色高铁列入《国家中长期铁路网规划》，实现灌平高速公路通车，早日开工建成江永经灌阳至桂林高速公路、东安经全州至灌阳高速公路。进一步拉大拓宽县城框架，重点建设江东新区、瑶乡小镇、城南片区、高速路口片区，规划建设县城外环道路，加快形成以县城、新街一体化建设为中心，以文市、黄关为重点镇，以新圩、水车为次中心，以各行政村为节点，带动全县城乡一体化发展的格局。

（三）持续深化改革开放，营造优质发展环境

持续完善社会主义市场经济体制，打造高标准市场体系，稳步推进各项改革任务。加快简政放权，推动由行政分权向市场放权转变，由部门放权向社会放权转变。系统整合涉企审批、核准、备案流程，加快实现“多证合一”“一站式受理”。进一步深化商事制度改革，放宽市场准入，简化审批程序，加快推进企业简易注销登记改革。强化招商引资，以承接产业转移、资源开发、城市建设、园区建设为重点，谋划和储备一批关联度高带动性强的招商项目，力争到2025年引进亿元以上项目15个，千万元以上项目60个。

（四）持续提升人居环境，建设绿色生态强县

加快调整优化产业结构，持续推进农业、工业、建筑业、服务业绿色化发展，重点做好传统产业生态化提质改造，逐步提高新建建筑中绿色建材应用比例。加强对自然保护区、重点生态功能区、灌江国家湿地公园的保护力度，特别是依法规范矿产资源开发利用，坚决避免造成生态破坏。到2025年，力争所有乡（镇）实现基本无违建，森林覆盖率保持在76%以上，县城区环境空气质量优良率达到90%以上，县城污水处理率达99.6%以上，乡镇污水处理厂实现全覆盖，重点镇污水集中处理率和垃圾无害化处理率分别达70%、100%以上。

（五）持续增进民生福祉，扎实推动共同富裕

努力实现更加充分更高质量就业，确保“十四五”城镇登记失业率控制在5.5%以内。健全工资合理增长机制，实现居民收入增长和经济增长基本同步。持续增加镇村学校校舍、运动场所、远程教育等基础设施投入，逐步缩小城乡、校际差距。建成启用灌阳高中江东校区，通过义务教育优质均衡发展国家评估验收。力争到2025年全县学前三年毛入园率达92%，九年义务教育巩固率达98%，高中毛入学率达94%。全面提高医疗卫生康养服务水平和突发公共卫生事件的应急能力，建成启用县人民医院新住院楼和县疾控中心新综合楼，探索建立覆盖城乡居民的健康养老服务制度，完善殡葬公共服务体系。大力推进平安灌阳建设，做好信访维稳、社会治安、交通安全、公共安全、消防安全、应急管理、退役军人事务、安全生产、食品药品安全等工作，确保社会大局和谐稳定。

**三、2021年工作安排**

2021年我们肩负的发展改革任务十分繁重，必须以中央、自治区经济工作会议精神以及市委五届七次全会、县委十五届七次全会精神为指导，坚持稳中求进工作总基调，巩固拓展疫情防控和经济社会发展成果，扎实做好“六稳”工作，全面落实“六保”任务，推动经济平稳健康运行、社会大局和谐稳定，以优异成绩庆祝建党100周年。按照上述要求，我县2021年经济社会发展的主要预期目标为：地区生产总值增长7.8%以上；固定资产投资增长15%；社会消费品零售总额增长10%；城镇、农村居民人均可支配收入分别增长7.5%、10%。我们必须以“起步就要提速、开局就要争先”的奋斗姿态，以“实干就是能力，落实才是水平”的担当作为，全力以赴抓好以下八个方面工作：

（一）突出强龙补链，加快产业升级，着力推进工业振兴

一是培强产业优势。按照产业发展“3+N”布局要求，壮大提升石材产业。出台政策积极引导石材企业入园发展，推动石材产业朝着前端“五化”开采、中端精深加工、后端废渣循环利用，

向全产业链上下游延伸扩展。力争今明两年推动康雷公司作为灌阳本土企业在香港成功上市。加快发展石英砂硅基产业。依托我县拥有丰富的石英资源优势，在做强地德、金通等硅基产业项目的基础上，谋划引进一批新的包括光伏玻璃级的石英砂硅基龙头企业，将资源优势转变为产业优势、经济优势和技术优势，积极培育新的增长点。做大做强合金新材料产业。做稳做实远征、新视达、中电、恒丰一期生产经营，加快二期引进下游关联配套企业，由加工基础材料向精深加工产业链延伸转型。巩固提升新能源发电和绿色食品加工产业。加快中核汇能风能发电和风光一体化项目等一批新能源项目的落地、开工，确保康乐人粉业等农业龙头企业早日竣工投产，打造绿色食品新品牌。提升传统产业转型发展水平。实施传统产业“老树发新芽”工程，出台政策引导支持相关企业“二次创业”或转型升级发展，在加快传统优势产业转型升级中挖掘新动能，实现新发展。

二是壮大产业园区。坚持优化资源配置原则，引导强链、补链型企业项目落户园区。优化提升“一区两园三产业”空间规划和产业布局，创新园区绩效管理考核指标体系，推动园区高效率、差异化发展。加快产城融合，重点优先保障园区用地需求，提前抓好土地收储，留足发展空间，提升园区各类配套设施，为企业生产和员工生活创造良好环境。力争完成基础建设投入7000万元、新建标准厂房5万平方米、完成土地收储1000亩以上。

三是狠抓产业项目。全力推进一批重大工业产业项目，力争宸鸿木业、地德矿业、远征通信、康乐人方便米粉、恒丰易地搬迁等5000万元级技改项目达产满产，实现中景润集团、肯发矿业集团、百舸石材、辉煌石业、鸿鑫石材等亿元级强链型项目尽快动工，打造工业振兴新引擎。全年完成工业技改投资、固定资产投资分别增长13%以上，引进亿元以上工业项目4个，千万元以上项目7个，全年培育规上工业企业6家、“双百双新”企业1家以上。

（二）突出城乡统筹，加快融合发展，着力推进乡村振兴

一是健全城乡融合发展机制。加快做好全县国土空间规划(2020—2035年)编制工作。建立健全城乡统一的建设用地市场，用好城乡建设用地增减挂钩政策，力争在2025年土地出让收益用于农业农村比例达50%以上。完善农村融资机制，逐步实现农村资源变资产、资金变股金、农民变股东，增强农业农村融资能力。完善优先发展农村基础设施和基本公共服务机制，加快政策、资金、资本、生产要素等优先向农村基础设施和公共服务倾斜，不断提升农村现代化水平，逐步缩小城乡差距。

二是提高农业发展质效。优化农业产业结构。坚决落实粮食安全党政同责，以袁隆平院士工作站、神农稻博园超级稻核心示范区为依托，新建高标准农田1.5万亩以上，确保粮食播种面积和产量稳定。在“南橙北李中雪梨”产业布局基础上，调整优化区域布局、品种结构和熟期结构，巩固传统产业优势，适度引进新优品种，减少低端低效产品，提高水果供给侧质量水平。积极融入桂林市“十四五”果蔬发展规划，延续秋冬种奖补政策，推进城乡“保障性菜园”基地建设。继续发展规模生态养殖，推动双胞胎集团一期项目达产满产和二期项目尽快开工。提升农产品加工水平。培育壮大一批农产品加工龙头企业，鼓励企业向前端延伸带动各类新型农业经营主体建设原料基地，向后端延伸建设冷链物流和营销网络，打造上中下游全产业链体系。继续实施新型农业经营主体培育工程，力争全年新增自治区级龙头企业1家、示范合作社2家和示范家庭农场6家。提升农业品质品牌。持续推进“三品一标”认证、良好农业规范(GAP)认证，力争培育1个以上的农产品区域公用品牌，打造灌阳“红三宝”“绿三宝”等农产品特色品牌。

三是推进巩固拓展脱贫攻坚成果同乡村振兴有效衔接。过渡期内要保持现有主要帮扶政策总体稳定，逐步实现由集中资源支持脱贫攻坚向全面推进乡村振兴平稳过渡，协同推进142个行政村（社区）均衡发展。健全防止返贫动态监测和帮扶机制，对易返贫致贫人口及时发现、及时帮扶、动态清零。扎实做好易地搬迁后续帮扶工作，继续完善安置区配套基础设施、产业配套设施、公共服务设施。接续实施脱贫地区特色种养业提升

行动，深化拓展消费帮扶，统筹发挥公益岗位的就业援助作用。完善社会保障、社会救助、教育培训等综合性制度机制建设，有效阻断致贫因子，筑牢防贫“底板”。

四是实施城乡建设行动。突出村庄规划引领，因地制宜，尊重民意，立足现有基础，积极稳妥有序推进“多规合一”实用性村庄规划编制。全面推进农村新增宅基地和农房建设乡镇审批改革，集中推进城乡“两违”整治、农村乱占耕地建房专项整治行动，坚决遏制耕地“非农化”、防止“非粮化”。实施农村道路畅通工程，推行路长制，加强农村资源路、产业路、旅游路和村内主干道建设。实施农村人居环境整治提升行动，健全城乡垃圾分类收运处置体系，探索城乡环卫一体化第三方治理机制，加强农村改厕和农业面源污染治理。实施乡村风貌改造提升行动，推进“三清三拆”与“增减挂”“旱改水”有效衔接，突出重点景区景点周边及厦蓉高速(文市段)沿线19个村庄、2349栋农房风貌改造提升，打造14个精品示范村庄，完成观音阁新型城镇化示范工程和第二批田园综合体建设。实施乡村人才振兴行动计划，提升村“两委”干部治理乡村水平，培养壮大“土专家”“田秀才”和致富带头人队伍。

（三）突出全域建设，加快成果转化，着力推进旅游升级

一是提高全域旅游品质。巩固提升旅游“双创”建设成果，做优“红、古、绿”旅游精品线路，完善全域旅游格局，打造高端度假酒店、汽车旅馆和精品民宿群，提升游、住、行品质。大力发展旅游商品，补齐购物、娱乐短板。加快发展商务旅游、研学旅游、纪念旅游、探险旅游，促进新业态融合发展。依托湘江战役新圩阻击战酒海井红军纪念园，加快长征国家文化公园(灌阳段)建设，强化红色旅游景区导览人才培训，推动革命传统、红色教育、红色旅游向纵深发展。

二是营造高标准服务环境。坚持把旅游标准化建设作为一项战略性、长期性工作来抓，完善旅游集散中心、应急医疗救助点等配套设施，加快景区景点连通道路和停车场建设，完善提升“一键游灌阳”平台建设，加大从业人员培训力度，提高旅游服务质量和便利化水平。加强市场监管，开展游客集散地和景区景点日常巡查管理，健全旅游诚信体系。

三是推动旅游业消费升级。主动全面融入大桂林旅游圈，借助“广西人游桂林”等活动，积极拓展旅游市场。探索打造以“赏梨花·品桂剧”为主题的“梨花会”节日活动，继续办好“二月八”“六月六”等节庆，做到“月月有活动，季季有节庆”。积极对接承办全国山地户外运动锦标赛、广西青少年球类田径运动赛事，打造灌阳特色生态体育公园，推动文体旅融合发展。布局建设江东新区、城北片区消费商圈，优化提升大市场商业街，丰富云水瑶夜市业态。力争培育限上服务业企业3家以上。

（四）突出项目支撑，加快夯实基础，着力打造发展引擎

一是强化投资拉动。巩固提升“老基建”，布局推进“新基建”，实施重点建设项目80个以上，完成投资30亿元以上。建成灌平高速、县城绕城路、357国道等基础设施项目，加快瑶乡康养文旅智慧产业园、灌阳高中江东校区等民生项目建设。抓好重点河堤加固、灌区改造、中小型水库除险加固工程建设。加快乌石江流域水环境综合治理工程，启动牛湾河片区万亩“旱改水”工程，推进洞井瑶族乡、新街镇、灌阳镇、水车镇等相关河段整治工程。加快冷链物流、充电桩等基础设施建设。

二是狠抓招商引资。强化招商主体责任，持续开展节会招商，深入推进委托招商、园区招商，发挥异地商会作用，加强产业链招商。突出粤港澳大湾区、京津冀、长三角重点区域及“双百双新”重点领域，紧盯产业龙头、总部经济，深入开展“三企入桂”活动，强化签约项目履约率、资金到位率、开工率、竣工率考核，提高项目落地能力。全年引进“三企入桂”项目6个以上，亿元产业项目1个以上。

三是全力争取项目。继续盘活存量资产做大政府平台，精心策划包装一批专项债和PPP项目，多渠道争取政策性融资5亿元以上。积极向自治区争取将风力发电项目调出生态功能区产业负面清单，加快制定石英砂光伏玻璃产能置换方案并报批。

（五）突出生态优先，加快环境治理，着力推进绿色发展

一是打好污染防治攻坚战。巩固提升国家级重点生态功能区和自治区生态县创建成果，深入推进大气质量改善和污染防治，保持县城环境空气质量优良天数在360天以上。对标对表推动中央及自治区生态环境保护督察剩余问题整改销号。深入开展生态环境保护公益诉讼，持续高压打击非法采石采砂、非法排污、非法捕捞捕猎等违法行为。提升河湖长制综合管护水平。强化灌江重点流域环境治理和保护，狠抓饮用水水源保护、黑臭水体整治，确保主要河流和城市集中式生活饮用水水源地水质达标率达100%、受污染耕地和污染地块安全利用率达100%。坚持“谁污染谁治理、谁破坏谁恢复、谁损害谁赔偿”，开展重金属污染耕地治理、绿色矿山建设，推进全域国土综合整治试点。

二是提升生态系统质量。编制好国土空间规划三条控制线、环境质量底线、资源利用上线和生态环境准入清单。加强自然保护地生态保护与修复，加快灌江国家湿地公园试点项目建设，力争高标准通过国家验收；严格自然资源管理，推进自然资源保护性开发和集约高效利用；开展国土绿化行动，实施天然林保护，巩固退耕还林成果，加强野生动植物保护，全面推行林长制。

三是推动绿色低碳发展。抓好工业企业清洁生产和超低排放改造，加强重点耗能企业节能管理。大力发展新能源，积极发展循环经济和节能环保产业。完善主要污染物排放交易、企业环境污染责任保险机制。探索建立高效、清洁、低碳、循环的绿色制造体系，引导企业对照绿色制造体系实施贯标行动，促进产业发展生态化、生态建设产业化。倡导简约适度、绿色低碳生活方式。

四是促进资源高效利用。加快做好《矿产资源总体规划(2021—2025)》编制工作，完善黑白根大理石、石英砂硅基等非再生矿物资源利用规划，落实保护性开发要求。扎实推进“旱改水”和“增减挂”项目，严格把握复垦与利用、用地与保护的关系。建立健全生态环保执法检查机制，加强生产全过程节约管理，降低矿产资源、水、土地消耗强度，提高利用效率和效益。

（六）突出改革创新，加快破解瓶颈，着力增强动力活力

一是深化多领域改革。深化经济领域改革，完善重大事项和重点工作指挥部及专班制度，建立城乡建设用地空间弹性管控机制，健全统一规范的人力资源市场体系。深化社会领域改革，持续推进紧密型县域医共体试点建设、加快推进社区养老服务改革试点建设，加快殡仪馆、公墓山建设。深化农村集体产权制度改革，不断完善宅基地管理制度改革，持续推进供销社综合改革。深化综合执法改革，推动执法重心下移，规范市场秩序。

二是持续优化营商环境。要进一步深化商事制度改革，转变政府职能，释放市场活力，努力做到审批更高效、办事更便捷、成本更低廉。大力推广“互联网+政务”，加快政府服务网上办，进一步深化网上审批，优化简化审批流程。建成政务服务、公共资源交易、政务公开等职能集约化管理制度，进一步优化政务服务职能体系，实现线上线下所有政务服务职能单位与服务事项只进一扇门。提高政策服务能力，加强惠企惠民政策贯彻落实，让企业和群众充分享受政策。深入开展专项整治，切实解决项目建设、中介服务、办事环境等方面的痛点堵点问题。

三是抓好财税金融工作。落实积极的财政政策和稳健的货币政策，用好基金、租赁、政府平台公司等融资手段，大力支持实体经济和科技创新。继续践行“政府过紧日子、群众过好日子”的理念，做好开源与节流工作，继续盘活闲置资产与土地。强化县财政预算执行，实行零基预算和预算管理一体化，完善政府采购管理、国库集中支付制度，建立财政审计联动机制，促进预算绩效管理落地见效。完善政府平台公司管理制度，加大投融资力度，落实隐性债务化解措施，有序平滑缓释债务风险。

（七）突出共建共享，加快服务保障，着力改善民生福祉

一是加强就业和社会保障。落实就业优先政策，促进重点群体多渠道就业，城镇新增就业2901人，新增农村劳动力转移就业6631人。提高城乡低保标准和救助水平，加强特困群体兜底保障，做好退役军人事务工作。深入开展根治欠

薪专项行动，保障农民工合法权益。建立完善养老、孝老、敬老政策体系，满足多元化、多层次养老服务需求。大力发展慈善事业，关心关爱残疾人、计生特困家庭、农村留守人员。

二是优先发展教育事业。巩固全国义务教育发展均衡县成果，加快学前教育普及普惠发展。新增公办幼儿园园位300个、中小学学位700个，缓解普通高中大班额。支持民办教育、特殊教育发展。深化县管校聘改革，激发校长和教师队伍活力，减轻教师和学生负担。加强师德师风和平安校园建设，全面加强新时代少先队工作，重视青少年身体素质和心理健康教育。持续规范管理运行翰林教育基金。

三是推进健康灌阳建设。全面深化综合医改，加强公立医院绩效管理考核和医疗队伍建设。完善公共卫生体系，推动医疗领域特色专科、优势学科发展，提升医疗卫生服务能力，建立健全公共卫生事件监测预警和平战转换机制。深入开展爱国卫生运动。传承创新发展中医药、壮瑶医药事业。抓好常态化疫情防控，强化“外防输入、内防反弹”措施，严格人员管控、医院管理和冷链物流检疫等工作，加强物资、技术储备，提升应急处置能力，持续巩固疫情防控成果。

四是推进平安灌阳建设。树牢“隐患即事故”理念，着力推进城乡安全生产专项整治三年行动集中攻坚，深入排查整治安全风险隐患，建立健全问题隐患和制度措施清单，有效防范和遏制较大以上事故。完善基层群众自治制度，推进市域社会治理现代化，提升社会治理智慧化水平，深化运用“百米警务”机制，维护社会稳定安全。突出石材整治、项目建设、营商环境等重点领域，纵深推进扫黑除恶工作常态化。坚持和发展新时代“枫桥经验”，健全信访工作机制，完善调解联动工作体系，把矛盾纠纷化解在基层。切实将实事办实、好事办好，让人民生活一年比一年更红火。

（八）突出担当实干，加快政府建设，着力提升作风效能

一是强化政治担当。政府系统要把讲政治摆在更加突出位置，增强“四个意识”、坚定“四个自信”、做到“两个维护”，严守政治纪律和政治规矩，增强政治判断力、政治领悟力、政治执行力，不折不扣贯彻习近平总书记重要讲话和指示批示精神，确保党中央国务院、区市党委政府和县委决策部署落地见效。

二是坚持依法行政。带头尊法学法守法用法，提高运用法治思维和法治方式深化改革、推动发展、化解矛盾、维护稳定能力。严格依法履职，健全完善依法决策机制，规范决策流程，加强法治政府建设。依法接受县人大及其常委会监督，自觉接受县政协的民主监督，主动接受社会监督和舆论监督，强化审计监督。

三是加强廉政建设。深入落实全面从严治党要求，坚持贯彻中央八项规定及其实施细则精神，扎实做好政府系统党风廉政建设和反腐败工作。加强和改进督查工作，全面推进责任落实。切实转变作风，规范权力运行，大力整治形式主义、官僚主义，为全县经济社会持续健康发展提供坚强保证。

# 中国人民政治协商会议
# 灌阳县第九届委员会常务委员会工作报告

——2021 年 3 月 16 日在政协灌阳县第九届委员会第六次会议上

县政协主席 桂文英

## 一、2020 年工作回顾

2020 年，是极不平凡的一年。在中共灌阳县委的坚强领导下，县政协常委会以习近平新时代中国特色社会主义思想为指导，立足强党建、促履职、提质效、出精品，坚持发扬民主和增进团结相互贯通、建言资政和凝聚共识双向发力，胸怀“两个大局”，团结和带领全县政协系统，为灌阳县圆满完成脱贫攻坚目标任务、做好“六篇文章”、推进“六稳”工作，落实“六保”任务和全面建成小康社会，实现经济社会高质量发展贡献政协力量。

### （一）加强政治建设，凝聚思想共识

始终把政治理论学习摆在突出重要的位置，坚持把习近平新时代中国特色社会主义思想作为指导政协各项工作的总纲，通过召开专题学习会议、开展主题党日活动、订阅报纸杂志、进行专题培训学习等多种形式，积极组织政协委员、政协机关干部职工深入贯彻学习党的十九大精神、十九届二中、三中、四中、五中全会精神，习近平总书记关于加强和改进人民政协工作的重要思想，及时学习各级党委关于加强人民政协工作的有关文件，深入学习领会人民政协工作内涵，以学习培训促进委员们履职提质增效，凝聚社会各界思想共识，增强“四个意识”，坚定“四个自信”，使得维护党的统一领导和维护党的领导权威成为委员们的自觉行动。

### （二）围绕中心，积极助推经济社会发展

县政协坚持把促进发展作为履职的第一要务，注重发挥政协优势，积极参政议政，为促进我县经济社会发展献计出力。

建言献策落地有声。县政协把九届五次会议上委员们围绕政府工作报告等报告提出的涉及文化旅游、城市建设管理、脱贫攻坚等八个方面 30 条意见和建议进行汇总，并整理成《政协灌阳县第九届委员会第五次会议小组讨论意见建议汇总》，转交给县委、县政府。其中增加教育投入、加快棚户区改造建设、积极落实好粮食生产恢复工作，推动“退果还粮”有序进行等意见和建议被县委、政府采纳，得到了群众好评。

调研活动扎实有效。县政协组织委员到桂林康乐人粉业有限公司、灌阳县恒宇金属科技有限公司、广西康雷有限公司黑白根高新产业园、灌阳地德新材料科技有限公司、桂林远征通讯科技有限公司等企业进行调研，对精准扶贫、全域旅游发展、乡村振兴、工业振兴等工作提出对策和建议。围绕县委提出的做好“富农强工、崇文重教、兴旅美城”六篇文章，组织政协委员进行了调研和座谈，委员们对全县的发展积极建言。

助推脱贫攻坚工作。广泛凝聚脱贫攻坚委员力量，把脱贫攻坚作为头等大事和第一民生工程抓好落实，县政协领导带头深入脱贫攻坚第一线，认真对照贫困村“十一有一低于”和贫困户“两不愁三保障”的脱贫摘帽标准扎实开展帮扶工作，争取帮扶项目和资金，协调解决问题和困难，尽心尽力做好助农脱贫增收。2020 年 6 月，县政协为帮扶联系村三江村争取实施的太阳能路灯项目竣工投入使用，实施村级主干道“点亮工程”深入民心，受到三江村村民的热烈点赞。三江村党支部书记在县政协机关党支部开展的“脱贫感党恩　奋进新起点”主题活动中，深情回顾五年来县政协对该村的帮扶成果，与会人员深受感染，活动获《广西政协报》报道。同时，政协委员们在继续深入推进“就业脱贫　委员行”活

动中再展风采。

联系重大项目工作有序推进。县政协班子成员认真落实县委对全县重大项目的统一部署，为促进全县经济社会发展鼓实劲、出实力、干实事。班子成员牵头联系风电建设项目、水利建设项目以及县人民医院住院综合楼、文市石林及月岭古民居景区基础设施文旅项目建设等重大项目，经常到现场调研，化解矛盾，协调推进，所联系的重大项目都按县委的要求有序推进。按照县委的切块分工，政协班子成员参与农业农村、文化旅游、宣传教育、招商引资、社会稳定等重要工作，求真务实，扎实肯干，为全县各项工作的推进，做出了积极的贡献。2020年，我县创建全域旅游示范县取得成功，被授予“广西全域旅游示范区”荣誉称号。

参与疫情防控工作，展现责任担当。2020年年初疫情来临，县政协迅速行动起来，把深入开展疫情防控工作作为践行初心、担当使命的实际行动，领导干部靠前指挥，奋战在抗疫一线，充分利用政协联系广泛的优势，全力打好疫情防控阻击战。县政协全体干部职工取消春节假期，主动投身到疫情防控一线，机关党支部全体党员纷纷慷慨解囊，积极主动捐款用于疫情防控。第一时间向全县政协委员发出《致全县政协委员的一封信》，开展“抗击疫情　委员行动”活动，号召委员们投身疫情防控。信件发出后，各政协委员积极响应号召，纷纷踊跃捐款捐物。据不完全统计，灌阳县政协委员和委员企业在疫情期间累计捐款捐物达40余万元；多方努力协调支持，帮助委员、委员企业克服困难，复工复产。

县政协常委伍宇第一时间创办桂林市合兴医疗科技有限公司并投产，被列入自治区疫情防控物资保障重点企业，具有向国外出口KN95口罩的资质。疫情期间该企业向自治区供应了39万副医用隔离眼罩，完成自治区防疫物资征收32万只口罩任务，完成桂林市复工复学口罩征收100万只，向社会各界捐助105万只口罩及其他防疫物资一批，为全面抗击疫情、复工复产复学做出了积极贡献。

县政协在疫情防控工作中的表现得到县委、县政府的充分肯定，并被桂林市政协评为全市政协系统疫情防控先进集体，伍宇、陈建中、赵成铁、蒋风萍4名委员获全市政协系统疫情防控先进个人荣誉称号。

（三）关注民生，大力促进社会和谐

县政协始终把实现好、维护好、发展好最广大人民群众的根本利益作为政协履职的出发点和落脚点，积极反映群众意愿，引导政协委员主动参与社会实践和脱贫攻坚，积极开展社会救助，扶贫济困，彰显爱心。

认真抓好提案工作，并召开专题会研究提案办理工作。政协九届五次会议共收到提案46件，立案40件。涉及扶贫、交通、文化、教育、经济、环保、治安等方面，县政府于2020年7月3日召开了交办工作会议，将政协九届五次会议的提案交给有关部门进行办理，全年共召开专题研究会6次，重点提案督办座谈会5场，全部提案已于12月底前办理完毕。12月30日，在湘江战役新圩阻击战酒海井红军纪念园陈列馆一楼报告厅举行了一场参会人员覆盖广泛的重点提案督办座谈会，与会人员围绕灌阳县政协本年度重点提案之一的《关于如何发展好灌阳红色文化教育培训工作的提案》办理落实情况进行交流发言，并就如何以红色旅游为主线助推全县全域旅游发展作深入探讨，提出了一系列操作性、可行性较强的意见建议，县政协及时将意见建议整理转交县政府，为全县文旅发展献计出力。

（四）勇于创新，努力拓宽履职渠道

县政协始终把创新作为政协工作发展的动力之本、活力之源，在履职实践中与时俱进，努力增强我县政协工作的实效性和影响力。

扎实推进“工业振兴　委员行动”“引企入桂　委员行动”“乡村振兴　委员行动”活动。2020年，县政协在桂林市政协的指导下创造性地开展“工业振兴　委员行动”“引企入桂　委员行动”“乡村振兴　委员行动”活动，以搭建“灌商回灌”平台作为上述活动的切入点和政协服务经济工作的重要抓手，密切与外地灌阳商会联系，切实落实“灌商回灌”工作，为“引企入桂”、乡村振兴添砖加瓦；赴深圳、柳州等地考察联络，邀请在外发展的灌阳籍人士回灌阳投资创业。不断完善县政协领导联系委员企业制度，帮助企业调思路、找对策、谋发展，以工业繁荣发展助推乡村振兴步伐迈得更大。召开“引企入桂　委员行动　助推工业振兴”现场推进会，组织部分政协常委和经济界委员走基层、进企业，加大对企业的服务力度，在助推县域经济工作中彰显价值。“政协搭桥　委员牵线‘灌商回灌’助推灌阳工业振兴”的做法在全区“引企入桂　委员行动”工作推进会上作了典型发言，经验材料在《广西政协报》、广西政协网报道。持续跟进“乡村振兴　委员行动”活动，积极在助推特色产业发展、基础设施上档升级、乡村生态宜居、乡村文化建设、乡村治理、脱贫攻坚、农业田园综合体建设、助推基层党建等方面建言献策，发挥委员作用。撰写的《关于全面实施乡村振兴战略的几点思考》在《广西政协报》、广西政协网、《广西政协工作》刊载。

（五）联络联谊，注重搭建交流平台

县政协发挥政协独特优势，坚持以联络联谊为抓手，搭建平台、促进和谐、汇聚力量，增强与各地政协的交流。

2020年，接待了融安、环江、江西于都和自治区政协、桂林市政协等区内外政协调研组到灌阳考察交流。在县工商联试点建设我县首个“政协委员工作站”，为服务政协委员更好履职提供场地，使政协委员有了温暖的根据地。

2020年，县政协在桂林市政协的指导下开展“双联双创”活动，按照分工和联络组设置，实行主席会议成员联系常委、常委联系委员，同时实行专委会联系联络组，联络组委员联系群众。每名主席会议成员联系3～5名常委、每名常委联系1～10名委员，每个专委会联系3～5个联络组、每个联络组委员联系若干群众。通过活动的开展，在工业振兴、社情民意、创业创新等方面取得了很好的成效。

（六）唱响主旋律，传播政协“好声音”

高度重视意识形态工作，坚持唱响主旋律，理论研究和宣传工作取得突破性成绩，文史资料征集编撰工作圆满完成，文史馆建设工作有条不紊推进。县政协领导班子专题研究部署理论研究和宣传工作，出台《灌阳县政协2020年宣传工作方案》，专题召开宣传工作会议，组织委员及政协机关干部职工撰写理论文章5篇，其中1篇入选桂林市政协理论文集。在《广西政协报》《广西政协工作》等主流媒体刊登各类稿件30余篇。荣获桂林市政协系统理论研究二等奖、宣传工作二等奖，实现了灌阳县政协理论研究及宣传工作质的飞跃。

（七）抓好党建，发挥党组织的核心领导作用

县政协党的建设工作坚持党要管党、从严治党的方针，围绕加强政协党组织的核心领导作用，坚持抓好思想政治建设、组织制度建设和作风建设等“三大建设”。

坚持党对政协工作的领导。严明党的政治纪律和政治规矩。县政协党组以高度的政治自觉履行管党治党主体责任，切实加强政治纪律教育，引导政协机关干部和广大委员自觉追求高线、严守底线、不越红线，做政治上的“明白人”。

全面贯彻中央和区、市党委决策部署。及时传达贯彻落实中央和区、市党委重要会议、重要文件精神，确保政令畅通。紧跟县委的节奏，加强政协工作与县委工作的有效衔接，根据县委决策部署思考、谋划和推进政协工作，做到中心不离、方向不偏、步调不乱、工作不懈。

抓好党的组织生活。深入贯彻落实《关于新形势下党内政治生活的若干准则》，从严从实抓好“三会一课”，党组成员认真履行“一岗双责”，过好双重组织生活，以党员身份参加“三会一课”和“主题党日”活动，为机关党员讲党课，发挥好表率示范作用。

县政协党组、机关党支部按时召开民主生活会，认真查找班子和个人工作中的不足与存在的问题，认真开展批评与自我批评，针对征求到的意见建议制定整改措施，并一一进行整改，提高了班子的凝聚力和战斗力。

落实责任，抓好党风廉政建设。县政协坚持将贯彻落实中央八项规定精神、纠正“四风”作为加强党风廉政建设的重要内容，长抓长管；按照全面从严治党的要求，狠抓中央八项规定和纠正

"四风"问题的落实。

各位委员，回顾2020年，我们克服了疫情影响，取得了系列成效。更重要的是收获了宝贵经验，那就是：必须始终坚持党对政协工作的全面领导，我们才能在时代发展的浪潮中保持定力；必须始终坚持改革创新，我们才能增强履职本领；必须始终坚持人民政协为人民，我们才能实现"有事好商量、众人的事众人商量"。

各位委员、同志们，成绩来之不易，得益于县委的坚强领导，得益于全县各级党委、政府和社会各界的热情支持，大力帮助，得益于广大政协委员和政协机关工作人员担当实干、奋发有为。在这里，我代表县政协常委会向大家表示崇高的敬意和衷心的感谢！

同时，我们也清醒地认识到工作中还存在一些差距和问题，主要是：推动解决"两个薄弱"问题的力度还有待加强；协商民主的制度建设在更加成熟、更加定型上仍有差距；民主监督的形式和效果不够丰富；委员履职的管理和考核不够严格等等。面对这些问题，我们将认真研究解决。

**二、2021年：聚焦"十四五"开局起步履职尽责**

2021年是中国共产党建党100周年，也是全面建设社会主义现代化国家和实施"十四五"规划的开局之年，人民政协要坚持以习近平新时代中国特色社会主义思想为指导，全面贯彻党的十九大和十九届二中、三中、四中、五中全会精神，胸怀"两个大局"，把握新发展阶段、贯彻新发展理念、构建新发展格局，坚持发扬民主和增进团结相互贯通、建言资政和凝聚共识双向发力，广泛团结动员参加人民政协的各党派团体和各族各界人士，紧紧围绕中共灌阳县委十五届七次全会提出的目标任务履职尽责、凝心聚力，为"十四五"开好局起好步集聚众智、汇聚众力。

（一）以庆祝中国共产党成立100周年为重点，强化思想政治引领

综合运用常委会会议集体学习、党组理论学习中心组、委员送理论下基层等多种形式，加强以中共党史为重点的"四史"教育。结合政协实际做好委员宣讲、专题视察考察、理论研讨等工作。通过学习和教育引导，让全体委员切实增强政治认同、思想认同、理论认同、情感认同，坚定不移跟党走、携手奋进新征程。

（二）以服务"十四五"规划实施为主线，增强协商建言实效

按照中共灌阳县委十五届七次全会提出的决策部署和目标任务，认真组织实施民主协商，发挥专门协商机构作用，全力助推《灌阳县国民经济和社会发展第十四个五年规划和二〇三五年远景目标》落实落地。瞄准我县工业振兴、巩固脱贫攻坚成果与乡村振兴有效衔接等重大问题开展调研协商活动。围绕提案落地见效等开展民主监督。坚持系统观念，加强宏观经济形势前瞻分析，力求提出"真知灼见"，为县委和政府决策提供可靠参考。

（三）以人民利益为出发点，坚持履职为民

以满足人民群众日益增长的美好生活需求为根本目的，聚焦民生领域的热点问题，紧扣就业、教育、医疗、养老、住房、环境等实际问题开展调查研究，提出对策建议，推动解决问题。通过提案、调研报告、议政协商、社情民意信息等渠道，及时反映各个阶层、各个群体的意见和诉求，帮助维护群众合法权益，促进社会公平公正。动员和组织社会各界爱心人士多做雪中送炭、扶贫济困的工作，真心为贫困群众和弱势群体办实事、做好事。协助县委、县政府做好理顺情绪、化解矛盾的工作，切实把人民政协的制度优势转化为地方治理效能。

（四）以增进大团结大联合为目标，着力凝聚智慧力量

通过联合调研、共同举办协商活动等方式，为民主党派、无党派人士在人民政协更好发挥作用创造条件。贯彻落实《全国政协关于加强和促进人民政协凝聚共识工作的意见》，进一步深化"双联双创"活动。完善谈心谈话制度、联系党外委员制度，加强同党外知识分子，非公有制经济人士、新的社会阶层人士的沟通联络，探索建立参政议政人才库，研究建立邀请代表人士参加重要协商活动机制。

（五）以推进制度落实为抓手，提高工作成效

落实关于加强新时代人民政协党的建设工作

的若干意见等制度规定，加强政协党组、机关党支部党建工作，全面落实从严治党要求，切实把“不忘初心·牢记使命”作为党的建设的永恒课题，作为党员干部加强党性锻炼的终身课题。落实党风廉政建设“一岗双责”，抓好意识形态工作，大力倡导担当为要、奋斗为荣的工作作风，牢固树立“实干就是能力、落实才是水平”的工作理念，持续改进会风文风，坚决克服形式主义、官僚主义，厉行节约，把政协机关打造成守纪律、讲规矩、重品行的模范政治机关。

政协委员是界别群众的代表、政协工作的主体，影响大、关注高、责任重。今年是我县政协的换届之年，我们要在县委的坚强领导下，认真做好换届的相关工作，确保换届工作风清气正，选出人民需要、担当尽责的新一届政协委员：一是肯担当，坚持为国履职、为民尽责；二是善担当，自觉加强学习，不断提高素质；三是真担当，坚持政治立场不含糊，政治原则不动摇，关键时刻靠得住。

各位委员，站在“两个一百年”奋斗目标历史交汇点上，人民政协使命光荣、责任重大，让我们更加紧密地团结在以习近平总书记为核心的党中央周围，高举中国特色社会主义伟大旗帜，在中共灌阳县委的领导下，发扬为民服务孺子牛、创新发展拓荒牛、艰苦奋斗老黄牛的“三牛”精神，奋力开创新时代人民政协事业新局面，为建设富裕和谐美丽新灌阳做出新的更大贡献！

# 大 事 记

## 1月

**5日** 自治区人民政府副主席、公安厅厅长周成方到灌阳县走访慰问部分残疾人、困难党员、道德模范、先进科技工作者、退役伤残军人、特困人员和贫困户。

**7日** 市人大代表、市委常委、统战部部长王建毅到灌阳县文市镇大湾村人大代表联络站开展“助力清水行动,打好水污染防治攻坚战”主题活动。

**同日** 灌阳县在县委三楼会议室组织收听收看全市政协工作会议。

**8日** 2019年度基层党(工)委书记落实管党治党主体责任述职评议会议在县公安局会议室召开。

**9日** 中国共产党灌阳县第十五届委员会第六次全体(扩大)会议在县会议中心召开。

**9日至10日** 市司法局到灌阳县调研了解领导干部学法用法联系点工作情况。

**13日至15日** 县政协主席桂文英带领考察小组到来宾市、云南个旧市考察锡业产业链。

**17日** 洞井瑶族乡椅山村、新圩镇小龙村、灌阳镇大仁村入选第一批国家森林乡村。

**22日** 县委书记周春涌到县人民医院检查灌阳县新型冠状病毒感染肺炎疫情防控工作。

**同日** 灌阳县2020年“金猪报捷 瑞鼠迎春”春节联欢晚会在县会议中心举办。

**同日** 灌阳县2020年春节团拜会在县委三楼会议室召开。

**26日** 县长卢嵩主持召开新型冠状病毒感染的肺炎疫情防控工作会议,并到灌阳县人民医院调研灌阳县新型冠状病毒疫情防控工作。

**29日** 市委督查组到灌阳县督查新型冠状病毒感染引起的肺炎疫情联防联控工作。

**同日** 县人大常委会主任余桂兰到新圩高速路口、文市高速路口、文市进出广西道口、文市进出全州道口、新圩进出全州道口等新型冠状病毒感染的肺炎防控体温检测点指导疫情防控工作。

2020年1月22日,灌阳县2020年春节团拜会在县委三楼会议室召开

罗融检 摄

## 2月

**1日** 县委书记周春涌到灌阳镇检查指导新型冠状

2020年2月5日，灌阳县水车镇修睦村采摘驰援湖北武汉的爱心蔬菜　　罗融检　摄

病毒感染的肺炎疫情联防联控工作。

**同日**　灌阳县新型冠状病毒感染的肺炎疫情防控工作指挥部物资保障工作会议在县政府三楼会议室召开。

**3日**　市委常委、纪委书记古国章，副市长谢灵忠到灌阳县督导新型冠状病毒感染的肺炎疫情防控工作。

**5日**　县人大常委会主任余桂兰到新圩镇2个检测点及相关村委会调研新型冠状病毒感染的肺炎疫情防控工作。

**6日**　县政协主席桂文英到新街镇派出所、卫生院、葛洞村、石丰村等地督导新型冠状病毒引起的肺炎疫情防控工作。

**同日**　灌阳县灌阳镇、水车镇、西山瑶族乡支援武汉的30吨爱心蔬菜由中国邮政集团公司灌阳分公司通过自治区人民政府开设的"广西（桂林）驰援湖北果蔬专列"发往武汉。

**9日**　灌阳县企业复工复产工作协调会在县政府三楼会议召开，会议对企业复工复产涉及的交通出行、疫情防控、防疫物资调配等问题进行分析和讨论。

**13日**　副市长谢灵忠到灌阳县新圩镇和睦村、城中社区、灌阳县疫情防控指挥部督导新型冠状肺炎疫情防控工作。

**15日**　县长卢嵩到"双百双新"科技产业园、康乐人粉业及357国道、新体育中心、移民初中、千家洞旅游度假村等项目建设现场调研复工复产情况。

**16日**　灌阳县组织收听收看全市疫情防控督查整改工作布置视频会。

**17日**　灌阳县在县电信四楼会议室收听收看全区、全市做好新型冠状肺炎疫情防控期间脱贫攻坚工作视频会议，并安排部署灌阳县新型冠状病毒肺炎疫情防控期间的脱贫攻坚工作。

**19日**　灌阳县在县政府四楼会议室召开新型冠状肺炎疫情防控工作领导小组指挥部会议。

**25日**　灌阳县在县电信四楼会议室组织收听收看全国春季农业生产工作电视电话会。

**27日**　灌阳县2020年决战脱贫攻坚大会在县会议中心一楼会议室召开。

## 3月

**2日**　灌阳县在县教育局七楼会议室组织收听收看全区应对新冠肺炎做好2020年春季开学工作及全区县域义务教育均衡发展迎"国检"工作电视电话会议。

**3日**　市水库移民局到灌阳县易地扶贫搬迁集中安置点调研扶贫车间复工复产情况。

**5日**　灌阳县在县电信公司四楼会议室组织收听收看2020年全区地方志机构主任工作会议暨志鉴编修"两全目标"决胜动员电视电话会议。

**7日**　市委常委、宣传部部长、副市长韦凤云携广西旅游规划设计院专家组到灌阳县调研长征国家文化公园（广西段）建设保护规划工作。

**9日**　县委书记周春涌、县长卢嵩带领灌阳党政考察团到桂林市经济开发区考察学习。

**10日**　灌阳县在县电信四楼会议室组织收

2020年3月3日，市水库移民局到灌阳县易地扶贫搬迁集中安置点调研扶贫车间复工复产情况　　唐显才　摄

听收看全区复工复产和经济运行分析调度工作电视电话会议。

**同日**　灌阳县在县电信四楼会议室组织收听收看全国森林草原防火工作电视电话会议。

**11日**　县人大常委会主任余桂兰到水车镇和新街镇调研疫情防控和复工复产工作。

**12日**　自治区发改委到灌阳县实地调研灌阳县中央预算内投资项目、自治区层面统筹推进重大项目及重点企业复工复产情况。

**13日**　灌阳县民营企业座谈会在红豆杉国际大酒店二楼会议室召开。

**18日**　县委书记周春涌到灌阳镇雷坪村、仁合村调研脱贫攻坚工作，并走访结对帮扶贫困户。

**同日**　灌阳县第十六届人大常委会第二十三次会议在县人大六楼会议室召开。

**同日**　灌阳县委、县政府启动全民免费口罩发放仪式，共计免费发放60万个口罩给全县城乡居民。

**23日**　县政务服务中心开展县长服务企业日活动，县长卢嵩到现场为企业解决实际问题。

**24日**　自治区台办主任李东兴到灌阳县台资企业走访慰问台商、台胞、并就惠台企业各项措施落实情况进行调研。市委常委、统战部部长王建毅陪同调研。

**26日**　桂林市督查组到灌阳县对全县工业企业、服务业和重大项目建设等复工复产准备工作、中小学复学准备工作、境外返灌入灌人员管理防控情况进行专项督查。

**27日**　自治区党委党校副校长、一级巡视员李彦明一行到灌阳县对灌阳县委党校（行政学校）工作情况进行调研。

**同日**　灌阳县在电信四楼会议室组织收听收看全区、全市食品安全委员会全体（扩大）视频会议。

**30日**　灌阳县创建广西全域旅游示范区工作领导小组指挥部成员会议在县会议中心十楼会议室召开。

**同日**　灌阳县纳入自治区“十四五”规划相关工作会议在县会议中心十楼会议室召开。

## 4月

**1日**　灌阳县学校新冠肺炎疫情防控应急演练在红旗中学举行。

**3日**　灌阳县在县委三楼会议室组织收听收看中央脱贫成效考核反馈广西意见整改工作电视电话会议。

**8日**　县长卢嵩到灌阳县高级中学和红旗中学，对新冠肺炎疫情防控和备考工作进行督查指导。

**13日**　县政协主席桂文英到新街镇三江村调研扶贫工作。

**14日**　灌阳县在酒海井红军纪念园举行“助力文旅企业复苏　巩固脱贫攻坚成果”活动启动仪式。

**15日**　县人大常委会主任余桂兰到灌阳镇调研人大代表履职情况和脱贫攻坚工作。

**16日**　自治区应急管理厅到新街镇调研“16133”综合应急职能服务体系工作。

**同日**　市督查组到灌阳县专项督查新型城镇化示范乡镇建设工作。

2020年4月16日，桂林市城乡建设用地增减挂钩工作现场会在灌阳县召开　　唐显才　摄

**16日至17日**　桂林市城乡建设用地增减挂钩工作现场会在灌阳县召开。

**20日**　市委常委、统战部部长王建毅到灌阳县灌阳镇、新圩镇调研脱贫攻坚工作。

**21日**　市长秦春成到灌阳县调研灌阳县经济社会发展和脱贫攻坚工作，并在县政府四楼会议室召开座谈会。

**22日**　市政协党组成员、副主席钟麟到灌阳县专题调研文化旅游和康养融合发展项目。

**同日**　市政协副主席蒋昌桂到灌阳县对重点提案督查的农产品“三品一标”内容及“乡村振兴委员行”活动开展情况进行调研。

**24日**　县委书记周春涌到灌阳镇调研基层党建、脱贫攻坚和乡村振兴工作。

**同日**　国家统计局桂林调查队到灌阳县对粮食生产、畜牧业生产、基层统计基础工作等进行调研指导。

**同日**　灌阳县扫黑除恶专项斗争推进会在县会议中心十楼会议室召开。

**28日**　灌阳县第十六届人大常委会第二十四次会议在县人大六楼会议室召开。

**同日**　灌阳县第十五届纪律检查委员会第五次全体会议在县会议中心一楼会议室召开。

**29日**　市政协副主席唐修璇到文市镇联合村调研脱贫攻坚工作。

**30日**　灌阳县第十六届人民政府第四次全体（扩大）会议在县会议中心召开。

## 5月

**6日**　县政协主席桂文英到文市镇调研文旅复苏工作。

**7日**　灌阳县2020年优化营商环境工作推进会在县委三楼会议室召开。

**同日**　市人大常委会副主任李滨率人大代表建议督办工作组到灌阳县，就市五届人大五次会议期间余桂兰等5位代表提出的《关于统筹红色文化资源，打造桂林红色旅游品牌的建议》进行实地督办调研。

**9日**　2020年灌阳县重大项目推进会在县会议中心十楼会议室召开。

**12日至14日**　政协灌阳县第九届委员会第五次会议在县会议中心召开。

**12日至13日**　自治区投资促进局联合驻商务厅纪检监察组到灌阳县开展2020年扶贫领域监督执纪专项检查工作。

**13日至15日**　灌阳县第十六届人民代表大会第五次会议在县会议中心召开。

**同日**　灌阳县在县卫健局六楼会议室组织收听收看全区提升新冠病毒检测能力工作视频调度会。

**18日**　自治区文旅厅到灌阳县开展旅游扶贫领域腐败和作风问题工作督导检查。

**同日**　市人大检查组到灌阳县开展公益性诉讼案件执法工作情况调研。

**19日**　灌阳县2020年宣传文化暨精神文明建设工作推进会在县委三楼会议室召开。

**同日**　灌阳县扶贫开发领导小组第三次全体会议暨脱贫攻坚（集体）提醒约谈工作会议在县委三楼会议室召开。

**同日**　市脱贫攻坚调研指导组到灌阳县调研

2020年5月20日，灌阳县境内强降雨造成道路毁坏　唐子婷　摄

指导脱贫攻坚工作，并在县会议中心十楼会议室召开脱贫攻坚座谈分析推进会。

**20日**　灌阳县新冠肺炎疫情防控指挥部工作会议在县政府四楼会议室召开。

**同日**　灌阳县境内多地出现暴雨，局部大暴雨。截至5月20日17时，全县有6个区域气象观测站雨量超100毫米，雨量最大135.5毫米。强降雨造成部分乡镇农田、道路、房屋、桥梁等不同程度受灾。

**21日**　市人大常委会主任张晓武到灌阳县走访看望市人大代表，并调研灌阳县经济发展情况。

**同日**　县长卢嵩到西山瑶族乡、黄关镇和新街镇检查防洪抗灾工作。

**同日**　市应急管理局到灌阳县调研应急工作。

**26日**　自治区副主席、公安厅厅长周成方到灌阳县调研脱贫攻坚、维稳及司法等工作。

**同日**　灌阳县少先队员工作会议在县委三楼会议室召开。

**同日**　灌阳县在县委三楼会议室组织收听收看全区深化农村金融改革推进会暨二季度金融运行分析电视电话会。

**同日**　自治区工商联到灌阳县调研民企工作。

**28日**　灌阳县贯彻《广西壮族自治区中长期青少年发展规划(2018—2025年)》实施工作联席会议第一次全体(扩大)会议在县会议中心十楼会议室召开。

**30日**　灌阳县在县委三楼会议室、政府三楼会议室和县发改委三楼会议室组织收听收看全区传达贯彻全国“两会”精神电视电话会议。

## 6月

**2日**　自治区人大常委会副主任、市委书记赵乐秦到灌阳县调研脱贫攻坚和经济社会发展工作。

**同日**　灌阳县第七次全国人口普查领导小组工作会议在县政府四楼会议室召开。

**3日**　县政协主席桂文英到灌阳县新街镇调研危房改造工作。

**4日**　市检查组到灌阳县新圩镇、灌阳镇检查田园综合体建设情况。

**同日**　市医疗保障局到灌阳县调研指导医疗扶贫、医保信息系统切换上线工作。

**5日**　灌阳县创建自治区卫生县城工作推进暨业务培训会在县卫生健康局七楼会议室召开。

**同日**　灌阳县在电信四楼会议室组织收看收听全区住房建设重点工作电视电话会议。

**9日**　自治区农机服务中心主任韦周凡到灌阳县黄关油茶产业核心示范区调研指导“广西油茶生产全程机械化创新示范基地”建设项目实施推进工作。

**同日**　市委常委、统战部部长王建毅到灌阳县水车水库、工业园区和受灾较重的黄关镇正江村检查指导防汛救灾工作。

**9日至10日**　贺州市考察团到灌阳县考察交流医联体建设工作。

**10日至11日**　市卫健委到灌阳县相关企业开展综合监督执法检查。

2020年6月10日，贺州市考察团到灌阳县考察交流医联体建设工作
唐子婷　摄

帽总结表彰暨2020年决战决胜脱贫攻坚推进会在县会议中心一楼会议室召开。

**22日**　县长卢嵩现场办公协调解决易地扶贫搬迁后续扶持和控辍保学有关整改工作。

**22日至24日**　“决战决胜走基层　总攻之势大采访”——千名记者一线行采访团到灌阳县开展脱贫攻坚采访活动。

**23日**　桂林银行党委书记、董事长、行长吴东到灌阳县走访调研银企业务合作工作。

**同日**　自治区评估验收组到灌阳县开展县级融媒体中心评估验收工作。

**24日**　灌阳县翰林教育基金会集中捐赠仪式（第一期）在县会议中心举行，此次活动共筹集善款5000多万元。

**26日**　灌阳县在县委三楼会议室组织收看收听2020年全市禁毒工作电视电话会议。

**28日**　县委书记周春涌参加“七一”慰问活动，走访看望部分党员。

**12日**　灌阳县2020年县、乡、村三级扶贫信息员培训班在县会议中心一楼会议室举办。

**13日**　灌阳县落实2020年稳定粮食生产七条措施现场观摩会在水车镇同德村、新圩镇和睦村、洞井瑶族乡椅山村召开。

**15日**　县人大常委会主任余桂兰到灌阳镇城东社区实地查看人大代表联络站建设工作。

**16日**　市发改委党组书记、主任贲黄文到灌阳县调研指导第二季度村集体经济工作。

**同日**　市人大常委会调研组到西山瑶族乡调研人大代表联络站建设工作和活动开展情况。

**17日**　副市长赵奇玲到灌阳县调研乡镇书记工程、乡村风貌提升、灌平高速项目推进工作。

**同日**　团市委到灌阳县相关学校开展未成年人保护宣传月宣讲活动，并到灌阳县创业青年基地调研青年创业工作。

**同日**　灌阳县决战决胜脱贫攻坚座谈会在县委三楼会议室召开。

**19日**　灌阳县脱贫摘

2020年6月24日，灌阳县翰林教育基金会集中捐赠仪式（第一期）在县会议中心举行
县史志研究室　提供

**同日** 灌阳县在县委三楼会议室组织收听收看2020年全市绩效管理工作电视电话会。

**30日** 灌阳县党群服务中心揭牌暨划分党员服务群众“初心红田”工作、党员直播带货活动启动仪式在灌阳县江东移民新区举行。

## 7月

**1日** 市督导组到灌阳县督查义务教育教师工资待遇落实情况及第二批“县管校聘”试点工作。

**2日** 自治区人防边海防办党组书记、主任蔡中平到灌阳县检查调研人防工程建设工作。

**3日** 县政协主席桂文英到灌阳镇调研“乡村振兴 委员行”活动开展情况。

**6日** 国家林草局驻广州专员办到灌阳县马头山风力发电站和千家洞自然保护区沙岗管理站开展森林督查工作。

**同日** 县长卢嵩到灌阳高中检查指导高考准备工作，详细了解学校高考备考、疫情防控、校园安全等工作。

**同日** 自治区农机中心到灌阳县检查指导平安农机创建工作。

**8日** 百色市政协到灌阳县调研产业扶贫工作。

**9日** 全市乡村振兴现场推进大会第三考察组到灌阳县进行现场考察。

**9日至10日** 桂林市司法行政系统“七五”普法工作推进系列会议在灌阳县召开。

**13日** 灌阳县在县委三楼会议室参加全区宣传思想文化战线全员网络培训。

**15日** 市政协副主席唐修璇到灌阳县文市镇调研古民居修缮、农旅结合点建设及脱贫攻坚等工作。

**同日** 市人大调研组到灌阳县开展《中华人民共和国老年人权益保障法》和广西壮族自治区实施《中华人民共和国老年人权益保障法》办法执法检查工作。

**15日至16日** 市食品安全督查组到灌阳县督查指导食品安全工作。

**17日** 自治区文化和旅游厅组织专家组到灌阳县就灌阳县大仁村创建广西五星级乡村旅游区进行评定验收。

**20日** 灌阳县疾控中心新冠病毒核酸检测实验室正式投入使用。该实验室是桂林市第一家通过市疾控中心审核验收并获得市卫健委批准投入使用的县级疾控中心核酸检测实验室。

**20日至22日** 自治区文化和旅游厅副厅长、自治区文物局局长谢日万带领有关专家到文市镇、水车镇、新圩镇调研红色资源保护开发工作。

**22日** 县人大常委会主任余桂兰到水车镇调研乡村振兴工作，实地了解同德村桃李产业示范点建设情况。

**同日** 自治区党委党校到灌阳县调研指导乡镇党校试点和规范化建设工作。

**同日** 灌阳县2019年度县域经济发展分类考核工作汇报会在县政府四楼会议室召开。

**23日** 县委书记周春涌、县人大常委会主任余桂兰、县长卢嵩、县政协主席桂文英等领导到县

2020年7月20日，自治区文化和旅游厅副厅长、自治区文物局局长谢日万（中）到水车镇调研红色资源保护开发工作　　唐显才　摄

2020 年 7 月 23 日，灌阳县四家班子领导到县人民武装部开展八一建军节慰问　　唐子婷　摄

疗养基地进行实地考察调研。

**5 日**　县长卢嵩到千家洞文旅度假区现场办公，协调解决国家 AAAA 级旅游景区创建过程中的问题。

**同日**　农业农村部组织四川农业科学院作物研究所、广东省农作物技术推广总站、广西大学、广西农业职业技术学院等区内外水稻专家到黄关镇联德村，对广西农业科学院水稻研究所选育的三系杂交稻新品种“万太优美占”申报“超级稻”之灌阳百亩示范片进行现场产量查定，最高亩产达 763.39 公斤。

消防大队、县武装部、县武警中队等驻灌部队开展八一建军节慰问活动。

**同日**　灌阳县新圩阻击战史实陈列馆展陈项目竣工验收会在县政府四楼会议室召开。

**同日**　由灌阳县人民政府、县扶贫办、桂林银行灌阳支行、百盛优农产品公司共同发起的桂林市首家扶贫爱心超市在江东移民小区正式开业。

**24 日**　自治区发改委调研组到观音阁乡、黄关镇、新街镇、灌阳镇、新圩镇等地实地调研乡村振兴工作。

**同日**　灌阳县 2020 年度基层妇女干部培训班在县会议中心一楼会议室举办。

**30 日**　灌阳县 2020 年脱贫攻坚（乡村振兴）工作队员培训班在县会议中心举办。

## 8 月

**3 日**　自治区党委常委、广西军区司令员何仁学，桂林警备区司令员刘礼智，桂林市委常委、副市长沈威虎一行到灌阳县调研军队参与地方脱贫攻坚工作。

**同日**　自治区人社厅副厅长、一级巡视员蒋劼带队到灌阳县调研人才人事政策落实情况。

**同日**　市总工会党组书记、常务副主席宁志率考察组对灌阳县申报的桂林市首批职工（劳模）

**5 日至 6 日**　自治区人民政府到灌阳县调研医改及中医药工作。

**10 日**　市督导组到灌阳县调研指导“工业振兴三年行动”工作任务中期阶段实施情况。

**11 日**　灌阳县双胞胎集团“40 万头生猪养殖产业链项目”投产仪式在灌阳县新圩镇平田村双胞胎猪场举行。

**12 日**　县人大常委会主任余桂兰到文市镇联合村、马莲村等地调研脱贫攻坚工作。

**13 日**　梧州岑溪市考察团到洞井瑶族乡考察交流党建促乡村振兴工作。

**14 日**　青海省文物局党组书记、局长牛军率调研组到灌阳县调研革命文物保护开发工作。

**15 日至 16 日**　江西省赣州市兴国县调研组到灌阳县调研干部党性教育、发展壮大村集体经济和党支部规范化建设工作。

**17 日**　广西青少年体育竞训基地和广西球类运动发展中心灌阳竞训基地揭牌仪式在江东新区灌阳县体育中心举行。

**18 日**　全县年中工作会议在县会议中心一楼会议室召开。

**19 日**　自治区人大常委会到灌阳县黄关镇调研油茶“双千”计划项目建设工作。

**20 日**　市商务局局长王昕带队到灌阳县调

研商务工作，实地查看灌阳县惠民（移民新区）生猪屠宰加工冷藏物流建设项目、新圩镇集贸市场项目和新圩镇和睦村电商直播间建设情况。

**同日** 中央广播电视总台财经节目中心大型融媒体行动《走村直播看脱贫》走进灌阳县永富村，报道永富村挖掘资源，发展产业带动脱贫，促进乡村振兴取得的成效。

**21日** 县委书记周春涌到新圩镇小龙村实地查看袁隆平院士工作站建设情况。

**25日** 副市长赵奇玲到灌阳县调研灌平高速公路项目建设工作，详细了解工程项目建设的进展情况及遇到的困难。

**同日** 县政协主席桂文英到水车镇调研灌阳县创建广西全域旅游工作情况。

**同日** 市“七五”普法督查考评组到灌阳县进行“七五”普法验收督查。

**26日** 灌阳县参加第18届广西名特优产品（广州）交易会，充分展示灌阳农业品牌建设和发展成果。

**27日** 自治区党委党史研究室主任李振唐到湘江战役新圩阻击战酒海井红军纪念园调研。

**同日** 自治区党委组织部调研组到灌阳县调研村级工作规范化、发展壮大村集体经济等基层党建工作。

**28日** 灌阳县“挖掘千家洞文化，助推全域旅游创建”知识讲座在县会议中心一楼举办。

**同日** 灌阳县村级集体经济产业园启动仪式在文市镇石材产业园举行。

**31日** 桂品国际贸易中心举行“一县一馆”开业仪式，灌阳县专馆成功入驻桂品国际贸易中心“一县一馆”。

## 9月

**1日** 灌阳县在电信四楼会议室组织收听收看2020年全区脱贫攻坚大督查动员部署会。

**2日** 县长卢嵩到文市镇和新圩镇调研村集体经济产业园建设和脱贫攻坚工作。

**4日** 灌阳县举办“瑶族千年美食产业共享平台”高峰论坛。

**9日至10日** 市人大常委会副主任何运保率队到灌阳县调研优化营商环境和脱贫攻坚等工作。

**11日** 自治区党委宣传部副部长王晓华带领调研组到灌阳县开展国家文化大数据体系建设中华民族文化基因库红色基因库（广西）试点调研工作。

**13日至14日** 2020年灌阳县特色美食评选暨广西名菜名小吃评审活动在灌阳举行。

**14日** 灌阳县2020年第一期领导干部综合素质提升培训班在江西瑞金干部学院举办。

**17日** 县人大常委会主任余桂兰到灌阳县黄关镇调研乡村振兴产业发展情况。

**18日** 灌阳县人民政府与广西和润实业发展集团有限公司在县会议中心十楼会议室举行中国瑶乡小镇（灌阳）项目框架协议签约仪式。

**21日** 自治区党委讲师团到灌阳县开展《习近平谈治国理政》第三卷和“决胜全面小康　决战脱贫攻坚”宣讲活动。

2020年8月27日，自治区党委党史研究室主任李振唐（右二）到湘江战役新圩阻击战酒海井红军纪念园调研　　县史志研究室　提供

2020 年 9 月 13 日至 14 日，2020 年灌阳县特色美食评选暨广西名菜名小吃评审活动在灌阳举行　　罗融检　摄

**23 日**　县政协主席桂文英到再味十八餐饮店、冠超市、维也纳酒店等地开展国庆、中秋节安全检查工作。

**同日**　市人大常委会调研组到灌阳县调研《中华人民共和国公共文化服务保障法》贯彻实施情况。

**24 日**　县委书记周春涌到灌阳县部分重点景区、景点调研广西全域旅游示范区创建工作。

**30 日**　灌阳县在烈士陵园举行“烈士纪念日”公祭活动。

**同日**　灌阳县第十六届人民政府第四次廉政工作会议在县委三楼会议室召开。

## 10 月

**1 日**　县长卢嵩到灌阳县消防救援大队检查节日期间消防救援应急管理工作。

**12 日**　灌阳县创建自治区卫生县城迎检工作部署会议在县委三楼会议室召开。

**14 日**　县委书记周春涌到水车镇调研新型城镇化示范乡镇建设情况。

**14 日至 15 日**　柳州市人大常委会主任刘传林一行到灌阳县考察传统古村落保护与开发等工作。

**16 日**　灌阳县 2020 年国家“扶贫日”系列活动启动仪式在云水瑶特色街区举行，此次扶贫日活动包括扶贫公益会演、脱贫攻坚成就展、扶贫产品展销、扶贫宣传以及八桂科普大行动。

**20 日**　市统计局到灌阳县调研人口普查和经济运行工作。

**21 日**　由市人民检察院、市公安局、市司法局组成的联合检查组到灌阳县督查剥夺政治权利刑罚执行、检察监督工作。

**22 日**　市督导组到灌阳县督寻 2020 年为民办实事工作。

**23 日**　灌阳县落实全面从严治党主体责任约谈会在县会议中心十楼会议室召开。

**27 日至 31 日**　县人大常委会主任余桂兰一行到浙江省考察乡村产业振兴和乡村旅游规划。

**28 日至 29 日**　桂林市中小学校文明校园实地考察评估组、市文明办到灌阳县开展新时代文明实践建设、中小学校文明校园考察评估工作。

2020 年 10 月 16 日，国家“扶贫日”活动灌阳县扶贫展销会一区　　唐子婷　摄

## 11月

**1日** 灌阳县开展第七次全国人口普查入户登记工作。

**2日** 灌阳县获"自治区级生态县"称号。

**4日** 自治区人大常委会副主任、市委书记赵乐秦，副市长谢灵忠等领导到灌阳县调研脱贫攻坚工作。

**同日** 灌阳县获"广西全域旅游示范区"称号。

**5日** 灌阳县开展为立功官兵家庭上门送喜报活动。

**6日** 自治区统计局到灌阳县指导第七次全国人口普查工作。

**6日至9日** 县委书记周春涌一行到南京市、合肥市考察石英砂产业链项目并开展拜访重点企业和重点招商项目等活动。

**11日** 县政协主席桂文英到灌阳县新街镇三江村调研住房安全保障工作。

**同日** 市市场监管局"双随机、一公开"监管经验交流现场会在灌阳县红豆杉四楼会议室召开。

**13日** 县人大常委会在县会议中心十楼会议室组织召开人大代表建议督办工作见面会。

**14日至15日** 灌阳县在县体育场举办灌阳县第二届"新型体校杯"中小学生五人制足球赛。

**17日** 自治区农业农村厅调研组到灌阳县调研指导灌阳县2019年水稻绿色高质高效项目创建工作。

**同日** 副市长、市公安局局长朱永辉到灌阳县调研指导平安建设工作。

**17日** 灌阳县组织县交通运输局、县公安局交警大队、县综合执法局、县工信局等部门联合开展车辆超限超载专项整治活动。此次专项活动为期三天，共出动车辆7台次，人员38人次，检查车辆84台次，查处涉嫌违法超限超载车辆5台，共记24分，罚款6400元，卸载货物116吨，并对其中8台非法改装加装厢板的车辆强制恢复原状。

**18日** 灌阳县公安局交通管理大队与湖南省高速公路交通警察局永州支队道县大队，在灌阳县公安局交通管理大队签订《厦蓉高速公路湘桂两省高速交警联防联动合作协议书》。

**19日** 县人大常委会主任余桂兰到灌阳县文市工业园区、大湾村调研人大代表联络站建设情况。

**20日** 县委书记周春涌一行到长沙拜访袁隆平院士，就灌阳县袁隆平院士工作站建设事宜征求袁隆平院士意见。到湖南稻田生态种养示范基地，实地考察水稻+甲鱼生态养殖、水稻+家禽综合养殖以及稻田+教育示范区等新农业产业新模式。

**24日** 市政协主席陈丽华，市委常委、政法委书记赵志军等组成的全市大干四季度完成全年目标任务促进会第四组到灌阳县观摩考察。

**同日** 灌阳县第十六届人大常委会第二十六次会议在县人大六楼会议室召开。

**同日** 灌平高速麻地隧道右线顺利贯通。

**25日** 由广西壮族自治区文化和旅游厅主

2020年11月26日，赣州市到湘江战役新圩阻击战酒海井红军纪念园开展祭奠赣南籍烈士活动　　唐显才　摄

办，灌阳县文化广电体育和旅游局、灌阳桂星红色教育培训中心承办的2020年红色文化教育旅游从业人员（灌阳）培训班在灌阳县举办。

**同日** 2020年桂林市戏剧创作秋季改稿笔会暨灌阳县戏剧创作培训班在灌阳县红豆杉大酒店四楼会议室举办。

**26日** 赣州市副市长张逸率市直有关部门领导、相关县区领导、湘江战役烈士后代代表一行41人，到湘江战役新圩阻击战酒海井红军纪念园开展祭奠赣南籍烈士活动。

**同日** 灌阳县青年志愿者协会成立大会暨第一届一次会员代表大会在县委三楼会议室召开。

**同日** 灌阳县参加第十七届中国—东盟博览会。会上共签约4个项目，总投资约55亿元。

**28日** 灌阳县第一届“运祥·机械”杯中学生篮球比赛在灌阳县篮球训练馆举行。

## 12月

**1日** 市人大常委会副主任石春莲带领调研组到灌阳县调研人大代表联络站及宗教工作。

**同日** 桂林市政协副主席肖立华到灌阳县调研国家湿地公园建设工作。

**同日** 市安委办对灌阳县市级重大安全隐患进行销号验收。

**2日** 市督导组对灌阳县开展百日攻坚工作推进情况进行调研督导。

**3日** 国家文物局革命文物司副司长彭跃辉到灌阳县调研革命文物保护工作。

**7日** 桂林航天工业学院在灌阳县红军小学多功能报告厅举行县红军小学“航空航天特色学校”授牌仪式。

**9日** 县长卢嵩到县财政局专题调研全县财政工作。

**同日** 中国红色旅游城市联盟“2020畅游桂林·红色之旅”自驾车旅游启动仪式在灌阳县举行。

**10日** 全市政协办公室系统学习贯彻党的十九届五中全会精神暨办公室工作经验交流会在灌阳县会议中心十楼会议室召开。

**同日** 桂林市林业科学研究所到灌阳县举办油茶、杉木良种推广暨技术培训会。

**11日** 市委常委、统战部部长王建毅到灌阳县文市镇大湾村人大代表联络站参加“推动爱国卫生运动，强化疫情防控，倡导文明健康”主题活动。

**14日** 县人大常委会主任余桂兰到灌阳县文物管理所调研文物资源保护工作。

**15日** 贵港市港北区考察组到灌阳县考察乡村振兴工作。

**同日** 自治区畜禽品种改良调研组到灌阳县调研指导畜禽良种繁育基地项目建设工作。

**17日** 自治区人民政府副主席、公安厅厅长周成方专题听取县委书记周春涌关于2021年灌阳县村（社区）“两委”换届选举工作汇报。

**同日** 副市长赵奇玲到灌阳县督导调研新型城镇化示范乡镇建设和违规水电站整改落实情况。

**同日** 广西康雷石材有限公司与县人民政府在县政府三楼会议室举行推进“黑白根”产业上市招商引资框架协议签约仪式。

2020年12月3日，国家文物局革命文物司副司长彭跃辉（右二）到灌阳县调研革命文物保护工作　　唐子婷　摄

**21 日** 灌阳县 2021 年村(社区)"两委"换届选举工作动员培训会在县会议中心一楼会议室召开。

**23 日** 县委书记周春涌到水车镇调研新型城镇化示范乡镇建设情况。

**23 日至 24 日** 新华通讯社广西分社常务副总编王军伟一行到灌阳县采访调研"湘江战役中的革命先烈故事和遗迹遗址开发利用情况"。

2020 年 12 月 28 日,桂林市"脱贫感党恩　奋进新起点"主题活动现场会在灌阳县召开　唐子婷　摄

**24 日至 27 日** 灌阳县参加在桂林国际会展中心举办的"山清水秀美广西　绿色生态好产品"为主题的第 19 届广西名特优农产品交易会。

**27 日** 市考核组到灌阳县对第五批新型城镇化示范乡镇建设考核验收。

**28 日** 桂林市"脱贫感党恩　奋进新起点"主题活动现场会在灌阳县召开。

**29 日** 政协灌阳县第九届委员会第十五次常务委员会在县政协会议室召开。

**31 日** 灌阳县城被自治区爱卫会命名为"广西壮族自治区卫生县城"。

# 灌阳县概况

## 建置沿革

【建置沿革】 灌阳在夏、商、周属荆州之地，春秋、战国为楚南裔境。秦以楚南置长沙郡，灌阳隶属该郡。

灌阳在西汉文帝前元十二年（公元前 168 年）前已建县，称观阳县，县治在今新街镇湘溪村雀儿山前一带，隶属西汉刘邦时设置的桂阳郡，该郡隶属长沙国（诸侯国）。汉武帝元鼎六年（公元前 111 年）分长沙国为零陵郡，观阳县隶零陵郡。

东汉，隶属荆州刺史部零陵郡。三国，隶属吴荆州零陵郡。晋，仍隶属荆州零陵郡。南北朝，隶属湘州零陵郡。隋开皇十年（590 年）县废，与桃阳（一称洮阳，今全州县）合并为湘源县，隶属湘州零陵郡；大业十三年（617 年）析湘源复置为县，县名由观阳改称灌阳，县治迁徙至今灌阳镇，仍隶属湘州零陵郡。

唐武德七年（624 年）县废，并入湘源县，隶属江南西道永州；上元二年（675 年）复置为县，仍隶属江南西道永州。五代十国，后晋天福四年（939 年）县废，并入清湘县，先隶属永州，后隶属全州。宋乾德二年（964 年）复置为县，隶属荆湖南路全州。

元，隶属湖广行省全州路。

明，初隶属湖广布政使司永州府；洪武二十八年（1395 年）征南将军韩观以瑶族滋事，远湖广，近广西，易平瑶乱为由，具奏改隶广西布政使司桂林府。

清，仍隶属广西布政使司桂林府。

民国 2 年（1913 年）废府设道，隶属广西省桂林道（后改称漓江道）；民国 15 年（1926 年）后废道设行政区，隶属广西省第八行政区。

1949 年 10 月 1 日，中华人民共和国成立。灌阳县于 1949 年 11 月 20 日解放，12 月 12 日成立县人民政府，隶属广西省（1958 年改称广西壮族自治区）桂林专区。1970 年桂林专区改称桂林地区，隶属桂林地区。

1998 年 10 月，桂林地市合并，统称桂林市，灌阳隶属桂林市至今。

（县史志研究室）

## 地理概况

【地理位置】 灌阳县位于广西壮族自治区东北部，桂林市东北部，地理坐标为北纬 25° 10′ 32″ 至 25° 45′ 37″，东经 110° 43′ 16″ 至 111° 20′ 13″。北与全州毗邻，西与兴安、灵川交界，南邻恭城，东与湖南省道县、江永县接壤。距桂林市区 159 千米，距广西壮族自治区首府南宁市 627 千米。

【县域面积】 行政区总面积 1835 平方千米，东西最大横距 38.6 千米，南北最大纵距 90 千米。

【地形地貌】 灌阳县主要由东都庞岭、西海洋山相夹，南、北延伸而形成的峡谷地形，地势南高北低，境内以中低山为主，海拔 500 ～ 1000 米居多。根据第三次全国国土调查情况统计，境内耕地面积97.19平方千米，园地面积114.86平方千米，林地面积1490.93平方千米，草地面积29.21平方千米，建制镇面积6.47平方千米，村庄36.37平方千米，采矿用地3.09平方千米，交通运输用地面积15.55平方千米，河流水面面积20.90平方千米。

**【乡镇土地利用主导方向】** 灌阳县下辖洞井瑶族乡、观音阁乡、西山瑶族乡、黄关镇、新街镇、灌阳镇、新圩镇、文市镇和水车镇，各乡镇土地利用主导方向为：

洞井瑶族乡、西山瑶族乡林业资源丰富，土地利用的主导方向是保护生态环境，大力发展经济林和用材林。

观音阁乡森林资源丰富，生态环境良好，土地利用的主导方向是保障木材加工用地和旅游用地。

黄关镇、新街镇土山面积大，土地利用的主导方向是保护耕地，努力提高单产，扩大果园和用材林面积，搞好封山育林，改善生态环境；新街镇部分纳入灌阳工业集中区西山坪片区，需保障工矿用地发展。

灌阳镇是县城所在地，是全县政治、经济和文化中心，优先保障城镇、交通、水利、旅游及其他建设用地需求。土地利用的主导方向是发展城镇和工矿用地，保护好耕地，提高道路等级，建设旅游开发区。

新圩镇交通便利，土地利用的主导方向是发展交通运输业，保证交通用地需求。

文市镇石山资源丰富，土地利用的主导方向是发展独立工矿用地和城镇用地。

水车镇水资源丰富，土地利用的主导方向是保护耕地，利用水库和库区风景美丽的优势发展水产养殖和旅游业。

（县自然资源局）

## 气候

**【气候特征】** 灌阳县位于广西东北部，属亚热带季风气候，四季分明，雨量充沛，无霜期长。春季气温回暖早，但不稳定，多低温阴雨天气；夏季炎热，降雨集中，雨热同季，局部有洪涝；秋季干旱概率高，强度大，多寒露风天气；冬季易出现霜冻、雨雪冰冻天气，冷空气活动较频繁。

年平均气温18.0℃，最冷月平均气温6.8℃（1月），最热月平均气温27.8℃（7月），历年极端最高气温39.2℃，极端最低气温–5.5℃。雨量分布不均，年平均降水量1542.9毫米，其中4—9月降水量1014.9毫米，占全年降水量的65.8%，日最大降水量228.0毫米(1985年5月27日)；年平均相对湿度79%，最小相对湿度10%。年平均无霜期351.6天。全年日照平均1268.8小时，占可照时数28%。年平均风速1.9米/秒，最多风向为北风。年平均蒸发量为1411.8毫米。年平均雷暴日数50天。主要气象灾害有暴雨、冰雹、大风、寒潮、寒露风、雷暴、高温、干旱、低温阴雨。

**【气候概况】** 2020年，灌阳的气候特点是气温偏高，降水偏多，日照时数偏少。

2020年，平均气温18.8℃，较常年偏高0.8℃，年极端最高气温36.8℃（7月25日），年极端最低气温为–1.2℃（1月30日）；年降水量为2010.6毫米，较常年偏多467.7毫米；年日照时数为1022.5小时，较常年偏少246.3小时。

2020年，灌阳主要气象灾害有暴雨洪涝、低温冻害等灾害。3月出现连续3天以上日平均气温小于12.0℃的“低温阴雨”天气过程，对农作物的生长发育不利。5月、6月、7月均出现暴雨洪涝灾害，给全县工业、农业等造成一定的经济损失。9月23日—30日、10月4日—31日出现连续3天以上日平均气温小于22.0℃的“寒露风”天气，不利于农作物的生长发育。年内共出现暴雨11场。

（县气象局）

## 水文

**【2020年水文概况】** 2020年，灌阳水文中心站

（灌阳站）监测全年最高水位247.79米出现在5月20日，最低水位245.11米出现在1月10日；监测全年径流量13.94亿立方米，年平均流量44.10立方米每秒，最大流量850立方米每秒出现在5月20日，最小流量6.02立方米每秒出现在1月10日；全年降水150天，最大一日降水量125.50毫米出现在3月18日。

（县水文中心站）

## 水资源

灌阳县地处中亚热带季风气候区，雨量充沛，水资源丰富，全县多年年平均降雨量1582.6毫米。县境内年际降雨变化稳定，但季节分配极不均匀，春、夏雨水较多，易产生洪涝；秋、冬雨水较小，常出现旱灾。境内降雨呈地区差异，山区多于河谷，西南多东北少。都庞岭和海洋山山脉是县内多雨中心，年降雨量在1600毫米以上，县境内主要农业耕作区如灌阳镇、新街镇、黄关镇等地年均降雨量都在1500毫米以上。北部文市镇和水车镇一带为低值区，年降雨量在1400毫米以下。全县有河流47条，以集雨面积10平方千米以上河流计，其河网密度0.27千米每平方千米，属长江流域湘江水系。灌江是县境内的主流，自西南发源向东北纵贯县境，21条集雨面积在10平方千米以上的支流呈桂花树叶脉状分布，先后汇入灌江干流。另外，南部地区广布基岩裂隙水，北部石灰岩地区有地下伏流分布。

2020年，灌阳县降雨量折合水量41.6亿立方米，比2019年平均值偏多2.21%；地表水资源量26.8亿立方米，比2019年偏多22.71%。用水总量1.95亿立方米，其中农牧业用水1.64亿立方米，工业用水0.05亿立方米，居民生活用水0.257亿立方米，生态环境用水0.003亿立方米；农田灌溉水有效利用系数0.552；重要江河湖泊水功能区水质达标率为100%。

（县水利局）

## 森林资源

**【概况】** 根据2009年森林资源规划调查设计和林地落界调查数据更新结果及2019年林地变更成果，全县土地总面积183558.5公顷，其中林地面积146909.3公顷，占80.03%，非林业用地面积36649.2公顷。林地面积中有林地面积117082.19公顷，占79.70%；疏林地面积35.57公顷，占0.02%；灌木林地面积18316公顷，占12.47%；未成林造林地面积6700.2公顷，占4.56%；无立木林地3434公顷，占2.34%；宜林地面积1278.7公顷，占0.87%。苗圃地面积11.7公顷。

据2019年森林资源数据更新成果和2020森林覆盖率监测结果，灌阳县森林覆盖率76.71%，活立木总蓄积量为8354240立方米。灌阳县国家级生态公益林总面积37658.05公顷，其中集体和个人37453.12公顷、国有204.93公顷（不含千家洞国家级自然保护区）；自治区级公益林面积1856.39公顷；千家洞国家级自然保护区生态公益林总面积12487.64公顷，其中国有12370.70公顷、集体和个人116.94公顷。

**【林地（利用）类型和经营权属结构】** 林地（利用）类型结构全县林地以有林地（有林地中绝大多数为乔木林）为主，占80.40%，其次是灌木林地（其中石山灌木占绝大多数），占12.58%，其他林地占7.02%。

林地经营权属结构全县林地中，国有林地占8.57%，集体林地占91.43%。根据林地变更调查数据库统计，其中农户家庭承包经营占41.6%，联户合作经营占0.15%，集体经济组织经营占49.87%。

**【森林分类区划】** 全县林地中，生态公益林地面积占35.21%，商品林地占64.79%。全县公益林（地）全部是国家级公益林；商品林地中，重点商品林地占48.05%，一般商品林地占51.95%。

**【植被】** 灌阳县地带性植被属中亚热带常绿阔叶林，经过几十年造林经营活动，已无原生植被群落，取而代之的是天然次生林和人工林。主要乔木树种有：马尾松、杉木、国外松、苦楝、相思树、荷木、火力楠和栎类等；主要经济树种为黑李、柰李、油茶、油桐、长枣、柑橘、梨等；主要竹类有毛竹、撑篙竹；常见灌木有桃金娘、盐肤木、柃木、乌饭树、鼠刺、野牡丹、杜鹃等；常见草本植物有铁芒萁、画眉草、黄茅、纤毛鸭嘴草、金茅、乌毛蕨、五节芒等。国家一级保护植物有红豆杉、银杏、资源冷杉、南方红豆杉、钟萼木、香果树6种；属国家二级保护植物的有金毛狗、广东五针松、长苞铁杉、福建柏、白豆杉、观光木、红椿、鹅掌楸、庐山厚朴、闽楠、香樟、花榈木、喜树、刺楸、长瓣短柱茶、长柄双花木、伞花木17种；属国家三级保护植物的有南方铁杉、小花木兰、八角莲、沉水樟、青檀、银钟花、白辛树、银鹊树、紫茎、巴戟天10种。

（县自然资源局）

## 矿产资源

**【概况】** 灌阳县矿产资源种类比较丰富，已发现的矿种有煤炭、铁、铜、铅、锌、锡、钨、锑、金、压电水晶、硫铁矿、长石、磷矿、高岭土、方解石、建筑石料用灰岩、水泥用灰岩、制灰用石灰岩、饰面用灰岩、饰面用角砾岩、饰面用花岗岩、砖瓦用页岩、普通萤石、玻璃用脉石英、砂锡矿、矿泉水、地下热水等27种，矿床、小矿、零星资源等156处，其中大型矿床1处，中型矿床2处，小型矿床33处，小矿36处，零星资源84处。探明储量的矿种有锡矿、锑矿、普通萤石、压电水晶、饰面用灰岩、水泥用灰岩、制灰用石灰岩、建筑石料用灰岩、砖瓦用页岩、饰面用花岗岩、玻璃用脉石英、方解石、高岭土、矿泉水14个矿种，共69个矿产地。

**【金属矿】** 主要金属矿床锡金属量1473吨，尚未利用；锑矿只有赵家岭1处，有锑金属量7847吨，该矿曾一度开采，因矿石品位变化大，且矿山地质环境难以保障，暂停开采，其余均为矿点。

**【非金属矿】** 非金属矿主要是建筑石料用灰岩、饰面用灰岩，已大量开发利用，成为灌阳县优势矿种；玻璃用脉石英已开发3处；矿泉水已开发1处。灌阳县矿产资源开发的发展势头良好。县内拥有大量的砖瓦用页岩矿资源，开发潜力较大，但前期未对其规划开发，后期可将其作为重点开发的非金属矿种。

*饰面用灰岩* 查明矿产地8处，其中，大型矿床1处，中型矿床1处，小型矿床4处，小矿2处，主要分布于文市镇的岩头坝、王道一带及新街镇的飞熊村至上甫村一带，保有资源储量2320.10万立方米。

*建筑石料用灰岩* 查明矿产地16处，其中，小型矿床5处，小矿11处。分布于文市镇、新圩镇、水车镇、灌阳镇、新街镇、黄关镇、观音阁乡、洞井瑶族乡，主要赋存于泥盆系融县组、额头村组、东村组、桂林组、巴漆组、唐家湾组，石炭系黄金组、尧云组、英塘组中，分布面积广、储藏量大，保有资源储量2210.18万立方米，潜在资源储量预测达数亿立方米。矿体绝大部分出露地表，矿石质量好，开采技术条件简单，便于集中开发利用。

*砖瓦用页岩* 查明矿产地10处，全部为小型矿床，主要分布于文市镇、新圩镇、灌阳镇、新街镇和黄关镇等，资源丰富，开发潜力较大，保有资源储量621.55万立方米。

*方解石* 查明矿产地8处，全部为小矿，主要分布于文市镇的寨山坳，新圩镇的平田村，水车镇的塘尾底、新村、璃碧、寨山坪，灌阳镇的徐家，观音阁乡的王家坂一带，保有资源储量35.28万吨。

*玻璃用脉石英* 查明矿产地9处，其中，小型矿床5处，小矿4处，主要分布于新街镇的葛洞村、上洞至何家一带，以及黄关镇马山至猫儿石一带，保有资源储量439.68万吨。

*普通萤石* 查明矿产地3处，其中小型矿床2处，小矿1处，分布于黄关镇的杨家山至红腾凹一带的中细粒斑状含角闪黑云二长花岗岩中，保有资源储量10.44万吨。

*饰面用花岗岩* 境内岩浆岩主要有东部的都

庞岭和西部的海洋山两大花岗岩体，其出露面积占全县总面积的34.73%，其形成时代主要为加里东期、印支期和燕山期。查明中型矿床1处，位于黄关镇大竹山村北面的中粒黑云二长花岗岩中，保有资源储量482.46万立方米。境内花岗岩分布面积广，但大部分未做过勘查，潜在资源量巨大。

*压电水晶* 查明小矿1处，位于新圩镇解放村西北方向。保有资源储量为单晶11千克。

*水泥用灰岩* 查明矿产地2处，均为小矿。分别位于灌阳镇城区南部以及黄关镇中秀村附近。保有资源储量164.30万吨。

*制灰用石灰岩* 查明小型矿床1处，位于新街镇石门口西面，保有资源储量111.99万吨。

*高岭土* 查明小矿1处，位于灌阳镇南部中细、细粒斑状角闪黑云二长花岗岩中，保有资源储量0.52万吨。

*矿泉水* 查明矿产地7处，其中小型矿床1处，小矿6处。分别位于新街镇上甫村东面及灌阳镇抱木坪北东方向的花岗岩体中。保有资源储量308立方米/日。

（县自然资源局）

## 动物资源

**【概况】** 灌阳县境内有野生脊椎动物5纲30目76科232种，国家Ⅱ级重点保护野生动物11种，“国家保护的有重要经济科学研究价值的陆生野生动物”131种，中国特有物种56种，广西壮族自治区重点保护野生动物37种。

**【国家重点保护野生动物】** 灌阳县境内有国家一级保护野生动物3种，即：黄腹角雉、林麝、白颈长尾雉。国家二级保护野生动物有24种，即：大鲵、虎纹蛙、藏酋猴、穿山甲、猕猴、水獭、小灵猫、大灵猫、水鹿、鬣羚、獐、普通鵟、黑头鹃隼、鸢、松雀鹰、雀鹰、白鹇、红腹角雉、红腹锦鸡、勺鸡、草鸮、斑头鸺鹠、短耳鸮、雕鸮。

（县自然资源局）

## 植物资源

**【概况】** 灌阳县境内种子植物共950种（包括栽培、逸生、归化种以及种下等级），隶属530属146科。其中裸子植物5科6属6种，双子叶植物120科413属760种，单子叶植物21科111属184种。

灌阳县地带性植被属中亚热带常绿阔叶林，经过几十年造林经营活动，现已无原生植被群落，取而代之的是天然次生林和人工林。主要乔木树种有：马尾松、杉木、国外松、苦楝、相思树、荷木、火力楠和栎类等；主要经济树种为黑李、柰李、油茶、油桐、长枣、柑橘、梨等；主要竹类有毛竹、撑篙竹；常见灌木有桃金娘、盐肤木、柃木、乌饭树、鼠刺、野牡丹、杜娟等；常见草本植物有铁芒萁、画眉草、黄茅、纤毛鸭嘴草、金茅、乌毛蕨、五节芒等。

**【国家重点保护野生植物】** 灌阳县境内有国家一级保护植物6种，即：银杏、资源冷杉、红豆杉、南方红豆杉、钟萼木、香果树。属国家二级保护植物17种，即：金毛狗、广东五针松、长苞铁杉、福建柏、白豆杉、观光木、红椿、鹅掌楸、庐山厚朴、闽楠、香樟、花榈木、喜树、刺楸、长瓣短柱茶、长柄双花木、伞花木。属国家三级保护植物10种，即：南方铁杉、小花木兰、八角莲、沉水樟、青檀、银钟花、白辛树、银鹊树、紫茎、巴戟天。

（县自然资源局）

## 行政区划

2020年，灌阳县下辖灌阳镇、黄关镇、新街镇、文市镇、新圩镇、水车镇6个镇，观音阁乡1个乡和洞井瑶族乡、西山瑶族乡2个瑶族乡。乡镇下设4个社区居民委员会，138个村民委员会。

*灌阳镇* 辖城南、城中、城北、城东4个社区

居民委员会,城关、莫家、胡家、鹤龙、上王、秀风、长坪、大仁、福星、文化、三联、仁江、仁柜、车田、仁狮、仁义、雷坪、仁合、鱼塘、马头、翻身、大源、徐源、苏东、仁渡、排埠江26个村民委员会。

黄关镇 辖黄关、中秀、唐官、李官、东阳、大竹山、陡水、兴秀、联德、正江、龙吟、大倚、猫儿石、商家、顺溪15个村民委员会。

新街镇 辖新街、永富、马山、三树、车头、葛洞、龙炼、龙云、烈溪、邓家、龙中、石丰、虎坊、坪涧、娘北、飞熊、上甫、叶官、三江、青箱、江口21个村民委员会。

文市镇 辖文市、大湾、西就、吉田、吉头、瑶上、月岭、玉溪、清塘、桂岩、勒塘、集全、北流、陈家坪、同仁、王道、昭仪、会湘、马莲、达溪、联合21个村民委员会。

新圩镇 辖新圩、桂阳、平田、新卫、光明、和睦、国豪、共耕、龙塘、潮立、龙桥、小龙、大龙、解放、合力、洪水箐16个村民委员会。

水车镇 辖水车、德里、同德、修睦、官庄、三皇、大营、合成、下泡、上泡、伍家湾、璃碧、东流、江塘14个村民委员会。

观音阁乡 辖文明、自振、桃花、盘江、立强、大井塘6个村民委员会。

洞井瑶族乡 辖洞井、椅山、桂平岩、太和、石家寨、保良、野猪殿、大竹源、小河江9个村民委员会。

西山瑶族乡 辖李家、罗家、鹰嘴、盐塘、小源、南江、茶源、北江、下涧、大坪10个村民委员会。

(县民政局)

## 人　口

2020年,灌阳县有常住人口总户数108132户,总人口297048人,比2019年增加561户,减少199人,平均每户3人,总人口增长率为-0.7‰。总人口中男性158794人,占53.45%,比2019年减少107人;女性138254人,占46.55%,比2019年减少92人,男女性别比为115∶100。

(县公安局)

## 组织机构及负责人名单

### 中国共产党灌阳县委员会

县委书记:周春涌
县委副书记、县长:卢　嵩
县委副书记:陈礼兵(任至7月)
　　　　　　经翠艳(7月任职)
县委常委、武装部政委:旷明光
县委常委、常务副县长:周恒志
县委常委、宣传部部长、副县长:陈春虹
县委常委、纪委书记、监察委主任:闫位勤
县委常委、政法委书记:杨小平
县委常委、组织部部长:陶日桂
县委常委、县委办主任:唐　奕
县委常委、统战部部长:赵桂花
县委常委、副县长(挂职):刘梦翁

**县委工作部门**

县委办公室
　主　任:唐　奕
　副主任:蒋修忠
　　　　　蒋　继
　　　　　戴启文
　　　　　范　钰
　　　　　罗哲学
　　　　　王波进(兼)
　　　　　沈　忠(挂职)
　　　　　梁　银(4月任职)
　　　　　陆　发(11月挂职)
　县纪委监委驻县委办公室纪检监察组组长:
　　郑　琳(任至9月)
　　邓春凤(9月任职)

县委纪委监委
　县纪委书记、监委主任:闫位勤
　县纪委副书记、监委副主任:王启忠

蒋邦奎（任至4月）
何政武（4月任职）
县纪委常委、县委巡察办主任：范润芳
县纪委常委：陈明德
唐茂辉
县纪委常委、县监委委员：文勇兵
县监委委员：文元军
李小艳

县委组织部
部　长：陶日桂
副部长：何明捷
王良益（兼）
邓业荣（兼）
文齐友
蒋红富
县纪委监委驻县委组织部纪检监察组组长：
蒋天涛

县委宣传部
部　长：陈春虹
副部长：唐琳春
伍凌锋
余旭生
王　艳（挂职至9月）
县纪委监委驻县委宣传部纪检监察组组长：
唐慧生

文明办
主　任：伍凌锋

社科联
主　席：唐琳春
副主席：史春来（兼秘书长）

县委政法委
书　记：杨小平
副书记：钟德政
刘大东
盘顺喜

县委统战部
部　长：赵桂花
副部长：蒋　进
袁　文（兼县民族宗教局局长）
范汝年
陈红梅（兼县工商联党组书记）

县委县政府督查和绩效考评办公室
主　任：刘湖广
副主任：刘先德
孙湘玲

县信访局
局　长：王波进
副局长：艾先德
罗　鲜（4月任职）

县委编委办
主　任：邓业荣
副主任：文歧权
陆亚玲

县事业单位登记管理中心
主　任：范文义

县机要保密办公室
主　任：邓源娟

县直属机关工作委员会
书　记：韩文忠
副书记：范丽林
童先明

县委党校
常务副校长：刘海东
副校长：邓敦党
黄艳红

县史志研究室
主　任：史秋莹

副主任:熊国旭
范菊红

县档案馆
馆　长:王　瑾
副馆长:周玉梅

县融媒体中心
主　任:时青松
副主任:蒋　宇
蒋祥生(4 月任职)

县传承中心
党组书记、主任:吕　辉(3 月任职)
副主任:王熙泽(4 月任职)
范海云(10 月任职)

## 灌阳县人民代表大会常务委员会

党组书记、主任:余桂兰
党组副书记、副主任:王　峰
党组副书记:陈礼兵(7 月任职)
党组成员、副主任:赵新春
副主任:袁高明
党组成员:唐爱明

县人大常委会办公室
主　任:唐爱明
副主任:卢丽梅
周晓莉

县人大监察和司法委员会
主任委员:刘艳娟
副主任委员:唐廷勇(兼)

县人大财政经济委员会
主任委员:范见远
副主任委员:吕灌群

县人大选举联络工作委员会
主　任:文　珲
副主任:雷唤雨

县人大教科文卫与民族工作委员会
主　任:戴青云
副主任:曾扬帆

县人大农业农村与环资城建工作委员会
主　任:唐廷勇

## 灌阳县人民政府

县　长:卢　嵩
副县长:周恒志
陈春虹
刘梦翁
秦家德
唐　敏
蒋红斌(任至 12 月)
杨小龙

县人民政府办公室
主　任:郑　娟
副主任:唐月荣(兼)
蒋雪艳(任至 11 月)
蒋承根
邹世斌
何政武(任至 4 月)
易塬舒(4 月任职)
范义辉(兼)
县纪委监委驻县人民政府办公室纪检监察组
组长:冯　杰

县政务服务中心
主　任:唐月荣
副主任:陈光明(12 月任职)

**县政府工作部门**

县发展和改革局
党组书记、局长:莫家斌
党组副书记、副局长:邓海生
党组成员、副局长:吕加标

雷荣华(任至4月)
王晓东(4月任职)
县纪委监委驻县发展和改革局纪检监察组组长:
文　辉

县财政局
党组书记、局长:王飞雄
党组成员、副局长:蒋　仁
李玉红
党组成员:范三荣(兼支付中心主任)

县农业农村局
党组书记、局长:梁　赟
党组副书记、副局长:沈　忠
党组副书记:文先发
县纪委监委驻县农业农村局纪检监察组组长、党组成员:邓泰华
党组成员、副局长:唐冬梅
范海生
李桂艳(10月挂职)
副局长:范默静(挂职)

县水果办
主　任:文先发
副主任:何运晟
李明祥

县自然资源局
党组书记、局长:蒋代忠
党组成员、副局长:王　斌
文　利(副局长任至12月)
粟　颖
於进国(12月任职)
党组成员:李静勇(12月任职)
副局长:姚敬民(挂职至11月)

县林业综合发展中心
主　任:李静勇
副主任:谢登红

灌阳灌江国家湿地公园管理中心
主　任:文　利(11月任职)
副主任:陆荣辉(9月任职)
龙阳艳(11月任职)

县教育局
党组书记:罗前学(任至4月)
雷祖文(11月任职)
局　长:雷祖文
党组副书记:雷祖文(任至10月)
党组成员、副局长:孙建林
县纪委监委驻县教育局纪检监察组组长、党组成员:阎星映
副局长:蒋佳云
陆　琳(4月挂职)

县文化广电体育和旅游局
党组书记:文壬云
党组副书记、局长:陈国栋(任至4月)
局　长:文壬云(4月任职)
党组成员、副局长:袁高生
唐红梅
文　爽

县卫生健康局
党组书记:蒋增进
局　长:蒋增进(任至4月)
陈国栋(4月任职)
党组副书记、副局长:许旭阳
县纪委监委驻卫生健康局纪检监察组组长、党组成员:邓春凤(任至8月)
党组成员、计生协会专职副会长:文其发
党组成员、副局长:蒋述贵
蒋小忠(任至3月)
副局长:蒋福志(1月挂职)

县交通运输局
党组书记、局长:黄晓艳
党组副书记、副局长:熊俊文(任至4月)

党组成员、副局长：李　鑫
唐志云(4月任职)
县纪委监委驻县交通运输局纪检监察组组长、党组成员：唐兴东
党组成员：蒋祺波(4月任职)(兼水路建设养护中心主任)
副局长：刘　恒(4月挂职)

县公安局
党委书记、局长：秦家德
党委副书记、政委：龚厚清
县纪委监委驻县公安局纪检监察组组长、党委委员：何华荣
党委委员、副局长：蒋锦鸿
周　浩
刘　勇
唐小勇(4月任职)

县司法局
党组书记、局长：蒋亚强
党组副书记、副局长：邓德新
党组成员、副局长：唐志云(任至4月)
文神贵(任至4月)
唐　英

县工信和商贸局
党组书记、局长：戴大林
县纪委监委驻县工信和商贸局纪检监察组组长、党组成员：蒋　明(任至9月)
文春玲(9月任职)
党组成员、副局长：罗　鲜(任至3月)
卿志军
蒋雄军
副局长：王　永(12月任职)

县园区办
主　任：王熙泽(兼)

县审计局
党组书记、局长：谢爱民
党组成员、副局长：刘晓红
熊光齐

县扶贫办
党组书记、主任：傅超香
党组成员、副主任：谢潇钧
郑　伟(挂职)
范菊红(挂职)
舒恒通(挂职)
陈桂斌

县投资促进局
党组书记、局长：唐运玉
党组成员、副局长：郑春梅

县市场监督管理局
党组书记、局长：蒋晓华(任至4月)
蒋邦奎(4月任职)
党组副书记、副局长：唐　斐
党组成员、副局长：吴鸾珍
蒋爱辉
王晓东(任至4月)
党组成员：杨庆华(12月任职)

县住房和城乡建设局
党组书记、局长：王德鹏
党组副书记、副局长：熊鹏飞
党组成员、副局长：文　毅
毛　萍(挂职)
县纪委监委驻县住房和城乡建设局纪检监察组组长：何有兰

县城市管理综合行政执法局
党组书记、局长：孙　宏
党组成员、副局长：邓志权
周竹生(4月任职)

县人力资源和社会保障局
党组书记、局长：王良益

党组成员、副局长:蒋海龙(兼社保中心主任)
史伟明
袁　明

县医疗保障局
党组书记:陆　发
局　长:刘晓玉(任至 9 月)
蒋静如(11 月任职)
党组成员、副局长:吕加科
李　健

县统计局
党组书记、局长:余明耀
党组副书记、副局长:廖一江
党组成员、副局长:蒋　勇

县应急管理局
党组书记、局长:陆吉保
党组成员、副局长:文春玲(任至 9 月)
唐　淮
文庆丰(4 月任职)
蒋　明(9 月任职)

县退役军人事务局
党组书记、局长:卿熙安
党组成员、副局长:刘祖勇
戴园艳

县水利局
党组书记、局长:时治富
党组成员、副局长:陈团结
陈安贵(4 月任职)

县民政局
党组书记、局长:刘　相(任至 4 月)
罗前学(4 月任职)
党组成员、副局长:戴强明(9 月任职)
翟丽娟(1 月任至 9 月)
副局长:於　洋(任至 9 月)

县社会主义新农村建设领导小组办公室
主　任:伍灵保
副主任:盘晓峰

县重点项目建设管理办公室
主　任:唐仁发
副主任:唐金妮
戴培全

**县政府直属事业单位**

县机关后勤服务中心
党组书记、主任:王小华
党组成员、副主任:李远勇(任至 11 月)
翟开文
王　勇(11 月任职)

县农业机械化服务中心
主　任:伍传海
副主任:宾传曦
刘春海

县供销社
党组书记、理事会主任:陆进发
党组副书记、监事会主任:魏　勇
党组成员、理事会副主任:范汝东
范义辉
党组成员、监事会副主任:邓世英

县住房制度改革服务中心
主　任:王海军
副主任:唐有英
陆先学

县水库和扶贫易地安置中心
主　任:罗向春
副主任:尹晓亚
唐海均

县市容服务中心
党组书记、主任:戴培亮

党组成员、副主任:周竹生(任至4月)
唐　健
毛　萍(4月任职)
副主任:卿孟秋(挂职)

## 法院·检察院

县人民法院
党组书记、院长:刘红星
党组副书记:王继勇
党组成员、副院长:邓元江
王茂生
党组成员:何　盛(政工科科长)
谢良豪(执行局局长)
审委会专职委员:盘仙妹

县人民检察院
党组书记、检察长:罗小军(任至10月)
县纪委监委驻县人民检察院纪检监察组组长、党组成员:陆增书(任至9月)
郑　琳(9月任职)
党组成员、副检察长:梁拥政
蒋智勇
戴拥军(任至5月)
党组成员、政治部部长:何　鹏(任至4月)
陆增书(9月任职)

## 军警·武警

县人民武装部
党委第一书记:周春涌
党委书记、政治委员:旷明光
党委副书记、部长:刘　铭
党委委员、副部长:吴遵龙

县消防救援大队
大队长:杨　彬
教导员:蒙　斌
参谋长:薛勇明
指导员:何　佳
中队长:李传勇

县武警中队
中队长:张松涛
指导员:于志伟(8月任职)
彭年军(任至8月)

## 中国人民政治协商会议灌阳县委员会

党组书记、主席:桂文英
党组副书记、副主席:唐莉姣
党组副书记:赵桂花(3月兼)
党组成员、副主席:郑有成
党组成员:曹湘柱
副主席:陆健康(任至1月)
刘晓玉(5月任职)

县政协办公室
秘书长、主任:曹湘柱
副主任:盘树华

提案和社会法制委员会
主　任:秦满发
副主任:蒋济锋

经济科技联谊和委员联络委员会
主　任:刘慧云
副主任:蒋　慧(4月任职)

教文卫体委员会
主　任:胡艳辉(任至12月)
蒋雪艳(12月任职)
副主任:陆　琳(4月任职)

## 群众团体

县总工会
主　席:赵新春(兼)
党组书记、常务副主席:袁玉华
党组成员、副主席:范立新

副主席:俸珍文

共青团灌阳县委员会
书　记:郑　伟
副书记:邓亚婷(任至8月)
邓　博
陆志辉(挂职至4月)
蒋民艳(兼)
周玉田(兼至11月)
卿　云(12月任职)

县妇联
党组书记:蒋琼芳(12月任职)
主　席:蒋琼芳
党组成员:范汝琰(12月任职)
王思嘉(12月任职)
副主席:范汝琰
陆　琳(任至4月)
王思嘉(4月任职)

县残联
党组书记、理事长:唐智祥(1月任职)
党组成员、副理事长:胡　龙

县科协
主　席:胡志姣
副主席:王思嘉(任至4月)
吴高军(4月任职)

县工商联
党组书记:陈红梅
主　席:易海玉
党组成员、副主席:曾念友
王红波

## 中央、自治区及市直属单位

国家税务总局灌阳县税务局
党委书记、局长:梁　力
党委委员、纪检组长:廖远荣
党委委员、副局长:魏　锋
陆春香

桂林市灌阳生态环境局
局　长:唐盼文
副局长:文卫红
唐银涛

广西桂林千家洞国家级自然保护区管理处
主　任:李增华
副主任:李远征
易　雷

县公路养护中心
主　任:李玉林
副主任:唐咸富
文　静

桂林市住房公积金管理中心灌阳县管理部
主　任:吴红英

广西新电力集团灌阳供电有限公司
党委书记、董事长、总经理:陈燕春
党委副书记:范兰平
纪委书记:刘　娅
常务副总经理:谢冬林
副总经理:伍友顺
陈华东
文　博

县气象局
局　长:王熙军
副局长:赵玉红
卿跃文

县烟草专卖局
局　长:李英祥
副局长:蒋祖林(9月任职)
副经理:易小权

县水文中心站
副站长:张　冰

## 金融·保险·通信

中国人民银行灌阳县支行
党组书记、行长:王熙进
党组成员、副行长:罗拥政
蒋　璐

农业银行灌阳县支行
党委书记、行长:卢上二
党委副书记、副行长:李　华
党委委员、副行长、纪委书记:唐　勇
党委委员、副行长:黄　文

灌阳农村商业银行股份有限公司
董事长:王登富(任至11月)
韦桂安(12月任职)
党委副书记、行长:俞　斌
监事长:蒋志永
副行长:董　钢(任至9月)
史伟民

桂林国民村镇银行灌阳支行
行　长:戴建宏
业务副行长:蒋运林(8月任职)
戴丽华(12月任职)
营业副行长:周艳萍
甄凌云

桂林银行股份有限公司灌阳支行
行　长:李　丹(任至8月)
李国旺(8月任职)
副行长:莫　倩

中国人民财产保险股份有限公司灌阳支公司
经　理:李　群
副经理:蒋雄飞(任至10月)

中国人寿保险股份有限公司灌阳支公司
经　理:雷先耀
副经理:於永志

中国邮政集团公司灌阳县分公司
总经理:王华荣
副总经理:欧建强

中国移动通信集团广西有限公司灌阳分公司
总经理:刘　海(9月任职)
副总经理:刘　海(1月任至9月)
卢海昱(6月任职)

中国联合网络通信有限公司灌阳分公司
总经理:吴海荣

中国电信股份有限公司灌阳分公司
副总经理:杨　帆(1月至10月主持工作)
唐　利(10月至12月主持工作)
市场部总监:蒋小蓓(10月任职)

广西广电网络灌阳分公司
总经理:李　京(任至7月)
副总经理:文　华

## 各乡镇党委、人大、政府

洞井瑶族乡
党委书记:戴桂兰
党委副书记、乡长:邓润生
党委副书记、人大主席:王熙涛
党委副书记(挂职):王　吉(任至12月)
党委委员、纪委书记:谢　超
党委委员:胡作昊
包海洲
党委委员、副乡长:胡作林
蒋丽萍
党委委员、武装部部长:谭善武
副乡长:齐　俊(挂职)
潘大廉

人大副主席:蒋大川

观音阁乡

党委书记:蒋邦立

党委副书记、乡长:刘　群

党委副书记、人大主席:李永红

党委副书记(挂职):赵运昌

党委委员、纪委书记:陆娟娟

党委委员:张　奕

胡秋兰

党委委员、副乡长:黄光胜

范先文

党委委员、武装部部长:邓振顺

副乡长:时诒峰(任至5月)

人大副主席:文歧政

西山瑶族乡

党委书记:陈芙蓉

党委副书记、乡长:梁拥民

党委副书记、人大主席:王明生

党委副书记(挂职):何有兰

党委委员、纪委书记:文　馨

党委委员:赵　星

文小橙

党委委员、副乡长:邓　兴

熊章新

党委委员、武装部部长:蒋　委

副乡长:周　涛(5月任职)

人大副主席:王　琦

黄关镇

党委书记:陈红华

党委副书记、镇长:卿熙念

党委副书记、人大主席:周　兴

党委副书记(挂职):罗哲学(9月任职)

党委委员、纪委书记:周爱军

党委委员:范见波

蒋邦秋

党委委员、副镇长:陈令仙

戴培根

党委委员、武装部部长:王　翔

副镇长:蒋静如(任至9月)

梁瑞彤(挂职)

刘为之

莫桂萍(9月任职)

人大副主席:蒋峦姣

新街镇

党委书记:蒋汉周

党委副书记、镇长:田　丰

党委副书记、人大主席:蒋兴旺

党委副书记(挂职):

蒋永华(兼扶贫工作分队长,任至3月)

王志辉(兼扶贫工作分队长,3月任职)

蒋　继

党委委员、纪委书记:王玉秀

党委委员:陆冬妹

文奇前

党委委员、副镇长:黄　凌

蒋秀云

党委委员、武装部部长:刘顺文

副镇长:邹状初

文武军

人大副主席:卿垂德

灌阳镇

党委书记:时大海

党委副书记、镇长:文海勇

党委副书记、人大主席:林　斌

党委副书记(挂职):史春来

党委委员、纪委书记:苏　平

党委委员:唐大荣

梁婷婷

党委委员、副镇长:戴强明(任至9月)

蒋连珍

蒋　为(4月任职)

党委委员、武装部部长:邓元青

副镇长:王宝发

金　鑫(3 月挂职至 12 月)

人大副主席:易塬舒(任至 4 月)

蒋　雪(4 月任职)

新圩镇

党委书记:王　龙

党委副书记、镇长:赵　飞

党委副书记、人大主席:文泽荣

党委副书记(挂职):黄　建(兼扶贫工作分队长)

蒋承根(9 月任职)

党委委员、纪委书记:刘训习

党委委员:刘长林

盘智云

党委委员、副镇长:范芳春

吴桂针

党委委员、武装部部长:李蒙发

副镇长:卿耀华

人大副主席:李夏平

水车镇

党委书记:王双华

党委副书记、镇长:陆航灯

党委副书记、人大主席:黄海波

党委副书记(挂职):蒋雪生

党委委员、纪委书记:吕莫君

党委委员:时　飞

于姝敏(11 月任职)

党委委员、副镇长:卢奇东

石昌华

党委委员、武装部部长:侯岩华

副镇长:唐培梅

邓英顺

人大副主席:陆继平

文市镇

党委书记:周　围

党委副书记、镇长:文衍明

党委副书记、人大主席:黄永逵

党委副书记(挂职):刘小红

唐小猛(任至 9 月)

党委委员、纪委书记:王游明

党委委员:盘度春

蒋凤萍

党委委员、副镇长:黄东平

王超洋

党委委员、武装部部长:唐　军

副镇长:邹必鸿

刘维维

金　鑫(挂职至 4 月)

俸珍文(挂职)

# 中国共产党灌阳县委员会

## 重要会议

【中国共产党灌阳县第十五届委员会第六次全体(扩大)会议】 2020年1月9日,中国共产党灌阳县第十五届委员会第六次全体(扩大)会议在县会议中心召开。出席会议的有县委委员32人,候补委员1人。县四家班子其他处级领导干部、县纪委常委、监委委员和有关方面负责人列席会议。县委书记周春涌代表常委会报告县委十五届五次全会以来常委会工作,对深入学习贯彻党的十九届四中全会精神、加快推进灌阳治理现代化和做好2020年工作作出部署。县长卢嵩安排部署2020年经济工作。

2020年1月9日,中国共产党灌阳县第十五届委员会第六次全体(扩大)会议在县会议中心十楼会议室召开　　罗融检　摄

【全县"不忘初心 牢记使命"主题教育总结大会】 2020年1月22日,在县委三楼会议室召开"不忘初心 牢记使命"主题教育总结大会。县委书记周春涌出席会议并讲话。市委第四巡回指导组组长黄强到会指导。县四家班子领导、县法院、县检察院、各乡镇党委、县直各部门领导等参加会议。

【县委常委(扩大)会议暨灌阳县新型冠状病毒感染的肺炎疫情防控工作领导小组第一次会议】 2020年1月30日,在县委三楼会议室召开县委常委(扩大)会议暨灌阳县新型冠状病毒感染的肺炎疫情防控工作领导小组第一次会议,会议通报全县新型冠状病毒感染的肺炎疫情防控工作情况,对下一步防控工作再动员再部署。

县委书记周春涌传达中共中央政治局常务委员会、自治区党委常委(扩大)会、桂林市委常委(扩大)会关于研究新型冠状病毒感染的肺炎疫情防控工作的有关精神,并组织学习了中共中央印发的《关于加强党的领导、为打赢疫情防控阻击战提供坚强政治保证的通知》。县委常委、政法委书记杨小平传达全市疫情防控工作部署紧急视频会议精神。听取县卫健局、交通运输局、二信商贸局等部门及各乡镇疫情防控工作情况汇报。

县委常委、常务副县长周恒志汇报灌阳县疫情防控工作进展情况并通报市督查组督查反馈情况。结合灌阳县实际，对下一步疫情联防联控工作进行部署安排。

2020年8月18日，全县年中会议在县会议中心一楼会议室召开

罗融检　摄

**【全县2020年决战脱贫攻坚大会】** 2020年2月27日，全县2020年决战脱贫攻坚大会在县会议中心一楼会议室召开。会议要求全县广大干部要深入贯彻落实习近平总书记关于统筹推进疫情防控和经济社会发展重要讲话和全区、全市2020年决战脱贫攻坚大会精神，全面贯彻落实中央和上级党委、政府关于完成脱贫攻坚任务的部署要求，坚定信心决心，确保全面完成脱贫攻坚各项任务，在实现全面建成小康社会宏伟目标中以不落"一户一人"的扶贫成效作出灌阳贡献。会议由县长卢嵩主持。

**【灌阳县脱贫摘帽总结表彰暨2020年决战决胜脱贫攻坚推进大会】** 2020年6月19日，灌阳县召开脱贫摘帽总结表彰暨2020年决战决胜脱贫攻坚推进大会。县四家班子领导、县直各单位主要领导、乡镇党政主要领导等参加会议，大会由县长卢嵩主持。

县委书记周春涌强调全县各级各部门要提高政治站位，充分认清形势，坚定决战决胜脱贫攻坚的信心决心。确保剩余的637户2002人全部脱贫，确保排查出的监测户166户654人和边缘户172户619人不返贫不致贫。同时，按时按质按量完成中央脱贫攻坚专项巡视"回头看"和国家脱贫攻坚成效考核反馈问题整改任务；全县各乡镇、各单位要紧扣目标和问题，强化非常举措，确保高质量完成脱贫攻坚目标任务。县委副书记陈礼兵宣读表彰决定，大会对脱贫攻坚先进集体、个人进行表彰颁奖。

**【全县年中工作会议】** 2020年8月18日，全县年中工作会议在县会议中心一楼会议室召开。县委书记周春涌强调，要以超常规韧劲做好最后冲刺，坚决打赢打好脱贫攻坚收官战；要以超常规力度抓好"两大振兴"和其他重点工作，奋力推动县域经济提质增效。县长卢嵩强调要细化实化举措，推动三次产业协同发展，促进财政收支平衡。要狠抓短板弱项，决胜全面建成小康社会，全力推进工业振兴；全力以赴完成旅游"双创"；全力以赴推进乡村振兴，抓好农村基础设施建设和人居环境整治；全力以赴推进重大项目建设，健全项目推进工作机制。

**【灌阳县庆祝第三十六个教师节暨表彰大会】** 2020年9月10日，灌阳县庆祝第三十六个教师节表彰大会在县会议中心一楼会议室召开。大会对灌阳县高级中学、灌阳县红旗中学2个先进集体及60名优秀个人进行表彰。

**【全县前三季度经济运行分析会暨重大项目推进会议】** 2020年10月20日，灌阳县召开前三季度经济运行分析会暨重大项目推进会。会议由县委常委、常务副县长周恒志主持。会上，各重点项目指挥部分别作工作情况汇报并提出下一步工作安排及建议。

**【灌阳县落实全面从严治党主体责任约谈会】** 2020年10月23日，灌阳县在县会议中心十楼会议室召开落实全面从严治党主体责任约谈会。会上，县委书记周春涌就新形势下履行主体责任，推动全面从严治党落到实处作约谈讲话。县长卢嵩要求各乡镇各部门要贯彻落实会议精神；要担负起全面从严治党主体责任，切实发挥领导核心和战斗堡垒作用；要做实做细“四种形态”，以强有力的问责督促责任落实。

【十九届五中全会精神报告会专题宣讲】 2020年12月8日，县委书记周春涌在县会议中心一楼会议室开展专题宣讲。指出全体党员干部要深入学习贯彻党的十九届五中全会精神，结合灌阳县的发展实际，把握当前全县改革发展面临的新形势新任务新挑战，动员全县上下进一步解放思想、改革创新、扩大开放、担当实干，坚定信心、乘势前进，奋力推进文明和谐幸福美丽新灌阳建设，开启高质量发展新征程。县长卢嵩主持会议，要求结合灌阳实际学好用好全会精神。与全面贯彻落实上级党委政府和县委作出的各项决策部署结合起来，确保全年目标任务和“十三五”规划收官任务顺利完成。科学编制好灌阳县“十四五”规划，同时做好各项前期工作，确保“十四五”规划开好局、起好步。

【全县市域社会治理突出问题集中整治百日攻坚行动点评推进会】 2020年12月21日，灌阳县召开市域社会治理突出问题集中整治百日攻坚行动启动大会。县委副书记经翠艳主持会议。县委书记周春涌要求，各乡镇各部门要提高政治站位，切实增强责任感和使命感，强化担当、合力攻坚，集中整治全县社会治理突出问题，同步推进市域社会治理现代化，以实际行动推进市域社会治理取得更大成效，努力建设更高水平的平安灌阳。

## 重要决策

【教育现代化】 2020年3月19日，中共灌阳县委员会印发灌阳教育现代化2035方略。以习近平新时代中国特色社会主义思想为指导，全面贯彻党的教育方针，全面贯彻落实习近平总书记关于教育的重要论述，围绕统筹推进“五位一体”总体布局和协调推进“四个全面”战略布局，坚持教育优先发展、服务人民、依法治教和统筹推进原则，遵循教育规律和人才成长规律，立足灌阳经济社会发展和建设需求，以办人民满意的教育为工作目标，大力推进教育现代化，优化教育结构，促进教育公平，提高教育质量，培养德智体美劳全面发展的社会主义建设者和接班人，为实现教育强县、民族复兴提供强大的人才保障和智力支撑。到2020年，在全面实现“十三五”发展目标，教育现代化取得重要进展的基础上，再经过15年努力，到2035年，各项教育发展主要指标达到全市平均水平，全面普及学前教育，实现义务教育优质均衡发展，全面普及高中阶段教育，依法治教全面落实，人民群众教育获得感明显增强，总体实现教育现代化。

【全力支持企业聚集发展】 2020年3月20日，中共灌阳县委印发灌阳县工业振兴2020年实施方案。要求全县进一步统一思想，凝聚共识，解决制约工业发展的瓶颈问题，以会战的姿态、决战的勇气、决胜的信心，集中全县优势资源，全力支持企业做大做强和新兴产业聚集发展，为实现“两个建成”目标奠定坚实的工业基础。2020年全县力争规模以上工业总产值增长10%以上，规模以上工业增加值增长8.0%以上。重点任务是全力打造石材产业、石英产业、万吨精锡、新材料四大产业集群，强力优布局聚集群，狠抓规上企业培育。通过整合资源、规范行业、拓展市场等多措并举，扩大生产和销售规模，提升全县工业企业竞争力。

【建立发展国土空间规划体系】 2020年6月29日，中共灌阳县委员会印发灌阳县建立国土空间规划体系并监督实施的实施方案。要求以习近平新时代中国特色社会主义思想为指导，全面贯彻党的十九大和十九届二中、三中、四中全会以及自治区党委十一届七次全会精神，紧紧围绕统筹推进“五位一体”总体布局和协调推进“四个全面”战略布局，着力在解放思想、改革创新、扩大开放、担当实干上下功夫、求实效。坚持贯彻新发展理念，按照高质量发展要求，做好国土空间规划顶层设计，发挥国土空间规划在规划体系中的基础性作用，为发展规划落地实施提供空间保障，优化各类开发保护活动的空间规模、布局、结构和强度，完善提升自然生态和人居生态景观风貌，加快转变国土空间开发保护利用方式，提升国土空间治理能力和水平。在2020年基本完成全县国土空间总体规划编制，有序和按需推进专项规划与详细规划编制，初步形成全县国土空间开发保护“一张图”。到2025年，形成以国土空间规划为基础，以统一用途管制为手段的国土空间开发保护制度。到2035年，全面提升灌阳县国土空间治理体系和治理能力现代化水平，促进全县资源环境与经济社会协调可持续发展。

【推进筑牢防线全面从严治党】 2020年7月2日，中共灌阳县委员会印发一体推进不敢腐、不能腐、不想腐推动全面从严治党的实施意见。深入推进新时代灌阳治理现代化，推动全面从严治党向纵深发展，建设灌阳山清水秀的政治生态。意见提出要强化政治监督，增强“两个维护”的政治自觉；深化日常监督，筑牢“三不”的监督防线；突出正风肃纪反腐，强化“不敢腐”的震慑；加强制约和监督，扎牢“不能腐”的笼子；深化廉政教育体系，增强“不想腐”的自觉；加强纪检监察队伍建设，健全“三不”的保障机制。

【“脱贫感党恩　奋进新起点”主题活动】 2020年10月23日，中共灌阳县委印发灌阳县“脱贫感党恩　奋进新起点”主题活动实施方案。方案通过开展主题活动，使广大干部群众充分认识党的十八大以来特别是打响脱贫攻坚战以来，在以习近平为核心的党中央坚强领导下，全县干部群众决战脱贫攻坚的伟大奋斗历程、脱贫攻坚取得的伟大成就、乡村发生的巨大变化，知党恩、感党恩，进一步坚定跟党走的信心决心，在脱贫新起点上迈向更加美好的新生活，奋力谱写新时代灌阳发展新篇章。主题活动时间为2020年11月至2021年3月，主要内容有制作一张脱贫攻坚明白人“四笔账”一卡清，组建一支“共话新生活　不忘党恩情”巡回宣讲队，开展一次“脱贫感党恩　奋进新起点”成就展，编印一本《脱贫攻坚成效汇编》，制作一张巩固脱贫攻坚成果政策清单，选树一批脱贫攻坚先进模范。

【推进监察工作向乡镇延伸】 2020年12月16日，中共灌阳县委员会印发关于推进监察工作向乡镇延伸的实施方案。以习近平新时代中国特色社会主义思想为指导，认真贯彻党中央关于监察体制改革决策部署，全面落实中央纪委国家监委、自治区纪委监委以及桂林市纪委监委部署，依据监察法有关规定，向乡镇派出监察机构，建立健全乡镇监察工作机制，依法授予相应监察权限，明确工作职责，完善工作制度，规范工作流程，促进乡镇纪检监察工作职责更加明确，履职更加有力，制度机制更加健全，作用发挥更加明显，不断提升乡镇纪检监察机关监督能力，推动监督向基层延伸。

## 重要工作

【政治建设和理论武装】 始终把政治建设摆在首位，坚持以习近平新时代中国特色社会主义思想引领发展、推动工作，坚持把深入学习贯彻习近平新时代中国特色社会主义思想作为首要政治任务，切实在学懂弄通做实上下功夫。坚决抓好贯彻落实，示范引领全县学习贯彻不断往深里走、往心里走、往实里走，学出坚定信念、学出绝对忠诚、学出使命担当。坚持以习近平总书记重要讲话和指示批示精神引领发展。准确把握上级赋予灌阳的发展定位，结合实际主动融入区市发展大局，牢固树立和践行“两山”理念，实现经济与生态相互支撑转化，发展高质量与生态高颜值相得益彰。坚定不移推动习近平总书记关于统筹推进疫情防控和经济社会发展的系列重要讲话精神落实落细。准确把握脱贫攻坚、乡村振兴、社会治理、文旅融合等重点工作要求，立足县情制定出台系列政策措施，作出系列工作部署。

**【着力打好疫情防控主动仗】** 面对突如其来的新冠肺炎疫情，按照"坚定信心、同舟共济、科学防治、精准施策"的总要求，团结带领全县上下迅速进入战时状态，举全县之力坚决打赢疫情防控的人民战争、总体战、阻击战。坚持全面部署、全民动员，第一时间成立由县委、县政府主要领导任组长的疫情防控工作领导小组，及时启动重大突发公共卫生事件Ⅰ级响应，全面推行县领导下沉乡镇、乡镇领导包干到村（社区）、村（社区）干部包干到户的高位协调防控体系和三级包干制，在全区率先推出"网格化管理、小单元作战"的防控措施，确保防控管理服务全覆盖，确保了灌阳"一片净土"。在保持"零输入、零感染、零病例"成果的基础上，强力推动复工复产。及时出台34条政策措施，完善协调调度机制，严格落实"一企一策"精准帮扶，抓实抓细用工就业、交通物流、农业生产等工作。在中央召开统筹推进新冠肺炎疫情防控和经济社会发展工作部署会议后不到1个月，全县列入全市复工复产调度名单的107家企业复工率达100%，工人到岗率达94.8%，一批重大项目加快开工、推进、竣工，全县经济社会运行加快复苏，生产生活秩序加快恢复。

**【巩固精准脱贫成果】** 坚持战"疫"和战贫双向发力，最大限度、最快速度化解疫情不利影响，全力攻克最后的贫困堡垒，打好脱贫攻坚收官战。持续加大产业奖补、就业稳岗力度，切实加强对特殊贫困人口的兜底保障，不断完善"一巩固三结合"工作机制，全面巩固"一过线两不愁三保障"成果，全县贫困人口成功"清零"，户脱贫、村出列、县摘帽目标全部实现，群众生产生活条件持续改善，生活质量进一步提高，千百年来的绝对贫困问题历史性地画上了句号。全年累计筹集安排各级财政扶贫资金4.01亿元，整合涉农资金1.2亿元；新增扶贫小额贷款4272笔1.67亿元，分别完成区、市"争百任务"的194.6%、210.9%；落实稳岗补助224万元、产业奖补5729万元，县级"5+2"特色产业覆盖率达98%以上，有力保障贫困群众稳岗就业、稳定增收；村级集体经济总收入同比增长19.9%，142个行政村（社区）集体经济收入均超过5万元；圆满完成四类重点对象农村危房改造任务，全县农户住房安全保障率达100%；实现易地扶贫搬迁旧房应拆尽拆，县江东移民新区获评全国美丽搬迁安置区；建档立卡贫困人口医疗保险和养老保险参保率、家庭医生签约率、农户有安全饮水覆盖率均达100%，义务教育巩固率达107.96%。成立灌阳县翰林教育基金并完成首轮资金筹措5300多万元。

**【强化社会治理效能建设】** 坚持加强县域治理体系和治理能力建设，全面推进依法治县和社会治理创新，有效巩固安定团结良好局面。全县民主法治全面发展，尊法学法用法守法氛围更加浓厚，法治政府、法治社会建设相互促进。监察体制改革、司法体制综合配套改革全面深化，法律顾问制度加快建立。社会事业全面进步，全县落实就业优先政策，发放就业补助资金607.1万元，农村劳动力转移新增就业6631人次，城镇登记失业率控制在5.5%以内，全县城乡居民基本医疗保险参保率达98%以上，发放社会救助补助资金8508.4万元，养老服务机构增至111家、床位1680张。应急救援体系不断健全，全力抓好安全生产、食品药品安全、防灾减灾救灾等工作。平安建设深入推进，全面贯彻落实总体国家安全观，统筹推进发展和安全两件大事，扎实推进扫黑除恶专项斗争"六清"行动，持续深化市域社会治理突出问题集中整治百日攻坚行动，创新推行"农村百米警务"新模式，实现命案、街面"两抢"等7类案件零发生。打造农村警务创新升级版，"一村一协警、一屯一警助"社会治理模式在全区推广。

【打造红色灌阳名片】 强化思想引领，讲好灌阳故事，提振精气神，为灌阳经济社会发展提供强大的精神动力和思想保证。全年组织开展意识形态巡察2轮、专项督查2次；组织党的十九届四中、五中全会精神宣讲，广泛开展“脱贫感党恩 奋进新起点”主题活动，掀起理想信念教育、爱国主义教育和革命传统教育热潮；承接区内外开展爱国主义教育55.3万人次，吸引自发到县内开展红色旅游的社会各界人士达141.1万人次。

【强化从严管党治党】 压实全面从严治党主体责任，深入推进“红色沃土、清风灌阳”建设，全年打造自治区星级党组织17个，整顿提升软弱涣散村级党组织4个、后进村7个，村（社区）“两委”换届选举工作有力有序推进。强化党建引领推动做好疫情防控，成立“疫情监管党员先锋队”，党员捐款率达96.7%，排名全市第一。“初心红田”获评桂林市十佳党建品牌。深入推进纪律作风建设，规范履行监督职责，开展疫情防控和“六稳”“六保”专项督查46次，发现并督促整改问题55个。集中整治形式主义、官僚主义问题，推动基层减负各项措施落地落实。持续推进反腐败斗争，精准运用监督执纪“四种形态”，立案查处违纪违法案件127件。一体推进“三不”机制，推进监察工作向乡镇延伸，实现县监察委员会派驻乡镇监察办公室全覆盖，基层纪检监察机关监督能力进一步提升，持续巩固良好政治生态。

## 县委办工作

【坚持以政治建设为统领】 坚持把政治建设摆在首位，坚决把“两个维护”作为最重要的政治要求，系统深入学习贯彻习近平新时代中国特色社会主义思想，引领全办人员在学懂弄通做实上下功夫，学出坚定信仰、学出使命担当，锤炼对党绝对忠诚，进一步增强“四个意识”，坚定“四个自信”，做到“两个维护”，始终在思想上政治上行动上同以习近平同志为核心的党中央保持高度一致。持续巩固深化“不忘初心 牢记使命”主题教育成果，严明政治纪律和政治规矩，严肃党内政治生活，注重从政治上统筹谋划、推动上级党委及县委作出的决策部署落实落细。

【参谋辅政】 对全年可预见文稿特别是重大文稿预先安排，超前准备，高质量组织起草县委领导讲话、汇报材料、经验总结及“十四五”规划建议等各类大型综合性文稿200余件，为党委科学决策提供了高质量参考。积极适应新时代党委信息工作新要求，不断完善党委信息考核、通报、约稿等制度，进一步提升了信息服务水平。全年上报信息330余条，区市采用190条。

【运行保障】 充分发挥党办“四最一中枢”作用，有效确保各项工作紧密高效衔接。严格落实节假日三级带班制度，重大会议、重要活动、节假日及防汛期等特殊敏感时期，实行“日报告”“零报告”制度。持续推进档案信息化建设工作，全年完成档案扫描任务74多万页，累计完成210多万页。投放全民国家安全教育日各类宣传标语3万余条次，协助上级国家安全部门实地走访摸排工作3次，完成交办工作2次。持续开展密码通信“精品年”活动，正式启用新的主渠道通信系统，密码通信安全畅通。举办涉密人员保密知识专题培训班，完成涉密计算机单机国产化替代工作，组织参加《中华人民共和国保密法》全区研讨发言。

【督促检查质效】 建立健全“批必查、查必果、果必报”的专项查办运行机制，统筹规范督查频次，对督查检查考核实行年度计划和审批报备制度，督查检查考核事项同比减少24.4%。重点围绕重大决策部署、重点工作落实以及领导批示、交办的事项开展督促检查，特别是紧扣脱贫攻坚、乡村振兴、项目建设等工作重点，加强跟踪督办和督查通报。全年完成52项重大决策部署督查任务，完成上级领导批示件14件。

【减文控会】 严格落实市委办减负二十条要求，

2020 年 5 月 29 日，灌阳县委办开展“关爱贫困儿童　助学奉献爱心”主题活动　　县委办　提供

通过严格控制文件总量和文件篇幅、提高文稿质量、增强办文实效以及最大限度地减少会议规模和数量等措施，县级层面发文、会议数量同比分别减少 45.9%、13.5%。党内规范性文件清理备案工作有效开展。

【重点工作落实】 对标重点任务，主动谋划谋实谋细重点工作。服务打赢打好脱贫攻坚战，强化督查考核，组织开展暗访 9 次，助推脱贫攻坚如期完成。全力做好结对帮扶工作，积极引导贫困群众发展特色产业，实现陈家坪村整村脱贫。疫情期间，充分发挥统筹协调作用，从严把关疫情期间会议要求，服务保障县级重要会议顺利召开，率先在县政府机关大院设立检测点，并组织人员到乡镇、交通要道、医院、企业等一线调研指导疫情防控和经济社会发展工作，推动生产生活秩序快速恢复。全力保障村“两委”换届选举各项工作。

（县委办）

## 组织工作

【概况】 中国共产党灌阳县委员会组织部（简称县委组织部）主要负责全县党的建设制度改革以及组织、干部、人才、公务员重要政策和制度的综合规划指导，包括党员发展、党员干部教育、党的组织建设与组织管理、党的后备干部培养、公务员日常管理和老干部工作等。

【党建工作】 县委组织部结合全县基层党建发展实际，制订《中共灌阳县委员会组织部 2020 年工作要点》《灌阳县推进全域党建提质聚力增效实施方案》《灌阳县“三带三区”基层党建高标准示范点建设实施方案》《灌阳县 2020 年抓党建促脱贫攻坚促乡村振兴工作方案》《灌阳县全面加强新时代机关党的建设实施意见》，明确工作方向和重点任务，推动各项工作落实。制订《灌阳县委常委联系指导党建品牌建设工作方案》，扎实落实“党建品牌创新年”工作要求，以全域党建理念推动党建品牌建设。全县“初心红田”“平安灌阳，警润万家”“燃烧吧，红烛”三个党建品牌入选桂林市党建品牌选树活动。开展重大节日走访慰问，以及疫情防控、防汛救灾等慰问，发放慰问金 33 万元。加大困难党员帮扶力度，进一步完善《关于设立“党内关爱扶助金”做好困难党员帮扶工作的实施方案》，严格程序摸排党内关爱对象，发放 45.25 万元党内关爱金帮扶困难党员。

【基层组织建设】

强化党建引领基层治理　建立党员“初心红田”服务群众机制，以乡镇、行政村（社区）、片（区）、屯组（小区或路段）为单位，分级划分 1812 块党员服务群众责任“红田”，采取纵向到底的“田长”分级负责制，明确“红田”内党员的平时和战时任务，形成“全县域覆盖、分层次管理、零距离服务”的党员服务管理体系，提高党员队伍服务群众水平。

完善基层党组织设置　对符合条件的 4 个村党支部升格为村党总支部，4 个村（社区）党总支部升格为基层党委，开展党组清理规范工作，进一步理顺组织关系。2020 年向自治区申报 20 个农

2020年4月3日，灌阳县2020年组织工作会议在县会议中心一楼会议室召开　　县委组织部　提供

村星级党组织，获批17个。全县共有农村星级党组织59个（其中五星9个、四星24个、三星26个）。

组织谋划，做好村（社区）“两委”换届准备工作　下发《关于做好2021年村（社区）“两委”换届准备工作的通知》和《灌阳县2021年村（社区）“两委”换届准备工作调研方案》，成立了由县委常委领导担任组长，与村结对共建的县直单位主要领导参加的包乡镇工作组，各乡镇党委相应成立包村工作组，逐村开展调研摸底，全面掌握第一手资料。5月上旬各乡镇党委先召开分析研判会，5月19日，县委召开常委会进行研判，掌握每个村级班子建设整体情况以及短板弱项，建立问题清单，提出改进措施。对分析研判的重点难点乡镇、村，由联系乡镇的县领导直接包抓。

**【疫情防控】**　动员各级党组织和广大党员参与疫情防控工作，确保全县疫情防控实现“零输入、零感染、零确诊”。从县直单位选派71名党员和各村（社区）选派151名党员成立“疫情监管党员先锋队”，加强疫情防控重点观察人员监管，针对全县需重点观察的地段和人员采取一对一跟踪服务，准确掌握重点人员动态和症状。组织成立党员先锋队，在各村（社区）、交通要道、人员密集地设立卡点，实行网格化管理，筑牢基层一线疫情防护墙。号召广大党员干部捐款捐物，发动党员干部协助爱心人士为灾区捐赠物资30多吨，动员全县党员干部自愿捐款80多万元，党员捐款率达96.7%，全市排名第一。

**【干部队伍建设】**　县委组织部执行《干部选拔任用工作条例》，贯彻落实干部选拔任用工作四项监督制度，围绕全县经济社会发展实际需要选干部、配班子。坚持民主集中制原则，严格落实《党委（党组）讨论决定干部任免事项守则》的规定，按照“集体领导、民主集中、个别酝酿、会议决定”的要求，切实发挥县委在选人用人上的领导和把关作用。2020年，全县共调整干部3批次49人，9名干部晋升为四级调研员，提拔35岁以下优秀年轻干部25名。

**【干部监督】**　按照《领导干部报告个人有关事项规定》和《领导干部个人有关事项报告查核结果处

2020年12月21日，灌阳县2021年村（社区）“两委”换届选举工作动员培训会在县会议中心召开　　县委组织部　提供

理办法》,完成26名副处级及以上领导干部个人有关事项和512名正科级干部(含主任科员)房产信息填报工作。根据全县最新乡科级领导干部名单,会同县公安局出入境大队,完善全县领导干部办理和持有出国(境)证件的备案,切实管控领导干部的出国(境)证件的办理及使用,及时掌握出入国(境)动态。完善干部经常性提醒教育机制,对70多人进行提醒谈话。坚持党政领导干部任前公示制度,加强"12380"网络举报和信访举报案件的办理,受理核实举报件8起,其中市转办件7起。

**【干部档案管理】** 依法依规管理,从严规范干部档案管理。将专项审核工作与日常审核相结合,采取电话联系、上门查找、及时发函等方式联系追补材料2000余份,对新进人员和新提拔人员57册档案进行档案专项审核。充分发挥干部档案在任前审核的"第一关"作用,对57人进行任前审核。为干部日常任免、考察、调资、办理退休,检察院、纪委查办案件等工作提供查阅档案业务336人次。完成对人社局、卫健局、教育局的干部人事档案专项审核"全覆盖"工作的培训和指导管理工作。

**【人才工作】**

建立在外灌阳籍人才库　收集在区外工作生活且在相关学科、行业和领域取得一定成绩的30名优秀人才入库,其中高级人才4名。

引进与培育并重　依托全县生态、红色等资源优势,拓宽"引、育"人才渠道,引进包括袁隆平院士在内的7名高端人才,成功建立"袁隆平院士工作站",在灌阳实现"吨半稻"目标,水稻单产蝉联全区10连冠,创造超级杂交水稻和再生稻单产每亩1500千克以上的世界纪录。实施"百名人才引进计划",县财政安排专项资金500多万元,继续实施"百名人才引进计划",参照新录用公务员标准落实工资福利待遇,新招和续聘了65名具有学士学位的本科及以上毕业生到县直单位、乡村振兴等重点岗位工作。

专业技能人才培训　对接脱贫攻坚和产业发展的实际需要,组织农业、林业、养殖业有关专家在全县138个村和易地扶贫搬迁集中安置点开展农村实用技术培训,全年全县共开展农村实用技术培训140期,培训人数6858名。组织灌阳县中医医院积极申报新冠肺炎疫情防控人才小高地科研项目。开展医务人才培训25期2865人次,其中新型冠状病毒肺炎疫情防控培训13期1840人次。

**【干部教育】** 深入研究新时代对专业能力、专业精神的新要求,着力推进高素质专业化干部队伍建设,努力做到干部能力素质与岗位需求相适应,专业特点与班子功能相协调。举办领导干部综合素质提升培训班、行动学习骨干培训班、公务员初任培训班等专题班次,推荐干部参加中央、自治区和桂林市举办的专题培训,及时为干部加油充电。组建灌阳县党性教育精品课程开发团队,打造全市党性精品课程1门,灌阳县新圩阻击战史实陈列馆经市委组织部公布为首批红色文化类的现场教学点。根据岗位特点和干部实际情况,精准选派干部到上级机关或经济发达地区、金融部门挂职学习,开阔工作思路,提升专业素养。2020年,

2020年8月27日,灌阳县举行"党旗领航·诚信经营"集中授牌仪式

县委组织部　提供

共选派6名干部到区市单位挂职、跟班学习，共下派7名干部到基层一线挂职锻炼。

**【公务员管理】** 贯彻执行国家政策，落实落细公务员管理各项工作任务。在职级套转的基础上持续完善后续工作，及时与档案室做好相关资料移交。根据公检法改革调整方案，完成2020年度职级套转、晋升工作。拟订全县公务员分类管理工作计划，并对全县20个具有执法职能的机关事业单位进行人员情况摸底。

公务员的招录、培训、登记、管理　根据职位需求情况，2020年计划招录公务员39名，其中选调生6名。对2019年新录用的公务员进行了为期12天的初任培训，并按期办理好转正手续。完成以前年度公务员登记、补登记、摸排预登记人员等工作。推进72个参公单位重新认定工作，按要求完成申报材料台账的整理。在全县推行公务员平时考核工作，组织各单位建立平时考核方案，量化考核指标，建立平时考核工作台账，实行平时考核结果与年度考核、选拔任用、职务职级晋升、评先奖优等进行挂钩。严格按照考核规定比例和要求，对57个单位888名人员进行了考核，评定优秀161人。

公务员奖励　上报2名全区“人民满意的公务员”、1个全区“人民满意的公务员集体”、2名全区记一等功公务员、1个全区记一等功公务员集体申报材料。对在抗击新冠肺炎疫情中表现突出的集体和个人开展及时奖励，通报表扬先进集体30个、先进个人50名，给予公务员记三等功15人，嘉奖50人。做好工资业务审批、乡镇补贴变动、特岗津贴变动、退休人员房屋修缮费、死亡遗嘱生活困难补助等工资业务。

**【发展村级集体经济】** 落实4640万元专项资金用于扶持村级集体经济发展，涉及67个贫困村，12个非贫困村，81个集体经济项目。引导67个贫困村以集中入股的方式，与灌阳县德天实业有限公司合作建设标准厂房3.5万平方米，通过出租获取收益，形成向贫困户、贫困村群众倾斜的利益联结机制。根据有关政策、市场需求等变化，对项目运行情况进行跟踪评估，及时调整前景不佳的项目进行转型发展，指导龙炼村对资金回报率低的食用菌项目进行调整，有效规避项目运行风险。及时对村（社区）集体经济68个项目2478.7万元资金开展全覆盖审查，对资金使用不规范的行为及时予以纠正，对运行不正常、经营风险较大、收益低的项目及时调整，确保全县村级集体经济发展工作稳步推进。2020年，全县142个村（社区）集体经济总收入1377.14万元，所有村（社区）集体经济收入均达5万元以上，其中10万元以上的村26个，20万元以上的村10个，50万元以上的村3个。

**【驻村工作队员管理】** 按照精锐尽出的要求，对因身体原因、岗位变动、超龄问题、履职不力等已不符合任职条件的工作队员进行调整更换，优化驻村队伍配置。严格执行《关于做好灌阳县脱贫攻坚（乡村振兴）工作队员住村安排工作的通知》，认真落实工作队员日常考勤工作制度、督查工作制度、定期工作汇报制度，进一步压实驻村帮扶责任。并通过实地查看、翻阅台账等方式，围绕驻村工作台账记录、住夜情况、“八有两安”生活保障等情况，对全县9个乡镇142个村（社区）的驻村工作组全覆盖、地毯式地开展检查2次。疫情防控期间购买11500个口罩分发全体工作队员，落实分队长2万元工作经费、第一书记1.5万元工作经费和5万元帮扶经费，争取县财政安排非贫困村工作组长0.5万元工作经费，落实所有工作队员驻村伙食补助、交通、通信、乡镇工作补贴等各项补助。

（县委组织部）

## 老干部工作

**【概况】** 2020年，全县有离休干部11人（行政事业9人，改制企业2人），享受厅级待遇1人。副处以上退休干部39人（其中原四家班子退休22人）。灌阳县老干部工作紧紧围绕全县的工作大局，以落实离退休干部的“两个待遇”为重点，发挥“两个阵地”的作用，加强离退休党支部建设，充分发挥离退休干部在社会发展稳定中的正能量。

【落实老干部政治待遇】 组织老干部学习党的十九大精神、十九届五中全会精神和习近平总书记的系列讲话精神。开展节日走访慰问活动。1月14日和1月22日，分别在桂林和灌阳召开离退休干部春节团拜会。通过打电话、发放宣传册使老干部们对全县新冠疫情防控全面地了解，并支持和参与到这项工作中来。

【落实离休干部生活待遇】 离休干部离休费逐月发放，离休干部的津补贴、健康疗养费、护理费、遗属春节慰问金及政策性补贴发放到位，无拖欠医药费现象。年内，走访慰问生病、行动不便老干部39人次，到医院探望生病住院老干部4人次，帮助老干部家属妥善处理老干部丧后事宜3次。对生活长期完全不能自理的离休干部护理费提高到每月2500元。

【"两个阵地"建设】 新建一栋面积近1500平方米的老干部活动中心综合楼。5月22日，举办疫情防控知识讲座并参观江东新区建设；6月23日，组织老干部去全州参观湘江战役纪念馆并结合"七一"活动进行红色文化主题教育；10月到11月，组织参与开展"多彩金秋，乐为桂林"活动。

【信息宣传工作】 抓好外宣、信息和调研等工作，积极向《中国老年》《老年知音》《今日灌阳》新闻媒体投稿，全年共投稿6篇。

【关心下一代工作】 5月28日，开展"六一"慰问活动，对文市镇吉头村小学师生及贫困户子女进行慰问。审核上报80名困境儿童名单到市机关工委，每人获得800元的资助资金。

（县委组织部）

## 宣传工作

【概况】 中共灌阳县委宣传部是主管全县意识形态的县委工作部门。2020年，全县意识形态和宣传思想文化工作取得新成绩、呈现出新亮点。坚定意识形态"主心骨"；筑牢意识形态"主阵地"；把握导向，创新载体，唱响意识形态"主旋律"。

【意识形态】 坚持强化领导，压实责任，在落实意识形态责任制上形成新格局。

统一思想　县委通过组织各乡镇党委书记和县直有关党委（党组）书记召开落实主体责任述职评议会议、全县宣传思想文化暨精神文明建设工作推进会、意识形态、宣传思想工作推进会等重要会议，层层推进，把意识形态工作纳入县委常委会的重要议事日程，并在十五届六次全会上作重要部署。

剖析问题　县委通过召开民主生活会，县委常委对各自分管领域的意识形态工作存在的问题进行专项剖析。县委主要领导多次对网络舆情、融媒体建设等工作作出指示，并部署和研究全县意识形态和宣传文化工作。

2020年5月19日，灌阳县2020年宣传思想文化暨精神文明建设工作推进会在县委三楼会议室召开　　唐子婷　摄

2020 年 6 月 11 日，灌阳县“扫黄打非”工作领导小组到书店开展“扫黄打非”专项检查行动　　县委宣传部　提供

地。成立宣讲团进农村、进社区、进机关、进学校、进企业，确保党的好政策在党员群众中入脑入心。采取山歌、小品、表演等灵活多样、通俗易懂的形式，促进党的创新理论在基层的宣传普及。十九届五中全会召开以来，县委带领班子成员深入全县 9 个乡镇、138 个行政村、9 个企业、11 所学校及部分县直单位开展宣讲。全县党员干部运用“学习强国”平台学习常态化，积极向“学习强国”投稿，2020 年全年供稿 260 余篇，上稿 97 篇。

专项督查　通过组织意识形态专项督查组深入各乡镇、县直八大口，通过督查分析研判各单位、各乡镇在意识形态领域风险防范存在问题，在全县范围内通报。通过采取各项措施，在全县形成齐抓共管新格局。

阵地建设　建立健全工作制度，推进意识形态工作常态化，制度化。加强阵地建设和网络舆情管控，切实掌握意识形态工作的主动权、话语权。加强对文化阵地的管理，持续开展“扫黄打非”专项行动，确保文化市场运行有序，管理规范，监控到位。网络管理坚决有力，扫黑除恶成效显著。

【新闻舆论】　全县集中宣传力量及时报道各级各部门奋战在一线的生动实践，全面展示良好精神风貌，讲好灌阳事，发出响亮声。把网络舆论工作作为全县意识形态工作的重点，引导和积极发挥自媒体的作用，围绕“脱贫攻坚”“乡村振兴”等主题开展网上对外宣传。同时，加强网络舆情监控和引导，落实专人负责，实施 24 小时网络舆情监测工作机制，重点对涉及疫情、扶贫等领域的负面舆情、谣言信息进行全面监测、及时处置。2020

【理论工作】　坚持把学习习近平总书记系列重要讲话精神和治国理政新理念新思想新战略作为突出政治任务，以党委（党组）中心组和党员领导干部为重点，召开中心组专题学习研讨 14 次，深入学习宣传贯彻习近平新时代中国特色社会主义思想和党的十九届四中、五中全会、全国两会精神及《中国共产党宣传工作条例》。坚守理论阵

2020 年 11 月 9 日，县委宣传部到各乡镇督查意识形态工作　　县委宣传部　提供

年，在中央级传统媒体上稿39篇，在自治区级传统媒体上稿166篇。扶贫宣传任务超额完成，其中，中央级媒体上稿任务为8篇，实际用稿27篇；自治区级媒体上稿任务为50篇，实际用稿151篇。协助中央广播电视总台完成3次节目录制、1次节目直播。8月20日，中央广播电视总台二套财经节目中心大型融媒体行动《走村直播看脱贫》走进灌阳县永富村，以“电视大屏”和“新媒体小屏”直播的形式探访新街镇永富村红薯产业和超级稻，深入报道当地挖掘资源禀赋，发展产业带动脱贫，促进乡村振兴取得的成效。灌阳县协助栏目组完成长达1小时的互动直播，直播内容通过中央广播电视总台央视财经频道、央广经济之声、中国交通广播、“央视财经”新媒体播出。广西电视台、《广西日报》、桂林电视台、《桂林日报》《桂林晚报》等多家媒体到现场并集中报道。

【文化文艺】 用活农家书屋，探索农家书屋服务功能延伸，在丰富农村文化生活、提高农民科技兴农水平、改变农民经营生活方式等方面发挥作用，将农民的“冬闲”变为“冬学”，促进物质精神文明双丰收。依托田园综合体建设丰富多彩、寓教于乐的村庄墙面文化长廊，打造杨柳井红色文化百米长廊和大仁村农耕文化实物展示墙，枫树脚家教家训墙体展示村。

【精神文明建设】 2020年，全县9个乡镇均成功创建县级文明乡(镇)，实现县级文明乡镇全覆盖，111个县级文明村占138个行政村的80%，超额完成桂林市下达目标任务的55%。开展自治区文明单位、村镇、校园评选复核，完成复核并保留称号。成功申报灌阳镇红旗初级中学为自治区文明校园，县直机关幼儿园评为自治区级示范幼儿园，全县学校参与率100%。开展文明家庭、十星级文明户评选表彰活动，开展“传家训、立家规、扬家风”等家庭教育宣传活动3场、“社区邻里守望”活动8场、“农村扶贫济困”系列志愿服务活动28场。全县注册志愿者4.6万余人。培育选树先进典型，市文明办向自治区推荐灌阳县的身边好人6人。全年中国文明网用稿2篇，广西文明网用稿24篇，桂林文明网129篇。

【湘江战役红色文化资源】 利用灌阳红色文化资源，组织开展形式多样的主题教育活动，掀起理想信念教育、爱国主义教育和革命传统教育热潮。湘江战役新圩阻击战酒海井红军纪念园开馆，共接待参观学习人员1431956人次(区外人员286391人次，区内人员1145565人次)，其中学生272071人次，12127批次。湘江战役新圩阻击战酒海井红军纪念园获评为全国爱国主义教育示范基地、国家AAAA级旅游景区和首批桂林市社会主义核心价值观建设示范点。

(县委宣传部)

## 统一战线工作

【概况】 中共灌阳县委统一战线工作部为县委正科长级工作机构。主要负责全县统一战线工作、贯

2020年3月24日，自治区台办到灌阳调研台资企业　唐显才　摄

彻落实党的民族、宗教政策，做好台胞、台属的相关工作等。办公地址位于灌阳县灌阳镇胜利路39号。

【脱贫攻坚】 全县142村(社区)实现民营企业或经济合作组织结对帮扶全覆盖，村级集体经济年收入达到5.2万元以上。开展产业扶贫、教育扶贫等“十大扶贫”各类活动438次，实施项目169个，投入资金7743万元，捐款捐物1000余万元，带动1.5万多贫困户就业增收，惠及贫困村、屯506个，4.5万多名贫困群众受益。广西中源农业开发有限公司通过打造油茶产业核心示范区，带动1万多户农户(其中贫困户2900户)种植油茶1.2万亩，带动400多户贫困户脱贫，变“输血”为“造血”；组织25个贫困村投入1600多万入股江西双胞胎畜牧发展有限公司，村级集体经济年均增收5.1万元。引导动员统一战线成员通过济困、助学等方式参与脱贫攻坚。在灌阳县同心同向·助力脱贫攻坚慈善公益晚会和灌阳县“扶贫济困·共筑小康”募捐文艺演出捐赠活动中，捐资捐物800余万元，用于资助贫困学生50多人，帮扶村级饮水工程、道路建设、村级基础公共设施等项目30多个。

【非公经济】 召开民营企业座谈会，就民营企业在疫情防控和复工复产中存在的问题和困难进行了解，共收集具体问题和困难97个，现场答复和解决问题25个；开展全县非公有制工业企业大走访大调研活动，2020年县四家班子领导开展走访企业100多次，收集问题84个，解决问题78个；推进“千企扶千村”活动，引导非公企业助力脱贫攻坚；落实专人负责广西非公经济服务平台的管理和维护，密切关注广西非公经济服务平台运行新情况、新动态，掌握协调解决广大非公企业在平台上反映的诉求和问题，利用广西非公经济服务平台服务非公经济；联合县司法局及相关律师事务所进企业，开展民营企业“法治体检”活动，有针对性地为民营企业当场分析解答疫情期间面临的相关法律问题，探讨疫情后如何突破困境、预防风险、全面复工复产。

【招商引资】 2020年全县在建项目33个，内资累计到位资金32.05亿元，完成全年任务数的103.39%。落实统筹“三企入桂”项目洽谈工作。对重大项目、重点问题专门研究，提前谋划好项目的土地、资源、政策等要素，促进“三企入桂”项目与政策体系的精准匹配和衔接平衡，全力促进“三企入桂”在谈项目签约落地。“三企入桂”在谈项目15个，新引进签约项目11个。

【统战信息】 2020年，在各级统战类媒体和网络媒体上发表宣传调研信息共计34篇，向上级部门及各类新闻媒体报送各类新闻信息100多条。

【社会组织】 成立灌阳县新的社会阶层人士联谊会、灌阳县新的社会阶层人士联谊会网络人士分会、灌阳县党外知识分子联谊会、灌阳县爱心帮扶协会。建立健全外地商会管理制度，商会管理逐步规范有序。

(县委统战部)

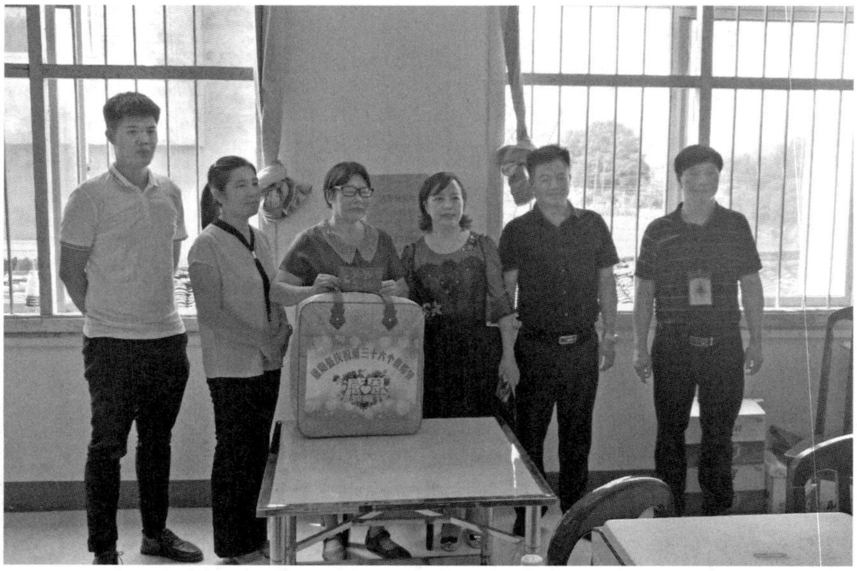

2020年9月9日，县委统战部到水车镇慰问教师代表

县委统战部　提供

## 党校工作

【概况】 中国共产党灌阳县委员会党校(简称县委党校)为财政全额拨款的正科级事业单位。2020年,县委党校把握“党校姓党”原则,全面贯彻落实《党校工作条例》、习近平系列讲话精神,紧紧围绕县域经济、社会发展热点和难点问题,不断深化理论学习研究和干部教育培训工作。办公地址位于灌阳县灌阳镇灌江西路100号。

【干部教育培训】 7月,举办新任公务员培训班,培训学员46人,培训40学时;8月,与县妇联联合举办妇女干部培训班,培训学员148人,培训16学时;9月,与组织部举办灌阳县2020年领导干部综合素质提升培训班2期,培训学员150人,培训40学时;12月,举办灌阳县2020年行动学习骨干培训班,培训学员33人,培训32学时,与共青团联合举办灌阳县2020年少先队辅导员培训班,培训学员146人,培训8学时。

【教育培训新品牌】 2020年,共承办各类培训班66期,其中兄弟党校主体班异地教学、区市直单位党性教育专题班43期,承接高校教育科研、各类团队、有关单位支部党日活动等23期;培训3360人次。

挖掘本地红色资源,开发党性教育课程体系,打造红色教育基地,树立灌阳党性教育品牌。通过中国人民解放军军事科学院、井冈山干部学院、延安干部学院等地的专家组验收,“赣州、遵义、延安、龙岩、桂林干部党性教育培训联盟现场教学点”落户灌阳。2020年,与桂北五县5个课题组一道重新组队提升,在国家级专家组的复审中获得桂北五县精品课组第一名的好成绩。

【社科研究】 完成县委“基层党校作用发挥情况、存在问题及建议”信息约稿3篇;完成县委组织部“推动红色教育基地建设,提升党员教育培训质量”信息约稿2篇;参与区市党校系统和区市社科联组织的各项科研活动。向桂林市社科联选送调研文章3篇,其中《乡村振兴视域下传统村落的保护与开发》在桂林市社科联主办《社科文萃》上发表。《灌阳县传统村落保护与开发对策研究》研究课题被确定为桂林市党校系统重点课题并已立项。《〈关于瑶苗民族中工作的原则指示〉的历史意义和现实启示》获自治区党校、广西行政学院、自治区党校社科联理论征文一等奖;《广西地方历史文化资源融入党校课堂对干部培训作用分析》获自治区党校、广西行政学院、自治区党校社科联征文二等奖;《基层党校加强党史国史教育的重要性和实践探索——以桂林灌阳县委党校为例》获自治区党校、广西行政学院、自治区党校社科联征文三等奖。《我们都在努力奔跑,我们都是追梦人》获中共桂林市委宣传部、中共桂林市委组织部学习习近平新时代中国特色社会主义思想体会征文二等奖。

2020年7月22日,中共广西区委党校到灌阳镇、新街镇调研指导乡镇党校试点和规范化建设工作 县党校 提供

【项目建设】 获得项目建议书和可研(70亩)批复;取得投资许可证(70亩)批复;获得用地意见批复(50亩);完成环保登记(50亩);完成购地100亩,购地金额5000万元;与地金公司签订代建合同;正进行项目概念性规划;长征国家文化公园湘江战役干部学院项目,上报用地面积120亩。

（文玉鸾）

## 党史地方志工作

【概况】 灌阳县史志研究室为县委直属正科级、公益一类事业单位,是党史和地方志二合一单位。主要负责研究灌阳史志资料,为党政领导决策提供参考依据;负责党史文物征集、收藏与维护。续修新编《灌阳县志》、灌阳党史及地情资料收集整理;指导部门志、乡镇志和地方史的编纂;为上级业务部门提供资料。办公地址位于灌阳县灌阳镇胜利路39号。

【《灌阳县革命老区发展史》编纂】 根据《广西革命老区建设促进会、广西中共党史学会关于编纂革命老区县发展史的通知》精神,县史志研究室按要求编纂《灌阳县革命老区发展史》,组织编纂人员根据上级业务部门和出版社的意见对初稿进行进一步修改和完善,进行全面校对。

【《灌阳县大事记》编辑】 每月对全县范围内发生的大事、要事进行收集、整理、编辑,主送各乡镇、县直各单位,同时报送县四家班子领导。全年完成《灌阳大事记》编辑12期。

【《中国共产党灌阳历史》第二卷编撰】 2020年,按照《广西社会主义时期党史资料征研工作规划》的要求,开展收集整理社会主义革命和建设时期的党史资料工作,着手编撰《中国共产党灌阳历史》第二卷,6月整理好目录,并上报市党史研究室审定。

【新圩阻击战史实陈列馆展陈】 做好新圩阻击战史实陈列馆展陈项目验收及结算审计工作,将展馆移交县红色文化传承中心管理。

【党史宣教】 开展党史宣传教育工作,充分发挥党史部门以史鉴今、资政育人的重要作用。全年开展爱国主义教育培训32期,培训人数2200余人。接待中央、区、市相关领导和有关部门、新闻媒体红色宣传教育团30多个1000多人次。2020年10月,县史志研究室报送的党史微视频《酒海丰碑》获第三届广西党史微视频大赛优秀奖。

【红色资源挖掘】 红军三次经过灌阳,给灌阳留下了大量珍贵的遗迹遗址和宝贵的长征精神。灌阳县史志研究室参与桂林市委党校红色精品课程的开发,提供灌阳红色文化资源,丰富红色精品课程内容;参与长征文化公园的规划编写,确保规划中灌阳县的红色文化资料翔实;挖掘红色文化遗迹,2020年6月新发现文市村红军标语1条;与县红色文化传承中心对灌阳红色遗址简介进行编订,

2020年10月28日,广西广播电视台举办的广西第三届党史微视频大赛颁奖现场

县史志研究室　提供

整合红色资源，为全县红色旅游开发奠定基础。

**【地方综合年鉴工作】** 2020年，县史志研究室树立年鉴精品意识，组织完成《灌阳年鉴(2020)》编纂工作，年末出版发行。该卷年鉴以《地方志工作条例》《地方综合年鉴编纂出版规定》为依据，着重记载2019年灌阳县经济和社会发展的基本情况及大事、要事、新事，个别内容有上溯和下延。总篇幅24.25印张，版面总字数717千字，有彩色插页36页，内文插图217张。共设特载、大事记、灌阳县概况、中国共产党灌阳县委员会等类目26篇，书前设有领导调研、工业农业、基础设施建设等彩色图片专辑。完成《广西年鉴(2020)》《桂林年鉴(2020)》灌阳县部分资料的组稿工作，并按时、按要求上报区、市有关单位。积极申报2020年广西年鉴精品工程项目。

**【地方志资料年报】** 提高地情资料年报质量，做好资料整理和开发利用，按时完成地情资料报送工作。

（县史志研究室）

## 督查和绩效考评

**【概况】** 灌阳县委县政府督查和绩效考评办公室(简称县督效办)为正科级行政单位，主要承担县委、县政府督查和全县绩效考评等工作。2020年，灌阳县督查和绩效管理与考评工作围绕上级下达的各项指标任务和全县年初既定的目标任务，推进绩效管理创新，探索开展绩效管理与考评的有效途径和方法，着力构建科学的绩效管理体制、考核体系及结果运用机制，不断推动绩效考评向纵深延伸，使绩效考评成为推动工作落实的强力抓手，充分发挥了绩效考评“风向标”和“指挥棒”的作用，激发全县上下的工作积极性，促进了广大干部作风的转变，营造主动干事、创业的良好氛围，确保全县各项重点工作的顺利推进，绩效任务得到有效落实。办公地址位于灌阳县灌阳镇胜利路39号。

**【督查检查考核】** 全面统筹协调和安排部署督查检查考核工作的计划管理和监督实施。严格控制督查检查考核总量和频次，最大程度减轻基层工作负担。除县委、县政府统一部署和按规定开展的督查检查考核外，县直各部门、各议事协调机构不得自行设置以乡镇党委和政府为对象的督查检查考核项目，不得在部门文件中自行规定全县性督查检查考核事项。实行年度计划和审批报备制度，县直各部门、各议事协调机构原则上每年只开展1次综合性督查检查考核工作，并纳入年度计划，实行清单管理。按工作性质、内容、时间、地点等，对列入年度计划的督查检查考核事项进行分类整合，同类事项合并进行，涉及多部门的联合组团，由牵头责任单位负责组织实施，切实防止重复扎堆，影响基层正常工作。

**【指标管理】** 对全县承担的21个二级指标进

2020年3月26日，市督查组到灌阳县督查新冠肺炎疫情期间复工复产复学情况

县督效办 提供

2020年4月16日，市督查组到灌阳县督查第四批新型城镇化示范乡镇暨落实长效机制情况　　县督效办　提供

行分解，分解成185个具体指标，指标分值总共907.6分，底线管理扣分指标分值共165分，分别由40个单位牵头或具体实施。县督效办定期通报各项指标的完成情况，重点关注负面清单中40项滞后指标的进度。县督效办在加强与市督效办沟通联系的同时，组织、协调、督促县直各牵头（责任）单位积极主动地与上级主管部门进行充分而有效的沟通，彻底弄清弄懂考评任务、考评标准和时间节点，避免出现任务漏项、工作错位等失误。针对个别进度慢、完成较困难的指标，县督效办将督促和协助有关责任单位分析原因、查找症结、强化措施、加快进度，确保各项指标任务的顺利落实。

**【群众意见建议整改】** 灌阳县共收到自治区反馈的2019年度社会评价意见建议18条，县督效办分类整理、全面分析收到的意见建议，准确把握问题重点，科学制定整改目标，落实牵头（配合）单位、明确整改措施、责任人及整改时限，并通过《今日灌阳》、灌阳电视台、政府门户网站、微信公众号、宣传专栏等平台进行公示，接受社会公众监督。

县督效办认真落实区、市工作要求，及时在县门户网站、“今日灌阳”微信平台发布自治区有关公告，并组织各有关单位，通过媒体、公开栏、“今日灌阳”微信平台等，将各单位重点、亮点、职能工作等各项成果以及群众意见建议的整改落实情况，向社会公众和相关管理服务对象进行展示宣传。重点针对民意调查样本对象，通过制作张贴宣传画，全覆盖地宣传展示，提高群众的满意度和评议参与度。2020年，灌阳县对中期评议反馈的292个问题完成整改。12月进行整改总结，形成《灌阳县2020年度绩效考评群众意见建议整改工作成效》，并通过政府门户网站、灌阳电视台和《今日灌阳》进行公示。

**【县本级绩效管理与考评】** 灌阳县根据年初确定的目标任务，结合上年度自评迎考指标，及时制定各项考评办法，对乡镇共设50项考评工作、县直单位共设41项考评工作，并下达《灌阳县2020年度绩效管理与考评工作方案》及各项工作考评细则。

灌阳县按照奖优、治庸、罚劣的原则，实施自评迎考与县本级考评结果挂钩，实施“一通报”“四结合”（即对绩效考评结果进行通报，与单位评先评优和绩效奖励相结合、与干部选拔任用相结合、与改进工作相结合、与行政问责相结合），强化绩效考评结果运用环节，全力营造工作成效由绩效考评数据“说话”，凭数据看成绩，以业绩论英雄的浓厚氛围。

（蒋　毅）

## 信访工作

**【概况】** 中共灌阳县委员会灌阳县人民政府信访局是县委工作机关，为正科级行政单位。主要职责是承办中央、自治区和市国家机关交

2020年12月25日，市信访局到灌阳县指导信访业务工作

县信访局　提供

办、转办和县委、县政府及其领导同志交办的信访事项；受理人民群众直接给县委、县政府及其领导同志的来信，接待到县委、县政府机关上访的群众，并负责处理反映的问题。2020年，县信访局突出抓好初信初访办理、积案疏导化解、敏感重点摸排稳控等工作。对上级信访部门转送、交办的信访事项（含网上投诉）受理率100%。按期完成信访百日攻坚，全县严格落实领导"五包"责任，完成上级交办的30件积案任务。实现自治区提出的"一个好转、两个明显下降、三个坚决防止"目标，被评为2020度全区人民满意窗口。办公地址位于灌阳镇胜利路39号。

**【群众来信来访】** 2020年，共受理群众来信来访85件、274人次，比2019年同期89件、290人次同比下降4%和5%。其中初访60件、157人次，与2019年同期56件、154人次同比上升7%和1%，重访和集体访共25件、117人次，与2019年同期33件、136人次同比下降了24%和16%。进京赴邕上访4起、4人次，其中进京越级访0起、0人次。

**【领导接访工作】** 县四家班子主要领导带头对有进京非访记录4名重点人员实施包案化解、包案稳控工作，党政切块领导对全县梳理出的其他18个重点人员和敏感群体进行分解包案，明确责任、强化措施。2020年，县委常委会研究信访专题2次，县委书记亲自召开信访问题专题分析处理协调会1次，并下访12起；县长下访21起，县安保切块组领导下访、约访22起，召集人参加的联席会议3次，解决问题疑难信访问题8个，四家班子其他领导共接待、下访各类群众335批488人次。

**【信访百日攻坚】** 围绕上级交办的30件积案，根据"一岗双责"和情况掌握熟练程度的原则，明确主体责任单位，细化每个案子的具体包案领导、工作人员。明确工作流程和化解时间表。30件攻坚任务中已有7件成功化解并签订诉息访承诺书，程序性化解15件。

（蒋　言）

## 机构编制

**【概况】** 中共灌阳县委机构编制委员会办公室（简称县委编委办）是县委机构编制委员会的办事机构，是正科级行政单位。主要负责全县行政管理体制、机构改革以及机构编制管理和事业单位登记管理。办公地址位于灌阳县灌阳镇建设路18号。

**【整合职能】** 2020年，将灌阳县教育局承担的"全县地震灾害的预测预报、地震科普、灾害调查评估等地震相关职责"划入灌阳县应急管理局承担。

**【生产经营类事业单位改革】** 根据《自治区党委编办关于加快推进市县经营类事业单位改革工作的通知》文件要求，结合灌阳县实际，将9家生产经营类事业单位与所属主管部门的相关事业单位进行整合，回归公益类事业单位，不再保留9家生产经营类事业单位建制，注销其事业单位法人资格，9家生产经营事业单位在编人员及离退休人员整建制划入整合单位，人员供养方式由自收自支转变为财政全额拨款。

**【公益类事业单位整合】** 整合灌阳县农业区划管理中心、县农业合作经济经营管理站、县种子管理站、县农业技术推广中心、县土壤肥料工作站、县水果生产管理中心、县水果技术推广中心站7个机构，组建灌阳县农业农村综合发展中心，是灌阳县农业农村局管理的公益一类事业单位。不再保留被整合的7个机构事业单位建制，注销其事业单位法人资格，其在编、离退休

2020年4月2日，县委编办到西山瑶族乡西山民族学校调研　　县委编办　提供

人员整建制划入县农业农村综合发展中心管理。2020年，灌阳县的事业单位全部为公益类事业单位，共428家，其中公益一类事业单位402家，公益二类事业单位26家。

**【审批服务和执法】** 着力加强审批服务和综合执法“两个平台”建设，持续优化政务服务和基层治理“两张网”。将农房管控职责增加到国土规建环保安监站，持续深化乡镇“七所合一”改革，进一步增强“七所合一”机构履职能力。

**【退役军人服务保障体系建设】** 根据《自治区党委退役军人事务工作领导小组办公室　自治区退役军人厅　广西军区政治工作局印发〈关于加快推进全区退役军人服务保障体系建设的工作方案〉的通知》文件精神，在各乡镇独立设置退役军人服务站，属乡镇人民政府管理的公益一类全额拨款事业单位。

**【机构编制日常管理】** 对全县中小学网点布局和教职工编制资源整合开展专题调研、收集民声民意，提出合理化建议，当好参谋助手，充分发挥教师编制效益，提高教师教学和学生学习的积极性，有效促进全县义务教育均衡发展。

执行机构编制规定，确保机构编制工作开展规范有序。按照严格的编制使用审批程序，同意空有编制的部门招聘公务员39名（含选调生），招聘事业单位87名（最终使用个数以网上公告为准）；批准教育部门使用中小学招聘聘用教师控制数276名用于招聘教师。

根据机构改革和灌阳县工作实际，设立灌阳县统计数据服务中心、灌阳县文学艺术界联合会服务中心、灌阳县金融服务中心等，为保证新设机构的正常运转，严控编制总量，优化编制资源，精减职能弱化单位的编制，核定给新设立单位，同时及时补充人员。

**【事业单位登记管理】** 2020年，完成2019年度事业单位法人年度报告公示工作。完成2019年度事业单位法人年度报告公示214家；办理设立

登记12家,办理变更登记117家,补领证书登记1家,注销登记4家。

(县委编委办)

## 县直属机关工委

【概况】 中共灌阳县委直属机关工作委员会(以下简称县直工委)是中共灌阳县委的派出机构,领导县直机关党的工作。2020年,县直工委下辖114个基层党组织,其中党委2个、党总支6个、党支部106个。共有党员2494名,其中在职党员1544名,退休党员950人。办公地址位于灌阳县灌阳镇胜利路39号。

【党建工作】

抗击疫情 组织党员参加抗击新冠疫情自愿捐款活动,共收到2341名党员175756元的捐款。并组织对全县疫情防控一线的党员慰问。

党员轮训 为进一步提高县直机关党员思想素质和宗旨意识,6月17日在县会议中心一、二楼会议室,举办了县直属工委所辖党组织第一次党员轮训班,邀请桂林理工大学教授、桂林市党史专家王青山为党员们上党课。

发展党员 6月22日—24日在县人民医院会议室举办发展对象培训班,参加培训人数为54人,通过考试54名发展对象全部合格。对发展对象吸收为预备党员材料进行严格审核,全年审批发展预备党员32名,审核讨论预备党员按期转正28名。

"七一"活动 县直工委组织各党支部开展庆祝活动。6月29日,县直工委组织新党员在人民烈士纪念园前举行宣誓和入党积极分子红色教育活动。县直工委走访慰问困难党员、老党员79名,发放慰问金1.58万元。

主题活动 12月29日,举办"脱贫感党恩奋进新起点"主题活动进机关集中宣讲大会,邀请桂林理工大学王青山教授上党课,邀请县扶贫专责小组负责人、驻村第一书记代表、贫困村"两委"干部代表、脱贫户代表上台讲述脱贫攻坚中的惠民政策、难忘经历、感人故事、深刻变化、深切感受。

【党风廉政建设】

提高政治站位,强化管党责任 完善书记抓党风廉政建设工作责任清单,抓好机关党委、党总支、党支部党风廉政建设责任落实,层层压实机关工委直属党组织党风廉政建设责任,形成纵向到底,横向到边的责任网络。

2020年6月17日,2020年灌阳县直属工委所辖党组织党员轮训班第一期在县会议中心举办 县直属工委 提供

强化制度健全落实 坚持党组织书记述职评议制度,机关工委每年向县委述职,接受县委的检阅和评议。对机关直属党组织书记落实党风廉政工作责任制情况进行述职评议。科学制定并细化党风廉政绩效考评指标。

坚持违纪必究 始终把纪律和规矩挺在前面,全力配合纪委纪检组依法依纪查办违纪案件。2020年,县直工委依法依规研究决定给予违纪处理13人,其中建议党内警告处分8人,建议党内

2020年7月1日，灌阳县党员代表到县党群服务中心过集体“政治生日” 唐子婷 摄

筑牢党员思想阵地　县直工委把意识形态建设相关内容纳入党员干部培训课程。严格落实党员政治纪律，要求党员始终与党中央保持高度一致。直属各党组织时刻关注网络舆论动态，经常开展党员谈心交心活动，掌握党员干部的思想动态，答疑解惑，化解矛盾，坚持把意识形态工作抓在日常、抓在经常，不断筑牢党员思想阵地。

（宁　韬）

严重警告2人，建议留党察看两年处分2人，建议开除党籍1人，有力维护了党规党纪的严肃性和党员队伍的纯洁性。

**【意识形态工作】**

加强意识形态工作　召开专门会议对全年的意识形态工作安排部署，督促县直机关各党组织把意识形态工作纳入重要议事议程，切实抓紧抓好。同时将意识形态工作纳入年度绩效考评内容，压实县直机关党组织意识形态工作责任，确保党内意识形态阵地可管可控。

推进意识形态教育常态化　继续深入推进“两学一做”学习教育常态化制度化，把意识形态工作责任制落实到加强党的建设各项工作中，县直各党组织通过“三会一课”“主题党日”“学习强国”“八桂先锋”等平台和现场参观红色教育基地、桂林市廉政教育基地开展各项学习教育活动，重点学习习近平新时代中国特色社会主义思想、党的十九大精神以及习近平关于扶贫工作论述，让政治正能量深入党员思想灵魂深处，不断增强党员“四个意识”。

## 档案工作

**【概况】** 2019年3月机构改革，灌阳县档案馆、档案局机构分设，职能分开。灌阳县档案馆为县委直属事业单位，由县委办公室代管，机构规格为正科级，列为公益一类。办公地址位于灌阳县灌阳镇胜利路39号。

**【档案管理、接收和利用】** 2020年，共接待查阅

2020年9月4日，市档案局到灌阳县调研综合档案馆建设项目情况 县档案馆　提供

利用档案者587人次，提供利用档案734卷，复制档案603份，为全县经济建设、编史修志、落实政策、调解山林土地纠纷、核实工龄、退休调资、养老保险等方面提供档案依据。

【档案业务监督】 为规范各县直单位、各乡镇的档案整理工作，提高案卷质量，县档案馆采取电话指导、现场培训、带帮教做样板等多种形式开展档案业务指导工作，做到有求必应。

【档案宣传】 县档案馆撰写档案工作信息，扩大宣传面；开展“6·9”国际档案日宣传活动，围绕“档案见证小康路　聚焦扶贫决胜期”主题，通过举办展板、张贴挂图标语等方式进行宣传；积极订阅《中国档案报》，利用《中国档案报》《广西档案》开展广泛宣传。

【档案信息化建设】 为进一步提高档案管理工作的现代化水平，逐步实现手工检索向计算机管理，实现档案信息资源的共享，以数字化战略带动档案信息化水平的提高，全年扫描档案67万页，累计完成207万页。

【综合档案馆项目建设】 全县综合档案馆建设项目完成内部装修和设备采购工作。

【数字政务一体化】 按照区、市档案馆及县政务中心要求，扎实做好数字政务一体化平台工作，做好县级事项目录认领和实施清单补充完善工作。

（县档案馆）

## 红军长征湘江战役文化保护传承

【概况】 灌阳红军长征湘江战役文化保护传承中心（简称县传承中心）是县委直属公益一类事业单位，机构规格为正科级，由县委宣传部代管。办公地址位于县交通运输局办公大楼7楼。

【疫情防控】 县传承中心严格开展落实疫情防控工作，1月24日至3月3日，湘江战役新圩阻击战酒海井红军纪念园实行开园闭馆。3月4日起开馆，坚持每日对湘江战役新圩阻击战酒海井红军纪念园区及馆内进行至少2次消杀工作，园区工作人员必须佩戴口罩，每日测量体温，新圩阻击战史实陈列馆实行预约入馆制度，游客入园入馆须按要求佩戴口罩、测量体温并进行身份信息登记。

【基础设施建设】 2020年，酒海井红军纪念园持续完善园区基础设施，对现有园区景区路线、停车场、游客中心进行重新规划建设，维护和添换休息座椅、护栏、垃圾桶等。进一步完善红军帽的提升改造和陈列馆展陈配套设施。8月11日，完成LED显示屏安装并投入使用。5月3日开始动工建设酒海井园区地下人行通道，年底顺利竣工。完成杨柳井红五师指挥所遗址修缮保护，甑子岩遗址点增加标识牌、护栏及道路扩建等基础设施配套工作。年底，完成三十四师遗址公园、长征文化公园廊道项目（灌阳段）规划立项。

【红色文化宣教】 县传承中心充分利用红色资源开展爱国主义宣传和革命传统教育。为满足红色文化宣传教育需求，提升服务质量，县传承中心制作红色宣传手册，加强讲解员队伍建设。年内，共组织讲解员外出学习20余次，前往延安、遵义、百色等各大红色景区，通过参观学习培训等方式，学习讲解技能，提升红色讲解质量。11月，湘江战役新圩阻击战酒海井红军纪念园被评为桂林市社会主义核心价值观首批示范点。2020年，酒海井红军纪念园接待游客8355批次、98.61万人次。其中中小学生2637批次学生29.67万人，团客人数71.55万人，散客人数27.06万人。

【红色文化研学】 对县内的22处遗存遗址进行调研和统一规范性管理，完善湘江战役数据库建设。对43个红色遗存遗址点进行调查和考研，

2020 年 12 月 24 日，中国政研会到灌阳县调研红色文化传承发展情况　　县传承中心　提供

编写《湘江战役旧址保护纪念设施资料选编》，年底完成定稿。2020 年，有 12 个单位在酒海井红军纪念园挂牌实验教育基地。县传承中心与县教育局、灌阳县党校共同研学精品课程开发，合力打造《血战新圩·酒海丰碑》精品系列课程；县传承中心正在筹备灌阳所有旅游公司成立灌阳红色旅游协会，创建灌阳县红色网址网站，提高灌阳红色文化知名度和美誉度。

（县传承中心）

# 灌阳县人民代表大会

## 概　　述

2020年，灌阳县人大常委会设置2个专门委员会：监察和司法委员会、财政经济委员会，设置4个办事机构和工作机构：办公室、教科文卫与民族工作委员会、农业农村与环资城建工作委员会、选举联络工作委员会。办公地址位于灌阳县灌阳镇胜利路39号。

## 重要会议

**【灌阳县第十六届人民代表大会第五次会议】** 2020年5月13日至15日，灌阳县第十六届人民代表大会第五次会议在县会议中心一楼会议室召开。会议主要议程有：听取和审议县人民政府工作报告；听取和审议县人大常委会工作报告；听取和审议县人民法院工作报告；听取和审议县人民检察院工作报告；审查和批准灌阳县2019年国民经济和社会发展计划执行情况与2020年国民经济和社会发展计划草案的报告，批准2020年国民经济和社会发展计划；审查和批准灌阳县和县本级2019年预算执行情况与2020年预算草案的报告，批准县本级2020年预算；审议县十六届人大四次会议代表建议、批评和意见办理情况的报告；决定县第十六届人民代表大会法制与内务司法委员会更名为县第十六届人民代表大会监察和司法委员会及组成人员人选；选举和其他工作。

**【灌阳县第十六届人民代表大会常务委员会会议】** 灌阳县第十六届人民代表大会常务委员会会议共召开6次。

第二十二次会议　1月10日，县人民检察院检察长宣读《关于提请文元军等免职的请示》，会议审议表决关于文元军等免职的请求决定。会议强调要主动接受人大的监督，认真对待人大代表

2020年5月13日，灌阳县第十六届人民代表大会第五次会议在县会议中心召开　　伍秋福　摄

提出的意见建议，加强代表意见建议承办力度，完善相关制度，使人大的监督更具有实效性，更能体现党的主张和人民群众的意志和利益。

第二十三次会议　3月18日召开，会议依法免去蒋修忠灌阳县监察委员会副主任职务和蒋永福灌阳县人民检察院监察委员会委员职务。依法任命王启忠为灌阳县监察委员会副主任，彭田丰为灌阳县人民检察院监察委员会委员。审议表决关于接受刘慧云、袁玉华、何明捷辞去灌阳县第十六届人民代表大会常务委员会委员和灌阳县第十六届人民代表大会代表职务的请求决定；审议表决范带平辞去灌阳县十六届人民代表大会代表职务的请求决定；表决灌阳县第十六届人民代表大会代表资格审查委员会委员调整建议名单以及通报其他事项。

第二十四次会议　4月28日召开，会议听取并审议《灌阳县2020年县本级财政年初预算》《灌阳县2019年国民经济和社会发展计划执行情况与2020年国民经济和社会发展计划草案的报告》。县人大常委会组成人员审议和投票表决，决定任命蒋邦奎为灌阳县市场监督管理局局长，任命文丢云为灌阳县文化广电体育和旅游局局长，任命陈国栋为灌阳县卫生健康局局长，任命罗前学为灌阳县民政局局长，任命何政武为县监察委员会副主任。

第二十五次会议　9月11日召开，会议表决县检察院提请的戴拥军免职的事项。审议表决许可县公安局对县十六届人大代表俸年发依法采取刑事强制措施的事项。学习《关于加强新时代人大工作的实施意见》。

第二十六次会议　11月24日召开，会议听取并审议《灌阳县2018年县本级财政预算执行和其他财政收支情况审计存在问题的整改落实情况报告》《灌阳县2019年县本级财政预算执行和其他财政收支情况审计工作报告》《灌阳县2019年财政决算报告》《2020年1月—6月财政预算执行报告情况》。表决通过《关于批准灌阳县2019年财政决算的决定》。会议任命蒋静如为灌阳县医疗保障局局长。

第二十七次会议　12月30日召开，会议听取并审议通过县人民政府提请的《灌阳县高级中学江东校区政府和社会资本合作(PPP)项目运营期间政府年度付费及总付费额的预算方案的议案》。

## 重要工作

**【国家机关工作人员任免】** 2020年，灌阳县人大常委会依法任命国家机关工作人员17人次。

**【人大代表议案和建议办理】** 2020年，督促政府对代表提出的77件意见建议，按法定程序转交县人民政府有关部门承办；强化督办全面性，对灌阳县十六届人民代表大会第五次会议期间及闭会期间代表建议和2019年28件B类代表建议进行全覆盖督办，解决或落实的代表建议31件；正在协调解决的有26件；列入计划逐步解决的14件；因上级政策和其他原因一时不能解决的6件。

2020年12月15日，县人大到文市镇开展人大代表履职活动
罗融检　摄

扎实开展评选“代表优秀建议”“承办建议先进单位”活动，推动代表建议办理工作不断取得新成效。

2020年11月24日，灌阳县人大代表履职平台管理人员业务培训会在县会议中心十楼会议室召开　　县人大　提供

**【财政监督】** 根据监督工作计划，强化财经监督。听取审议2019年财政决算报告、审计工作报告，审查批准2019年财政决算及2020年财政预算调整方案。注重发挥审计部门的监督作用，审查2018年县财政预算执行和其他财政收支情况审计存在问题的整改落实情况报告、2019年财政预算执行情况审计报告，形成7条审议意见，督促相关部门严格执行财经法律法规、落实整改到位，切实增强预算约束力和执行力。

**【脱贫攻坚监督】** 县人大常委会开展脱贫攻坚专题调研，推动危房改造、医疗保障、教育保障等存在问题的解决；跟踪检查《广西扶贫开发工作条例》执法检查审议意见落实情况，推动政府压实脱贫攻坚责任，补齐短板弱项。常委会领导认真履行脱贫攻坚战区责任制，投身脱贫攻坚一线，带领扶贫干部深入定点帮扶联系乡（镇）、村，扎实开展结对帮扶和“脱贫感党恩　奋进新起点”等活动，积极宣传、落实扶贫政策，推动产业发展，改善联系村基础设施，发展村集体经济，为实现脱贫攻坚圆满收官做出应有的贡献。

**【信访工作】** 县人大常委会全年共受理群众来信来访21件，其中群众来信7件，来访14件，接待上访群众41人次，按照信访案件办理程序转交并及时督促“一府一委两院”做好办理工作。

**【信息工作】** 积极向《广西人大》杂志及网站、桂林人大网站和微信公众号以及其他各类主流新媒体平台投稿，发出人大好声音、讲好人大好故事，全面展示人大机关和人大代表的新时代风采，累计被各级媒体用稿209篇，其中国家级媒体采用9篇，自治区级采用12篇，市级采用52篇，县级采用136篇。县人大常委会获评2019—2020年全区人大宣传工作先进单位、全市人大宣传工作先进集体，3人分别被评为《广西人大》优秀通讯员、桂林市人大宣传工作先进个人。

**【开展代表活动】** 持续推进代表履职平台建设优化提档升级、拓展平台内涵、提高平台运行效能，充分利用灌阳红色旅游资源优势，突出灌阳特色，打造灌阳镇排埠江村、新圩镇和睦村等代表联络示范站。注重拓展代表履职新内容，创新代表履职新形式，在推动“红旅融合发展”“农旅融合发展”等方面拓展平台新功能。继续推进代表“混合编组、多级联动、履职为民”工作。全县684名四级人大代表积极进站履职，召开民情沟通会，对加强公共卫生和疫情防控工作征求意见建议，共收集属自治区级层面解决的意见建议2件，市级层面意见建议1件，县级层面意见建议48件，乡镇级层面意见建议66件，充分利用四级人大代表同一平台的优势，助推意见建议逐条落实。

（县人大办）

# 灌阳县人民政府

## 重要会议

**【灌阳县第十六届人民政府常务会议】** 2020年，灌阳县第十六届人民政府常务会议共召开12次。

第四十七次常务会议　2月18日上午召开，由县长卢嵩主持。会议学习贯彻习近平总书记、李克强总理关于做好新冠肺炎疫情防控工作的重要指示精神，中央、区市关于做好新冠肺炎疫情防控工作系列会议及文件精神，国务院副总理胡春华在广西百色调研督导脱贫攻坚工作，审定《灌阳县2020年第一批财政专项扶贫资金项目计划》《灌阳县2019年财政预算执行情况与2020年财政预算（草案）报告》《灌阳县2020年重点项目（第一批）实施方案及2020年市级层面重大项目申报方案》《关于进一步做好士兵征集优待工作意见》《灌阳县贯彻落实自治区生态环境保护反馈意见问题整改方案（征求意见稿）》；审议了《灌阳县2019年国民经济和社会发展计划执行情况与2020年国民经济和社会发展计划（草案）》《政府工作报告（审议稿）》。对灌阳县2020年春季征兵、人居环境卫生整治、维护全县社会稳定等事宜进行讨论研究。

第四十八次常务会议　3月17日上午召开，由县长卢嵩主持。会议学习贯彻习近平总书记在决战决胜脱贫攻坚座谈会、在统筹推进新冠肺炎疫情防控和经济社会发展工作部署会议上的讲话精神，习近平总书记、李克强总理、胡春华副总理及鹿心社书记关于气象工作的指示，鹿心社书记在自治区扶贫开发领导小组会议上的讲话和自治区扶贫办召开的扶贫小额信贷工作视频调度会议精神；审定《桂林市第一批财政专项扶贫资金分配方案》《桂林市第二批财政专项扶贫资金分配方案》《灌阳县2020年度统筹整合使用财政涉农资金实施方案》《关于进一步加强中央环保督察反馈自然保护地问题整改工作方案（送审稿）》《广西灌阳灌江国家湿地公园试点建设整改工作方案》《广西灌阳灌江国家湿地公园验收工作方案》《灌阳县违法用地、违法建设专项整治实施方案》《2020主要经济指标分解方案》《2020年固定资产投资目标分解方案》《2020年县直单位向上争取资金目标分解方案》《灌阳县农村违法乱占耕地建房专项整治实施方案（送审稿）》，灌阳县供电企业股权比例调整和土地处置工作；审定《灌阳县国有资产清查登记工作方案》《灌阳县招商引资激励办法（送审稿）》《灌阳县2020年工业招商引资实施方案（送审稿）》《灌阳县工业振兴2020年实施方案》《灌阳县砖厂发展专项规划（征求意见稿）》《灌阳县人民政府与灌阳金通矿业有限公司关于上甫村石英石矿开发利用框架协议》《灌阳县人民政府与中通公司关于招商与投资合作协议》《灌阳县江东新区520亩规划优化调整道路网规划方案》，对灌阳县高级中学江东校区建设项目采用政府和社会资本合作（PPP）模式实施等事宜进行讨论研究。

第四十九次常务会议　4月1日上午召开，由县长卢嵩主持。会议学习贯彻习近平总书记脱贫攻坚工作重要讲话，《广西壮族自治区人民政府办公厅关于印发2020年全区优化营商环境实施方案的通知》《广西壮族自治区人民政府印发关于加快项目建设全力稳投资十条措施的通知》《广西壮族自治区人民政府办公厅印发关于进一步提高政府系统执行力若干规定的通知》精神，对审定灌阳县2020年桂林市第一、二批财政专项扶贫资金项目计划，灌阳县自然保护地违规水电站整改工作，灌阳县2020年粮食生产工作，局部调整《桂林市灌阳县老城区控制性详细规划(2014—2030)》，江东开发协议、东岸丽苑开发等事宜进行讨论研究。听取灌阳县2020年“四上”企业培育情况汇报。

第五十次常务会议　4月27日下午召开，由县长卢嵩主持。会议学习贯彻习近平总书记脱贫攻坚工作重要讲话和市长秦春成在灌阳县调研座谈会上的讲话精神；听取灌阳县易地扶贫搬迁，灌阳县自然保护地环境问题整改进展和违建别墅清查整治，大竹凹垃圾填埋场污水防渗，全县1—3月安全生产工作情况汇报；对灌阳县社区健身中心和体育场健身项目工程变更和优化提升有关项目，《灌阳县2019年度财政专项扶贫及涉农整合结余资金安排使用计划》《灌阳县2020年促进粮食生产七条措施》《灌阳县光纤通信项目投资开发协议》《灌阳县贯彻落实自治区生态环境保护督察反馈意见问题整改方案》《海洋山保护区(灌阳县辖区)功能区划初步方案》《自然保护地优化整合及生态红线核定初步方案》《灌阳县第四次全国经济普查公报》等事宜进行讨论研究。

第五十一次常务会议　5月30日上午召开，由县长卢嵩主持。会议学习贯彻习近平总书记脱贫攻坚工作重要讲话和有关会议精神，审定《灌阳县2020年第二批中央和自治区财政专项扶贫资金使用分配方案》《灌阳县2020年第二批中央和自治区财政专项扶贫资金项目计划》《灌阳县2020年第三批中央和自治区财政专项扶贫资金使用分配方案》《灌阳县2020年第三批中央和自治区财政专项扶贫资金项目计划》《2020年易地扶贫搬迁一般债券资金(项目建设)及多建住房处置资金使用计划》。学习贯彻国务院《2020年政府工作报告》精神，听取中央环保督察“回头看”和自治区生态环境保护督察反馈意见问题整改、森林督察整改及采石采矿整治、灌阳县2020年河长制工作及河湖管理范围划界工作情况汇报，审定《灌阳县大气污染集中整治行动方案》《灌阳县渣土专项集中整治管理实施方案》，灌江国家湿地公园重要节点规划设计和科普馆概念设计，灌阳县新一轮采砂初步规划、灌阳县基础设施补短板“五网”建设三年大会战实施方案(2020—2022年)；学习贯彻《全区社会安全稳定动态工作考评办法》《广西壮族自治区重大行政决策程序规定》，听取灌阳县2019年度法治政府建设情况汇报，对有关工作进行讨论研究。

第五十二次常务会议　6月24日上午，由县长卢嵩主持。会议学习贯彻习近平总书记脱贫攻坚工作重要讲话精神，审定《灌阳县如期脱贫摘帽县2020年市本级奖补资金使用分配方案及项目计划》《灌阳县2020年脱贫攻坚补短板综合财力补助资金使用分配方案》《灌阳县加强财政扶贫资金支持村级集体经济项目管理和收益分配工作的方案(送审稿)》。会议听取新冠肺炎疫情防控工作，深圳贝文线缆制造有限公司线缆项目投资开发项目，灌阳县城供水备用水源建设项目，灌阳县创建旅游标准化及全域旅游示范区问题整改工作，灌阳县2020年上半年食品安全工作情况汇报，审定《灌阳县党政领导干部食品安全责任清单》《灌阳县落实深化改革加强食品安全工作任务分工方案》《2020年全县食品安全重点工作安排》《灌阳县县域农村生活污水治理规划(2020—2035)》，听取灌阳县防汛工作情况汇报及研究部署防御新一轮强降雨工作，对有关工作进行讨论研究。

第五十三次常务会议　7月30日下午召开，由县长卢嵩主持。会议学习贯彻习近平总书记脱贫攻坚工作重要指示，审定《灌阳县2020年第四批自治区财政专项扶贫资金使用分配方案及项目计划》《灌阳县扶贫资产管理工作方案》；听取灌阳县2020年征兵、灌阳县2020年上半年综治维稳及禁毒，全县1—6月安全生产，灌阳县旅游“双创”问题整改，当前防疫形势下旅游业复工复产工作情况汇报，对灌阳县相关债务置换，灌阳县公墓山选址等事项进行讨论研究。

第五十四次常务会议　8月31日上午召开，由县长卢嵩主持。会议学习贯彻习近平总书记在宁夏、吉林考察时的重要讲话，国务院扶贫开发领导小组督查组在督查广西脱贫攻坚反馈会上的讲话精神。审定灌阳县“十三五”易地扶贫搬迁评估核查自评报告,《灌阳县2020年度统筹整合使用财政涉农资金实施方案(调整)》,研究审议灌阳县2016—2019年扶贫资产产权归属意见,灌阳县贫困户申报产业奖补所缺资金;审定《灌阳县禁养陆生野生动物产业转型奖补方案》。听取灌阳县2019年保障性安居工程资金投入和使用绩效审计查出问题整改,灌阳县“十四五”经济社会发展规划思路,2020年优化营商环境工作情况汇报,研究了道江河水电站整改退出涉及电站所欠农民工工资问题,研究审议与广西农村投资集团水务有限公司合作建设水车镇污水处理厂项目,灌阳县优先实施需要调整规划项目,优化营商环境百日攻坚工作,审定灌阳县2019年增减挂钩项目建设奖励费实施乡村振兴项目,研究审议2020年继续实施“百名人才引进计划”、《中国·瑶乡小镇(灌阳)开发建设框架协议书》等事宜。

第五十五次常务会议　9月30日上午召开,由县长卢嵩主持。会议学习贯彻习近平总书记在安徽考察时重要讲话和自治区领导集体观看电影《秀美人生》体会讲话精神,审定调整2020年第三批中央财政专项扶贫资金(统筹整合类)实施项目、2020年易地扶贫搬迁一般债券资金(项目建设)、多建住房处置资金实施项目,2020年第一批中央和自治区及市本级财政专项扶贫结余资金安排使用计划。学习贯彻习近平总书记关于厉行勤俭节约反对铺张浪费重要批示及有关通知精神,中央、自治区关于农村乱占耕地建房及违建别墅问题清查整治专项行动有关文件精神,听取灌阳县农村乱占耕地建房摸排、违建别墅问题清查整治,灌阳县2020年度根治欠薪工作,灌阳县军队停止有偿服务武装部门面收回工作情况汇报,审议《灌阳县推进中小学教师“县管校聘”工作实施意见》《大仁村义地上520亩红线范围外扩征土地协议》《灌阳县2019年县本级财政预算执行和其他财政收支审计报告》,水车镇江塘旱改水项目整改工作,灌阳县党群服务中心装修项目预算变更,文市石材园基础设施建设项目一期工程变更增加工程量等事宜。

第五十六次常务会议　10月15日下午召开,由县长卢嵩主持。会议学习贯彻习近平总书记在湖南考察时的重要讲话精神,听取自治区扶贫大督查发现农村四类重点对象住房安全质量提升资金方面的问题整改工作情况,2020年灌阳县贫困户、退出户产业“以奖代补”项目所需资金,道江河水电站退出第二期补偿金用于支付电站所欠农民工工资,灌阳县供销社驻全州转运站危旧房屋整体拆除相关工作汇报,审议《广西壮族自治区桂林市灌阳县高级中学江东校区政府和社会资本合作(PPP)项目投资协议》《广西壮族自治区桂林市灌阳县高级中学江东校区政府和社会资本合作(PPP)项目合同》等事宜。

第五十七次常务会议　11月13日上午召开,由县长卢嵩主持。会议学习贯彻自治区党委鹿心社书记在自治区扶贫开发领导小组全体会议上的讲话,自治区常务副主席秦如培在广西第四次全国经济普查总结表彰大会暨广西第七次全国人口普查工作电视电话会议上的讲话精神。听取在全县开展市域社会治理突出问题集中整治百日攻坚行动,乱占耕地建房问题整治,2020年1月—10月生态环境保护、中央环保督察“回头看”和自治区生态环境保护督察反馈意见问题整改情况以及大气污染防治工作情况汇报,研究了《灌阳县2021年扶贫项目实施计划》,第二次调整2020年县本级财政专项扶贫资金使用,《关于规范灌阳县农村新增宅基地和农房建设审批的通知》,石材产业园石粉石浆循环处理、回收利用项目,灌阳县体育中心达标社会开放争取国家补助金需完善相关附属工程,第二次调整2020年第一批抗疫特别国债安排使用方案,招聘灌阳县统计协管员(协统员),灌阳观澜购物公园1号楼变更规划分割销售工作等事宜。

第五十八次常务会议　12月10日上午召开,由县长卢嵩主持。会议组织学习习近平总书记在中共中央政治局常务委员会会议上的重要讲话,《广西壮族自治区人民政府办公厅关于印发广西贯彻落实依法统计依法治统“十严禁”“十不准”“十不得”规定的通知》《2020年县(市、区)党政领导班子和领导干部推进乡村振兴战略实绩考核实施方案（试行）》的通知精神。听取灌阳县2020年自评迎考工作开展，2020年1月—11月安全生产工作，2020年燃气管理工作，廉租房工作，超限超载安全隐患排查治理工作，道路交通管理工作，海洋山自然保护区功能区划批复后存在问题，灌阳县十六届人民政府29次至57次常务会研究事项落实情况汇报。研究灌阳县2020年财政预算调整（草案），增发2019年全县绩效考评奖励奖金方案，雅高康雷公司关于推进黑白根石材产业上市合作框架协议，广西壮族自治区人民政府关于同意广西架桥岭等3处自治区级自然保护区功能区划的批复等事宜。

## 重要政务

**【疫情防控和复工复产】** 第一时间成立由县委书记、县长任组长的疫情防控工作领导小组，及时启动重大突发公共卫生事件Ⅰ级响应和相关管控措施，建立健全联防联控防疫机制，在全区率先推出“网格化管理、小单元作战”的防控措施，紧急购置3辆防疫救护车，启用全市首家县级疾控中心核酸检测实验室。及时组织本地企业引进两条口罩生产线投产，免费发放60.5万个口罩给全县人民，稳定保持全区为数不多“零输入、零感染、零病例”县区的防疫成果。全力保产业链、保关键环节、保用工、保市场主体稳定，出台促进经济平稳运行等34条政策措施，为企业减免税费900万元，落实各类政策性补助资金7832万元，发放“复工贷”“稳企贷”“桂惠贷”等政策性融资贷款12.9亿元，3月初实现全县重点建设项目、规模工业企业全面复工复产。

**【县域经济发展】** 主要经济指标赶超进位实现新突破，灌阳县获“广西高质量发展进步县”称号。2020年，全县地区生产总值同比增长5.2%，增幅比全市高3.1个百分点，排全市第一。固定资产投资同比增长10.6%，排全市第二。全年争取上级转移支付22.6亿元、专项债券1.9亿元。

**【乡村振兴】** 集中整治农村乱占耕地建房和耕地“非粮化”问题，全年粮食种植面积41.1万亩，同比增长4.4%。全年生猪出栏26.1万头，同比增长0.8%。“红色记忆·梨李飘香”田园综合体被认定为第一批市级五星级田园综合体。灌阳县获2020年桂林市乡村振兴“综合评价好”及乡村振兴优秀县称号。

**【工业振兴】** 新建标准厂房7.6万平方米、收储园区土地896亩，投入园区基础设施建设资金6000万元。实施“绿色通道”容缺审批改革，康雷石材、宸鸿木业等6个项目实现当年投产当年入规入统。新引进计划投资5000万元以上工业项目6个，其中亿元以上项目4个，新培育9家规上工业企业，完成市下达任务的225%。

**【旅游“双创”】** 全域旅游和旅游标准化创建获自治区授牌表彰。广西青少年体育竞训基地、广西球类运动中心竞训基地落户灌阳，体育中心田径场通过国家二类比赛场地验收，成功承办广西青少年篮球网球锦标赛等系列赛事。全年接待游客人次、旅游总消费为全年计划数的154.7%和146.3%。

“红色记忆·梨李飘香”田园综合体　　秋莹　2020年9月摄

【社会事业】 全年市级统筹推进重大项目完成年度投资计划的103.4%,自治区级统筹推进重大项目完成年度投资计划的113.6%。灌阳高中江东校区PPP项目获自治区绩效奖励。“三企入桂”招商新引进签约项目11个,计划总投资65.4亿元。全年整合安排各级财政扶贫资金5.2亿元。投资9.3亿元全面完成区、市级层面为民办实事项目。成立灌阳翰林教育基金,启用新残疾人康复中心和全民健身中心。圆满完成第七次全国人口普查工作。群众对政法队伍执法满意度排名全市第一。

## 为民办实事

【概况】 2020年,灌阳县实施为民办实事工程共31个项目,其中自治区级层面25项、市级层面6项,主要由18个县直单位牵头负责、9个乡(镇)和有关县直部门具体实施。2020年度计划总投资92701.9万元,其中自治区级层面项目投资91323.3万元,市级层面项目投资1378.6万元。

【自治区层面项目指标】 2020年,自治区层面项目累计完成投资92093.1万元,占年度任务的100.84%。

2020年3月18日,灌阳县启动全民免费发放口罩仪式　伍秋福　摄

【社保惠民项目】

城乡居民基本养老保险　城乡居民养老保险完成应参保人数的100%,待遇发放率100%;完成投资8269万元,完成任务100%,其中中央补助5987万元、区财政补助1695万元、县财政补助587万元,已全部到位。

困难群众基本生活救助　2020年,为符合条件的城乡困难群众发放基本生活救助金,计划发放9004万元,实际发放11116.34万元。

农村住房政策性保险　2020年,农村住房政策性保险年度计划投资18.28万元,完成进度100%。

计划生育家庭奖励和扶持金　向自治区下达任务数的农村部分计划生育家庭发放奖励补助金和计划生育(伤残和死亡)家庭发放特别扶助金,计划发放408.26万元(国家和自治区农村部分计划生育家庭奖励补助金360.72万元,国家和自治区计划生育家庭特别扶助金47.54万元),已经全部发放到位。

【健康惠民项目】

城乡居民基本医疗　支持符合条件的城乡居民参加城乡居民基本医疗,年度项目计划投资20482万元,累计完成20482.08万元(中央财政补助资金11265万元;区级财政补助资金2112.25万元;县级财政到位704.08万元;群众个人自筹6400.75万元)。

基本公共卫生服务　支持在全县范围内免费开展基本公共卫生服务,项目计划投资1803.38万元,已完成进度100%。

【教育惠民项目】

扩大农村学前教育资源　2020年,支持学前教育发展专项资金新建(迁建)幼儿园项目(灌阳县西山瑶族乡中心幼儿园教学综合楼),按自治区下达任务数补助经费奖补支持多元普惠幼儿园。年度计划投资 204.58 万元,实际完成投资 204.58 万元。

*农村义务教育学校改造* 2020 年农村义务教育校舍安全保障长效机制资金建设灌阳县文市镇高年级寄宿制小学学生宿舍楼;2020 年农村义务教育校舍安全保障长效机制资金、2020 年义务教育薄弱环节改善与能力提升补助资金建设灌阳县灌阳镇初级中学(移民中学)室外工程一期(围墙、校门、护坡、挡土墙、道路及排水管网等)。年度计划投资 1300 万元,实际完成投资 1600 万元。

*学生资助* 农村义务教育家庭困难寄宿生生活资助,项目计划总投资 758.38 万元,实际资助金额 1079.29 万元,完成任务的 142%;普通高中免学费项目,项目计划总投资 7.34 万元,实际资助金额 8.02 万元,完成任务的 109.2%;中等职业教育免学费,项目计划总投资 7.5 万元,实际资助金额 7.5 万元,完成任务的 100%。

*普通高中基础能力建设* 2020 年中央改善普通高中办学条件补助资金项目灌阳县第二高级中学教学综合楼,灌阳县高级中学江东校区 1#2# 教学综合楼,年度计划投资 300 万元,累计投资 600 万元,其中灌阳县第二高级中学教学综合楼已完成二层主体建设,灌阳高中江东校区已开工建设。

**【水利惠民项目】**

*农村饮水安全巩固提升工程* 总投资 194.57 万元,完成 17510 人农村饮水安全巩固提升工程目标任务,已完成总投资的 100%。

**【安居惠民项目】**

*城镇保障性安居、老旧小区改造* 年度计划投资 700 万元,改造灌阳县县城内 34 个老旧小区,已完成投资 710 万元。

*人居环境治理工程* 总投资 2000 万元,实施农村生活垃圾治理工程、农村厕所改造工程、农村污水治理工程、村容村貌提升工程。已完成投资 1475 万元,完成年度投资计划和上级规定的任务。

**【农补惠民项目】**

*农业生产发展资金——耕地地力保护* 年度计划投资 1866 万元,按照实际核定的耕地地力保护补贴面积和测算的补贴标准,对符合条件的耕地给予直接补贴。已全部落实项目补贴。

*农机具购置补贴* 年度计划投资 400 万元,按照自治区的要求,对农机具购置进行补贴,进一步优化农机具装备结构,提升农机装备水平,提高农机化综合服务能力,已完成投资 400 万元。

**【生态惠民项目】**

*森林生态效益补偿* 对全县 56.18 万亩自治区级以上公益林进行补偿,补偿资金 936.8 万元。截至 12 月底,已累计兑现资金 853.5 万元,兑现率达 91.11%,完成上级下达的资金兑现率达到 90% 的任务。

**【文化惠民项目】**

*村级公共服务中心示范* 全县新建村级公共文化服务中心 21 个,总投资 735 万元。该项目已完成投资计划的 100%。

2020 年 8 月 5 日,2020 年广西青少年(篮球、网球)锦标赛在灌阳县开赛

唐子婷 摄

公共文化基础设施场所免费开放　全年免费开放资金共86.7万元，其中国家级补助资金68万元，自治区级补助资金15.3万元，县级配套资金3.4万元，已完成投资100%。

全民健身工程　支持建设自治区下达任务数的健身路径，累计投资5万元，完成任务的100%。

“儿童家园”（之家）创建　累计投资72万元，完成任务数的100%，易地扶贫安置点“儿童之家”已创建完成，其余新建项目点“儿童之家”选址和招投标已完成。

【扶贫惠民项目】

支持贫困地区产业发展　年度计划投资5000万元，产业“以奖代补”项目共投入5348.45万元，已完成年度目标任务。其中发展新种植22285.7亩，抚育10253.36亩，家禽养殖15.21万羽，家畜养殖7244只（头），水产养殖1447.76亩。

支持贫困地区基础设施建设　完成扶贫资金基础设施建设项目101个，完成投资4270.15万元。

【科技惠民项目】

农村公共照明　建设村屯公共照明18处，计划投资36万元，完成率100%。

农村电网改造升级工程　计划投资28000万元，已全部完成投资。

农村公路安全生命防护建设　按自治区要求，对农村公路隐患路段进行处置，保障群众出行安全，年度计划投资3734万元。已完成投资100%。

【市级层面项目指标】2020年，市级层面项目累计完成投资1435.6万元，占年度任务的104.1%。

【基础设施建设】

桂林市旅游厕所　新圩镇小龙村童家屯旅游厕所、新圩镇小龙村旅游厕所、千家洞景区入口旅游厕所、湘江战役新圩阻击战红色驿站旅游厕所、湘江战役新圩阻击战红色广场旅游厕所，年度计划投资250万元，已完成投资的100%。

生活垃圾分类　新增生活垃圾分类试点小区2个，累计投资12万元，已完成2个垃圾分类示范小区的分类垃圾亭选址工作，摆放100组分类垃圾桶。

【乡村振兴工程】2020年计划投资1069万元在全县9个乡（镇）打造15个乡村振兴（幸福乡村）示范村，其中含4个“幸福乡村示范村”。按照自治区生态宜居示范村的标准要求，在已建设的“普惠制”新农村基础上，突出打造“五化”（道路硬化率达到100%，含村屯内、入村道路全部硬化；饮水净化率达到100%，安全饮水全覆盖；绿化率达到70%以上；亮化率达100%；环境美化率达100%，抓好门前屋后“微菜园”“微果园”“微花园”的三微园建设，公共场所保持干净、整洁）。累计投资1126万元，占全年投资任务的105.33%。13个项目建设任务点完成规划设计、道路硬化、亮化工程，房屋外立面改造和绿化美化项目完成率达到100%。

【环保惠民工程】

新能源汽车充电桩安装　新增4个新能源汽

2020年，洞井瑶族乡石家寨村乡村振兴示范村建设

县新农办　提供

车充电桩,完成投资1.6万元。

【公交惠民工程】

建制村通客车　完成市下达任务数建制村通客车目标,完成投资41万元。

## 县人民政府办公室工作

【概况】 灌阳县人民政府办公室是县人民政府正科级工作部门。围绕县委、县政府中心工作,立足参谋助手、统筹协调、办文办会、督查督办、服务保障五大职能,创新工作方法,完善工作机制,发挥办公室参政辅政、督查落实、协调各方的作用,切实保障县政府各项工作高效有序运转。

【办文办会】 进一步规范公文运转程序,使用政府OA阅文系统,加快公文运转速度;进一步规范来文审查、发文审核等流程,严格办文程序,实现上报文件"零错误",政府公文质量和办文效率稳步提高。严格会务组织,落实会前、会中、会后"三服务"工作,会议组织服务工作周密细致。2020年,起草、审核政府及办公室文件875件,县政府常务会会议纪要12期,完成各类文稿150篇30万字,推动决策落地落实。

【服务协调】 坚持服务领导和机关工作有机统一起来,做到既确保重点又兼顾全面。服务领导做到超前谋划,细致严谨、全面周到;服务部门做到程序简化,急事急办、特事特办;接待群众做到有礼有节,热情周到、耐心解释。遇到重要事项如县域经济、项目建设等部门之间需要沟通的事情,县政府办及时通过电话或召开座谈会等方式协调、对接,切实做好了各类协调服务工作。

【综合服务】 严格实行领导带班的值班制度,值班人员保证全天在岗,办公室人员手机24小时开机,确保值班无缝衔接,信息传达及时。对来访群众细心接待,并认真记录来访问题,进一步提高政府公开办理质量,畅通诉求渠道。严格做好值班登记工作,对紧急重大突发事件,反应快速,采用最新制定的突发事件流程,及时上报,有效处置,切实做好值班应急管理工作。围绕全县工作大局、领导交办事项、人大议案建议、群众来信来访等,加大政务督查力度。2020年,承办县人大议案77件、政协提案40件,办结率、答复率、满意率均为100%,被县人大常委会评为"代表建议优秀承办单位"。

【政务信息】 围绕县委、县政府提出的"打赢三大翻身仗"开展综合调研,同时,注重发挥参谋助手作用,积极编发和向区、市报送反映县域经济社会发展成效的信息。全年上报政务信息456篇,其中自治区政府采用51篇、桂林市政府采用62篇,上报互联网信息1410篇,自治区政府采用334篇,政务信息和互联网信息采用447篇,2020年政务信息在全区、全市均名列第四,获"全区政务信息报送工作先进单位"称号。

【疫情防控】 2020年疫情期间,全体干部职工立即中断春节假期,返回工作岗位,每天2名以上干部参与应急值守、社区设卡,切实筑牢基层一线疫情防护墙。全面落实疫情常态化工作要求,从严从实从细抓好疫情防控工作,全力保障人民群众生命财产安全,县政府办获灌阳县打赢新冠肺炎疫情阻击战担当作为先进集体。

(县政府办公室)

## 政务服务

【概况】 灌阳县政务服务中心(以下简称县政务中心),是隶属灌阳县人民政府办公室的二级机构,为正科级公益一类事业单位,主要负责全县"一服务两公开"及行政审批改革工作。办公地址位于灌阳县江东新区创业大厦西附楼。

【政务服务】

优化场地环境，抓好硬件便民　2020年，县政务服务中心不断优化政务中心服务环境与硬件设施，完成周边路面硬化与机动车、非机动车停车场地建设。

提高事项集中，做好服务便民　县政务中心协调各有关单位，社保、医保、公安等单位进驻政务服务中心大楼，除交警分中心外全部完成进驻，政务服务事项进驻率达98.44%。设立园区项目绿色通道，整合设立工程项目建设综合一窗与领域一窗，达成政务服务一窗受理工作要求，避免群众办理业务多跑动。

推进系统互通，做好网络便民　推进自治区政务服务数据“聚通用”与广西数字政务一体化平台互联互通工作，及时完成相关数据报送与系统修改工作，全县政务服务事项网上可办率100%。

加快业务办理，做好效率便民　推进政务服务事项实施清单修改与事项办理提速工作，结合自治区相关指标，缩短业务办理所需时限，全县政务服务“6+1”事项提速率达70.22%，按时完成自治区优化营商环境百日攻坚行动方案要求。

优化材料流程，做好简易便民　统一政务服务事项实施清单填写标准，按照自治区政务服务事项实施清单“八统一”原则，确保一次性告知清单准确率，精简业务所需材料数量与办理流程。

【政务公开】　全面推进权力运行全流程、政务服务全过程公开，以公开促落实、以公开促服务。2020年，全县公开政府信息约8389条，受理、办理依申请公开2件，发布政策解读信息20条、回应社会关切信息16条，全面公开县本级出台的重要文件414个，行政执法信息公开81条，回复网民留言79条。落实国务院26个试点领域基层政务公开标准化规范化工作，提前完成目录在门户网站专栏公布。

【行政审批改革】　根据自治区党委编办关于印发《广西赋予乡镇（街道）部分县级管理权限清单（第一批）》的通知文件精神，认真梳理，全县涉及的相关单位中：民政局3项，交通运输局2项，自然资源局5项，配合县委编办督促各个乡镇在一体化平台里认领涉及的相关事项，接受社会监督。

6月，全县开展第一批试点工作，涉及各级相关单位事项目录共13项，灌阳县工信和商贸局只有对外贸易经营者备案登记权限，无审批权限。市商务局才具备审批权限。要求各有关单位对所属事项进行改革，要求各行政部门梳理一次性告知清单，告知群众事项办理所需文件和容缺材料。

督促县公安局、农业农村局、卫生健康局做好事中事后监管措施，并在门户网站上进行公布，接受社会监督。2020年，全县行政许可事项共254项。时刻关注广西数字政务一体化平台，实现动态管理。

推进政务服务“简易办”，提升政务服务效能，政务中心2020年4月，组织完成政务服务大厅搬迁进驻工作，政务大厅共有7层，总面积5400余平方米，各有关单位按照相关工作要求，实

2020年6月12日，县政务中心到新街镇政务中心检查工作

县政务中心　提供

现应进必进，事项进驻率达98.44%。县级单位共认领依申请政务服务事项1369项、依职权政务服务事项2556项，合计3925项。政务服务事项网上办理申报1348项，提速率70.22%，网上可办率100%，即办件占比27.65%。

优化营商环境，“企业开办”“办理建筑许可”“财产登记”等指标，精简办理所需材料与环节。协调相关单位与银行，将企业开办压缩至0.5个工作日内，企业设立登记、印章刻制、发票申领、银行开户、社保医保缴纳登记等一站式办结；深化“一窗受理”模式，全面推行“一表申请”“承诺审批”等机制，将园区项目绿色通道与工程项目报建工作窗口合并，整合设立工程建设项目报建专窗，减少群众跑动，实现工程建筑项目一窗受理，1万平方米以下的社会投资低风险产业类项目审批时间压缩至20个自然日内，办理时间由60个工作日压缩至41个工作日以内，办理环节压缩到4个；不动产登记专窗对新建商品房转移登记、已有不动产权证书商品房买卖的转移登记、法律文书继承（遗赠）、地下车库、独栋居民住宅楼等类型不动产转移登记（除历史遗留问题及农村不动产等复杂类型外）实现1个环节1个工作日内办结，企业间不动产转移登记1个环节0.5个工作日内办结；水电气报装办理时限优化至1～3个工作日，申请材料精简至1～2项。

2020年9月30日，县政务中心召开灌阳县“互联网＋监管”工作培训会

县政务中心　提供

**【数字灌阳建设】**

*信息基础设施按需铺设*　灌阳县在2019年开始大力开展信息化基础设施建设，所有自然村光网延伸、4G网络全覆盖，5G基站重点区域全覆盖。全县政府网站信息发布更加高效，互动回应更加及时，公共服务更加完善，跨部门综合业务平台建设进一步加快。电子政务由单纯的信息发布、办公支撑向协同治理、整体联动转变。

*政务外网建设全面启动*　政务信息基础设施建设初具规模，县级电子政务外网纵向贯通县乡村三级，横向连接县直部门，并延伸至乡镇、街道、社区、行政村等基层政务部门。

*“互联网＋政务服务”扎实推进*　及时将“全县一张网”融入国家政务服务平台，广西数字政务一体化平台，并全面实现门户升级改版。新一轮政府机构改革基本完成。县乡村三级为民服务体系进一步健全。网上政务服务工作逐步展开。开展项目清理和流程再造，行政审批事项办理环节大多压减至1个工作日以内。工程建设项目审批制度改革稳步实施。

*“互联网＋监管”工作稳步推进*　在国务院公布的监管事项目录清单及权力清单基础上，按照“谁审批、谁监管”“谁主管、谁监管”的原则，将监管事项制定清单并纳入全国一张网管理，县直各有关部门在广西“互联网＋监管”平台认领监管目录清单668项，编制检查实施清单492项。

（蒋　敏）

## 机关事务管理

**【概况】**　灌阳县机关后勤服务中心是正科级事业单位。主要负责全县公务接待、重要会议、大型会议的会务管理、县政府大院安全保卫、办公用房的调配、管理、县本级应急、机要通信等公务用车的日常管理和相关技术性、事务性工作、公共机构节能具体事务等工作。2020年，灌阳县获得2020年全区既有公共建筑节能改造示范县300万元资金补助项目。县机关后勤服务中心被自治区和桂林市机关事务管理局评为先进工作集体。办公地址位于灌阳县灌阳镇胜利路39号。

**【公共机构节能】** 2020年，全县综合能耗折标准煤总和为1430532.73千克，综合能耗折标准煤下降6.93%，单位建筑面积能耗为1.65千克/平方米，单位建筑面积能耗同比下降9.1%，人均用水量为9.24吨/人，人均用水同比下降11.59%。全县公共机构人均综合能耗、人均水耗、单位建筑面积能耗完成节能目标任务。完成灌阳县既有公共建筑节能改造44066.97平方米，改造后节能率达到了15%以上，创建了17家节约型机关，完成新能源汽车充电桩建设12台，充电插座3个，建设垃圾分类亭7个，垃圾分类设施202组。

**【财务管理】** 加强财务管理，确保资金安全运行。加强财务监督，强化财务人员内部管理机制以及财务人员的学习和管理，严格遵守财经纪律和财务制度，确保资金合理使用，发挥资金的最大效益；严格执行财政预算管理，按照轻重缓急、节约的原则，合理安排好工作经费，确保机关单位资金正常运转；加强财务软件建设，按照财政规定，规范使用财务软件，努力提高工作效率和业务水平；按时做好每月的工资审核及发放工作，以确保工资按时准确发放。

**【安全保卫】** 加强大院安全保卫管理，促进平安庭院建设。加强大院保卫队伍建设，利用每周五的例行班会，做好政治思想学习和宣导工作；做好大院群众信访疏导，2020年，共疏导群众上访800次、近3200人次；做好各种应急预案的拟定和演练工作，修订应急预案1个以及组织2次针对性的预案演练；按照大院实际需要和平安大院建设的要求，强化大院车辆管理制度化和规范化，完善实施车辆出入、停放凭证制度；对“天网”工程进行例行维修维护，大院更换高清监控视频摄像头，其全部运行正常，实现大院办公区域的全覆盖；加强安全消防管理，健全大院消防安全管理制度和定时巡查管理制度，举行6次消防安全演练，及时淘汰和更新消防器材等。全年没有发生安全消防责任事故；疫情期间，制定《关于新型冠状病毒感染的肺炎疫情防控工作实施方案的通知》，成立防控工作领导小组；并对大院住户及各单位发放疫情防控宣传单300余份，做好疫情防控。

**【综合事务管理】** 开展大院环境卫生集中整治，共开展4次大规模的集中清理行动，累计清理违规停放物品0.6吨；完成重大节日大院布置，营造重大活动和重要节日的浓厚氛围；定期对各种观赏类植物修剪、整形、美化和病虫害防治，改造草坪105平方米，实施大院“三化”（绿化、美化、亮化）建设，大院

2020年，新建的新能源汽车充电桩　　　　县史志研究室　提供

2020 年 10 月 29 日，灌阳县参加 2020 年广西机关事务管理工作（桂北片区）经验交流暨标准化现场工作会议　县机关后勤服务中心　提供

环境卫生实现常态化、市场化管理；加强对国有资产的管理，确保增值增效。对大院部分办公楼进行内外翻新和补漏作业；做好大院水电设备维修管理工作，共完成维修任务 759 人次。确保安全运行。

**【会议会务管理】** 全年完成各类型会议接待工作共 88 次，累计节约资金 8 万余元。

**【后勤接待】** 2020 年，县机关后勤服务中心共接待各类工作调研、考察、检查、督查、慰问等接待任务 1100 余人次。

**【节能宣传】** 开展节能宣传周活动。制定并下发了《灌阳县公共机构节能工作领导小组办公室关于 2020 年全县公共机构节能宣传周和低碳日活动的通知》。组织开展主题为“绿水青山，节能增效”的节能宣传周活动。全县共制作节能宣传板报 25 个，悬挂横幅 50 余条，有条件的公共机构在电子显示屏不间断播放有关节能宣传标语，发放节能降耗宣传单 1000 余份和 2000 余份节能倡议书。

**【公务用车管理】** 公务用车制度改革，平台保留车辆 56 辆。县车辆管理中心对保留在平台使用车辆实行集中管理，车辆使用运作模式采用单位预约用车登记服务制，根据用车单位申请时间和公务轻重缓急予以安排和调度，最大限度地保障用车单位的用车需求，平台坚持“先急后缓，先重点后一般”的派车原则。全年共调度车辆 1.3 万车次，严格对平台车辆派车情况进行监督管理，对不符合要求的公务申请用车坚决不予派车。按时对各单位用车和车辆使用相关情况进行统计、汇总，及时反馈车辆使用信息。

（蒋　喆）

## 新农村建设

**【概况】** 灌阳县社会主义新农村建设领导小组办公室（以下简称新农办），主要负责联系协调农口部门相关事宜。承担乡村振兴（幸福乡村）示范村项目的业务指导和联系协调，同时承担部分农村基础设施建设维护职能。乡村振兴（幸福乡村）示范村项目为市级为民办实事项目。在业务上，对应市乡村振兴办，接受其工作任务安排和业务指导。办公地址位于灌阳县灌阳镇胜利路 39 号。

**【新农村项目】** 2020 年，是新农村建设乡村振兴（幸福乡村）示范村项目工作“十三五”规划的最后一年。全县乡村振兴（幸福乡村）示范村项目共完成资金投入 1126 万元，占全年投资任务的 105.33%。全县建成 14 个乡村振兴示范村点。14 个项目建设任务点规划设计、道路硬化、亮化工程，房屋外立面改造和绿化美化项目完成率达到 100%。经过市级验收，均达到桂林市乡村振兴（幸福乡村）示范村建设标准，全面完成市级下达的建设工作任务。

**【示范村建设】** 2020 年，全县各乡镇围绕市、县目标任务充分发挥主观能动性，紧紧围绕乡村振兴示范村建设“二十字”方针，认真贯彻落实桂林市乡村振兴（幸福乡村）示范村建设各项要求，突出重点，统筹兼顾，科学规划，注重特色，扎实推进全县乡村振兴（幸福乡村）示范村建设。黄关镇、灌阳镇的幸福乡村项目结合各屯的自然优势，项目建设效果较好。

2020 年，灌阳镇大仁村米珠山屯幸福乡村示范村建设

县新农办　提供

**【项目资金整合】** 为解决建设资金不足问题，各乡镇积极联系协调相关部门，重点整合产业开发、道路硬化、危房改造等涉农、支农资金和项目，优先安排到乡村振兴（幸福乡村）示范村建设村屯；或将乡村振兴（幸福乡村）示范村建设项目承包给施工单位，通过施工方垫资建设来解决资金不足问题，从而提高乡村振兴（幸福乡村）示范村建设进度；部分乡镇将党建示范点与乡村振兴示范村点“两点合一”，实现建设效应的最大化。2020 年乡村振兴（幸福乡村）示范村建设项目，市、县两级财政直接投入 344 万元，整合各类资金 782 余万元。

（卿小春）

## 重点项目建设管理

**【概况】** 灌阳县重点项目建设管理办公室（简称县重点办）属县人民政府正科级工作部门。主要职责是策划全县重点项目，研究提出建设的政策措施和建议；统筹指导项目组织实施工作，包括调度、监督、指导，提供相关协调服务，牵头解决建设过程中的各种突出问题；协调组织开竣工及竣工验收、评估工作，定期进行督查。2020 年，县重点办协助相关单位加快县会议中心、江东新区水电（含弱电）路、西山坪“双百双新”科技产业园等基础设施的统筹协调建设，并解决会议中心建设周边的大量遗留问题；抓好全县“重中之重”27 个项目的统计、督查、协调及每月全县重大项目工作进展情况分析等；协助相关部门打击和整治文市石材盗偷采行为。办公地

2020 年，黄关镇东阳村关口山幸福乡村示范村建设

县新农办　提供

2020 年 5 月 6 日，县重点办到健身中心工地协调工作

县重点办　提供

址位于灌阳县灌阳镇江东新区交通运输局 5 楼。

**【西山坪“双百双新”科技产业园基础设施建设】** 西山坪“双百双新”科技产业园是灌阳县 2019 年招商引资的重点园区，整个园区一期占地 120 亩。采取盘活僵尸企业的方式进行建设，用 4 个月时间完成园区水、电、路、厂房防水防漏、货运电梯、亮化、绿化等基础设施建设，用不到 2 个月的时间完成新视达的建成投产，用不到一个半月的时间完成桂林中电的建成投产。已有 2 家高纯合金生产企业入驻并投产，成为全县高纯金属加工龙头企业。完成重点区域插花地核实 200 余亩，新丈量土地 20 亩，平整土地 50 余亩，为灌阳县“双百双新”科技产业园建设打通土地瓶颈。

**【移民初中基础设施建设】** 移民初中于 2019 年开工，计划招生 3000 人，校园占地面积 62 亩，建筑规模 3 万多平方米，总投资约 8700 万元。主要建设有教学楼、教学综合楼、宿舍楼、食堂、生活服务用房及设备、运动场、围墙等附属工程。2020 年 9 月，移民初中启用，解决灌阳县教育生均面积不足的问题。

**【社区健身中心建设项目】** 项目占地面积 4748 平方米，场馆建筑面积 2478 平方米，并建设篮球场、足球场、绿化、供排水等配套设施。总投资 2370 万元，项目建设完成，可承办自治区级大型赛事。县重点办统筹协调相关单位，解决项目施工中遇到的重点难点问题，该项目已经全面完工并投入使用。

**【大仁村义地上 520 亩的征地】** 县重点办协助江东指挥部组织公安、住建、自然资源局、综合执法局等单位联合执法，完成建设上山道路。解决移民中学、社区健身中心及县高级中学江东校区的交通瓶颈。2020 年 11 月，签订 520 亩范围外征地协议，解决相关项目用地问题。

**【黑岩景区创建国家 AAAA 级旅游景区】** 黑岩景区创建国家 AAAA 级旅游景区对于提升灌阳

2020 年 12 月 20 日，县重点办在千家洞景区与相关单位协商项目事宜

县重点办　提供

县对旅游资源的保护、利用和旅游经济全面、协调、可持续发展具有重要意义,也是提升旅游品牌形象、管理服务水平的有效抓手,县重点办协助黑岩景区创建国家AAAA级旅游景区建设,助推灌阳县旅游产业发展,提升灌阳县旅游产业形象。

**【创建全域旅游】** 积极协助文广体旅局创建全域旅游工作,推进全县旅游业转型升级,改变传统的发展模式,更好地适应市场需求。

**【文市石材越界开采整治】** 越界违法开采山石的行为严重损害国家矿产资源的所有权,导致国有资产流失,环境污染、生态破坏。县重点办协助相关单位就文市石材越界开采情况进行整治工作,全县石材产业健康可持续发展。

**【文市石材石粉石浆整治】** 协助相关单位进一步规范石材行业环保管理行为,促使企业严格执行法律法规,完善相关手续,改变石材企业生产现状,减少环境污染,推动石材产业优化升级。

**【全区青少年网球、篮球赛】** 8月中旬,全区青少年网球、篮球赛事在灌阳县举办。县重点办协助赛事主办、承办单位在确保疫情防控安全的前提下,周密部署,统筹协调,确保赛事举办成功。

**【"重中之重"项目统计】** 抓好全县"重中之重"31个项目的统计、督查、协调及每月全县"重中之重"项目工作进展情况分析等,为县领导决策提供参考和基础数据。

(县重点项目建设管理办公室)

# 中国人民政治协商会议灌阳县委员会

## 概　述

中国人民政治协商会议灌阳县委员会(以下简称县政协)属于正处级统一战线组织。办公地址位于灌阳县灌阳镇胜利路39号。

政协灌阳县第九届委员会于2016年8月组建,到2020年已召开五次会议,政协委员人数为176名,政协委员由社会各界人士构成,主要包括县行政事业单位、各民主党派、无党派人士、人民团体、少数民族代表和各界爱国人士。委员的组成情况是:中共党员72名;非中共党员104名;各类专业技术员32名;生产一线75名;少数民族18名;妇女43名;大专学历以上110名。九届政协聚集全县各行各业、方方面面的精英,委员素质优良,结构优化,具有广泛的代表性和先进性。

2020年2月21日,县政协委员及委员企业抗疫防控物资捐赠仪式

县政协　提供

政协灌阳县第九届委员会共设9个界别(中共界别、工青妇界别、工商联界别、农林科技界别、经济界别、教文体界别、医卫界别、台侨民族宗教界别、特邀界别)。委员按照界别、区域特点,划分8个全会期间委员讨论小组和闭会后18个委员活动小组。2020年,共提出意见和建议30条;收到提案46个,立案40个,涉及旅游、交通、文化、教育、卫生、环保、治安等;各联络组开展调研活动20多次,对17个专题进行调研,撰写调研报告17篇;出版《灌阳文史资料》第18辑;“政协搭桥　委员牵线‘灌商回灌’助推灌阳工业振兴”的做法在全区“引企入桂　委员行动”工作推进会上作典型发言;宣传、理论研究工作获自治区政协二等奖。

## 重要会议

**【政协灌阳县第九届委员会第五次会议】** 2020年5月12日至14日,政协第九届委员会第五次会议在县会议中心召开,县政协副主席唐莉姣主持开幕式。县政协主席桂文英向大会作《政协灌阳县第九届委员会常务委员会工作报告》、县政协副主席郑有成代表政协灌阳县第九届委员会常务委员会作《政协灌阳县第九届委员会常务委员会关于九届四次会议以来

2020年5月12日，中国人民政治协商会议灌阳县第九届委员会第五次会议在县会议中心召开　　唐显才　摄

提案工作情况的报告》。县委书记周春涌出席会议并作讲话。会议听取并审议政府工作报告、县人民法院工作报告、县人民检察院工作报告及其他相关工作报告。会议补选刘晓玉为县政协副主席，补选刘慧云、伍宇、刘大春、蒋红富、陈红梅为县政协常务委员。会议表彰2019年度先进联络组、优秀委员、优秀提案及提案人和提案承办先进单位。会议先后表决通过《政协灌阳县第九届委员会第五次会议关于县政协常委会工作报告的决议》《政协灌阳县第九届委员会第五次会议关于政协九届四次会议以来提案工作情况报告的决议》《政协灌阳县第九届委员会第五次会议政治决议》。

**【“引企入桂　委员行动　助推工业振兴”现场推进会】** 2020年6月11日，灌阳县政协召开“引企入桂　委员行动　助推工业振兴”现场推进会，县政协主席桂文英带领参会人员先后走访调研广西康雷石材有限公司黑白根高新产业园项目、灌阳县恒丰金属科技有限公司、西山坪工业园区的康乐人粉业有限公司等灌阳县工业产业转型升级的代表性企业；在座谈会上，县政协党组副书记、县委常委、统战部部长赵桂花组织大家学习全国两会精神和习近平总书记在参加经济界政协委员讨论会上的重要讲话精神，发改局、工信和商贸局、投资促进局介绍工业企业相关情况，参会委员积极发言，建言献策。县政协主席桂文英在会上强调要结合市政协“双联双创”活动，充分发挥委员主体作用，开展“以商招商”“灌商回灌”工作。按照强龙头、补链条、聚集群、带产业的要求精准招商，推动“旅游＋工业”“文化＋工业”“互联网＋工业”“生态＋工业”等新业态发展。

**【宣传会议】** 2020年7月7日，县政协召开宣传工作会议，安排部署政协系统宣传工作任务，县直联络组组长、各乡镇分管领导及工作人员、县政协机关全体人员参加会议，县政协副主席郑有成出席会议并讲话，在讲话中要求各乡镇组、县直各联络组要建立好通讯员队伍；大力挖掘优秀委员事迹及优秀提案的办理落实情况；要注重实效性和相关数据的真实性。会议邀请县委宣传部为与会人员作专门培训。

**【重点提案督办座谈会】** 2020年12月30日，年度重点提案督办座谈会在湘江战役新圩阻击战酒海井红军纪念园举行。县政协主席桂文英，县委常委、宣传部部长、副县长陈春虹，县政协副主席郑有成，县直有关单位、有关乡镇领导，培训中心、提案人、企业、专业人士代表等参加会议。与会人员围绕灌阳县政协2020年度重点提案《关于如何发展好灌阳红色文化教育培训工作的提案》办理落实情况进行交流发言，并就如何以红色旅游为主线助推全县全域旅游发展作深入探讨，提出一系列操作性、可行性较强的意见建议，县政协及时将意见建议整理转交县政府，为全县文旅发展献计出力。

## 重要工作

**【参政议政】** 县政协九届五次会议期间，会务组把委员们围绕政府工作报告提出的意见和建议进行汇总，并整理成《政协灌阳县第九届委员会第五次会议小组讨论意见建议汇总》，转交给县委、县政府。意见和建议涉及文化旅游、城市建设管理、脱贫攻坚等8个方面，其中增加教育投入、加快棚户区改造建设、积极落实好粮食生产恢复工作，推动“退果还粮”有序进行等意见和建议被县委、县政府采纳。

**【联络联谊】** 2020年，接待融安、环江、江西于都和自治区政协、桂林市政协等区内外政协调研组到灌阳考察交流。在县工商联试点建设灌阳县首个“政协委员工作站”，为服务政协委员履职提供场地。县政协在桂林市政协的指导下开展“双联双创”活动，按照分工和联络组设置，实行主席会议成员联系常委、常委联系委员，同时实行专委会联系联络组，联络组委员联系群众，每名主席会议成员联系3至5名常委、每名常委联系1至10名委员，每个专委会联系3至5个联络组、每个联络组委员联系若干群众。通过活动的开展，在工业振兴、社情民意收集、创业创新等方面取得很好的成效。

**【专题调研】** 2020年，县政协组织委员到桂林康乐人粉业有限公司、灌阳县恒丰金属科技有限公司、广西康雷石材有限公司黑白根高新产业园、灌阳地德新材料科技有限公司、桂林远征通讯科技有限公司等企业进行调研，对精准扶贫、全域旅游发展、乡村振兴、工业振兴等工作提出对策和建议。围绕县委提出的做好“富农强工、崇文重教、兴旅美城”六篇文章，组织政协委员进行调研和座谈，委员们对全县的发展积极建言。

**【联系重大项目】** 县政协落实县委对全县重大项目的统一部署。班子成员牵头联系风电建设、水利建设以及县人民医院住院综合楼、文市石林及月岭古民居景区基础设施建设等重大项目，通过现场调研，化解矛盾，协调推进，所联系的重大项目都按县委的要求有序推进。按照县委的切块分工，政协班子成员参与农业农村、文化旅游、宣传教育、招商引资、社会稳定等重要工作。2020年，灌阳县创建全域旅游示范县取得成功，被授予“广西全域旅游示范区”。

**【提案工作】** 县政协九届五次会议以来，共征集提案46件，立案40件，涉及旅游、宣传、文化、教育、卫生、城乡建设、交通、水利、环保、经济建设、民生等方面。所有提案全部办理、回复完毕，办结率100%。

**【委员行动】** 2020年，县政协开展“工业振兴　委员行动”“引企入桂　委员行动”“乡村振兴　委员行动”等活动，以搭建“灌商回灌”平台作为上述活动的切入点和政协服务经济工作的重要抓手，密切与外地灌阳商会联系，落实“灌商回灌”工作；赴深圳、柳州等地考察联络，邀请在外发展的灌阳籍人士回灌阳投资创业。完善县政协领导联系委员企业制度，帮助企业调思路、找对策、谋发展。召开“引企入桂　委员行动　助推工业振兴”现场推进会，组织

2020年2月28日，县政协主席桂文英（中）调研政协委员企业

县政协　提供

部分政协常委和经济界委员走基层、进企业，加大对企业的服务力度，在助推县域经济工作中彰显价值。“政协搭桥　委员牵线‘灌商回灌’助推灌阳工业振兴”的做法在全区“引企入桂　委员行动”工作推进会上作典型发言，经验材料在《广西政协报》、广西政协网报道。持续跟进“乡村振兴　委员行动”活动，积极在助推特色产业发展、基础设施上档升级、乡村生态宜居、乡村文化建设、乡村治理、脱贫攻坚、田园综合体建设、助推基层党建等方面建言献策，发挥委员作用。撰写的《关于全面实施乡村振兴战略的几点思考》在《广西政协报》、广西政协网、《广西政协工作》上刊载。

**【《灌阳文史资料》编辑】** 教文卫体委员会向在历史文化、民俗研究等领域颇有建树的史志界学者、专家及长期从事灌阳地方文史资料整理工作的“本土专家”征集资料34篇，牵头编纂出版《灌阳文史资料》第18辑，包含“红色印记”“史海寻踪”“名人故事”“亲见亲历”“文化教育”“民间故事”“地方风俗”“古村风采”等栏目。该作品体裁多样、内容丰富，具有较强的资料性、文学性、趣味性和可读性，是读者了解灌阳历史、社会、经济、文化等方面的一个窗口，为全县“文化兴县”战略实施起到积极的推动作用，为“存史、资政、团结、育人”提供不可多得的素材。

**【疫情防控】** 2020年，县政协把开展疫情防控工作作为践行初心、担当使命的实际行动，充分利用政协联系广泛的优势，全力打好疫情防控阻击战。向全县政协委员发出《致全县政协委员的一封信》，开展“抗击疫情　委员行动”活动，灌阳县政协委员和委员企业在疫情期间累计捐款捐物达100余万元。同时县政协多方努力协调支持，帮助委员、委员企业克服困难，复工复产。

（何明瑶）

# 纪检·监察

【概况】 中国共产党灌阳县纪律检查委员会、灌阳县监察委员会(以下简称县纪委监委),为县委主管党的纪律检查和国家监察工作的机构,县纪委监委接受县委和市纪委监委的双重领导。办公地址位于灌阳县灌阳镇建设路9号。

【中国共产党灌阳县第十五届纪律检查委员会第五次全体会议】 2020年4月28日,中国共产党灌阳县第十五届纪律检查委员会第五次全体会议在县会议中心一楼会议室召开。会议回顾总结2019年纪检监察工作,安排部署2020年工作任务。会议由县委常委、县纪委书记、县监委主任闫位勤主持。

【政治监督】 坚持把党的政治建设摆在首位,扎实推进政治监督的常态化、具体化,推动脱贫攻坚、疫情防控、工业振兴、项目建设、优化营商环境、湘江战役红军烈士遗骸收殓保护,做好“六稳”“六保”,开展违建别墅清理,农村乱占耕地违规建房等中央重大决策部署落地落实。多次组织精干力量通过实地走访、查看台账的方式,对各乡镇、县直各单位进行监督检查,发现并督促问题整改169个,查处党员干部5人,提醒谈话6人,约谈12人,下发典型通报3期。

【日常监督】 全县各级纪检监察机关认真履行监督责任和协助职责,通过组织召开主体责任述职评议会、约谈会等方式,压紧压实主体责任的落实。做实信访监督,全县接收办理各类信访举报132件次,与2019年同比下降30.53%。运用“四种形态”处理党员干部351人次,其中第一种形态249人次,占比70.9%;第二种形态87人次,占比24.8%;第三种形态8人次,占比2.3%;第四种形态7人次,占比2.0%,教育挽救了一批党员干部。坚持严管与厚爱相结合,认真落实“三个区分开来”要求,对14名干部进行容错纠错,对71名受处分党员领导干部开展关爱回访。既给全县党员干部担当作为营造良好氛围,又以精准问责推动工作落实。

2020年4月28日,中国共产党灌阳县第十五届纪律检查委员会第五次全体会议在县会议中心一楼会议室召开　　县纪委监委　提供

【“三不”机制建设】 出台《关于一体推进不敢腐、不能腐、不想腐推动全面从严治

党的实施意见》。通过“委机关＋乡镇纪委协作区”模式，狠抓监督执纪问责，不断强化不敢腐的震慑，2020年，全县各级纪检监察机关立案查处违纪违法案件127件，给予党政纪处分99人(科级干部14人)，采取留置措施1人，移送司法机关2人，上网追逃2人。用好纪律检查建议书和监察建议书，全县制发纪检监察建议书6份，有效堵塞职能部门监管漏洞，让制度成为全面从严治党的利器。深化以案促改，督促案发单位及时召开警示教育大会101场次，6068名党员干部受到深刻教育警醒，精选7个典型案例开展以案促改，实现剖析一案、警示一片、治理一方的目标。多角度多层次积极向外推荐灌阳县党风廉政建设工作动态和经验做法。依托灌阳丰富的红色文化资源优势，大力建设酒海井红军纪念园廉政教育基地，培育打造“红色沃土·清风灌阳”廉政文化品牌，年内1.3万余名党员干部到基地参观学习。

**【扶贫领域专项治理】** 聚焦扶贫领域突出问题，持续深入开展专项治理，拓展“抓系统、系统抓”工作，聚焦脱贫工作绩效、脱贫政策连续性稳定性、脱贫摘帽后“四个不摘”等情况强化监督，紧盯“县里的权、乡里的情、村里的点”，对搞数字脱贫、虚假脱贫的严肃问责，对贪污侵占、吃拿卡要、优亲厚友的从严查处，切实打通“责任、政策、资金”落实的最后一公里，有力保障全县脱贫攻坚的圆满收官。2020年，共立案查处扶贫领域问题案件44件，下发典型通报8期。开展深化民生领域集中整治，发现问题23个，转立案14件，约谈干部18人。

**【扫黑除恶专项斗争监督执纪】** 2020年，县纪委监委到村屯督导调研280余次，逐案过筛涉黑涉恶案件38件。县政法机关移送问题线索1件，已办结1件。县纪委监委移送政法机关线索2条。2020年，共立案查处党员干部充当恶势力保护伞案件1起。召开党员干部警示大会，督促党员干部时刻保持清醒。全县共刊发优秀经验做法17条，举办警示教育大会130余场次。

**【作风建设】** 注重打好作风建设攻坚战、持久战，持续落实中央八项规定及其实施细则精神。紧盯重要时间节点，持续强化监督执纪，不断巩固拓展作风建设成果，全县共查处形式主义、官僚主义案件36件，下发典型案例通报3期。加强节前廉政教育，与移动公司合力打造廉政短信警示平台，向党员干部发送廉政短信8000余条。在全县范围内发放2万余份致党员干部的一封公开信。深入推进违规吃喝和违规发放津贴专项整治工作，发现并督促整改问题5个。

**【巡察监督】** 2020年，开展3轮巡察，巡察县直单位党组织13个，巡察行政村(社区)123个，顺利完成巡察全覆盖目标。向被巡察党组织反馈问题537个，其中贯彻落实党的路线方针政策和党中央决策部署情况方面的问题128个，党风廉政建设、群众身边腐败和不正之风方面的问题223个，基层党组织软弱涣散、组织力欠缺方面

2020年9月28日，县委常委、县纪委书记、监委主任闫位勤(中)到西山瑶族乡下洞村为老百姓处理稻谷减产问题　县纪委监委　提供

的问题186个；移交问题线索19条，转立案17件，督促被巡察单位建立健全有关制度75个。

2020年12月25日，灌阳县监察委员会派出西山瑶族乡监察办公室举行揭牌仪式　　县纪委监委　提供

**【队伍建设】** 推进专业化建设，把纪法培训实训作为重点。组织干部调训204人次，学习系列光盘讲义5期325人次。开展主业微课堂34次，培训干部1172人次，实现业务培训全覆盖；抽调2人次参与市纪委、自治区纪委、中央纪委查办重大复杂案件、巡视巡察等业务工作。拓宽选人用人视野，2020年，调入干部12人，录用公务员9名。2020年12月25日，灌阳县监察委员会派出9个乡（镇）监察办公室在各乡（镇）纪委办公室统一挂牌，与乡（镇）纪委合署办公，实行一套工作机构、两块牌子。各乡（镇）监察办公室人员编制共有24名。任命监察办公室主任9名（由乡镇纪委书记兼任），监察办公室副主任8名（黄关镇监察办公室副主任暂未任命），监察专员6名。

（县纪委监委）

# 群众团体

## 灌阳县总工会

**【概况】** 灌阳县总工会(以下简称县总工会),属群众组织,正科级单位。是全县各级工会的领导机关,在县委和市总工会的领导下开展工作。履行“维护、参与、教育、建设”四项职能,切实维护职工群众的合法权益,调动好、保护好、发挥好广大职工的积极性和创造性,组织和动员职工投身于社会主义现代化建设,推动社会的进步和发展。办公地址位于灌阳县灌阳镇南门路1号。

**【基层工会组织建设】** 2020年,企业法人单位建立工会363家,建会率达90%,发展会员2350人。开展易地扶贫安置点工会组建工作,全县6个易地扶贫安置点均建立工会组织;开展“货车司机等8大群体、扶贫车间务工人员”建会入会专项行动。

**【维权工作】** 推进工资集体协商的开展,聘请工资集体协商专职指导员2名。2020年,共签订工资协议536家,集体协商动态建制率达90%,覆盖职工12824人;25人以上已建工会企业签订工资协议22家,签订率达96%,覆盖职工1980人。建立健全以县人事劳动和社会保障局、县总工会和县工信局为成员单位的劳动关系三方协调会议制度。完善以职代会为载体的厂务公开制度,保障职工的知情权、参与权,畅通利益诉求渠道,全县非公有制企业实行厂务公开达98%;已建立职代会达98%。开展维护职工权益法规和政策的宣传,为基层、为企业送政策、送法律、送知识。

**【职工帮扶】** 全县各级工会着眼于帮助职工群众解决最关心最直接最现实的利益问题,不断扩大帮扶领域,整合帮扶内容,形成春送岗位、夏送清凉、金秋助学、冬送温暖等帮扶品牌,职工医疗互助保障、职工技能培训等帮扶成效得到显著提升。2020年“两节”期间开展“送温暖”活动,为全县82户建档困难职工发放春节慰问金8.2万元;开

2020年9月7日,县总工会开展为职工送健康体检活动

伍秋福　摄

展“夏送清凉”活动，发放价值4.8万元的防暑降温饮料；开展“金秋助学”活动，对38名建档困难职工的学子进行资助，累计发放助学金16.29万元；开展建档困难职工帮扶工作，对82户困难职工进行生活救助，共发放生活救助金61.95万元。桂林市工人疗养院到灌阳县开展“送温暖　健康行”公益体检活动，免费为120余名扶贫干部进行公益体检。

**【疫情防控】** 2020年，县总工会共发放疫情防护知识宣传材料2000份，为疫情防控一线工作人员发放价值2.7万元的慰问物资，捐献1270元的爱心款。协调做好企业复工复产工作，县总工会提前对企业现状进行了解，掌握企业复工复产实际困难，并组织基层工会为企业提供口罩、体温枪、酒精、84消毒液、抗菌液等防疫物资；协助企业开展“线上＋线下”同步招聘，解决企业“用工荒”问题，为企业复工复产提供人员保障。

**【消费扶贫】** 县总工会组织全县企事业单位职工通过“以购代捐”“以买代帮”等形式采购或推销贫困户的农产品。2020年，全县各级工会利用节日消费扶贫在贫困户中扶贫消费金额达89.52万元。

参加桂林市各级工会消费扶贫集中对接活动。灌阳县总工会组织推荐灌阳县新农人电子商务有限公司、灌阳县陆纯洁养蜂专业合作社、灌阳县福发果蔬产销专业合作社、桂林康乐人粉业有限责任公司参加，共有20个优质农产品参与。有11个机关企事业单位签订采购协议订单12单，协议签订金额达31.72万元。

**【职工互助保障活动】** 2020年，全县职工互助保障活动参保单位86个，参保职工4462人，为124人次参保职工申报获取医疗补助和身故补助金18.09万元。

**【职工文体活动】** 2020年，县总工会于4月中旬在县新华书店二楼展览室举办庆“五一”职工书法美术作品评选活动，邀请县美协、县书协等单位的专家对参赛作品进行筛选和评奖。将优秀作品选送参加桂林市总工会庆“五一”职工美术书法作品比赛。

**【职工技能培训】** 县总工会于12月16日至25日联合县人力资源和社会保障局、桂林市青云职业培训学校在县总工会三楼会议室举办全县2020年育婴师技能培训班，全县各乡镇有30名妇女接受为期10天的育婴师系统技能培训。

**【劳模管理和慰问】** 县总工会加快建立劳模电子档案，推进劳模档案信息化、网络化建设，并做好劳模来信来访和劳模待遇以及病逝劳模家属的慰问工作。2020年，全县慰问全国劳模、自治区劳模、市劳模38人，发放自治区劳模慰问金10.4万元（全国劳模慰问金由自治区总工会直接发放，市劳模慰问金由桂林市总工会发放），组织全国劳模2人、自治区劳模18人进行体检。

**【项目建设】** 2020年，县总工会完成县工人文化宫综合服务项目前期准备工作，项目初步设计及工程概算已批复，施工图设计及审核已完成，财评工作在进行中。为方便老年人活动，增加门球场等项目建设，该项目尚未动工的情况下，自治区总工会给予项目扶助资金100万元。

（县总工会）

## 共青团灌阳县委员会

**【概况】** 共青团灌阳县委员会（以下简称团县委），属机关行政编制，为正科级单位。组织广大青年学习党的路线、方针、政策，围绕党的中心工作，结合青年的特点，组织制订工作计划，抓好组织建设，调查青年思想动态、青年工作状况和青少年事业发展等问题，及时提出解决问题的意见和措施。办公地址位于灌阳县灌阳镇建设路18号。

**【“1234工作法”】**

建强一支队伍　发掘团县委和各级团组织

的写作能手，组建网宣队伍，深入挖掘全县各级团组织的典型事例和人物，进行正面宣传报道，2020年各级新闻媒体共计被采用372篇，其中中央级3篇，自治区级5篇，市级24篇。

用好两个平台　创新网络新媒体宣传方式，推出《团团说》宣传栏目，用人们喜闻乐见的短视频分享党团知识、身边趣事、网络带货等；疫情期间及时利用“灌阳青年”微信公众号宣传疫情防控信息和宣传普及新型冠状病毒肺炎的防治知识；积极做好舆情引导工作，引导公众不信谣、不传谣、不造谣；开展“青年大学习”系列教育实践活动，通过“一个细则、两个通报、三个阶段、四个结合”的做法。2020年“青年大学习”学习率为111.71%，比2019年全年平均学习率80.07%上升31.64%。

打造三个先锋　将团员、少先队员、志愿者打造成青少年中的先锋，并通过评先评优，打造先锋中的先锋。“五四”开展“两红”“两优”积分制申报评比表彰，获得自治区级先进个人2个，获得市级先进集体6个、先进个人9个；表彰县级先进集体29个，先进个人55个。全县少先队组织共获得自治区级先进集体2个、先进个人1个，获得市级先进集体5个、先进个人34个；表彰县级先进集体53个，先进个人129个。

用好四个载体　用好团课。开展纪念五四运动101周年系列活动，联合县教育局举办“不忘跟党初心，牢记青春使命”主题微团课大赛，收到微团课作品22个，评选出13个优秀作品；用好主题团日。举办“致青春·为家国”——争做黄文秀式好青年主题团日活动，组织团员青年代表深入学习习近平总书记给新时代青年的寄语精神，激励全县团员青年争做有理想、有本领、有担当的黄文秀式好青年；用好主题队日。组织各级少先队学习贯彻中国少年先锋队第八次全国代表大会精神，开展“红色基因代代传，争做新时代好队员”主题队日活动；用好志愿活动。开展“让温暖一起回家”“迎新春，送春联”和“快递从业青年服务月”等志愿活动；疫情期间，组建一支100余人的青年防疫志愿者应急服务队伍开展疫情防控服务；学雷锋月期间，组织全县各级团组织开展形式多样的志愿服务活动；暑假期间，开展暑期志愿服务家乡活动，共推荐66名优秀返乡大学生到机关单位志愿服务一个月；2020年8月，组织89名青年志愿者为2020年广西青少年体育（篮球、网球）锦标赛提供志愿服务。2020年，全县志愿者参加志愿服务的人次超过2500人次。

**【“智慧团建”工作】**　2020年，清理录入2016年以来新发展团员编号，录入率达到100%，规范团员档案管理；抓好“学社衔接”工作，规范团组织关系转接。成立灌阳县大学生联合会，共有会员75名。

**【“双推优”工作】**　明确推优标准，规范推优流程，加大推优力度。成立团代表联络站，规范团代表联络制度，通过团代表进一步密切联系基层团员青年。在整顿软弱、涣散团组织的基础上，推行团支部星级管理，全面打造“五个好”团支部。注册成立灌阳县青年志愿者协会，招募青年志愿者53名，召开第一次会员代表大会，推动新时代青年志愿服务工作不断深入。管好用活“青年之家”“青空间”等平台。

2020年1月14日，青年志愿者到江东移民新区开展“迎新春，送春联”志愿服务活动　　团县委　提供

【村(社区)团组织换届工作】 面向优秀青年群体,拓宽基层团干部的来源和渠道。2020年,完成138个行政村、4个社区的团组织换届工作,团干部的配备率和在职率达到90%以上,进一步加强了基层团组织建设。

2020年9月29日,2020年灌阳县村(社区)团组织换届选举工作动员部署会在县政府四楼会议室召开　　团县委　提供

【少先队工作】

领思想,画好少先队"同心圆"　每季度开展少先队专题学习,压实各乡镇团委书记,各学校分管德育副校长、总辅导员、大队辅导员责任。构建阶梯式成长激励体系,在全童入队的基础上,实行分批入队,规范入队程序,规范开展少队仪式教育;开展"防溺水红领巾志愿者"主题争章活动,共计4641名少先队队员获评"防溺水红领巾志愿者章"。讲好"儿童化"政治,以少年儿童喜闻乐见的方式,开展"迎接少代会,争做好队员"主题实践活动,举办灌阳县2020年《红色传奇》进校园系列活动,联合县委组织部、县教育局开展"我与国旗合个影""红领巾心向党"等爱国主义教育活动。

建组织,提高少先队"向心力"　大力实施"双百清零"计划,所有中小学(含教育点)100%建立少先队组织。坚持团建带队,加强初中少先队和团队衔接工作。利用团校,强化中学共青团组织对少先队员入团前的培养教育,量化制定初中少先队队员日常评价办法,组织优秀少先队员进入中学团校培训学习,做好发展新团员工作。

强队伍,建强少先队"领头雁"　指导中小学校建立健全辅导员任职、履职、退出机制,高标准配齐各级各类辅导员,通过岗位调整、推优入党等方式确保辅导员符合政治要求。举办少先队辅导员培训班,对全县各级各类辅导员进行轮训,强化激励机制,将少先队工作纳入共青团评价指标体系。2020年,共授予县级优秀辅导员称号41人。

抓工作,打造少先队"共振器"　完善团县委和教育局少先队工作"两个机制";完善定期协商研究少先队工作机制,每半年专题研究少先队工作1次;完善重大工作及时沟通机制,有重大工作及时互通情况,听取意见建议。

【青少年法治教育】 组织普法志愿者开展系列法治宣传、禁毒讲座进校园、进农村活动,通过上法制课、发放宣传资料、悬挂横幅等形式,引导青少年增强法律意识和自我防范意识。春节期间,开展"青春自护·平安春节"青少年自护教育活动,宣传道路交通安全、防火防灾、防范烟花爆竹意外伤害、假日娱乐场所安全、净化网络环境、女童保护、留守儿童心理健康、禁毒、防控艾滋病、防拐反拐等安全知识和自护自救常识。

【"青少年发展+"】

"青少年发展+扶贫"　做好人才扶贫,派驻工作组长做好后援共建,组织干部职工结对帮扶,帮助车田村做好扶贫工作;积极向团市委争取助学金11400元,为建档立卡贫困户的12名小学生、7名中学生每人发放600元助学金。灌阳高级中学1名毕业生获得"学子阳光——首都家庭经济困难优秀大学生扶助项目"5000元助学金;协调团市委选优配强灌阳县6个易地扶贫搬迁安置点团组织第一书记；成功申请将灌阳县列入西部计划服务县，争取到20名大学生志愿服务西部计划志愿者；开展暑期志愿者服务和“1+1”基层培养计划，组织大学生到基层服务扶贫工作。

“青少年发展＋党建” 结合“两学一做”“不忘初心 牢记使命”等主题教育，开展“保护母亲河·党员在行动”“缅怀革命英烈·弘扬爱国精神”等活动，举办“以知促行、知行合一、争做合格党员”演讲比赛等活动，举行“青春心向党·建功新时代”——先进榜样事迹分享会。

“青少年发展＋卫生健康” 组织志愿者、团员、少先队员开展卫生清洁和卫生健康知识宣传等志愿服务。疫情期间，组建一支100余人的青年防疫志愿者应急服务队伍，有序开展疫情防控应急志愿服务工作。

（团县委）

## 灌阳县妇女联合会

**【概况】** 灌阳县妇女联合会（以下简称县妇联），是县委领导下的全县各族各界妇女的群众团体组织。依照《中华全国妇女联合会章程》，从灌阳县妇女儿童工作特点出发，充分发挥妇联作为党和政府联系妇女群众的桥梁和纽带作用，团结、教育广大妇女认真贯彻党的基本路线，积极投身于改革开放和社会主义经济建设、政治建设、文化建设、社会建设和生态文明建设，在新时代中国特色社会主义伟大实践中发挥积极作用。在落实“两纲”“两规”，维护妇女权益，促进男女平等的工作中充分发挥职能作用。办公地址位于灌阳县灌阳镇建设路18号。

**【节日慰问活动】** 在三八妇女节期间，县妇联向疫情期间仍然工作在第一线的优秀女性送上慰问和祝福，发放慰问金共计2万元。春节期间，共走访慰问15余户建档立卡贫困妇女及留守困境儿童，送去3000多元慰问金和慰问品；在六一儿童节期间，组织乡镇妇联到各个“儿童之家”开展有趣的游园活动，给小朋友们送去节日礼物。

**【“双维双促”平安建设】** 拓展妇女儿童维权服务平台。依托妇联维权热线“12338”，以及公、检、法、妇女儿童维权岗，积极配合县人民法院做好婚姻调解工作，进一步拓展妇女儿童维权服务平台；疫情期间采取线上宣传的方式，通过融媒体中心、《今日灌阳》、微信等转发《灌阳县妇联致全县广大妇女姐妹们的一封信》《反家庭暴力知识》《未成年人保护法》，扩大受众覆盖面，收到良好的效果；6月26日，在县大市场小广场开展禁毒、防艾宣传，发放宣传资料3000份。12月4日，县妇联在观澜购物广场开展“深入学习宣传习近平法治思想，大力弘扬宪法精神”的宪法宣传周活动。活动中，县妇联巾帼志愿者们向广大群众发放《中华人民共和国妇女权益保障法》《中华人民共和国婚姻法》《中华人民共和国反家庭暴力法》等宣传资料2000份，向身边的妇女群众宣传《宪法》赋予的妇女儿童合法权益，帮助群众答疑解惑。

2020年三八妇女节，县妇联向疫情期间工作在第一线的优秀女性送慰问和祝福
县妇联 提供

【"关爱"工程】

开展慰问贫困妇女儿童活动　2020年，县妇联到贫困妇女儿童家中走访慰问，全县共慰问贫困妇女儿童200余人，累计发出资助金和慰问品共计5万元；开展"两癌"救助和"两癌"保险。2020年，全县共救助21名患"两癌"的贫困妇女，救助资金达21万元。做好"两癌"保险工作。全县共完成20703份"两癌"保险保单业务，完成率为115%。累计赔付"两癌"保险12例，理赔金额75万元。县妇联被自治区妇联评为关爱女性健康"两癌"保险工作"优秀基层单位"。

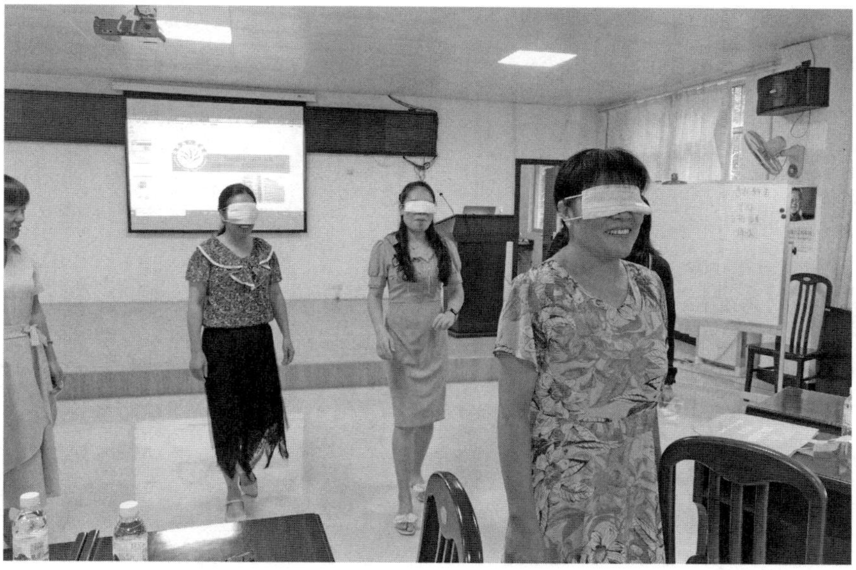

2020年9月11日，灌阳县举办乡镇妇联主席性别意识眼健康培训班　唐子婷　摄

创建"儿童之家"　2020年，灌阳县创建的36所"儿童之家"严格按照项目验收"七有"标准全部创建完毕。广西女企业家协会常务副会长、广西妇女儿童发展基金会常务理事吴玮君秉持"以人为本，慈善为怀"的社会企业家精神，在灌阳县灌阳镇莫家村捐建一所"妇女儿童之家"，资金和物资总计5.3万元。

未成年人思想道德建设　8月20日，在县会议中心开展"争做合格家长，培育合格人才"家庭教育大讲堂活动，共有150余名家长参加。

开展"最美家庭""五好文明家庭"的评选活动　在全县范围内开展寻找"最美家庭""五好文明家庭"评选活动，以评选方式传播传递优良的家风、民风。在全县开展市级"巾帼文明岗"的评选工作，灌阳北收费站、灌阳县税务局人事教育股获得桂林市"巾帼文明岗"称号。

【巾帼基地创建活动】　积极引导各族妇女转变经济发展方式，大力实施巾帼科技致富工程。2020年，全县创建区级巾帼示范基地1个，市级巾帼示范基地3个。其中灌阳县新街镇兴梦种植农民专业合作社获得自治区巾帼科技示范基地称号；灌阳县泽润生态养殖场、灌阳县油茶产业示范区、灌阳县合谷桃园生态农业有限公司获得桂林市巾帼科技示范基地称号。

【技能培训】　7月23日至24日，灌阳县2020年基层妇女干部培训班在县会议中心举办。全县150余名基层妇女干部参加，通过培训提高基层妇女干部的维权意识，让基层妇女干部懂得如何从法律角度去维护妇女的合法权益；开展家政大篷车、婚姻家庭纠纷调解培训会、性别意识眼健康培训班、育婴师及小儿推拿培训、"平安家庭·和谐八桂"公益巡讲等活动，共计1万人次参加。

【妇女儿童发展规划】　县妇联紧紧围绕"两纲""两规"目标，有序推进妇女儿童发展规划的实施。县妇女儿童活动中心于2019年10月开工，该项目建筑总面积1000平方米，投资240万元(其中自治区补助200万元，县财政配套40万元)，与县文新广体旅局的文化馆和图书馆项目共建。

（县妇联）

## 灌阳县科学技术协会

【概况】　灌阳县科学技术协会(以下简称县科

2020 年 9 月 28 日，灌阳县科学技术协会第五次代表大会在县会议中心十楼会议室召开　　县科协　提供

协），是灌阳县科技工作者的群众组织，正科级单位。全县 9 个乡（镇）都设有科协并配备专兼职科协主席，有县级学会 12 个，农村专业技术协会 45 个，科普示范户 77 户，科普示范基地 16 个。2020 年，县科协在县直第一小学建立 1 个青少年科学工作室。办公地址位于灌阳县灌阳镇胜利路 39 号。

**【科普宣传活动】** 抓好元旦、春节期间的科技、文化、卫生、法制“四下乡”活动。通过开展“科普一条街”、下乡实地技术指导等形式，全年共下乡镇、社区、村科普宣传 20 次，发放宣传资料 9 万多份，受益群众 10 万多人次。全国科普日 9 月 19 日至 25 日集中开展以“决胜全面小康，践行科技为民”为主题的贯穿全年的宣传活动，各全民科学素质成员单位、乡镇科协、社区党支部以“一条横幅、一期板报、一次志愿者活动、一次科普知识讲座、一次文体宣传”的形式开展，营造“传播新时代新发展理念，弘扬科学思想和科学精神，普及科技助力美好生活，倡导服务乡村振兴战略”的良好氛围。

**【推进“3+1”试点工程】** 全面将“三长”（即医院院长、学校校长、农技站站长）纳入科协基层组织工作，提升基层科协组织力，通过“三长”广泛联系，团结基层一线科技工作者，助力乡村振兴战略。

**【“八桂科普大行动”宣传活动】** 10 月 16 日，灌阳县科学技术协会牵头，联合县农业局、县卫健局、县教育局、县人社局和县市场监督管理局在云水瑶临江步行街开展“八桂科普大行动”宣传活动。

**【“五个一”科技培训】** 2020 年，县科协紧紧围绕全县特色产品灌阳雪梨、黑李、脐橙、水稻高产栽培、生猪养殖技术等，采取集中培训与个人自学相结合、课堂培训与现场培训相结合方式开展各类科技培训工作，全年共举办培训班 9 期，参加培训 802 人次。

**【广西科普惠农兴村计划成果交流活动】** 11 月 13 日至 15 日，参加 2020 年广西科普惠农兴村计划成果交流活动。展销会上，灌阳县展出的灌阳黑李、红薯、红薯粉、面条、蓝莓、猕猴桃、雪梨等名特优农产品深受消费者好评。

（县科协）

## 灌阳县工商业联合会

**【概况】** 灌阳县工商业联合会（以下简称县工商联）为正科级单位。是共产党领导的中国工商界组成的人民团体和民间商会，是党和政府联系非公有制经济人士的桥梁和纽带，是政府管理非公有制经济的助手。2020 年，灌阳县工商联获 2020 年全区“万企帮万村”精准扶贫行动台账管理工作先进基层单位。办公地址位于灌阳县灌阳镇建设路 26 号。

**【同心战疫】** 县工商联发挥各界别优势，充分运用微信群、朋友圈、微信公众号等方式发出《关于灌阳统一战线和工商联组织积极投身疫情防控阻击战的通知》，科学宣传防控知识，号召各商协会、民营企业、宗教界人士、党外人士、党外知识分子、新的社会阶层人士、台侨界人士，尤其是县工商联所属商会及非公有制经济人士，积极发挥人脉资源广泛的优势，为灌阳疫情防控工作踊跃捐款捐物。全县民营企业共捐款捐物合计300多万元。

**【公益事业】** 2020年，县工商联组织民营企业及爱心人士参与爱心捐赠活动。开展“迎新春、送温暖”关怀慰问孤寡老人，特困残疾人共31户，发放慰问金5600元，慰问物资价值1.24万元；发动协会会员为灌阳县翰林教育基金会捐款15.32万元；开展“爱心筑梦　金秋助学”活动，资助贫困生71户，受助人数78人，资助新增贫困生和继续资助贫困生总金额18.38万元；开展重阳节慰问活动，慰问退伍老兵53名、抗战老兵遗属1名，慰问金1.08万元，慰问物质价值近2万元；县爱心帮扶协会会员“一对一帮扶”为60余名贫困学生资助生活费，共计36.87万元。

**【百企扶百村】** 全县共有63家企业与81个行政村结对帮扶。

广西雅高珺奇实业有限公司与67个贫困村签订入股分红协议，吸纳贫困村发展集体经济资金入股，每年按固定比例分红给贫困村村委，帮助贫困村增加集体经济收入。

广西中源农业发展有限公司免费提供110万株油茶良种苗、免费提供技术指导带动贫困户发展油茶种植，实现造血式扶贫。油茶示范基地共解决500多户贫困户就业；扶持村集体经济，与5个贫困村签订入股分红协议。

桂林市灌阳县黄关镇顺溪玉芳养殖有限责任公司，每年为贫困户和残疾户发放100～200头猪仔及乳猪料，并且带动周边320多户贫困户发展生猪养殖。

广西桂林灌阳日升生态特色农业开发有限公司充分发挥“互联网＋农业”，突出“公司＋基地＋合作社＋农户”的发展经营模式，辐射带动种植5000多亩，带动贫困户42人就业。

**【脱贫攻坚】** 县工商联组织、发动、引导民营企业以产业扶贫、就业扶贫、公益扶贫、技能扶贫等形式参加巩固全县脱贫攻坚和推进乡村振兴战略工作。2020年，全县企业帮扶资金共2497.16万元。

**【基层商会注册登记】** 5月，召开基层商会注册登记工作培训会。明确商会注册登记性质定位；明确商会注册登记政策依据；明确商会注册登记责任单位。县商会注册登记由县民政局负责，县工商联配合县民政局做好注册登记工作。商会注册登记后，按要求进行年检，确保商会建设健康发展。

**【三企入桂】** 建立灌商数据库，摸排灌阳在外企业的产业分布、经济实力、回归意向等基本情况，分类造册建档，主动联系。发挥商会的作用，通过“委员联商促回归”活动，引进企业回灌。

举办招商推介会。根据县实际及项目引进需求，通过多种渠道，大力推介项目和资源，广泛宣

2020年2月7日，县工商联组织桂林爱胜贸易有限公司向县人民医院捐赠抗疫物资

县工商联　提供

传投资环境和政策。

采取多种形式对接洽谈，主动与有意向落户灌阳的知名企业负责人对接，洽谈具体细节，紧盯项目落地，跟踪重点项目，力争项目有实质性进展。

召开“引企入桂　委员行动　助推工业振兴”现场推进会。组织委员深入企业、项目现场参观考察，交流先进经验，帮助解决项目和企业生产经营中存在的典型问题，切实为项目建设、企业生产经营排忧解难。

**【信息录入】** 完善县“万企帮万村”台账系统的信息收集和录入工作，共走访企业66家，微信和电话联系企业26家，共录入92家企业，汇总村数116个；组织桂林灌阳千家洞天然饮料有限公司入驻桂品国际贸易中心“一县一馆”灌阳专馆，借助此平台，加强灌阳县与其他县（区）、国内国外的沟通交流；协助县委统战部做好广西非公经济服务平台的注册工作。灌阳县58家“四上”企业已经注册。

（王晓玲）

## 灌阳县残疾人联合会

**【概况】** 灌阳县残疾人联合会（以下简称县残联），是经灌阳县人民政府批准和国家法律确认的将残疾人自身代表组织、社会福利团体和事业管理融为一体的残疾人事业团体。实行计划单列，归口政府领导，为正科级单位。办公地址位于灌阳县灌阳镇滨华路18号。

**【持证残疾人状况】** 2020年，灌阳县共有持证残疾人8855人，其中视力残疾851人，听力残疾721人，言语残疾228人，肢体残疾3929人，智力残疾908人，精神残疾1733人，多重残疾485人。

**【残疾人“两项补贴”】** 2020年，全县发放困难残疾人生活补贴44428人次，重度残疾人护理补贴46803人次（其中545名重度残疾人已享受五保或孤儿补助）。符合“两项补贴”标准的残疾人全部享受“两项补贴”政策。

**【控辍保学】** 2020年，适龄残疾儿童少年总人数284人，其中已安置273人、休学或免学11人（已办理免学或缓学手续）。对于送教上门的学龄残疾儿童少年，因人制订送教上门教学工作计划，配合教育部门每个月送教两次，每次学习3个课时，每学年不少于12个课时。

**【残疾人证核发】** 2020年，共核发各类残疾人证1242本，注销不合格或死亡的285本。协调组织县公立集团医院和桂林市社会福利医院医生上门入户评残6次，涉及全县9个乡镇大部分村屯，评定657人次。对残疾等级或残疾类别发生变化的，及时要求残疾人重新评定办证。

残疾人证资料归档整理工作　县残联对照持证残疾人花名册，以“逐一见人”方式，上门入户，面对面核实所有持证人员状况，逐人逐项核实甄

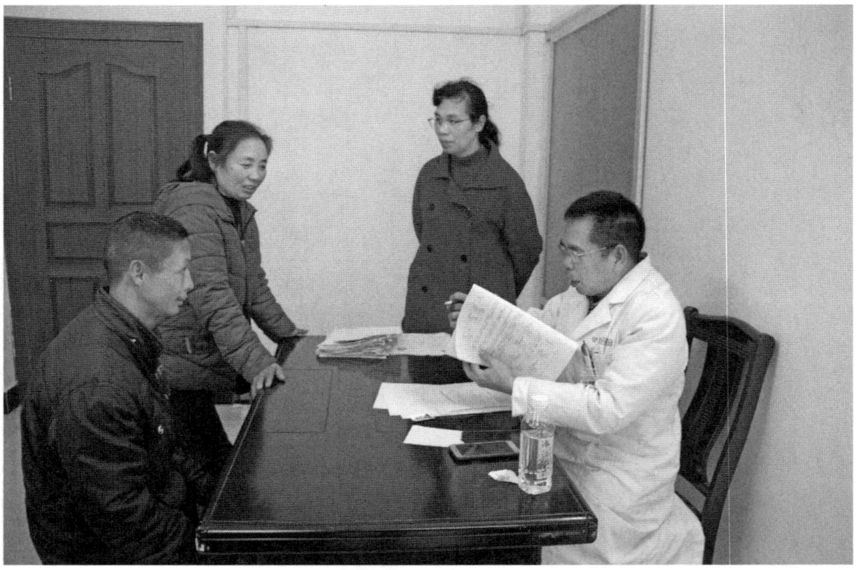

2020年1月2日，县残联组织未办证的残疾人进行体检并进行残疾评定

伍秋福　摄

别，并按“一人一档”方式进行归档整理，共整理档案10639份，注销285人。

【基层残联改革】 贯彻落实中央、自治区党的群团工作会议精神，推进县、乡（镇）残联和村（社区）残疾人协会（以下简称残协）等残联组织改革和服务创新。结合灌阳县实际，征求相关单位及各乡镇人民政府意见，制订《灌阳县残联组织改革工作方案》，报送县政府审定后实施。

【助残项目工作】

阳光助残扶贫地项目　2020年，县残联在灌阳镇建立“阳光助残扶贫基地”，分散辐射扶持100户建档立卡贫困残疾人家庭饲养肉猪，免费举办培训班，免费发放种苗、饲料及跟踪服务。

“农村基层党组织助残扶贫工程——广西‘党员扶残温暖同行（三期）’”项目　由县残联与县委组织部、县财政局共同组织实施，投资14.3万元，每户扶持资金1000元，扶持143户建档立卡贫困残疾人家庭发展种养业、加工业。

“阳光家园计划”项目　2020年，自治区补助灌阳县46万元，为306名处于就业年龄段的18～60岁建档立卡的精神残疾、智力残疾及重度残疾人提供居家托养服务。

贫困残疾人家庭无障碍改造项目　2020年，自治区补助灌阳县114.8万元，完成全县287户建档立卡贫困残疾人家庭无障碍改造，完成验收及系统录入工作。

【残疾人技术培训】 举办建档立卡贫困残疾人实用技术培训班2期，共培训贫困残疾人90名。

【康复工作】 2020年6月，完成全县2299名贫困残疾人精准康复服务，并录入信息管理系统。为563名有需求的残疾人进行辅助器具服务，为全县24名符合条件且有康复需求和康复意愿的0～17岁视力、听力、言语、肢体、智力等残疾儿童和孤独症儿童提供康复救助服务。

【宣传和助残活动】 2020年，县残联组织开展宣传和助残活动，全县共走访慰问残疾人600多人次，赠送慰问金（慰问品）6万多元，向上级报刊投稿2篇。

【维权工作】 印发残疾人宣传资料2万份，接待残疾人来访63人次，切实保障残疾人的合法权益。

（陆金田）

## 灌阳县社会科学界联合会

【概况】 灌阳县社会科学界联合会（简称县社科联）是中国共产党灌阳县委员会领导下的人民团体，是灌阳县社会科学界学术性社会团体的联合组织。办公地址位于灌阳县灌阳镇胜利路39号。

【理论研究和宣传活动】 县社科联参加理论宣讲活动，抽派专人参加理论宣讲团，深入乡镇、农村、社区、学校、企业宣讲中共十九大、十九届四中、五中全会精神及习近平关于脱贫攻坚的重要论述，还以“山歌唱理论”等群众喜闻乐见的形式开展宣传宣讲；协助县委做好全县理论学习辅导工作。2020年，配合县委宣传部开展各类宣讲200多场次。组织开展理论研究活动，参与2020年桂林市社科学会年会论文征集投稿，共报送论文6篇。县委书记周春涌撰写的《灌阳县狠抓“四个落实”胜利实现整县摘帽》，在市政研会2020年理论研讨活动中被评为一等奖；8月，开展湘桂古道（灌阳段）的调研考察工作，形成《湘桂古道灌阳段历史文化遗存考察》研究报告。

联合新时代文明实践中心广泛开展志愿服务活动500余场，服务群众8万余人次。在做好各项疫情防控措施的前提下，充分利用灌阳红色文化资源，精心策划组织开展“传承红色基因、牢记使命初心”“追寻长征足迹，传承红色基因”等形式多样的主题教育。湘江战役新圩阻击战酒海井红军纪念园为首批桂林市社会主义核心价值观建设示范点。

2020 年 5 月 18 日，灌阳社会科学普及活动周启动仪式中的文艺表演
县社科联 提供

殿村举办“迎端午 · 包粽子”比赛；12 月 25 日，在洞井瑶族乡野猪殿开展“脱贫感党恩　奋进新起点”主题活动普及社科知识。

参与全县的重大节庆活动，组织广大文化志愿者到全县 138 个行政村开展送春联惠民活动，累计书写春联 2 万副。下乡镇、进社区、到村组广泛开展以歌舞、舞蹈、器乐、武术、绘画、书法、剪纸、摄影等为主要内容的群众文化培训活动。

**【科普教育宣传】** 联合全县有关部门开展形式多样的宣传活动。5 月 18 日，在灌阳县观澜购物广场开展社会科学普及活动周启动仪式暨“精准扶贫扶智　决胜脱贫攻坚”宣传活动，采取线上线下同步进行，通过快板、舞蹈、有奖知识问答等群众喜闻乐见的方式，让党和政府的方针政策、社科知识走进百姓生活；“六五”环境日开展环境宣传活动和“我是生态文明践行者”系列主题活动，发放 2000 份宣传资料；开展反邪教进农村、进校园宣传活动，通过发放漫画版宣传资料等形式向群众、学生讲解邪教的定义和危害以及如何抵制邪教侵害；端午节，联合灌阳县水利电业有限公司在扶贫联系点——洞井瑶族乡野猪

**【基地建设】** 完善社会科学知识宣传普及基地建设，开展《广西壮族自治区社会科学普及条例》的宣传活动。县新华书店改造升级成为灌阳县第一家红色书店，打造成新的社科普及基地。

**【信息报送】** 围绕经济社会发展和灌阳县社科工作中的亮点、热点、焦点，及时撰写舆情信息、社科评论、社科理论文章，向广西社科网、桂林社科网、《广西日报》《当代广西》《广西社科联通讯》《思想政治工作探索》《桂林发展研究》《桂林日报》等网络、媒体、刊物上投稿，扩大社科宣传的影响力。

（县社科联）

# 法　治

## 社会治安综合治理

**【概况】** 中共灌阳县委员会政法委员会(以下简称县委政法委)是党委领导和管理全县政法工作的正科级党政机关。2020年,严格履行政法委职能作用,强化各项措施落实,"打好四大战,实现三提升,注重两创新",确保全县社会大局持续稳定。办公地址位于灌阳县灌阳镇胜利路39号。

**【疫情防控】** 第一时间组织全县政法干警,特别是公安、交警全面投入新冠肺炎疫情防控工作中,扎实开展省际、县际交通要道、卡口24小时值守,重点人员管控,重点疫区返桂入灌人员的转运隔离等工作。着力用好全县146名村协警和1036名屯警助这支"网格队伍",充分发挥其"人熟、地熟、情况熟"的优势,全面开展联防联控,织密织牢疫情防控网络、宣传网络,有效确保全县新冠肺炎"零确诊"。

**【扫黑除恶专项斗争】** 开展扫黑除恶"六清"行动;纪委监委机关、政法各部门和各行业监管部门加大线索核查力度,深入开展扩线深挖;县人民法院、人民检察院、公安机关密切配合,统一执法思想和认定标准。

**【隐蔽战线】** 加强反邪教工作和反奸防谍国家安全人民防线建设。结合灌阳县实际,扎实开展各个专项行动;加强对重点人员的管控;开展敏感期的控制工作。

2020年2月18日,县委常委、政法委书记杨小平(右二)到社区防控卡点检查"十严格"落实情况　　县委政法委　提供

**【禁毒工作】** 全县共破毒品刑事案件4起,逮捕11人,破3人以上贩毒团伙案一起,查处吸毒人员90人,新发现吸毒人员29人,强戒20人;全区社区戒毒社区康复"8·31"工程稳步推进,实现人财物配备、吸毒人员管控、视频实现动态管理全覆盖。

**【政法队伍建设提升】** 集中开展政法队伍纪律作风建设问题专项治理活动,持续从严整肃政治纪律、工作纪律、生活纪律和群众纪律；加强学习教育。开展“不忘初心　牢记使命”主题教育、“抓党建　铸铁军　提升政法满意度”等活动，改进机关工作作风，加强干警思想素质，强化廉洁意识，营造风清气正、干事创业的良好环境。县政法各部门利用灌阳县红色教育基地、党群服务中心等开展多次教育培训；加快队伍专业化建设。从时间、经费、机制体制等方面给予充分保障。组织政法干警参加各类学历教育、业务培训、司法考试，提高政法干警的业务素质。2020年，全县政法系统开展各类培训32余场，1000余人次参训；加强执法监督工作。进一步加强履行执法监督职责，发挥执法检查效能，持续强化执法监督工作，有效提升执法司法公信力，切实维护社会公平正义。

**【群众安全感提升】** 严厉惩治违法犯罪。保持“八个零发生”（街面两抢劫、扒窃零发案；街面打架斗殴零发案；被上级查处黄赌毒涉黑涉恶案零发生；赴邕进京零非访；重大案事件零发生；民转刑案件零发生；二十年来，首次实现命案零发生；精神病人肇事肇祸致人死亡零发生）。2020年，全县共立刑事案件392起、破213起，总破案率54.3%，破案绝对数同比上升52.1%；其中传统盗抢骗案件发142起，破84起，破案率59.2%，同比上升55.6%；现发案破案率为49.2%，同比上升102.5%；八类重大刑事案件立25起破23起，破案率92%。利用男性家系建设破获流窜桂北三县、湖南及广东盗窃冶炼厂、选矿厂盗窃核心铜构件系列案16起，打团伙1个4人，涉案价值100余万元。在挽损方面，共缴获被盗汽车2辆、摩托车或电动车24辆、金属制品一批，为群众挽回经济损失31.4万元。检察院批准逮捕68件80人，提起公诉70件98人，不起诉案件11件21人。法院审结刑事案件62件，判处罪犯86人；审结各类民商事案件805件，以调解、撤诉方式结案525件，调撤率达60.53%；执行结案478件，实际到位金额1459.78万元。

**【执法满意度提升】** 开展“两清理”和“一行动”，严厉惩戒“失信”、强化执行宣传，营造宽松的执法环境，快速推进执行信息化建设。加强和创新特殊人群管理，认真按照社区矫正工作流程开展工作，对社区矫正对象的管理严格按照《社区矫正实施办法》的规定。2020年，灌阳县累计接收社区服刑人员617人，已解矫539人，在矫社区服刑人员78人，其中男性72人，女性6人。上半年完成审前社会调查29件，被采纳10件。

加强人民调解、司法调解、行政调解相互衔接联动，全面推开“诉调对接”“访调对接”工作。上半年，新圩镇新卫村“兰姐调解工作室”、黄关镇李官村“勇哥调解工作室”揭牌启用，充分发挥人民调解在矛盾纠纷多元解决机制中的基础性作用。2020年，全县共调解各类案件2447件，调解成功2374件，调解成功率达97%；结合“大走访”“一村一法官”等，实现对全县138个行政村、4个社区法官的全面覆盖，与社区、村委会紧密联系，相互配合，共同做好民调工作。融合涉法涉诉、重信重访排查化解工作。

坚持底线思维和“抓早抓小抓苗头、成本核

2020年8月28日，全县年中政法工作暨扫黑除恶专项斗争冲刺会在县会议中心一楼会议室召开　　唐显才　摄

算最小化”维稳工作思路，防范和化解各种安全稳定风险，强化疫情防控期间的矛盾纠纷排查化解，加大维稳情报信息的收集研判力度，坚持每季度和重大节庆日组织开展“三敏感”问题排查，建立工作台账，落实好领导包案责任制；集中力量，全力加强对自治区级和市级重大涉稳问题的有效化解，完成自治区级重大涉稳问题灌江水库移民长期上访、市级重大涉稳问题新圩平田村大背头与和睦村祖宗山场纠纷和市级重大涉稳问题水车镇少山公祠堂拆除纠纷的化解工作。

开展排查防范个人极端案事件风险隐患专项行动。2020 年，灌阳县排查出存在风险隐患案（事）件共 15 件，其中婚姻感情纠纷 2 件，“三大纠纷”2 件，邻里纠纷 2 件，家庭纠纷 1 件，房产物业纠纷 1 件，精神障碍患者 6 件，扬言报复社会人员 1 件。

发挥“一村一协警，一屯一警助”作用。充分发挥全县 146 名村协警和 1036 名屯警助“人熟、地熟、情况熟”的优势，网格式全面开展治安联防联控工作；健全完善“全警大巡逻”勤务模式，科学划定巡逻区域，实行分级制、网格化巡逻防控，屯警于街面，巩固“白天见警察，晚上见警灯”的高压震慑氛围；实施群防群治工作。在各乡（镇）配备社会督察员、警务助理员，组建“红袖标”义务治安巡防队，经过公安机关培训后佩戴“红袖标”在辖区地段开展治安巡逻和矛盾纠纷化解工作；以律师和法律服务工作者为主力军，全力推进“一村（社区）一法律顾问”工作，实现村（社区）法律顾问全覆盖。灌阳县 138 个村委、4 个社区，均配备村居法律顾问；开展法律援助工作，对符合法律援助条件的群众积极引导其申请法律援助，并提供相关的法律咨询，为弱势群体提供法律保护；加强法治宣传力度，围绕“红色法治”品牌创建工作，在西山瑶族乡下洞村打造全县首个红色法治教育基地；推进“谁执法谁普法”普法责任制、“谁主管谁负责”工作原则，确保法治宣传教育工作全面落实；开展“法律七进”等学习宣讲活动；启动全县市域社会治理突出问题集中整治百日攻坚行动。完成全县市域社会治理突出问题集中整治百日攻坚行动各项任务。

**【农村基层治理模式创新】** 2020 年，全县共配备 146 名专职协警，1036 名警务助理，实现“村村有协警、屯屯见警助”的目标。注重发挥村协警、屯警务助理“人熟、地熟、情况熟”的“三熟”优势，依托“微信警务室”网上工作平台，深入村屯开展矛盾纠纷排查化解、火灾隐患、危险水域、治安复杂地段整治和重点人员管控等工作，一旦在村屯内发现各类隐患苗头和突发案事件，确保有人能在第一时间赶赴现场做先期处理。村协警、屯警务助理已成为公安机关在村屯的“千里眼”“顺风耳”。全县连续 2 年实现赴邕进京“零非访”、群体性事件“零发生”。

**【党建品牌创新】** 成立灌阳法院助力扶贫小额贷款清收工作小组，成立专门的审判团队。2020 年，共收案 11 件，审结 7 件。履行公益诉讼职责，开展英雄烈士保护公益诉讼专项行动，组织干警对灌阳县英雄烈士纪念设施进行全面的走访调查，发现存在部分英雄烈士纪念设施未得到有效保护的情况。2020 年 5 月 12 日，县人民检察院向县退役军人事务局提出行政公益诉讼诉前提出检察建议，督促其认真履行英雄烈士保护职责，加强对英雄烈士纪念设施的日常保护和管理，对全县英烈纪念设施进行全面排查，及时予以修缮。通过检察建议，找准行政机关，督促行政机关依法履职，促进行政机关依法行政，加强监管保护。实施“路长制”，扎实推进“百米警务”，按照“一路一长、分级负责、分段管理、包线包片”的原则，构建县、乡、村、屯四级路长体系。建设 9 个警保合作劝导站，深化警保合作推进农村“两站两员”建设工作，灌阳排埠江村、新圩新卫村、西山下洞村试点推进交通警助；村级警助调解轻微交通事故 367 起，农村交通事故发生率大幅下降。全县共发生道路交通事故 988 起，事故死亡 23 人，受伤 72 人。交通事故数同比下降 3%，受伤人数同比下降 15%。农村道路交通事故死亡 4 人，同比下降 30%。

（县委政法委）

# 公　安

【概况】 灌阳县公安局是主管全县公安工作的职能部门，正科级行政单位。主要执行公安工作的方针、政策、法律、法规；研究、制定、部署全县公安工作计划、实施方案和措施，并对公安工作进行指导、监督、检查。维护社会治安秩序，惩治违法犯罪行为；维护全县交通秩序和交通安全，组织实施交通管理；依法贯彻出入境管理政策等。2020年，县公安局以“建最可靠队伍，创最安全县域，做最满意服务”为目标，以推进百米警务为契机狠抓基层基础工作，确保社会治安大局持续稳定向好，保持街面两抢、扒窃零发案；被上级查处黄赌毒涉黑涉恶案零发生；赴邕进京零非访；重大案事件零发生；民转刑案件零发生；命案连续15个月零发生；精神病人肇事肇祸致人死亡零发生。安全感再次进入全区第一方阵。灌阳县公安局交通管理大队被自治区公安厅评为集体二等功。办公地址位于灌阳县灌阳镇江东新区创业路8号。

【疫情防控】 结合“百米警务”机制，在全区率先推出“网格化管理、小单元作战”措施，投入警力及警务辅助力量3万人次，全力惩治涉疫谣言犯罪，全力服务复工复产复学，为疫情防控和经济社会发展营造安全稳定的社会环境。

【监所安全】 严把入所前的检查关、隔离关，落实安全防范措施，确保在押人员零感染。

【农村警务改革】 倾心打造的兰姐调解室、勇哥警务室获社会认可；村协警郝宝兰获全国模范人民调解员；村协警陆增勇获评为由中央政法委组织的全国首批“平安之星”。

【路长制】 试点推出路长制，确保农村交通事故及城区交通拥堵明显下降。2020年，交通警情582起，同比下降59.5%。其中农村道路交通事故353起，农村道路交通死亡人数及直接经济损失同比分别下降29%、32.8%。

【社会治安】 常态化开展“日巡逻周清查月锁城”行动，确保局机关85%以上民警在街面、60%以上警力参与巡防管理，把有限的警力更精准地投放、更有效地使用。局机关巡逻民警配合交警查处酒驾110余起。2020年全县总有效警情3034起，同比下降33.11%。街面“两抢”连续4年零发案。全县扒窃案零发案(2019年立扒窃案11起)。全年街面未发生聚众斗殴案。

【惩治刑事犯罪】 全县共立刑事案件479起，破案278起，破案率58.03%，同比上升69.9%。盗窃案发案150起，同比下降21.05%；破77起，破案率51.3%，同比上升87.2%。电信诈骗类案件破案率首次达到13%。首次侦破民族资产解冻案件，在外市抓获犯罪嫌疑人2名。利

2020年2月17日，灌阳县公安局到文市镇疫情防控现场对疫情防控工作中的先进个人进行表彰　　县公安局　提供

2020年11月17日，副市长、公安局局长朱永辉(左二)到灌阳县监督检查政法重点工作存在突出问题　　县公安局　提供

用家系建设破获流窜桂北三县、湖南及广东盗窃冶炼厂铜构件系列案16起，涉案价值50余万元，追回损失20万元。该案的成功破获，引起央视的关注，时长30分钟的专题片在中央电视台播出。2020年政法队伍执法满意度全市排名第一。

（蒋晓元）

## 检　察

【概况】 2020年，灌阳县人民检察院坚持讲政治、顾大局、谋发展、重自强，忠实履行宪法法律赋予的职责，各项检察工作取得较好业绩。荣获2020年度全国检察宣传先进单位，先进集体1个，先进信息员1人，先进个人1人。办公地址位于灌阳县灌阳镇东华路25号

【惩治刑事犯罪】 受理侦查机关提请逮捕案件96件130人；批准逮捕80件109人，不批准逮捕14件19人，其中不构成犯罪3件3人，事实不清证据不足10件13人，无社会危险性2件2人。立案监督案5件，向侦查机关提出纠正违法4件。受理侦查部门移送审查起诉各类刑事案件148件190人，经审查，向同级法院提起公诉124件172人，不起诉案件19件30人，报送市中院3件3人，追诉2件2人，提请抗诉2件2人。其中成功起诉的涉恶势力犯罪集团案，清除了在黄关、西山等地控制木糠交易市场长达十余年的恶势力犯罪集团。

【诉讼监督】 审查处理民事案件8件，提出执行监督检察建议和再审检察建议8件，采纳6件，2件未到回复期限。办理市人民检察院交办的涉及虚假诉讼案件3件。行政非诉执行监督案件10件，提出行政非诉执行监督检察建议10件。收集公益诉讼线索64件，立案62件，发出检察建议39份，与行政机关磋商17件，提起刑事附带民事公益诉讼2件，举行生态流放仪式1次，共计追回生态修复费用200多万元。新圩阻击战战地救护所

2020年7月2日，县人民检察院与县河长制办公室联合签订《关于建立“河长＋检察长”协作机制的工作意见》　县人民检察院　提供

保护行政公益诉讼案件检察建议书被自治区检察院印发供全区检察机关参考。由检察院提起的2件非法捕捞水产品公益诉讼案在社会上起到很好的警示作用。

依托“12309”检察服务中心平台，全面整合和优化信、访、网、电等诉求表达渠道。受理群众来信来访案件22件，接待信访群众70余人次；检察长接待日接待来访群众3人次；受理办理刑事申诉案件1件，办理民事执行监督案件5件，开展“民有所呼、我有所应——群众信访件件有回复”新时代检察宣传周活动。邀请人大代表、政协委员及律师代表参加听证1件。启动司法救助机制，救助困难群众6人，共发放救助金16.5万元。深化开放、动态、透明、便民的检务公开机制，做好重大敏感案件信息公开发布，发布案件程序性信息197件，公开法律文书119份，办理辩护与代理网上预约8件次。

【法治宣传】 以落实“一号检察建议”为契机，开展“法治进校园”活动，利用多媒体网络，联合教育局将法制课内容下发到各学校，由学校组织每个班级学生学习；利用检察开放日活动进行宣传，发放资料500余份。与桂林市妇联联合拍摄的未成年人微电影《未来有爱》在自治区联合举办的妇女儿童维权项目成果评比中获得一等奖、撰写的典型案例获得优秀奖，并被桂林市妇联评为“桂林市妇女儿童维权岗”。拍摄的以检察工作融入脱贫攻坚为题材的微电影《坦途》获自治区级三等奖。开通检察院“今日头条”，与官方微博、微信公众号、网站及时推送宣传信息。

（县人民检察院）

## 法　院

【概况】 灌阳县人民法院主要职能为审判法律规定由人民法院管辖的和上级人民法院指定的刑事、民事、行政等一审案件、再审或发回重审案件，依法行使司法执行权和司法决定权。2020年，共受理各类案件2031件，结案1987件，同比上升5.89%和6.2%，审判质效指标继续保持在全市法院前列。办公地址位于灌阳县灌阳镇江东开发区。

【服务工作】

服务疫情防控　完善疫情防控、风险排除和应急处置措施。通过官网、官微等媒介发布疫情期间有关诉讼事项的公告，引导当事人运用移动微法院等方式参与诉讼活动，通过网上立案、网上开庭、电子送达等“不接触”方式，确保疫情防控与执法办案两不误。

服务脱贫攻坚　县人民法院派出7名干警常驻4个贫困村，筹措扶贫资金、物资8万元看望慰问贫困户，帮助村集体和学校建设，62名干警严格落实帮扶工作，完成脱贫攻坚各项目标任务。助力扶贫小额贷款清收工作，成立清收工作小组，审结案件17件，其中10件案件申请强制执行并成功执结，清收金额42.5万元。

2020年9月29日，县人民检察院联合相关部门举行公益诉讼增殖放流活动　县人民检察院　提供

2020年4月29日，灌阳县人民法院举行国家司法救助金集中发放仪式　县人民法院　提供

加大执行力度　新收执行案件714件，同比上升19.4%，办结714件，执行到位金额3341.51万元。加强失信惩戒，发布失信被执行人名单358人次，限制高消费413人次。开展涉民生、金融案件专项执行行动4次。妥善执结灌阳县发鑫锰业有限公司系列纠纷执行案件。

【司法为民】

加强“两个一站式”建设　完成诉讼服务中心升级版建设，并成功通过自治区高院验收。着力建设跨域立案服务、中国移动微法院、人民法院调解平台、人民法院网上保全系统、律师服务平台等全方位诉讼服务平台，构建诉讼服务新模式，县人民法院在最高法院诉讼指导中心信息平台74项指标质效评估综合得分居全市法院前列。全面开展网上立案186件、网上缴费508件、网上开庭18件、电子送达2897次，真正实现“让数据多跑路，当事人少跑腿”；推进一站式多元解纷机制。坚持将非诉讼纠纷解决机制挺在前面，强化诉源治理，设立诉调对接中心1个、线上音频调解室1间，全年诉前调解各类案件396件，司法确认1件。

实施司法保护和司法关怀　全力保障困难群众行使诉讼权利，依法为困难当事人减缓免交诉讼费19.35万元。传递司法温暖，为13名困难当事人发放司法救助金46.17万元。加强法律援助，为符合条件的刑事被告人指定援助律师5人次。推进“法律进企业、进农村、进校园、进社区”活动，开展法治宣传活动10余次。

【队伍建设】

司法综合配套改革　严格执行司法责任制，促进审判执行规范化、制度化。落实院庭长办案要求，院庭长办结各类案件1616件。全方位推进司法公开，1912份裁判文书上网公开“晾晒”，476

服务县域经济发展　围绕服务绿色发展，审结刑事环境资源案件18件，联合检察机关开展公益诉讼增殖放流活动。努力营造法治化营商环境，审结涉企纠纷案件438件，平等保护各类市场主体合法权益，依法慎用查封、冻结等强制措施。

【审判执行】

惩治刑事犯罪　审结刑事案件120件，判处罪犯170人，其中41名罪犯被判处3年以上有期徒刑。决战决胜扫黑除恶，审结灌阳县第二例涉恶势力犯罪案件，以强迫交易罪、寻衅滋事罪分别判处李某某等3名被告5年至3年不等有期徒刑。保持对严重刑事犯罪的高压态势，审结危害公共安全、故意伤害、强奸等严重暴力犯罪案件35件36人。审结“两抢一盗”案件18件25人。

化解民商纠纷　审结各类民商事案件1085件，涉案标的1.2亿元。注重运用调解方式化解纠纷，共调解撤诉案件642件，调撤率达55.83%。统一城乡人身损害赔偿标准，审结交通事故纠纷案件39件。审结离婚、抚养、赡养等家庭纠纷案件259件，和谐化解家庭矛盾。审结买卖、借贷、承揽、租赁等合同纠纷631件，依法制裁违约背信行为。

审理行政案件　审结行政案件13件，依法审查非诉行政行为案件4件，裁定准予执行1件。

场庭审实时网络直播,22件执行标的物在淘宝网公开拍卖,总成交金额达525.5万元。

*司法能力建设* 践行主题教育,开展“不忘初心 牢记使命”主题教育、“法官看法院、法官看法官”大学习大讨论活动,通过开展理论学习、主题辩论赛、主题征文等一系列活动,不断增强法院队伍的创造力、凝聚力和战斗力;组织开展“正风肃纪 廉洁司法”专项整治、“三个规定”专项整治,通过警示教育、自查自纠、日常巡查、廉政谈话、定期报告等方式加强廉政建设;加强业务培训,重点围绕民法典等新法律法规和审判实务疑难问题开展培训,参加上级法院业务培训650人次,提高干警业务能力。

*基础设施建设* 新诉讼服务中心、执行指挥中心投入使用,便民设施、信息化技术更加完善。加强司法警务智能化管理,按照“六专四室”的要求,改造升级警用装备室、监控室、羁押室。

**【司法监督】** 贯彻落实县人大及其常委会决议,主动向人大报告工作,向政协通报工作,加强代表委员日常沟通联络,及时办理代表委员意见建议。广泛邀请代表委员参与见证执行、旁听案件庭审,全方位接受监督。落实检察长列席审委会制度,邀请检察长列席审委会2次,共同维护公平正义。召开律师代表座谈会,听取意见建议,凝聚工作共识。加强人民陪审员履职能力,充分发挥“无袍法官”的“民间智慧”,一审普通程序案件陪审率达100%。

(县人民法院)

*2020年6月23日,灌阳县人民法院开展“法官看法院、法官看法官”大学习大讨论辩论赛* 县人民法院 提供

## 司法行政

**【概况】** 灌阳县司法局属县人民政府工作部门,正科级行政单位。2020年,县司法局被中华全国人民调解员协会评为“组织宣传人民调解工作先进集体”;灌阳县黄关镇李官村被评为全区首批村(社区)法律顾问示范点;灌阳县新圩镇新卫村人民调解员郝宝兰被司法部表彰为“全国模范人民调解员”。办公地址位于灌阳县灌阳镇江东新区都庞岭路。

**【法治政府建设】** 全年完成2批次报名资格审查140人,其中参考人员130人,合格112人。收到行政复议案件8件,立案1件,调撤7件,1件正在办理中。拟写、审查、复核起诉书、决定书、答复书、答辩书材料40余份,出庭应诉2次。

**【矛盾纠纷化解】** 落实矛盾纠纷日常排查化解工作,村、社区每星期一排查,乡镇、街道半月一排查,县一月一排查,重大节庆日、会议期间一天一排查。2020年,全县共排查出矛盾纠纷3487件,共调解3348件矛盾纠纷,其中3249件成功化解。

**【法治宣传】** 深入主要街道和部分行政村、自然屯大力宣传《中华人民共和国宪法》《中华人民共和国土地管理法》《中华人民共和国刑法》《中华人民共和国民法典》。开展“3·15国际消费者权益

2020 年 5 月 25 日，灌阳县新圩镇“兰姐”调解工作室举行揭牌仪式
县司法局　提供

日”“4·15 全民国家安全教育日”“6·26 国际禁毒日”“12·4 宪法宣传周”等集中宣传活动。在县城通过悬挂横幅、设置展板、发放法律知识读本、宣传单、小礼品等形式进行宣传。配备专门人员，对各单位党委(党组)中心组学法、日常学法、法治培训、依法决策、依法履职、学法考试等方面进行督促。在正江村、龙炼村、下涧村创建法治文化广场、法治文化宣传休闲长廊、法治文化图书室、法治文化讲堂等。西山瑶族乡下涧村成为法治红色文化“新地标”。全年投送法治宣传工作类信息稿件 60 篇。

【社区矫正】 运用手机定位加强对被判处管制、暂予监外执行、缓刑、假释四类犯罪人员的监督管理。2020 年，接收社区矫正对象 54 名，解除社区矫正对象 38 名，现有在册对象 84 名，男性 78 名，女性 6 名，无脱管、漏管和重新犯罪现象发生。

【法律服务】 全县共有基层法律服务所 7 个，有执业人员 16 人。对经济困难群众的申请做到应援尽援。2020 年，办理法律援助案件 36 件，受援人 69 人，接待法律咨询 1158 人次。在全县范围内建立一村一法律顾问，村法律援助联络员、信息员实现全覆盖。共办理各类公证事项 490 件，义务提供法律咨询 830 余次。

【调处土地山林水利纠纷】 围绕“三大纠纷”调处工作“三个减少、两个不发生”目标。每月及时报送全县的“三大纠纷”排查数据；审阅县自然资源局等职能主管部门送阅的“三大纠纷”案卷材料，分别对 9 个乡镇和 3 个业务主管部门进行督查。2020 年，全县没有因“三大纠纷”引发群体性纠纷械斗和集体非正常上访事件。

（蒋亚强　唐　英　李诗倩）

## 消防救援

【概况】 灌阳县消防救援大队隶属于桂林市消防救援支队，根据《中华人民共和国消防法》等有关

2020 年 9 月 11 日，灌阳县司法局在灌阳县民族中学开展法治讲座
县司法局　提供

法律法规，履行消防监督管理、火灾扑救、应急救援“三大职能”。

【消防队伍建设】县消防救援大队强化灭火救援基础工作。对全县60家重点单位及重大火灾隐患区域进行“六熟悉”调研，开展高层、地下空间等高难复杂场所熟悉演练100余次，完善和更新灭火救援预案30个，制作二维预案5个，开展防护装备调查测试。定期开展辖区水源调查测试，对区域内天然水源进行调研排查，因地制宜地设置消防取水点并标牌标识，维护市政消防栓。

【队伍管理】县消防救援大队用制度管理队伍，根据规章制度对指战员、政府专职消防员、文员进行量化考评，严格奖惩规定，每月进行安全形势分析，强化指战员的安全意识，规范安全行为。严格队伍管理，从严把控饮酒问题，消防员外出归队都进行酒精测试，签订饮酒承诺书和责任状，坚决杜绝违反禁酒令行为发生。严格落实查铺查哨工作，培养队员优良作风，规范内务卫生。加强消防员手机管理，提升消防指战员自我安全防范意识。

【疫情防控】为确保高效开展疫情防控工作，县消防救援大队及时采购防护设备，保证全体指战员在疫情防控工作中自身安全，要求公共场所必须佩戴口罩。严格落实值班制度，保持24小时联系畅通。落实责任，做好疫情监测、排查、预警等工作，了解指战员及家属健康状况，并引导全体指战员学习疫情防控知识。分析研判疫情形势，评估安全风险，营门岗哨全程佩戴口罩，坚持每日3次对营区各个角落喷洒消毒液。利用集合、点名等时间开展体温监测。

【火灾与消防救援】2020年，辖区接警436起，出动车辆584辆次，出动警力4224人次，救出被困人员45人，疏散人员352人，抢救财产价值262万元。

【消防装备与消防检查】全县消防栓89具。消防救援大队检查单位564家，发现火灾隐患580处，督促整改火灾隐患579处，下发责令改正通知书264份、行政处罚决定书6份，罚款1.11万元。

【消防宣传】消防救援大队到机关、企业、农村、社区、学校、家庭、网站开展消防宣传“七进”工作，广泛宣传消防安全常识；抓好日常消防宣传，要求各重点单位、沿街社会单位利用户外大型广告、LED显示屏、横幅、展板开展消防宣传，在热播剧中插播消防公益广告和消防公益字幕，利用新兴媒介大力开展消防宣传。2020年，开展消防安全知识培训12期，培训人员2000人，发放宣传资料5000份。

【群众满意度】县消防救援大队以亲民、敬民、爱民作为工作的出发点，正确履行消防法律、法规赋予自身的职责和任务，忠诚践行全心全意为人民服务的宗旨，有效地预防和减少火灾事故的发生。在广西总队满意度调查工作中，获全区满意度排名第8名的优异成绩。

（县消防救援大队）

2020年12月29日，县消防救援大队到辖区商场、市场开展消防宣传和培训工作

县消防救援大队　提供

# 军　事

## 灌阳县人民武装部

【概况】 中国人民解放军广西灌阳县人民武装部（以下简称县人武部），行政隶属中国人民解放军广西桂林警备区，行政级别为正团级。2020年，县人武部按照“思想引领、聚焦备战、深化改革、夯实根基、稳中求进”的思路，紧贴主责主业，聚焦备战打仗，破解矛盾问题，狠抓各项工作落实。积极适应新冠疫情常态防控新特点，努力打好国防动员工作“十三五”收官战。办公地址位于灌阳县灌阳镇灌江中路3号。

【组织建设】 县人武部贯彻落实《军队党的建设条例》，认真贯彻执行党委决议。严格落实七项组织生活制度，从党课教育、思想汇报、民主评议等方面立起党员纪律规矩，提升党员干部担当能力。

【教育培养】 制订年度业务工作计划、军事训练方案。开展“双争”评比活动，鼓励干部、文职人员立足岗位练兵，在提高工作标准上下功夫，开阔视野、更新观念、创新思维。组织干部、文职人员参加军事职业教育、理论学习培训，结合执行重大任务抓好日常工作，提高干部组织指挥能力、文职人员履行国防动员业务能力。

【巡视巡察整改】 结合党委巡视巡察整改狠抓单位政治建设，县人武部压紧压实党委主体责任、纪委监督责任、行业部门廉政主管责任，重点在纠治基层不正之风和微腐败问题上下功夫。结合警备处纪委在县人武部建立基层风气监督联系点的工作要求，畅通问题反映渠道，推进上级党委巡视巡察问题整改工作，确保整改见底、问题归零。

【党管武装】 认真落实双重领导、双向兼职、党委议军、武委会、国防动员委员会例会、现场办公、人武部党委第一书记述职、乡（镇）武装部教导员述职、过军事日活动等制度。县人武部全面建

2020年7月10日，广西军区战备建设局到灌阳县实地考察县民兵训练基地　　县人武部　提供

设得到地方党委、政府的大力支持。

2020 年 9 月 9 日，灌阳县 2020 年度新兵入伍欢送会在县人武部举行
县人武部　提供

【国防教育、“双拥”活动】 2020 年，县人武部结合征兵宣传工作，到学校、乡镇社区、党校、新任公务员培训班、行动学习培训班等进行国防教育和国防宣传 10 余次。出动民兵 60 余人次参加地方爱国主义教育和大型演练活动。坚持开展“给立功官兵家庭送喜报、给入伍青年家庭挂光荣牌”活动，全年给 11 名立功、79 名入伍官兵家庭送去关心慰问。协调地方有关部门解决灌阳籍现役官兵家庭维权问题 2 起。协助县四家班子主要领导到部队开展“八一”、春节慰问活动，让驻地官兵感受到地方党委、政府的关心爱护。根据县疫情防控指挥部统一部署，各乡镇分期分批出动基干民兵 120 余人次，参与县域新冠疫情防控工作，并号召党员干部进行抗疫捐款活动。开展向灌阳县翰林教育基金捐资助学活动，共捐款 1.1 万元。

【战备训练】 2020 年，县人武部推进战备训练工作，围绕备战打仗需要，认真开展战法研究，修订和完善本级战备方案，完善各类行动计划、方案。机关训练按大纲要求完成，加强新知识、新理论和业务基础训练，以防反空袭、反恐维稳、支前保障为重点，组织了专武干部培训。在抓好自训的同时，选送 2 名新任专武干部参加军区培训；组织 6 名基层武装部长到兴安参加警备区组织的集训，并取得任职资格证书，达到全县专武干部 3 年周期全部轮训的要求。

【民兵调整改革和民兵训练】 2020 年，召开 3 次县民兵调整整组工作会议，按照民兵调整改革要求，完成优化民兵队伍整组。通过开展国防动员潜力统计调查，优化民兵编组结构，组织点验整顿。按照上级下达的训练任务和《民兵军事训练大纲》要求，分批分类组织民兵应急队伍、专业队伍训练。

【学生军训】 2020 年，完成灌阳县 2 所高中 1500 人的学生军训任务。

【征兵工作】 结合年内突发新冠疫情以及调整“一年两征”合并为夏秋季统一征集的政策变化，年初就进行征兵宣传，重点围绕大学毕业生优质兵员搞好征集活动。县政府、县人武部联合出台《关于进一步做好大学生士兵征集优待工作意见》，在政策上明确提升大学生入伍新兵一次性鼓励金待遇、大学毕业生退役士兵就业安置等优待政策。2020 年 18 周岁适龄男青年进行网上兵役登记完成比例为 100%，顺利完成新兵征集任务。年内因入伍青年故意隐瞒病史发生非责任退兵 1 人。严格落实廉洁征兵要求，充分发挥廉洁征兵监督员作用，无廉洁征兵违纪问题。认真落实大学生保留学籍、申请学费补偿、发放鼓励金等后续工作。

【装备管理】 严格落实仓库执勤管理，定期组织入库安全检查，及时维护安防设施设备。定期组织武器装备保养，确保武器装备管理正规、性能良好。加强车辆管理、审批使用及维修保养工作，落实常用车购买商业保险，确保车辆动用手续合规、行军安全。

（县人民武装部）

## 武警灌阳中队

**【概况】** 武警灌阳中队主要担负灌阳县看守所外围武装警戒。中队官兵以习近平强军思想为指引，按照“凝心聚力、发动官兵、备战打仗、转型突破”的思路，以提高战斗力为根本导向，以纯正风气作为根本保证，确保队伍“听党指挥、能打胜仗、作风优良”。2020年被评为“四铁”先进中队，2名官兵获三等功。

**【组织建设】** 武警灌阳中队党支部党员官兵用习近平新时代中国特色社会主义思想和习近平强军思想武装头脑，扎实开展主题党日等活动，通过重走长征路、瞻仰红色遗址、为烈士扫墓、重温入党誓词等活动，不断增强党员身份意识、使命担当。

**【执勤战备】** 在县人民政府大力支持下，先后投入90余万元完成“智慧磐石”科技强勤建设，实现看守目标全时全域全方位有效监管。中队官兵全年累计执勤20440人次，出动22名官兵圆满完成7起武装押解勤务，确保目标全年安全。中队官兵担负重大节假日县区武装巡逻112次，确保县域安全稳定，人民安居乐业。处置火情1起，救助被困儿童2名。

**【军事训练】** 武警灌阳中队大力开展实战化训练，突出任务牵引，狠抓练兵备战。以学习贯彻新大纲为突破口，采取主官主抓，骨干分工的模式广泛开展群众性大练兵活动，牢固树立“战斗力是一切工作标准”的导向。在全市年终考核中取得第八名的成绩，在个人突击专业、狙击专

2020年12月24日，群众向武警灌阳中队送锦旗

武警灌阳中队　提供

2020年2月14日，武警灌阳中队开展武装巡逻

武警灌阳中队　提供

业、教练员比武中分别取得第一名、第六名、第四名的成绩。

【安全工作】 武警灌阳中队按照全面从严、全面过硬的要求，确保部队安全稳定。开展“条令年”活动，制定中队活动推进和学习计划表，进一步提升正规化管理水平；端正对待官兵根本态度，坚持每周梳理碰头、每月谈心交流，听取官兵意见，帮助解决实际困难；贯穿全年开展安全大检查，认真落实安全工作规范的要求，持续开展群众性创安建安活动，通过案例通报、警示教育、讨论消化等活动不断提升安全意识。

【“双拥”活动】 武警灌阳中队广泛开展拥政爱民活动，与驻地爱心协会共同开展为困难老人献温暖活动，积极捐助驻地困难学生，帮助村民寻找走失儿童，清扫乡村街道卫生等活动。

（武警灌阳中队）

## 人民防空

【概况】 县人防办坚持人民防空“长期准备、重点建设、平战结合”的方针，贯彻与经济建设协调发展，与城市建设相结合的原则。

【防空试鸣和疏散演练】 县人防办于9月18日上午10时00分至10时15分在县城试鸣防空警报和疏散演练，警报器准时发出预先警报信号、空袭警报信号、解除警报信号。县红旗中学、民族中学、县直二小按计划完成疏散演练规定的内容。通过试鸣，增强人民群众国防观念、防空意识和对防空警报各种信号的识别能力。人防办与武装部组建一支人防专业队伍，在5月进行抢险救灾、组织人员疏散等训练。2020年年底基本完成县城区域内的一个应急疏散基地建设。

【人防教育宣传】 人防法律法规的落实是做好人防工作的保证，人防宣传工作是落实人防法律法规的重要手段。利用灌阳县传统节日发放宣传单、利用新闻媒体、制作标语横幅板块等形式开展宣传活动，共制作宣传横幅3幅、宣传版面6块，参观群众500多人次。通过与教育局结建，对2020年初一学生发放人防教材，并组织全县初一学生进行人防知识考试。

【人防工程建设】 县人防办坚持“人民防空为人民”的根本宗旨，坚持把人防建设与城市建设发展紧密结合，依靠“拉开城市框架，拓展城市空间”的发展机遇，坚持人防工程建设与城市建设同步发展，加大建设力度和行政执法力。积极探索人防机关建设的新途径，不断加强人防机关建设，建立健全各项规章制度，使人防工作有法可依，有章可循。

（县住建局）

2020年9月18日，县直二小开展“九一八”防空应急疏散演练活动

魏瑞珉　摄

# 城乡建设·环境保护

## 住房和城乡建设

【概况】 灌阳县住房和城乡建设局(简称县住建局)是主管全县住房和城乡建设工作的正科级行政单位。2020年,固定资产投资年任务3亿元,完成13000万元,计划向上争取项目资金8000万元,实际完成9012.99万元,全县四家建筑企业总产值为1.7亿元。全县城镇道路硬化率达100%,自来水普及率达99.68%,城市生活污水处理率达99.6%,城镇生活垃圾无害化处理率达100%,绿化覆盖率达39.43%。村庄道路硬化加快,清洁工程全面推进,农村危房改造接近尾声,城市保障住房建设基本完成。办公地址位于灌阳县灌阳镇江东新区住建局新大楼。

【"地下管网"基础设施建设】 市政管网工程入库项目10个,总投资8665万元,地下管网项目已开工建设。2020年,计划投资4615万元,已完成投资2852万元,投资完成率为62%。

【县城区综合改造一期工程项目(县城风貌提升工程)】 计划总投资21883.77万元,该项目设计方案已通过评审,并根据评审意见进行了修改。项目正在启动EPC总承包模式招标。

【灌阳县双桥路市政道路建设工程(二期)】 该工程计划总投资17996万元,完成交通局至中医院段长度800米,宽度30米;完成实训基地至交通局段长度280米,宽度24米;完成实训基地段长度300米市政工程,该路段竣工通车。

【县城污水处理厂提标改造工程】 完成投资1240万元,通过竣工验收并环保备案(固废、水、气),全面达到一级A排放标准,运营正常。

【灌阳县政务服务中心附属基础设施建设工程】 完成市政道路4条1274米;新建府前路广场32637.43平方米;新建地上停车场18625.40平方米,停车位569个;新建中心绿地景观工程(景观

2020年11月10日,县住建局进行路灯(公共照明)验收

县住建局 提供

绿化、亮化工程,建筑小品等)5258.20平方米,总投资12196万元。

**【县城备用水源工程】** 灌阳县拟建县城备用水源一座,建设规模为近期2万立方米/天,远期3万立方米/天,可以满足8万至10万人口饮用水需求,计划总投资6688万元。厂址初选在江东520亩已征地范围。该项目已获得专项债券6000万元;支付2360万元土地出让金,取得59亩土地使用权。

**【危房改造项目】** 2020年,全县四类重点对象危房改造任务共212户。6月8日至10日完成农村危房改造项目县级联合验收,危改补助资金已及时足额拨付到位。5月,将全县建档立卡贫困户住房保障信息录入系统。6月,完成全县建档立卡贫困户13811户住房安全有保障核验工作,完成"脱贫攻坚住房安全有保障信息平台"录入。

**【老旧小区改造项目】** 2020年,全县老旧小区改造任务为34个小区,239栋楼房,共计1611户。组织力量入户调查征求改造意见和组织相关技术人员进行实地调查;办理好施工许可证等开工手续;完成2021年城镇老旧小区改造项目计划的申报。

**【传统村落建设项目】** 2020年,第五批共14个传统村落项目已开工建设,计划总投资2800万元。

**【建筑施工质量安全】** 2020年,共组织10次质量安全大检查。为确保建筑工人的生命安全,对施工企业所有的建筑工程进行定期检查,做好安全生产监督、安全知识的培训;制订并完善重大安全事故应急救援预案。

**【政务公开】** 为增强办事的透明度,提高办事效率,将所有行政审批和非行政审批项目全部纳入行政效能电子监察系统管理,与区网、市网联通,接受上级监督,并统一集中在县人民政府办证服务大厅办理。抓住涉及关键工作、关键环节,突出群众关心、社会关注、与群众利益关系密切的重要事项,从内容和形式上重点加以深化。重点对工作职能、财务管理制度、办事程序、行政执法及行政审批事项的审批、收费、办理程序等进行公布。做到群众直观、方便,办事程序简化。

(县住建局)

## 市容管理

**【概况】** 灌阳县市容服务中心属财政全额拨款的正科级事业单位。主要负责对县城管护范围内市容市貌、园林绿化、景观亮化,生活垃圾的清扫、保洁、处置及市政、环卫设施的管护等工作;负责对乡镇级污水和垃圾处理设施项目的规划、编制、申报并组织实施和监督管理。2020年,县市容服务中心加快职能转变,加强自身建设,市容环境不断提升,县城环境卫生状况不断改善,为创建自治区卫生县城和全域旅游示范区作出应有贡献。办公地址位于灌阳县灌阳镇江东新区住建大楼三楼。

2020年2月18日,洒水车对县城内主次街道进行消毒

县市容服务中心　提供

**【市政公用设施管理】** 2020年，完成建设路（老建设局至老法院段）路面油化3500平方米，修补县城破损路面800平方米，人行道1200平方米，清理滨江路、兴灌路、大市场周边等路段雨污井2200个，清理沟渠1280米，更换损坏雨污井盖69个。维修县城路灯1100盏，乡镇路灯590盏，处理电线故障26次，城区亮灯率保持在95%以上。完成田园综合体项目（官塘至枫树脚段太阳能路灯建设），安装太阳能路灯400盏，完成投资160万元。投入资金15万元在人口密集的区域增设垃圾桶600个，接收江东移民安置小区的清扫保洁工作。投入资金65.7万元购买多功能抑尘车一辆，用于县城内喷雾、降温、降尘。定期对垃圾转运车、洒水车、路灯车等进行维修，确保市政环卫设施完好，保障环卫工人的安全作业。

2020年11月5日，县市容服务中心清理灌江北路的雨污水井

县市容服务中心　提供

**【环境卫生管理】**

*加强道路清扫保洁力度*　道路保洁推行“夜间作业、白天保洁”模式，主干道每天4时至22时保洁8次以上，小街小巷每天清扫1次以上，所有垃圾每天及时清运，实现县城公共区域和道路清扫保洁全覆盖，无死角。制定合理的洒水路线，晴天对道路冲洒水每天6次以上，其他道路不少于4次，重污染天气，加强洒水频次；路面冲洗每周2次以上。

*垃圾分类宣传及试点工作*　在城中、城东社区开展垃圾分类试点工作，制作生活垃圾分类知识展板，印发生活垃圾分类知识宣传彩页、垃圾分类指导手册、垃圾分类宣传环保袋等多种宣传资料2万余份。在滨江路、学洲区、移民安置区等路段摆放完成150组分类垃圾桶，并做好移民安置区、滨江花园2个小区的垃圾分类示范点建设工作。2020年，共收取垃圾处理服务费55万元。年内，新建3座公厕，加强对公厕的日常保洁工作，确保公厕正常使用。

2020年3月11日，县市容服务中心到村镇调研农村垃圾处理情况

县市容服务中心　提供

**【园林绿化】** 加强对公共绿地、广场、公园的清扫保洁和管护力度。对县城绿化树进行2次修枝、施肥，根据病虫

害发生规律对绿化树进行病虫害防治，县城建成区绿地率达34.1%。

【垃圾处理设施建设】 灌阳县大竹凹生活垃圾填埋场正常运行，每月对垃圾场库区垃圾分区进行喷涂，每天对场内垃圾进行消杀、除臭，垃圾清运车每周清洗2次、杀毒1次，减少垃圾运输过程中的异味。2020年，共清运生活垃圾21722吨，无害化处理21722吨，县城生活垃圾无害化处理率达100%。各乡镇垃圾中转站及焚烧点均按要求管护，垃圾日产日清，正常使用。新建西山瑶族乡盐塘村、黄关镇兴秀村、新圩镇平田村、水车镇官庄村垃圾集中处理项目各1个，西山瑶族乡盐塘村垃圾集中处理项目完成建设，其余3个点正在修建。

【污水处理设施建设】 加强对已建成的污水垃圾处理设施的监管。通过公开招标的方式将黄关、文市、新街、新圩污水处理厂托管给广西金妙松环保工程有限公司管理运营，各项处理指标均达标排放。2020年，城镇污水处理率达60%以上。水车镇污水处理厂于2020年12月通水试运行。新街镇江口段雨污分流管网项目完成投资110万元，敷设管网1.2千米。

【疫情防控】 2020年，新冠疫情期间，组织洒水车定期对县城内主次街道进行消毒，并向一线环卫工人发放必要的防护用品，在重要位置设置废弃口罩专用回收桶，并安排专人进行回收处理，严防交叉感染。严格执行社区疫情防控卡点值班值守制度。全体干部职工主动参与到卡点的疫情防控工作中，严格值班制度，对进入小区的人员、车辆进行体温测试和登记，保障居民的生命安全和身体健康。

（县市容服务中心）

## 城市管理综合行政执法

【概况】 灌阳县城市管理综合行政执法局（简称县综合执法局）属县政府工作部门，为正科级行政单位。主要承担市政设施、公用事业、市容秩序、园林绿化等方面的行政审批、监督管理及行政处罚。2020年，县综合执法局按照“守初心、担使命，找差距、抓落实”工作要求，以“创卫”工作为契机，持续提升城市管理现代化水平，扎实推进市容环境、“两违”建设、“渣土”运输整治和燃气管理等工作。办公地址位于灌阳县灌阳镇江东新区住建大楼。

【市容秩序执法】 集中力量整治市容乱象，持续优化城市容貌，与灌江中路、滨江西路等重要路段沿街商铺签订“门前三包”责任书共计3000余份；深入开展非机动车乱停乱放、占道经营、流动摊贩、户外广告等市容秩序监管整治工作，形成点、线、面相结合全方位巡控整治高压态势，有效推进市容市貌提档升级。共出动执法巡查人员4300余人次，劝导教育违章行为1600余次，依法拖离乱停乱放非机动车、三轮车300余辆，扣押违规广

2020年9月15日，县综合执法局进行渣土执法

县综合执法局 提供

2020年2月24日，县综合执法局进行市容秩序整治

县综合执法局　提供

告牌、灯箱20余个，清理占道经营摊点1000余个。

**【渣土扬尘执法】** 强化“渣土”管控，助力打赢蓝天“保卫战”。贯彻落实“控制源头，提前防范，纠清并举，立足长效”的工作方法，渣土管理专项人员不断强化措施加大扬尘治理力度。2020年，签订文明施工合同16份，处理车轮带泥上路35次，对拉运渣土、碎石等未实行全密闭覆盖等违规行为批评教育80余起，对未覆盖行为处罚28起，督促××房地产开发公司建好工地车辆清洗槽1处。

**【露天焚烧治理】** 开展好秸秆禁烧工作，禁烧整治行动开展期间，出动宣传车500余辆（次），共发放禁烧宣传单200余份，制作悬挂宣传横幅2条，制止、批评教育露天焚烧秸秆垃圾行为80余起。

**【城区规划执法】** 净化城区空间，消除违建安全隐患。坚持“依法行政、以人为本”工作原则，采取疏堵结合、分类处置方式，有效降低执法成本，减少群众损失，维护社会和谐安定。2020年，查处违法建筑48宗，涉及占地面积6880.31平方米，建筑面积33174.6平方米，累计收缴罚款和补缴费用337.9万元。

**【燃气管理执法】** 通过强化宣传教育、开展安全隐患排查整治、依法严厉惩治燃气领域违法违规行为等系列举措，切实保障人民群众生命财产安全。共制作宣传手提袋2万个，发放宣传资料2.2万份，发送提醒短信100次。对燃气企业开展安全检查11次，入户检查6000余户，发现安全隐患46个，整改率100%。取缔非法燃气充装网点1处，扣押14千克钢瓶10个。灌阳县全年未发生燃气行业安全生产事故及非职业性一氧化碳中毒死亡事故。

**【疫情防控】** 利用短信、宣传车、横幅等方式，宣传普及疫情防控知识，同时城管执法人员走街入铺，将宣传工作融入日常工作中；强化对县城内乱

2020年11月20日，县综合执法局进行渣土执法

县综合执法局　提供

摆乱卖、乱堆乱放等行为及流动摊贩、夜宵摊的管控，严防出现人员聚集情况，有效降低疫情传播风险；联合有关部门对县人民医院、天逸宾馆等疫情防控公共隔离观察场所及周边进行全面排查，针对隔离观察场所周边是否存在违建行为、建筑结构安全状况、消防安全状况等内容进行全方位检查，防范、遏止公共安全事故发生；疫情防控后期，组织人员对灌阳县燃气企业进行安全检查，督促企业做好疫情防控与安全生产工作，助力企业复工复产。

（石雨昕）

## 住房制度改革

【概况】 灌阳县住房制度改革服务中心（简称县房改服务中心），是县政府直属公益一类事业单位。主要职责是指导全县开展住房制度改革工作，负责全县已售公有住房的档案管理及各单位已购房改住房的上市交易，各单位住房资金的管理以及使用情况，全县住房补贴系数的测算和职工住房工龄补贴发放，全县危旧房改住房改造等工作。办公地址位于灌阳县灌阳镇江东新区创业路2号。

【房改房上市交易及权属登记】 2020年，共办理房改房上市交易审批登记57户，产权面积4560平方米，评估房产价值1459.2万元。为灌阳县户籍在外购买政策性住房人员提供住房情况证明74份。

【住房信息档案】 完善住房信息系统中房改房个人住房档案3177户，为全区政策性住房档案信息联网工作打下坚实的基础。

【棚户区改造项目建设】 做好江东棚户区项目的整改工作；协助住建部门为实施新的棚户区改造项目提供政策指导，为房改房拆迁户提供有关档案资料；协助住建部门做好灌阳县危旧房改住房及老旧小区的入户调查及测绘工作；对全县老旧楼房进行全面摸底调查，协助住建部门做好老旧小区加装电梯前期准备工作。

（王海军　唐桂珍）

## 生态环境保护

【概况】 2020年，桂林市灌阳生态环境局以改善环境质量为核心，强化污染防治，全年无突发环境事件发生，生态环境质量持续保持优良。辖区空气质量优良天数达363天，优良率99.2%。可吸入颗粒物（$PM_{10}$）和细颗粒物（$PM_{2.5}$）浓度为42微克/立方米、$PM_{2.5}$浓度为25微克/立方米。地表水环境质量、主要河流水质达标率和城市集中式生活饮用水水源地水质达标率均达100%，生态文明建设工作取得新成绩，成功创建自治区级生态县。污染普查工作表现突出受国务院第二次全国污染普查领导小组办公室表彰。办公地址位于灌阳县灌阳镇双桥路99号。

【环保督察整改】 2020年，灌阳县中央环境保护督察问题整改及自治区生态环境保护督察问题整改稳步推进。灌阳县共有中央环保督察反馈问题11个（含2016年继续整改的千家洞电站问题），已完成10个，1个问题正在整改。千家洞电站问题按灌阳县整改工作计划，需在2021年3月前拆除汇源电站的沙岗、定棚引水坝及艾家湾的黄泥江、龙爪棚引水坝；自治区环保督察反馈问题8个，现场发现问题6个，完成问题销号2个，其他5个问题上报销号材料，1个问题正在整改。海洋山自治区级自然保护区内7家水电站及3家探矿需在功能区划批复后的3年内逐步拆除。

【大气污染防治】

加强露天焚烧管理　制订《灌阳县大气污染集中整治行动方案》并定期进行巡查，抓紧落实网格化管理工作。

2020 年 4 月 21 日，桂林市生态环境局到灌阳县检查农整项目
唐进曲　摄

加强烟花爆竹禁燃限放管控　在春节期间加强烟花爆竹管理，联合相关单位严格执法，春节期间污染天数比同期减少，2020 年（除夕）$PM_{2.5}$ 小时峰值浓度 25 微克 / 立方米，同期小时峰值平均浓度下降 91.6%。

工业企业违法排污专项整治行动　为持续改善环境空气质量，坚决打赢蓝天保卫战，在全县范围内开展工业企业违法排污专项整治行动，共对 11 家企业开展专项执法检查。

【水污染防治】

县域农村生活污水治理　县生态环境局与县域农村生活污水治理规划编制单位，共同收集整理所需资料，征求各乡镇及相关职能部门意见，为编制灌阳县农村生活污水治理规划打下基础。

石材行业环境保护专项执法行动　为扎实推进水、固废污染防治工作，于 2020 年 9 月 2 日至 12 月 31 日在全县开展石材行业环境保护专项执法行动。通过严厉惩治偷排乱排生产废水、乱堆乱倒石浆等环境违法行为的专项执法行动，对石材行业环境污染管控形成高压态势，倒逼石材行业增强生态环境保护意识，自觉遵守生态环境保护法律法规规定，规范生产环境管理，落实环境保护措施。

2020 年 10 月 27 日，广西生态环境专员办柳州专员到灌阳县检查生态保护工作
唐盼文　摄

【土壤污染防治】　做好灌阳金鑫有色金属综合回收有限责任公司铅锌有色金属选矿厂地块详细调查后续工作，全部完成该地块的详细调查及相关报告的评审备案工作。并向上级争取修复资金，完成项目资金申报。做好贵达第一、二期土壤的调查，按要求全部完成调查工作。

【生态文明建设】　开展生态县创建工作。按有关要求有序开展生态县申报资料的收集与准备工作，报送相关材料至自治区生态环境厅完成申报，2020 年获“自治区级生态县”称号。做好县域生态环境质量工作，召开县域生态环境质量工作布置会议，完成县域生态环境实施方案。

2020年6月5日,桂林市灌阳生态环境局开展“世界环境日”宣传活动　　唐进曲　摄

【建设项目环境管理】 2020年,灌阳县建设项目环境影响评价文件审批受理数10个,办结数10个;指导项目业主完成建设项目环境影响登记表备案26个;完成项目竣工(固体废物)环境保护验收受理数4个,办结数4个;及时录入环保审批系统。

【全国排污许可证限期申领、登记】 认真核实企业生产情况,送达《关于限期申领、登记排污许可证的通知》,以及发放排污许可证登记、申领教程,指导填报许可证工作。完成230家排污许可证工作登记、许可证申请发证已全部完成64家。

【环境信访】 2020年,共受理群众信访件数91件(含上级转来的投诉件和重复投诉件,其中废气40件,废水17件,噪声15件,固体废物13件,其他6件),其中电话来访47件,亲自来访19件,“12369”信访平台10件,市局转办9件,县政府转办1件,县信访局转办1件,灌阳县政务服务中心转办1件,县人大转办1件,乡镇政府邀请联合处理信访件1件。处理信访件91件,已办结83件,办结率91%。

【全县环境安全“强监管严执法年”专项行动】 2020年,共出动350余人次对110余家次企业进行现场检查,严格按照市局法规部门的要求开展行政处罚调查取证工作,有2件案件进入处罚程序,并下达《行政处罚告知书》,共罚款25万元。

【监督执法正面清单】 全县共有24家企业纳入正面清单内,其中疫情防控急需的医疗卫生、物资生产企业1家,民生保障重点行业企业1家,重大工程项目1家,办理有规划环评的工业园区企业3家,“双随机、一公开”抽查企业18家。日常的双随机执法工作则按照年初制定的计划进行。全年共开展双随机执法工作55次。

【工业企业违法生产管控专项行动(“散乱污”清理整治)】 灌阳县共排查认定“散乱污”企业8

2020年11月2日,灌阳县获“自治区级生态县”称号
桂林市灌阳生态环境局　提供

家，完成清理整治5家(关闭停产1家、关闭搬迁1家、关闭取缔2家、停产整改1家)，其余3家企业实施断电停产，2020年4月对其余3家企业下达关停决定文书；6月新排查出"散乱污"企业3家，8月完成整治任务。

【三个行业排查工作】 按照广西城镇生活及工业污水厂、生活垃圾填埋场和生活垃圾焚烧发电厂三个行业排查工作布置，结合灌阳县工作实际，如期完成县城生活污水处理厂、生活垃圾填埋场环境问题排查工作。

(桂林市灌阳生态环境局)

## 灌阳灌江国家湿地公园管理

【概况】 灌阳灌江国家湿地公园地处灌阳县南部，横跨洞井瑶族乡、观音阁乡、黄关镇、新街镇、灌阳镇等乡(镇)。地理坐标为北纬25° 11′ 59″—25° 30′ 36″，东经111° 9′ 37″—110° 46′ 23″，为河流型国家湿地公园，规划总面积612.43公顷，其中湿地面积510.21公顷，湿地率为83.31%。广西灌阳灌江国家湿地公园建设(试点)期限5年(2017—2021年)，规划总投资6124.96万元。

灌江国家湿地公园野生动植物资源内已知水生和陆生脊椎动物353种，鱼类93种，两栖类29种，爬行类40种，鸟类166种，哺乳类25种。所有脊椎动物中，有国家Ⅱ级重点保护野生动物18种，如虎纹蛙、白鹇、草鸮；IUCN红色名录易危(VU)物种7种，如中华鳖、眼镜王蛇；列入CITES附录物种22种，如斑头鸺鹠、豹猫；自治区级重点保护动物67种，如华南兔、黄鼬、赤腹松鼠。

湿地公园内已知维管植物488种，其中野生植物110科322属432种，包括：蕨类植物12科20属23种，裸子植物1科1属1种，被子植物97科301属408种。有国家II级重点保护植物2种，广西重点保护植物1种，列入CITES附录II物种1种。

【机构】 2017年，灌阳县成立灌阳灌江国家湿地公园管理局。2020年3月30日，桂林市委编制委员会批复同意灌阳灌江国家湿地公园管理中心为自然资源局下属的正科级事业单位。办公地址位于灌阳县灌阳镇胜利路68号(原林业局一楼)。

【湿地规划】 聘请南京大学常熟生态研究院编制湿地公园重要节点规划、施工图设计和湿地科普馆设计，对湿地公园的6个重要节点进行详细规划和施工图设计，利用黄关镇神农稻博园展博馆建设湿地公园科普馆。重要节点规划和湿地科普馆施工图设计和预算一期预算总投资2236万元，含6个节点建设和一个科普馆建设，包括常规监测、宣教和生态恢复等项目，湿地公园科普馆正进行招投标，其他6个节点已全面启动项目建设，完成工作量的90%。

【湿地保护】

资源监测 做好湿地公园资源监测，完成本

2020年3月10日，灌阳灌江国家湿地公园管理中心开展湿地知识进校园活动

灌阳灌江国家湿地公园管理中心 提供

地资源调查和2019、2020年度资源监测,逐步完善灌江动植物数据库。

科学恢复　开展黄关镇施家采砂基地恢复工程,提高生态系统生产力、生物多样性及土壤养分维持能力。

规范管理　聘请广西有色勘察设计研究院完成湿地公园边界测定和界桩的制作,编制湿地公园勘界立标报告,明确灌江国家湿地公园范围,开展湿地保护与恢复工程。

强化巡护　落实新街、黄关、观音阁湿地公园管理站办公场所,招聘4名湿地巡护员。

2020年4月22日,灌阳灌江国家湿地公园管理中心开展"地球日"宣传活动　　灌阳灌江国家湿地公园管理中心　提供

【湿地宣传】　湿地公园管理利用"世界湿地日""世界野生动植物日""爱鸟周"等主题活动,采取多种形式大力宣传灌阳灌江国家湿地公园、湿地知识和有关法律法规,先后制作宣传牌30余块、发放宣传册1万余份,通过政府网站、微信平台等媒体宣传30余次。积极开展"湿地知识进校园"和"湿地社区共建共管"等活动,让保护湿地、爱护湿地、建设生态家园成为一种自觉行动。

【备战验收】　灌江国家湿地公园管理中心按照国家湿地公园(试点)总体规划要求,备战2021年国家验收。按照湿地公园总体规划,结合实际编制国家湿地公园试点建设工作实施方案,并根据国家湿地公园管理办法和试点验收标准的要求,制订《广西灌阳灌江国家湿地公园试点建设验收工作方案表》和《广西灌阳灌江国家湿地公园试点建设工作计划及费用估算表》,列出工作清单,做好预算评估,确定项目主体和完成任务时限;根据《广西灌阳灌江国家湿地公园建设倒排工期表》安排,抓紧推进各重要节点项目建设;参照先进县市经验,结合灌阳县实际,研究出台《广西灌阳灌江国家湿地公园管理办法》等规范性文件;对照国家验收管理办法,逐条逐项分解,与县直相关部门衔接,及时对

2020年11月18日,自治区湿地专家、教授级高工黄永(中)一行到灌阳县开展灌江国家湿地公园验收指导工作
灌阳灌江国家湿地公园管理中心　提供

接验收规程，按验收事项及时调整建设实施方案，同时收集整合县直各相关部门涉及湿地保护、环境整治等相关建设资料，并按规定组织验收材料，力争通过国家林业和草原局验收。

（方　璐）

## 住房公积金管理

【概况】 桂林市住房公积金管理中心是桂林市政府直属正处级公益一类事业单位，桂林市住房公积金管理中心灌阳县管理部为桂林市住房公积金管理中心派出机构，中心对管理部实行人、财、物及业务统一管理、统一规章制度、统一核算。办公地址位于灌阳县政务服务中心一楼。

【业务运行】 2020 年，灌阳县新增缴交单位 12 个，新增缴交人数 348 人，实缴人数 7168 人，其中个人自愿缴存住房公积金累计 106 人；全年住房公积金归集 13024.66 万元，同比负增长 2.82%；全年住房公积金提取 9822.40 万元，同比增长 19.78%；全年发放个人住房贷款 1875.60 万元，同比增长 13.17%，回收个人住房贷款 3823.74 万元，同比增长 2.2%。做好记载全县各房改单位其他住房资金的缴交、提取归集工作。

【管理工作】

*政治理论学习* 积极组织参加中心召开的各类党员、职工会议，把党风廉政建设和意识形态工作落到实处，切实增加“四个意识”，坚定“四个自信”，做到“两个维护”，加强和改进作风建设，维护本部门本系统的良好形象。

*业务学习* 以自治区《住房公积金业务管理规范》和《桂林市住房公积金管理暂行办法》及有关文件精神为依据，认真学习，熟练操作住房公积金综合业务新系统，领会吃透新政策的调整，严把支取、贷款申请材料审核关，不断优化业务流程，保障资金安全；做好公积金政策的咨询，加强公积金政策宣传，切实提升服务窗口综合服务能力。

*内外协调，理顺工作关系* 加强与县自然资源局、房产、不动产登记等各部门的协调联系，促进公积金贷款抵押、撤押业务的顺利开展；加快和相关银行的工作衔接配合，简化流程，提高工作效率。

*疫情期间政策调整宣传* 疫情期间，很多单位和个人受到疫情的影响失去或减少收入，住房公积金灌阳管理部工作人员做好疫情防控期间公积金服务工作的问题解释，把个人延迟偿还贷款、单位缓缴、租房提取提高额度、疫情期间正常贷款购房等新政策宣传到位。

【工作亮点】 加大自愿缴存宣传力度，到银行、开发商、社区、政务中心等多个灵活就业人员密集的场所向广大群众宣传自愿缴存业务，取得良好的效果。采取走出去深入各单位和企业宣传住房公积金政策、指导单位网厅、个人网厅业务的开展，扩大住房公积金的影响力，让更多的职工能享受到相关优惠的政策性低息贷款，提高公积金相关业务的办事效率。

（郑睿智）

# 交通运输·邮政

## 交通运输

【概况】 灌阳县交通运输局是县人民政府的交通运输主管部门，为正科级单位。主要职责是县内地方公路规划、建管，道路运输管理、航务管理、交通执法等。2020年，灌阳县交通运输局围绕打赢脱贫攻坚战、服务乡村振兴战略，以交通基础设施项目建设为重点，构建内通外联的综合交通体系为目标，优化交通运输发展环境，稳步推进农村公路建设，强化行业监管，保障道路畅通安全，交通运输行业发展得到进一步提升。办公地址位于灌阳县灌阳镇江东开发新区。

【疫情防控】

输入管控　自1月26日起，为阻断病毒传播，会同公安交管、卫生、属地政府等部门组成交通运输检疫站，在高速出入口和国省干线交界处，设置9个体温检测站，16个卡点。坚持“24小时不间断、逢车必检、逢人必测”，对入境人员进行体温检测，对入境车辆、人员进行信息登记，实行“四卡”制度，对所有出入境车辆加强管理，严把输入输出关。从1月27日到2月21日，全县9个检疫站共检测车辆63448辆，检测人员140466人；2月22日至6月30日，灌阳汽车总站检疫站、文市客运站检疫站检测旅客39760人，有力阻断疫情传播。

疫情防控宣传　疫情期间，县交通运输局发放《疫情防控告知书》4万份，《致旅客的一封信》2万份，在新闻媒体报道疫情防控13篇，典型人物采访4人次。充分发挥基层党组织战斗堡垒和党员先锋模范作用，成立5个临时党支部，38名党员奋战在防疫一线。

物资运输保障　成立物资保障小组，向交通运输检疫站、运输企业、在建项目发放一次性医用口罩1.11万个、医用手套4200个、消毒液112瓶、护目镜22个、雨衣1363件、雨鞋487双、雨棚23个、反光警示锥桶200个、防护带50套及其他食品和生活用品，发放红黄蓝绿四卡通行证3.11万张。

2020年1月29日，市督导组到灌阳县汽车总站体温检测点对灌阳县疫情防控工作进行实地督导检查　　县交通运输局　提供

客运包车和定制化运输　2月19日，启动客运包车和定制化运输。严格落实包车防护措施，车辆发车前集中进行安全技术检测、车内外清洁消毒，逐车配备消毒液及喷壶等消毒用品；车辆实行双班驾驶，驾驶员统一配发防护服、口罩、体温检测仪等防护用品；严格按照防控要求，控制实载率在50%以下，实行分散隔离就座，预留车厢后两排为留观隔离区。以“点对点”运输包车方式分5批共动用5台客运车辆，输送返岗复工农民工82人，其中送至广东省汕头市28人，广州16人，深圳宝安21人、东莞17人。

2020年10月13日，市交通运输局督导组到灌阳县对区市绩效考评交通建设指标落实情况进行督查和指导　　县交通运输局　提供

运输服务企业复工复产　为满足县内重点企业复产复工及人员出入车辆通行需要，全力保障外地复产复工人员出入，共发放3.11万张通行证，确保灌平高速、357国道等重点项目先后复工。

2020年2月26日，市交通运输局到灌阳县调研灌平高速控制性工程麻地隧道复工复产情况
县交通运输局　提供

城市公共交通恢复　根据疫情防控形势，先后恢复城区公交、城乡公交、出租车、灌阳至桂林客运班线、省际班线。为做好疫情防控工作，严格按照额定载客人数50%控制客座率，保持乘客间距。旅客购票乘车实名制登记，全程佩戴口罩，配合做好体温检测及信息登记。

**【交通基础设施项目建设】** 2020年，共完成投资5.5亿元。

灌阳至平乐高速公路　全长136.67千米，灌阳段58.2千米，2017年12月开工建设。完成红线内土地丈量3768.76亩，占总任务56.57%。已兑付面积1266.31亩，兑付征地款约7209万元，坟墓搬迁400座。仁渡特大桥完成墩柱浇筑25节；板桥铺大桥桩基浇筑22根，陆家坪高架大桥完成墩柱浇筑27节；乔家塘高架大桥完成墩柱浇筑10节；麻地隧道。左洞全长687米，已开挖677.4米，右洞全长690米，已贯通。累计完成投资4.2亿元。

国省道干线　357国道永安关经水车至灌阳公路工程，全长35千米，二级公路建设标准，总投资为3.33亿元，完成路基74%，路面28%，桥梁50%，涵洞90%，全年完成投资6000万元，累计完成投入2.1亿元。

2020年7月31日，县交通运输局综合行政执法大队查处非法营运车辆、整治公路货车违法超限超载　　县交通运输局　提供

乡乡通二级或三级公路建设工程　灌阳县长渡经水车至文市公路改建工程(二级公路建设标准)，全长19.83千米，总投资12272万元，2020年文市至水车段已完成主体工程建设，全线完成主体工程量路基42%，桥梁67%，涵洞72%，完成投资3400万元。灌阳县兴安至黄关公路(西山至黄关段)改建工程(三级公路建设标准)，全长15千米，总投资5250万元，2020年西山至牛湾河路段已完成主体工程建设，全线完成主体工程量路基45%，桥梁80%，涵洞60%，完成投资1200万元。

桥梁建设　危桥改造项目10座，总投资1126万元，年内全部完工。

农村公路安全生命防护　农村公路安全生命防护建设工程138个，总投资5387万元，其中县乡道安防53条，处置隐患里程151千米；村道安防85条，处置隐患里程158千米，除长文路、黄西路并入扩改建工程一并建设，其余均全部完成。

窄路拓宽改造建设　建制村窄路拓宽改造建设项目7个，总投资690万元，已全部完成。

**【农村公路】** 全县在养农村公路总里程703.44千米，列养率为100%，县道好路率83%，乡、村道好路率75%，县道晴雨通车率100%，乡、村道晴雨通车率达98%。灌阳至顺溪路面大中修工程，处置隐患里程3千米，总投资251万元，已完工。

**【重大项目前期工作进展】** 争取桂林至江永高速公路过境灌阳。市政府已同意过境方案，待上级交通主管部门批复。国道241线灌阳绕城公路工程，已完成项目建议书批复、选址等批复。灌阳县新圩镇新卫村经平田至文市镇瑶上村道路工程，已完成项目建议书批复、项目规划选址、投资许可等前期工作。

**【交通秩序管理】**

客运市场监管　2020年，共出动执法车辆253余次，执法人员1250人次，检查车辆602余次；开展客运市场专项整治行动，重点清理客运车辆违规运营、出租等各类不文明服务行为，做好节假日期间交通运输安全工作，严厉打击各类非法营运行为。

超载超限治理　开展国省干线和农村公路路面货运车辆超限超载治理，开展车辆超限超载专题整治行动，联合开展治理超限超载治超工作108天，出动车人员813人次，共检查检测车辆808辆次，查处超限超载车辆17辆次，移交交警处理车辆17辆，罚款2.86万元，扣62分，卸载224.58吨，发放宣传资料3000余份。2020年全县境内未发生因超限超载车辆堵车和因超限超载造成的恶性交通事故。

**【扫黑除恶宣传】** 推进扫黑除恶“六清”等行动，在各类交通设施上滚动播放扫黑除恶专项斗争知识，制作悬挂横幅12余条，印制发放扫黑除恶专项斗争应知应会手册500余份，宣传单1200余份；积极开展走访调研，到车站、渡口、企业开展宣传10余次。

**【扶贫项目建设】** 提前完成扶贫项目建设任务。

投入1300多万元，对灌阳县存在较大安全隐患的32个水毁路段进行修复。

【城乡一体化进程】 建制村通客车任务1个，水车镇上泡村已于4月全部完成。

【行业安全生产】 2020年，县交通运输局开展安全生产三年整治专项行动，共组织安全检查43次，出动人员176人次；制作悬挂横幅、展板，使用LED显示屏，散发宣传资料1500余份。完成重大节日和重点时段的交通运输保障工作，切实增强人民群众的安全意识，确保行业安全生产持续平稳。

（杨 彬）

## 公路养护

【概况】 灌阳公路养护中心是桂林公路发展中心下属的正科级事业单位，原名灌阳公路段，1993年8月30日更名为灌阳公路局，2009年1月5日更名为广西壮族自治区灌阳公路管理局，2019年9月27日更名为广西壮族自治区灌阳公路养护中心。管养路线为国道241线呼和浩特—北海K2776.180—K2842.421段为66.24千米；国道357线东山—泸水K1153.002—K1176.689段为23.69千米；国道357线东山—泸水K1249.162—K1265.897段为16.74千米，共计106.67千米。大中小桥梁共24座。办公地址位于灌阳县灌阳镇灌江北路169号。

【公路养护】 2020年，公路养护中心所管辖的国道241线K2778至K2836段等多处屡次发生边坡塌方。公路养护中心组织人员、机械设备对侵占路面的塌方、泥石流进行清理，累计清理塌方量2500立方米，养护站围墙损坏1处，累计灾毁损失11万元。加强路面养护，及时修复路面的零星坑槽626平方米，完成公路小修工程3厘米罩面11799.84平方米。共投入人力738人次，车辆、机械346台次，清理国省干道水沟927米，整治（改建）国省干道涵洞2道，整治（清理）国省干道塌方（泥石流）16处，疏通道口涵16处，清理、疏通涵洞45道，对沿线群众进行宣传教育459人次。县公路养护中心督促、指导养护站（组）完成日常养护生产任务，确保路容路貌整洁美观。执行道路桥梁日常巡视检查制度，认真开展道路桥梁的经常检查，对发现的问题及时进行整治，切实加强桥梁监督检查和养护工作。

【公路养护工程建设】 2020年，开工的国道241线K2837+998涵洞改建工程、国道357线K1159—K1161段公路安全生命防护工程、路容路貌专项整治项目工程、国道357线东山至泸水公路K1153+020—K1176+600段路面病害修复工程、国道357线K1153+002—K1176+689段路面病害修复等工程均已完成施工任务。国道357线五里坪至桂岩灾毁恢复重建工程，项目总投资450万元，该项目于2020年11月5日开工，12月20日全面完成施工任务。县公路养护中心完成市中心下达的路况计划指标任务：优等路10千米，良等路76千米，中等路3.67千米，次等路7

2020年5月20日，抢修被强降雨损坏的桥梁道路　　唐子婷　摄

千米，差等路5千米，优良路率84.59%。

**【安全生产】** 县公路养护中心每月召开一次安全生产会议，制订安全生产工作职责和目标管理考核细则。制订、实施安全生产大检查和专项检查等5个方案。安全生产管理部门配备专职安全管理人员1个，相关生产及管理部门配备兼职安全管理人员6个。2020年，开展各项安全生产大检查和专项检查等日常安全隐患排查41次，出动检查人员143人次；共排查出一般安全隐患16处，完成整改15处。

**【路产事务】** 对新增的公路平交道口进行严格管理，先审批许可再施工，从道口设计、测量、施工方案、安全措施等进行全方位监管、指导，保证公路排水畅通。全年办结新增涉路施工许可2起，办结续期涉路施工许可6起。向交通综合行政执法大队递交梧州车辆撞坏树及标志牌、电力公司电杆埋在建筑控制区举报单2个。

（灌阳公路养护中心）

## 邮　　政

**【概况】** 中国邮政集团有限公司广西壮族自治区灌阳县分公司（简称邮政灌阳分公司），邮政营业网点担负着全县的邮政通信生产任务和普遍服务的义务。2020年经营收入完成2394万元，完成任务的92.5%。其中代理金融收入完成1914万元，占比79.9%；实现储蓄余额净增6803万元。

**【疫情防控】** 2020年，面对突如其来的疫情，邮政灌阳分公司主动作为，密切关注疫情变化，在市公司和当地政府的指挥下，科学防疫，积极学习并部署上级下发的各类疫情防控应急预案，结合灌阳实际加大宣传与教育，面对防疫物资紧张的态势，多渠道筹措疫情防控物资发放给各生产部门，为一线员工复工复产提供充足的物资保障。疫情期间，邮政灌阳分公司担当起行业“国家队”的使命职责，紧急开通防疫捐赠物资寄递绿色通道，免费承接灌阳县委、县政府捐赠的爱心蔬菜30吨、爱心企业捐赠的粉丝63件，为寄往武汉的物资提供寄递业务。

**【代理金融】** 突出抓好储蓄存款和优质客户的提升，加快员工业务能力的提高，推动电子渠道发展，强化风险防控，逐步实现代理金融队伍专业化，经营市场化，督导电子化，管理信息化，风控全程化，服务规范化。2020年底余额规模11.9亿元，金融累计完成业务收入1914万元，代理保险收入312万元。

**【包裹快递业务】** 邮政灌阳分公司以一把手作为首席客户经理，带头走出办公室，重点上门走访县人民法院、公安局等部门，各电商业务主要负责人。重视客户体验，加快做大包裹快递业务。充分融合邮速网点资源，调整揽投队伍，增强营揽能力和主动客服水平，优化仓储布局，支撑广西特色

2020年2月6日，灌阳邮政分公司开通绿色运输线

灌阳邮政分公司　提供

产品灌阳雪梨、黑李，共实现收入170.4万元。

**【渠道平台分销业务】** 按照"党建+电商+扶贫"模式，打造助农增收、精准脱贫的"新引擎"。针对全县季节性农产品(黑李、雪梨)，充分发挥电商作用，大力实施"电商扶贫"计划，利用村邮乐店主的关系联系果农，由邮政联系收购商收购产品，帮助果农销售产品，有效带动灌阳分销与配送业务的发展。

**【邮务类业务】** 认真落实邮政普遍服务新标准，严守"两条红线"，加强邮政普遍服务管理。实现建制村通邮率100%的目标。同时严把邮件收寄关，确保邮政寄递渠道安全。

报刊业务　做好报刊大收订的同时，强化与教育行政部门、学校的沟通，报刊大收订实现流转额252万元；

集邮业务　规范经营行为，提升服务质量，促进市场向好，提升市场培育能力，开展钱币展活动。全年共实现收入56.5万元。

(邮政灌阳分公司)

# 工业·信息产业

## 工信和商贸

【概况】 灌阳县工信和商贸局是县人民政府工作部门，属正科级行政单位。主要负责对全县工业、商业实行宏观管理和调控。2020 年，围绕“强龙头、补链条、聚集群”的要求，努力做好工业存量、增量、质量文章，举全县之力推动工业高质量发展，保持全县工业经济平稳发展。办公地址位于灌阳县灌阳镇龙岗一巷 2 号。

【经济运行】

工业经济运行　2020 年，灌阳县规模工业总产值累计完成 22.78 亿元；规模工业增加值同比增长 16%；全年完成新建标准厂房 7.6 万平方米，新增土地收储 26.4 公顷，园区基础设施建设投入 0.34 亿元；新引进计划投资 1000 万元以上工业项目 8 个，新上规入统工业企业 9 家。

商贸经济运行　2020 年，灌阳县完成社会消费品零售总额 10.67 亿元，同比增长 0.6%。批发业完成 2.23 亿元，零售业完成 8.65 亿元，住宿业完成 0.21 亿元，餐饮业完成 0.9 亿元。

【园区建设】 推进市委、市政府“345”工业布局，按照产业协同、资源节约、生态环保的原则，对园区进行规划布局、功能定位和生态重构，按照“3+N”产业集群培育发展思路，将石材全产业链、石英砂硅基新材料、合金新材料三大主导产业作为主攻方向，强力推进产业集群集聚发展。灌阳县形成岭南黑白根石材文化产业园、石英砂硅基材料产业园、“双百双新”科技产业园等特色工业园区。根据园区总体规划布局编制专业园区的详规控规，解决了园区发展方向、园区基础设施配套不足及项目落地乱的问题。制定完善企业（项目）入园管理办法，强化有效投资、产出强度的事中事后管理，确保企业尽早开工、及时竣工、如期投产。集中力量对园区闲置土地进行挖潜，实行项目退出机制，为优势项目、重点产业“腾笼换鸟”，政策引导鼓励企业由单层厂房向高层厂房发展，集约

2020 年 1 月 31 日，县工信和商贸局到桂林灌阳千家洞天然饮料有限公司调研千家洞矿泉水产品　　县工信和商贸局　提供

资源拓展用地空间,2020年完成标准厂房建设7.6万平方米推进;园区基础设施建设,园区大道、污水处理厂等配套基础设施的建成投用。

**【项目建设】** 2020年,在建、续建重大项目15个,新开工项目8个。柔丽纸制品项目、康雷石材加工项目、宸鸿木材深加工项目、雅高石材加工项目、远征通信光纤项目、宏诚建材项目竣工投产并新入规;恒丰万吨精锡项目、地德矿业石英系列产品项目竣工投产。

2020年5月21日,市人大常委会主任张晓伍(前中)到文市镇石材工业园区调研石材产业标准厂房建设情况　　《今日灌阳》提供

**【企业培育】** 灌阳县将企业入规入统、产值税收上台阶作为扶持企业的一项重要考核指标。定期召开经济运行调度例会,有针对性地解决影响经济运行的疑难杂症,全力做好均衡入库、应统入统工作。全年新增规上工业企业9家。

**【消费扩容助力三产经济复苏】** 举办大型文体活动及创建全域旅游,带动全县商贸经济的复苏。全年灌阳县社会消费品零售总额同比增长0.6%,排全市第三。累计完成进出口贸易额1808万元。

(蒋雄军)

## 工业集中管理

**【概况】** 灌阳县工业园区管理中心是灌阳县工业和信息商贸局下属的公益一类正科级事业单位。办公地址位于灌阳县灌阳镇胜利路2号(原农业局二楼)。

**【园区工业经济指标】** 2020年,工业总产值21.23亿元,其中园区内规模工业总产值16.82亿元;实现工业增加值6.58亿元,完成工业项目实际投资2.69亿元,实现缴税收0.78亿元,完成基础设施投资0.57亿元。

**【岭南黑白根石材文化产业园】** 该园新引进企业广西康雷石材有限公司于4月投产,6月入规;雅高石材8月竣工投产,10月入规;石材园项目完成征地280余亩。1月至11月,德天公司电筒山矿区工业产值5159万元,实现纳税988万元,全年可完成工业厂值6000万元,完成税收1100万元;德鑫公司6月生产,至11月底共完成工业产值232万元,实现纳税37.4万元,全年完成工业产值600万元,实现税利100万元。

**【"双百双新"科技产业园】** 做好中电、新视达服务工作,抓实远征通信等合金产业链条项目建设,该项目于2020年5月开工建设,10月竣工投产,该园建设混凝土标准厂房约2.1万平方米,通过"筑巢引凤"可引进相关企业2～3家,该园预计可实现年产值6亿元以上。

**【锰业循环经济产业园】** 2020年,建成8台1.25万千伏安标准矿热炉。建成投产的5家冶炼公司运行正常。新引进桂林灌阳恒丰金属科技有限公司总投资2亿元的年产1万吨高纯锡锭易地搬

2020 年 12 月 17 日，灌阳县人民政府与广西康雷石材有限公司推进“黑白根”产业上市招商引资框架协议签约仪式在县政府三楼会议室举行　　唐子婷　摄

迁技改项目，于 2019 年 4 月开工建设，2020 年 10 月竣工投产，年内实现产值达 2 亿元。

【硅基材料加工项目】 全县石英砂储备丰富，总储藏量约 11 亿立方米，品质符合国家一级石英砂标准。通过引进总投资 5 亿元的灌阳地德新材料科技有限公司深度开发高品位石英系列产品项目。该项目一期于 2020 年 3 月开工建设，10 月底竣工投产，一期达产后可实现年产值 3 亿以上，上缴税费 3000 万元以上，3 年内预计产值可达 13 亿元，入园的企业有灌阳地德新材料科技有限公司、灌阳金通矿业石英石加工项目、灌阳县双龙硅业有限公司，在谈的有中景润控股集团有限公司石英矿深加工及尾矿资源综合利用项目。

2020 年 8 月 10 日，市督导组到灌阳县地德新材料科技有限公司调研　　罗融检　摄

【食品加工项目】 桂林康乐人粉业有限责任公司及投资 1.2 亿元的康乐人粉业二期项目，纳税 1200 万元，新增就业人员 150 人。

【园区基础建设】 2020 年，共投入 6000 万元用于基础设施项目建设；加大标准厂房的建设力度，以标准厂房建设实现重大项目的大突破。通过政府投资和企业自建设等方式，建设标准厂房 7.6 万平方米。

【争取项目资金】 年内，申请到位的资金共 5750 万元（2020 年灌阳县地方政府专项债券 5000 万元和 2020 年抗疫特别国债资金 750 万元）。做好 2020 年自治区工业和信息化发展专项资金（工业园区基础设施）项目、2020 年本级工业发展专项资金、标准厂房补贴资金 835.48 万元的申报工作。

【招商引资】 2020 年新签约项目 5 个，分别是投资 5 亿元的灌阳地德新材料科技有限公司石英砂项目、投资 0.8 亿元的桂林远征通信科技有限公司光纤通信产品生产项目、投资 0.6 亿元的广西辰鸿木业有限公司刨花板生产项目、投资 1.2 亿元的桂林方便米粉生产项目、投资 0.6 亿元的灌阳金通矿业石英石加工项目，项目均开工投产。在谈项目有浙江中通控股集团公司、深圳贝文线缆制造有限公司、灌阳天智石材产业基地项目、中景润控股集团、中建材新能源、肯发矿业等企业洽商落地事宜，有望签订投资开发协议。

（蒋青松）

# 信息化建设

【信息基建发展】 2020年，灌阳县全年累计承建5G基站118个，其中移动19个，电信联通99个，已交付使用94个，基本完成县城、各乡镇及重点行政村的站点建设。

【企业信息化】 依托全县信息业的发展，以企业转型升级为契机。2020年，全县工业规模企业实现100%上云，企业上云达到一个新台阶，各行业将以更佳的状态实现企业与信息的深度融合。

## 中国电信股份有限公司灌阳分公司

【概况】 中国电信股份有限公司灌阳分公司坚持“党建统领转变作风，抢抓机遇突破格局”的工作方针，不断推进企业转型，加快改革步伐，探索全业务经营发展。办公地址位于灌阳县灌阳镇胜利路6号。

【市场经营】 2020年，中国电信股份有限公司灌阳分公司年度主营业务税后收入指标4137万元，全年累计完成收入4294.62万元，完成率103.81%。全年完成新增天翼手机15657部、宽带新增5040户。

【渠道建设】 2020年，中国电信股份有限公司灌阳分公司扶持代理商渠道发展，设立各支局所辖区域的代理商专职支撑渠道经理。2020年电信代理商网点达31家，其中新增旗舰店2家；代理渠道共发展天翼后付费14656部，宽带4614户。

【网络建设与维护】

无线网络建设　2020年，新建4G宏站17个，新建简易站7个，新建5G基站30余个。灌阳县城主区域基本覆盖5G信号。138个行政村已全覆盖4G无线信号，覆盖率达100%，自然村覆盖率90%。

有线网络建设　灌阳138个行政村已全部覆盖光纤网，覆盖率达100%，自然村通达率达78.24%，为物联网、互联网+、政务网、政务云、智家产品、泛智能终端等业务的发展提供优质的网络基础。

综合维护　加强对机房日常巡检及各专业设备维护保养，动力、数据、传输等设备全年运行良好，无重大故障。为充分保障网络安全、稳定运行，开展网络质量及客户感知提升活动，接入网断网、OLT设备托管次数、基站断站历时明显下降，光缆修复及时率（城市、农村宽带，基站光缆）每月均完成考核指标。

（中国电信股份有限公司灌阳分公司）

## 中国移动通信集团广西有限公司灌阳分公司

【概况】 中国移动通信集团广西有限公司灌阳分公司（以下简称移动灌阳分公司）负责经营灌阳县所有中国移动通信业务。2020年，计费收入完成6700万元，同比增幅1.05%。有效客户到达14万，有效5G客户到达3.1万户，宽带有效客户到达3.6万户。全年累计完成工程网络建设投资达到700万元，基站总数达到592个，全县4G网络覆盖率达到99%以上，5G网络覆盖率达到20%，全县行政村有线业务覆盖率达到99%以上。

【发展举措】

网格经营　充分认识网格的重要性，正确理解网格承包模式，加快推进网格管理，准确把握网格微格定位，加强对网格考核管理，完善对网格人员激励，强化后台对网格的支撑力度。

加快5G发展　将5G先发优势转为发展优

2020年8月19日，移动灌阳分公司全程保障央视《走村直播看脱贫》栏目
移动灌阳分公司　提供

势。抓住关键窗口期，紧盯行业发展、竞争情况，统筹安排，主动拓展，狠抓5G机遇实现换道超车，利用5G大力发展高质量客户，确保5G绝对领先。

高品质服务　着力提升品牌美誉度，善于发现客户问题、帮客户解决问题，坚持客户的问题就是自己的问题；抓住差异化业务的服务宣传，强化大宣传工作力度，持续提升客户感知。

员工队伍培养　把敢于负责、勇于担当、善于作为、实绩突出的员工用起来，把不作为、慢作为、乱作为的员工调下去。

【建设维护】 移动灌阳分公司全力打造高质量的精品网，确保5G网络绝对领先、4G网络持续领先、有线网络尽快赶超；大力推进通信基础设施建设和技术升级，全面优化网络结构，提升网络质量。加大4G工程建设，加强4G网络深度覆盖能力，提升全网VoLTE性能，推动多层网建设，优化网间负载均衡，提升网络容量，强化景区及红色教育基地等重点窗口区域4G网络覆盖。聚焦宽带工程精准建设，开展城镇区域攻坚克难和拾遗补阙，推进农村区域光宽带建设。

【客户服务】

问题管理　开展“总经理服务日”，倾听客户最真实的声音，了解客户的需求和意见，及时发现问题、解决问题，举一反三，优化流程，不断改进工作，真正做到让客户满意。

落实协同　全员做到闻令而动、马上就办、办就办好，坚决清除“不作为、慢作为、乱作为”现象。

检视问题　通过满意度评测、用后即评、客户投诉等方式实时监测客户满意度评价变化，通过溯源分析，以点带面检视专项行动举措工作是否到位有效。加强管理闭环，推动责任部门对行动举措进行优化、更新，做到达标后再更换治理项目，滚动开展短板逐项治理。

宣传造势　加大对“10分满意专项行动”活动成果的宣传力度，营造氛围，增强员工主动服

2020年8月20日，移动灌阳分公司技术人员安装5G设备
移动灌阳分公司　提供

务意识，转化成每个岗位争创10分满意行动的自觉，向客户传播公司服务文化。

（唐亚琼）

## 中国联合网络通信有限公司灌阳县分公司

【概况】 中国联合网络通信有限公司灌阳县分公司（简称中国联通灌阳县分公司）在当地政府、上级公司的正确领导下，战大疫、迎大考、开新局、谱新篇，度过极不平凡的一年。

【市场经营】 加快5G建设、加快数字化转型，坚决落实上级公司的深化改革政策。面对错综复杂的内外部形势面，面对艰巨繁重的发展改革任务，特别是面对新冠肺炎疫情带来的冲击，公司上下遵照集团公司、区市公司、当地政府关于疫情防控措施，坚持一手抓疫情防控、一手抓改革发展，统筹兼顾，精耕细作，完成年度任务的99%。

【建设维护】 全面加快“信息网”及新型信息通信基础设施建设。

完成网络共建共享，5G基站累计开通52个，共享率100%，与电信达成4G网络共建一张网的共识。完成县域内全部2G网络下电退网，并盘活县域内相关设备对2G下电设备进行替换升级至4G网络，处理线路隐患11处，完成BBU合并50站次，盘活SDH传输设备8套，县域光改后宽带设备下电3个乡镇，对现有传输网进行成环、简化等优化。农村网络故障历时同比改善56.8%，宽固网光衰合格率达到97.21%；移动网和宽带网络实时满意度提升目标完成率分别为118%、119%；按时完成水车镇书记工程的线路整改工作。

（中国联通灌阳县分公司）

2020年12月26日，中国联通灌阳县分公司对水车镇书记工程的线路进行改造　　中国联通灌阳县分公司　提供

## 广西广播电视信息网络股份有限公司灌阳分公司

【概况】 广西广播电视信息网络股份有限公司灌阳分公司（简称广电网络灌阳分公司）围绕“五个年”建设及分公司经营目标任务，全力推进2020年“壮美广西·智慧广电”工程建设，保用户、促增长，降库存，节支增收。办公地址位于灌阳县灌阳镇胜利路5号。

【经营收入】 2020年，广电网络灌阳分公司完成经营收入538万元，完成年度预算100.33%。其中资费类收入356万元，完成年度预算任务的133.79%；集客专网收入182万元，完成年度预算任务的67.37%。

【用户保有】 2020年，广电网络灌阳分公司在用数字电视终端数（含副机）为12363户，与2019年底相比增加1338户，用户增长率12.1%。

【“壮美广西·智慧广电”工程】 推进“壮美广西·智慧广电”工程建设。根据灌阳县人民政府印发《2020年灌阳县人民政府“壮美广西·智慧广电”

工程实施方案》,成立2020年灌阳县智慧广电工程建设领导小组,召开工程推进会,明确灌阳县2020年政府财政补贴办法,确保“壮美广西·智慧广电”工程各项任务的完成。2020年,完成行政村联网29个,完成乡镇服务站建设4个,完成乡镇机房建设7个,发展用户5149户,完成农家书屋建设38个,完成一村一屏建设69个。2019年度用户发展政府补助资金回款169.9万元,回款率为100%。

2020年9月16日,广电网络灌阳分公司召开2020灌阳县“壮美广西·智慧广电”工程建设培训会　　广电网络灌阳分公司　提供

**【集客业务】** 2020年,广电网络灌阳分公司推进集客业务融合发展,完成的专网项目有灌阳县融媒体中心硬件采购和软件服务项目、江东移民小区“天网”项目及各江东移民小区综治视联网项目。新签灌阳县融媒体中心软件服务项目、各乡镇综治视联网项目等合同,新增合同金额391.48万元。

**【发展双向互动高清用户】** 通过合理降低套餐资费及多渠道营销,让更多新老客户使用广电云盒,加快标清机顶盒的置换,确保双向互动高清用户比例逐步提升。2020年,广电网灌阳分公司在用用户12363户,其中双向互动用户9800户。

（侯　智）

# 农业·农村扶贫

## 农业农村

【概况】 灌阳县农业农村局是县人民政府农业行政和农业种植业、养殖业、经济技术综合管理的职能部门，主要负责统筹推动发展全县农村社会事业、农村公共服务、农村文化、乡村治理和农业基础设施；拟定深化农村经济体制改革和巩固完善农村基本经营制度的政策并组织实施。指导乡村特色产业、农产品加工业、休闲农业发展工作；负责种植业、畜牧业、渔业、农业机械化及农业各产业的监督管理；监督管理主要农业生产资料和农业投入品，农业防灾减灾、农作物重大病虫防治工作、农业投资管理等工作。办公地址位于灌阳县灌阳镇灌江北路44号。

粮食　2020年，完成粮食面积41.39万亩，同比增长5.03%，完成任务的103.17%；粮食总产量16.08万吨，同比增长4.96%，完成任务的100.25%。完成水稻种植面积27.21万亩，完成任务的100%；完成水稻产量12.18万吨，完成任务的100.74%；完成早稻种植面积12.12万亩，完成任务的100.75%。

经济作物　全县的主要经济作物有蔬菜、西香瓜、中草药材、红瓜子、花生、果蔗、苎麻、木薯、茶叶等，蔬菜播种面积16.49万亩，同比增长4.43%，产量23.2万吨，增长14.85%。

水果　全县水果种植面积27.4万亩，投产面积24.93万亩，水果总产量55.36万吨，水果总产值14.12亿元。其中李类面积8.79万亩，投产8.22万亩，产量7.71万吨，产值1.3亿元；梨类面积4.85万亩，投产4.64万亩，产量15.5万吨，产值6.2亿元；桃2.53万亩，投产2.07万亩，产量1.9万吨，产值0.66亿元；柑橘类面积8.7万亩，投产7.7万亩，产量23.4万吨，产值5.96亿元。

2020年2月24日，桂林市副市长谢灵忠（左二）到灌阳县西山坪创收农业洗果场调研　　县农业农村局　提供

畜牧　生猪年出栏26.69万头，增长5.95%，肉牛年出栏1.10万头，增长14.38%，羊年出栏0.77万只，增长3.65%，家禽年出栏263.66万羽，增长8.9%。水产品总产量0.57万吨，同比增长2.9%。

【农村土地承包经营权确权登记颁证】 农村土地确权颁证试点工作是全区重大改革项目实施内容之一,集中精力狠抓扫尾工作。全县共完成测绘面积25万亩,测量地块数650539块,占应确权面积100%,签订承包合同67017户,已建立登记簿67017户,占应确权户100%,颁证67013万户,颁证率99.9%;已建立好信息管理系统平台及数据库;县、市、区三级第三方成果验收已经完成;9个乡镇完成电子档案材料整理66496份;完成区、部级数据汇交;土地确权工作基本完成。

【农村集体产权制度改革】 完成9个乡镇、138个村委、2443个村民小组2018年、2019年度清产核资及2017年度清产核实工作,完成全部28张统计表的填报及系统录入,并上报市、区业务主管部门,对清产核资工作档案材料进行了整理,县乡自查验收已完成。三类资产清查核实结果:全县总资产36522.20万元,其中流动资产4958.25万元,农业资产2962.73万元,长期资产5382.97万元,固定资产23216.47万元,其他资产1.78万元。流动负债619.28万元,长期负债682.63万元,所有者权益35220.29万元。集体土地面积254.42万亩,建设用地12.66万亩,未利用地1.31万亩。在此基础上,进一步抓好村集体经济组织建设,全县138个行政村已建立股份经济合作联合社,占任务100%,涉及成员8.32万户,26.15万人,股金总额16374万元。

【新型农业经营主体"建档立卡"】 完成2020年新型经营主体建档立卡320家,融资3200万元。

【新型农业经营主体培育】 全县规模以上企业56家,市级农业产业化重点龙头企业17家,2020年新增区级重点农业产业化重点龙头企业1家。全县在工商注册登记的农民专业合作社496家,区示范合作社18家,新增市级示范合作社1家。家庭农场223家,区市示范家庭农场25家,新增市级示范家庭农场10家,新增区级示范家庭农场10家。全年带动农户3.5万户,其中实现订单的0.48万户,上缴国家税金2365万元,安置从业人员4289人。

【农村三变改革】 2020年,全县138个行政村已全面完成农村三变改革任务,成立138个股份经济合作联合社,占任务100%,涉及成员8.32万户,成员26.15万人,股金总额16374万元,实现资源变资产、资金变股金、农民变股民,为农村集体经济发展注入了活力和动力,全县138个村集体经济收入都超过5万元。

2020年5月12日,桂林市农业农村局调研灌阳产业扶贫工作
县农业农村局　提供

【村级财务会计委托代理服务】 灌阳县共有138个村委,138个村民合作社,由县财政局牵头,县农业农村局配合组织开展委托代理工作。各乡镇人民政府聘请专业会计,大的乡镇聘请2名会计员,小的乡镇聘1名会计员,并签订劳务合同,对138个村委、138个村民合作社分别实行电算化管理。

【农民负担监督管理】 年内,对全县的各涉农收费使用情况开展专项治理和强农惠农落实检查工作。通过专项清理和惠农政策落实调查，增强各级各部门对涉农收费、使用更加规范，监管使用机制更加科学，保护农民的合法权益。

**【农村土地流转】** 2020年，全县土地流转土地8.8万亩，租赁50亩以上的合作社、家庭农场、企业、个人等经营主体有313户，流转面积4.9万亩。

**【农产品质量安全】** 县级例行监测工作共检测基地果蔬样品1735个，合格率100%；乡镇级例行监测工作共检测基地样品7365个，合格率100%。

**【标准化生产建设】** 2020年，新无公害农产品8个，年末累计持证企业11家，持证产品数17个，认证面积167128亩。

**【农业生态与资源环境保护】**

*农田土壤及农产品重金属污染定位预警监测* 采集农产品及其产地土壤样品各21个。检测土壤和农产品样品中砷、镉、铬、汞、铅、铜、锌、镍、硒含量及土壤样品的pH值、有机质、机械组成、阳离子交换量、耕地地力（国控点）协同固定监测。多点采集混合样，监测指标共34项，包括土壤重金属指标8项、耕地地力指标21项、农产品重金属指标5项。根据检测结果开展重金属安全性评估。

*耕地土壤环境质量类别划分* 全县总耕地面积294971.04亩（不含已转为非农用地部分）。其中优先保护类(I)耕地面积274391.25亩，占总耕地面积的93.02%，通过技术手段进行核查，调整为非农用地的面积为154.13亩；安全利用类（Ⅱ）耕地面积20257.69亩，占总耕地面积的6.87%，通过技术手段进行核查，调整为非农用地的面积303.47亩；严格管控类（Ⅲ）耕地面积为322.1亩，占总耕地面积的0.11%，通过技术手段进行核查，调整为非农用地的面积为0亩。

*农用地安全利用* 灌阳县轻微污染且实施优先保护类措施（加强监测，因地制宜推行种养结合、秸秆还田、增施有机肥、少耕免耕等措施，提升耕地质量）的耕地面积28930亩。年内，实施安全利用类或治理修复类措施（优化施肥、水分调节、低积累品种替代、土壤调理、撒施石灰、生物修复等），且实现农产品质量达标生产的轻中度污染耕地面积9627亩，任务完成率116.33%；实施严格管控类措施（种植结构调整、特定农产品禁止生产区划分、退耕还林还草、休耕等）的重度污染耕地面积733亩，任务完成率227.64%；全县受污染耕地面积41798亩，实施分类管理技术措施面积39290亩，受污染耕地安全利用率94.00%。

## 粮食生产

**【概况】** 2020年，粮食播种面积41.39万亩，完成计划播种面积的103.19%；粮食总产量16.08万吨。水稻种植面积27.21万亩，水稻产量12.18万吨。

**【耕地地力保护补贴】** 2020年，乡（镇）人民政府组织申报、核实，县农业农村局、财政局认真开展面积审核、汇总、测算。最后以确权登记面积为依据进行补贴，补贴项目覆盖全县9个乡（镇），共有60104个农户申报补贴，符合发放要求的补贴面积为13.47万亩。自治区下达灌阳县的补贴资金为1866万元，每亩补贴标准为138.50元，补贴资金总额为1865.89万元，结余1077.77元。

**【粮食生产补贴项目】** 2020年，全县共有“2020年助推乡村振兴产业示范场点建设补助”“稻谷生产补贴”“2020年广西打赢疫情防控阻击战促进经济平稳运行粮食生产补贴”“2020年广西早稻生产补助”“2020年双季稻轮作试点项目”“灌阳县2020年稳定粮食生产七条措施”7个方面的粮食生产相关补贴。

**【推广应用超级稻蓄再生稻一体化超高产技术】** 灌阳县取得的“超级稻蓄留再生稻一体化超高产技术攻关及示范应用”科研成果，获得2016—2018年度全国农牧业丰收奖成果三等奖，为适应粮食生产供给侧结构性改革和机械化轻简栽培的需要，技术专家组将这一成果应用到“优质稻 + 再生稻”和“水稻全程机械化生产”上。其中与广西农科院水稻所合作，在黄关镇联德村建立120亩万太优美占高产攻关示范片。农业农村部组织四川、广东、广西等地的专家，于2020年8月5日进行现场测产验收，一季稻平均亩产740.47千克，再生稻平均亩产366.2千克。合计亩产1106.67千克。同时，在种植大户中，推广应用水稻全程机械化种“优质稻 + 再生稻”，再生稻产量达到200千克左右。

**【培育新型农业经营主体】** 灌阳县农业农村局积极引导种植能人，开展土地流转，并通过整合资源，在技术指导，种子、农药、杀虫灯等物化补贴上优先倾斜新型经营主体，促进粮食生产向规模化、产业化发展。全县共培植50亩以上粮食种植大户75户，种稻谷面积9840多亩。

**【食用菌生产】** 2020年，灌阳县种植食用菌面积为56.20万平方米，比2019年的53万平方米同比增加6.03%，总产量5700吨，比2019年的5300吨同比增加7.54%，总产值4429.8万元。仿野生灵芝生产在洞井瑶族乡、西山瑶族乡、灌阳镇山区中种植面积较大。

**【油菜生产示范样板】** 2020年，灌阳县结合“全国休闲农业与乡村旅游示范县”建设，灌阳县在各乡镇各建立1个油菜示范样板。全县油菜种植面积3.1万亩。

**【耕地保护与土壤有机质提升】** 建立绿肥示范面积10万亩，亩产鲜绿肥3918千克，总产鲜绿肥39180万千克；鲜红花草化验含氮0.30%、总含五氧化二磷0.08%、含氧化钾0.23%，共为10万亩水田土壤提供氮117.5万千克，五氧化二磷31.3万千克，氧化钾90.1万千克。

**【农作物加肥微灌园技术推广】** 2020年，建立加肥微灌园累计达到2万亩，雪梨加肥微灌平均亩产3400千克，比对照园平均亩产增产雪梨100千克，增幅达到3%；蔬菜加肥微灌园平均亩产辣椒2500千克，比对照园平均亩产增产400千克，增幅达到19%。由于采用加肥滴灌技术，亩均节约化肥纯量7千克，共节约化肥纯量14万千克，亩均节约成本72元，共计144万元，亩均节约施肥人工10个。

**【沃土工程和中低产田改造】** 完成沃土工程6万亩，主要采取工程措施结合农艺措施，具体措施为耕地质量整理，排灌设施改善，广泛积制农家肥，增施有机肥等。完成中低产田改良2万亩，主要是改良新圩、水车、文市的中产果园，以增施有机肥为主，适当采用化学方法增补土壤亏缺营养元素，因地制宜增施复合肥及各种中微量元素，提高果园地力和产出，其次为潜入性田开沟排潜。

**【创新施肥技术】** 由于沃柑价格居高不下，果农使用有机肥积极性高涨。据调查，有5万亩沃柑园使用有机肥，平均每亩达到300千克。

**【测报业务工作】** 2020年，分别在3个乡镇完成全国土壤墒情观测和耕地质量监测工作，分别在7个乡镇完成耕地质量保护与提升布点工作，开挖耕地土壤剖面30个，全年采集耕地土壤样品45个，植株样品14个，化验412项次，分别向县政府写出耕地质量监测报告3份，耕地质量年度变化报告1份。

**【病虫防治】** 全年，开展农作物病虫害统防统治面积164.2万亩，其中粮食作物病虫害统防统治面积53.2万亩，水果病虫害统防统治面积83.1万亩，蔬菜病虫害统防统治面积27.9万亩。农作物病虫害绿色防控面积达31.6万亩，农作物病虫害绿色防控覆盖率达38.2%。推广农药减量控害技术193.4万亩。全年减少化学农药用量(有效成分)1.33吨。

**【建设示范基地】** 国家级资金项目“水稻绿色高产高效创建”“农作物病虫疫情防控”项目及“橘

小实蝇绿色防控技术集成示范”项目实施；结合灌阳县生产实际，主要将绿色防控技术示范应用在黄关联德水稻核心示范园区、灌阳镇大仁村雪梨、黑李核心示范区、高产创建示范区、园艺作物标准园、“三品一标”基地等拓展，全县建立完善水稻病虫害绿色防控示范区10个1.12万亩，水稻统防统治示范区12个2.4万亩。建立果树绿色防控示范区3个，面积0.7万亩，果树统防统治示范区15个3.4万亩，建立蔬菜绿色防控示范区2个，面积0.1万亩，统防统治示范区5个，面积0.4万亩。重点示范应用“四诱”和生物防治技术措施，共推广安装太阳能杀虫灯80台，电源式杀虫灯250台，面积1.5万亩，性诱器4000个，面积4000亩，赤眼蜂卡1万张，面积400亩，稻、鱼共生面积1000亩。选用生物农药防治1万亩，推广高效、低毒、低残留农药占比达98%以上。

**【防控方式转变】** 重点依托新型农业经营主体、涉农企业等，强化指导服务，整合相关项目资金，加快病虫防控方式转变，集中连片、整体推进专业化统防统治与绿色防控融合发展继续开展农企合作共建，加大共建工作力度，拓宽合作范围，引导企业与合作组织、生产基地有效对接，探索建立技术与物资结合、市场与品牌对接、部门和基地联合的绿色防控推广联合体，引导社会力量支持和推动绿色防控技术的应用，推动防控技术产业化推广、规模化应用，实现农药减量控害与企业发展、产业提升、农民增收、农业增效和生态改善等多赢目标，稳步提高农作物病虫害绿色防控覆盖率。全县成立135家种植业合作社、协会、家庭农场，有效开展统防统治、绿色防控及农药增效减量控害技术的应用。

**【农经统计】** 2020年，县农业农村局主动抓好水稻、果树、蔬菜等病虫预测预报工作，社会效益十分显著，受到农民群众和各级领导的关注。发布《病虫情报》21期，其中涉及粮食作物11期、果树8期、综合趋势分析2期，每期上报区、市植保站，通过118信息系统向县四家班子领导和各乡镇政府汇报，发送邮件给县农业农村局领导、局直属站、乡镇农技推广站、种植大户、生产制种企业以及138个村委会和部分农户以及农资经营单位或个人。作为信息交流与区市县及邻近省县（区）保持联系。全年预报准确率达94.7%。完成填报“五天一报表”46份、信息卡6份、统计表、大田普查表、汇总表58份，及时上报区、市植保站。

（陈爱平　文进军　唐康元　孙太华　唐定华）

## 经济作物生产

**【概况】** 全县主要经济作物有蔬菜、西香瓜、中草药材、红瓜子、花生、果蔗、苎麻、木薯、茶叶等。蔬菜种植面积16.49万亩，总产量23.2万吨；西瓜、香瓜播种面积1.85万亩，总产3.71万吨，总产值4051万元；中草药材种植面积2.4万亩，总产0.49万吨，总产值7962.35万元。其他经济作物种植面积3.2万亩，总产1.60万吨，总产值4026万元（主要包括红瓜子0.8万亩，产量0.13万吨；果蔗0.2万亩，产量0.6万吨；苎麻0.1万亩，产量0.02万吨；木薯0.32万亩，产量0.51万吨；花生1.2万亩，产量0.25万吨；茶叶0.43万亩，其中采摘茶园0.4万亩，产量0.04万吨；其他0.15万亩，产量0.05万吨）。

**【特色经作产业集群】** 2020年，特色经济作物种植面积23万亩，建立50亩以上经济作物示范样板点55个，面积0.63万亩。其中蔬菜47个（秋冬菜36个），面积0.51万亩；中草药材8个，面积0.12万亩。示范亮点有新圩镇和睦村采用“春提早大棚西瓜+秋冬大棚辣椒及菜心”模式种植面积170亩；洞井瑶族乡椅山村采用“春夏苦瓜+秋冬菜心”模式种植面积100亩、采用“春茄子+秋冬豌豆”模式种植面积160亩；黄关镇龙吟村利用中晚稻田种植灌阳雪萝卜300亩；黄关镇中秀村利用中晚稻田种植灌阳雪萝卜、叶芥菜及生菜200亩；新街镇新街村利用中晚稻田种植芥蓝包120亩；灌阳镇上王村利用中晚稻田种植灌阳雪萝卜、白菜250亩；灌阳镇秀凤村利用中晚稻田种植灌阳雪萝卜160亩；灌阳镇仁江村羊落山常年多季种植蔬菜160亩；水车镇三皇村利用中晚稻田种植榨菜240亩；新圩镇龙桥村采用“春番茄+秋莴笋”模式种植面积100亩等。

【农情统计工作】 依据经济作物生产特点，采取多种形式，加强与统计部门沟通与对接，广泛收集经作农情信息，并及时对全县经济作物生产情况进行统计、分析和上报，确保数据的全面性、及时性和准确性，为科学指导灌阳经作生产提供可靠依据。

## 水果生产

【概况】 全县共有水果面积27.4万亩，投产面积24.93万亩，水果总产量55.36万吨，水果总产值14.12亿元。其中李类面积8.79万亩，投产8.22万亩，产量7.71万吨，产值1.3亿元；梨类面积4.85万亩，投产4.64万亩，产量15.5万吨，产值6.2亿元；桃2.53万亩，投产2.07万亩，产量1.9万吨，产值0.66亿元；柑橘类面积8.7万亩，投产7.7万亩，产量23.4万吨，产值5.96亿元。全县水果以梨、李、桃、柑橘为主，其中梨李桃共占水果总面积的58.67%，柑橘类占总面积的31.57%，其他品种共占9.76%。

【发展优势特色水果】 根据灌阳小气候条件，因地制宜发展种植优势特色水果品种，引导种植落叶果树。全年新增水果面积4867亩，其中连片200亩以上示范场3个，面积最大的果场达1500亩(柯利源公司水车同德果场)，种植主要品种为李、梨、桃、甜柿等。依托“国家现代农业桃产业技术体系桂林综合试验站示范县”平台，继续加大桃产业发展力度。

【标准示范园建设】 水果生产以无公害标准园示范建设为载体，主推节本增效、生态栽培、健身控病栽培技术及杀虫灯、果实套袋等病虫害绿色防控技术，同时规范高效低毒低残留农药的使用，大力宣传推广应用农家肥提高水果品质技术，努力降低生产成本，确保水果业提质增效，确保农产品质量安全，有效保护农业生态环境。

【发展休闲农业】 为进一步拓展农业功能，实现果业提质增效，县农业农村局与多部门合作，继续抓好《灌阳县千家洞水果产业核心示范区》建设的监测保级工作，同时协助和指导全县、乡、村级现代农业示范点(园)建设，推广先进实用技术，大力发展休闲农业。

2020年9月1日，国家桃产业技术体系专家到灌阳指导桃产业发展
县农业农村局　提供

【水果科学试验】 开展翠玉、苏翠一号、清香、鄂梨二号、新翠冠、黄金梨等梨子新品种观察试验，并在试验观察的基础上扩大翠玉、苏翠一号、黄金梨种植面积；开展李新品种引种观察试验，品种有幸运、前卫红、龙园蜜、秋姬、安哥诺、国峰2号、国

峰17号、南方李141等；在水车镇发现一个生产性能和水果品质均比原品种优良的苹果李芽变并培育一批苗木，计划扩大种植面积进行中试；新引进8个李子新品种进行观察；展甜柿新品种试验，品种有阳丰、太秋等；观察桂橙一号、黄金柑、由良蜜橘、美国糖橘、W·默科特、爱媛38等早中熟柑橘品种及猕猴桃、葡萄、黑老虎等新品种在灌阳县种植的情况；开展黑李避雨栽培试验和黑李重度更新后综合防治细菌性穿孔病的试验研究，并总结试验方法在实际生产中存在的相关问题；开展梨液体授粉试验；桃园试验示范，主要试验示范"Y"字形整形技术和绿色水果种植技术。

【强化品牌意识】 结合获得的"中国绿色生态农业示范县""中国绿色生态雪梨之乡""中国绿色生态黑李之乡""中华名果——灌阳黑李"等称号和灌阳雪梨获得国家地理标志农产品登记的机遇，强化品牌意识；通过举办"二月八""梨花节""雪梨黑李节"等节庆活动，利用互联网、广播电视等多种渠道大力宣传推介。

（王立新）

## 水产畜牧

【养殖业生产】 全年生猪出栏26.69万头；肉牛出栏1.10万头；羊出栏0.77万只；家禽出笼263.66万羽；水产品总产量0.57万吨。

【养殖业项目备案和认证】 对新建畜禽规模场存栏生猪200头以上，年出栏500头以上；牛存栏100头以上，年出栏50头以上；家禽存栏5000羽以上，年出栏2万羽以上，蛋禽存栏2000羽以上的符合备案条件的规模场在直联直报平台上录入养殖相关信息进行养殖备案，发放畜禽养殖代码54家。2020年，通过现代生态养殖场认证共45家（其中五星3家，四星5家，三星37家）。

【重大动物疫病防控】 2020年，猪口蹄疫应免31.66万头，实际免疫31.66万头，免疫密度100%；猪瘟应免31.15万头，实际免疫31.15万头，免疫密度100%；高致病性蓝耳病应免29.94万头，实际免疫29.94万头，免疫密度100%。牛、羊口蹄疫应免数分别为5.19万头和1.85万头，实际免疫数分别为5.19万头和1.85万头，免疫密度100%；小反刍兽疫应免1.59万头，实际免疫1.59万头，免疫密度100%。家禽高致病性禽流感应免数分别为鸡114.68万羽、鸭44.28万羽、鹅5.24万羽，实际免疫数分别为鸡114.68万羽、鸭44.28万羽、鹅5.24万羽，免疫密度100%。鸡新城疫应免数110.97万羽，实际免疫数为110.97万羽，免疫密度100%。犬狂犬病应免0.74万只，实际免疫0.74万只，免疫密度100%。

【监测采样和实验室检测】 开展灌阳县日常监测和集中监测，对免疫畜禽进行监测采样和检测，猪瘟、口蹄疫、禽流感、新城疫免疫抗体合格率均达70%以上。其中猪口蹄疫免疫抗体检测204份，免疫抗体合格率为99%；猪瘟免疫抗体检测204份，免疫抗体合格率为95.59%；牛羊口蹄疫免疫抗体检测50份，免疫抗体合格率为94%。禽流感免疫抗体检测：鸡H5免疫抗体检测275份，免疫抗体合格率为98.2%；鸭H5免疫抗体检测204份，免疫抗体合格率为97.06%；鸡H7免疫抗体检测277份，免疫抗体合格率为98.2%；鸭H7免疫抗体检测204份，合格率为97.06%。新城疫免疫抗体检测275份，合格率为89.18%。布病检测207份（分别为：猪布病检测30份，羊布病检测177份），无阳性样品。市级集中监测共送检畜禽血清100份，合格率达80%以上。

【培训与疫病普查】 由县农业农村局组织，对乡（镇）水产畜牧兽医站工作人员进行动物防疫技术培训，再由各乡（镇）水产畜牧兽医站组织本乡镇的村级动物防疫员进行动物防疫技术培训，培训内容主要是根据当前面临的动物疫病防控形势、结合县内实际情况，针对疫苗使用、疫苗保存、免疫注射、过敏急救、档案登记、场地消毒等方面作重点讲解。因猪瘟、高致病性蓝耳病退出强制免疫，实行全面免疫，县局、各乡镇兽医站对辖区内生猪养殖场(户)进行宣传解释工作，要求各生猪养殖场(户)通过正规渠道自购疫苗免疫。组织村级动物防疫员及相关专业技术人员，对全县138个村进行地毯式、拉网式普查，未发现重大动物疫情。

**【非洲猪瘟防控】** 全县规模养殖场288个，累计排查生猪681371头；138个行政村累计排查2713户散养养殖户，累计排查生猪18889头；全县2个屠宰场，累计排查生猪107577头；购置了消毒药、扑杀器，防护服等应急物资；要求全县养殖场、屠宰场等场所按要求进行消毒灭源工作，公布动物疫情举报电话，24小时接听；加强宣传培训，组织召开全县非洲猪瘟防控技术培训及全县非洲猪瘟检测技术培训，参加人员有专业技术人员、屠宰场、生猪养殖场(户)。“二月八”现场宣传，发放宣传资料2000多份。

县动物疫病预防控制中心兽医实验室获得在授权范围内开展非洲猪瘟检测，已检测436生猪抗凝血样品，126份环境样品，无阳性样品；在8个养殖场采集184份环境样及口、肛门拭子送桂林市检测，无阳性样品。

**【水产畜牧产品质量安全检测】** 开展水产畜牧产品质量安全监管工作，全面完成水产畜牧产品抽样检测任务，全年共完成市级下达的水产品快检任务20个，检测合格率为100%。

**【水产示范点建设】** 灌阳县稻渔综合种养示范点建设，建立了灌阳县秀江稻渔综合种养点、黄关李官稻渔丰生态农业有限公司稻渔综合种养点2个各300亩的稻渔综合示范点，灌阳县成功申报三级渔业健康养殖示范县，上级分配给全县450亩稻渔综合种养建设项目及400亩的池塘改造项目。

**【渔政执法】** 抓好灌阳县第3个禁渔期的渔政执法工作，严厉打击电、炸、毒及地笼捕鱼等非法捕捞行为，全年共发放宣传资料7000余份，悬挂横幅60余条，装订禁渔牌20余块，《今日灌阳》专题报道3次；开展联合执法26次，出动执法车辆80多次，出动执法人员350多人次，收缴电鱼工具14套，清理销毁地笼网1100余条；在打击非法捕捞的同时，协同县人民检察院通过生态修复在灌江增殖放流鱼种。

（范业权　熊国明　蒋庭松　文志明）

## 农业执法

**【概况】** 灌阳县农业农村局切实履行职责，深入开展农资打假和监管工作；有效地整顿农资市场秩序，有序地引导生产、经营、使用农资行为，促进全县农村经济的健康发展。

**【农业法律法规宣传】** 围绕《中华人民共和国农业法》《中华人民共和国种子法》《农药管理条例》《中华人民共和国农产品质量安全法》《食用菌菌种管理办法》《蚕种管理办法》《广西壮族自治区果树种苗管理办法》等农业法律法规，利用乡镇圩日等开展宣传活动，共出动宣传车45辆次，印发农资管理法律知识和如何购买放心农资等宣传资料2万份。

**【农资打假】** 共组织开展执法检查120多次，出动执法车辆120多辆次，出动执法人员600多人次，检查农资经营门店1200多个次，检查农资商品20万千克。

**【农业执法】** 全年共接待来访群众20多人次，受理农民投诉农资纠纷问题2起，其中种子纠纷1起、肥料纠纷1起、调解办结2起，调解成功率达100%。

**【宣传周活动】** 在宣传周期间，向参加活动的群众发放如何购买“放心农资”、科学种田等方面宣传资料1.8万份，接受农民咨询问答60多人次。

## 农业科技

【概况】 以农民教育培训工作项目、基层农技推广体系改革与建设补助项目等农业科技项目为平台,围绕“水稻、水果、蔬菜”三大产业,开展针对性强、务实有效的专业技能培训,切实抓好基层农技人员、农业科技示范主体、高素质农民培训工作,提高农技人员服务水平和农民科技意识,促进农业科技的推广普及,加快科技成果的转化和应用。

【农民教育培训】 结合各级各类农业项目,通过开展秋冬季农业科技大培训行和农村党员大培训等工作,采取“手把手、面对面”现场培训、田间学校、入户指导、明白纸等多样灵活的方式,逐村逐户扎实开展科技培训,快捷有效地为广大农民提供技术、信息和咨询服务,全面提高农民科技文化素质。2020年,全县共举办各类培训班276班次,培训农户1.1万人次,印发宣传资料3.31万份。

【高素质农民教育培训项目】 2020年,完成项目5个班285人的集中理论培训;根据灌阳县农业主导产业发展状况,以专业大户、家庭农场、农民合作社、农业企业、返乡涉农创业者等新型农业经营主体带头人为培育对象,已遴选农民对象267人,年内开班实施第一阶段的集中培训。

【基层农技推广体系改革】 2020年,全县共培育科技示范主体180名,选派32名技术指导员,采取1+5+50(1个技术指导员负责5个农业科技示范主体,1个农业科技示范主体辐射带动50个农户)形式,采取进村入户培训指导方式及做好农业科技试验示范基地,围绕水稻、水果、蔬菜3大主导产业,积极推广3项主推技术,主推技术到位率95%以上。

## 农业区划

【农业遥感样方监测】 完成2020年灌阳县早稻种植面积本底调查样方遥感监测任务。

【野外调查】 对灌阳县各乡、镇、村、屯的水稻、柑橘、马蹄、芋头、梨、李等特色作物进行野外调查。

【遥感航拍】 用无人机开展对超级稻及其他各种作物、示范点、田园综合体、农用地安全使用等进行遥感航拍。

【遥感助建】 跟踪维护好大仁美丽乡村遥感助建3D系统展示平台。

(文颖燕)

## 农业机械化

【概况】 灌阳县农业机械化服务中心是县农业农村局管理下的正科级、公益一类事业单位,主要负责贯彻执行党和国家有关农业机械化的方针政策和法律法规;全县农机化管理,农机新机具新技术推广应用,农机培训等工作。2020年,全县农机总动力达到34万千瓦,农作物耕种收综合水平达70.8%。已登记注册的农机合作社23个,入社成员总数149多人,拥有各类农机具100多台(套),其中50～100马力拖拉机10台、联合收获机械32台、无人植保机2台;落实农机购置补贴资金2156.82万元,完成绩效任务资金的21倍,受益农户1286户。办公地址位于灌阳县灌阳镇灌江北路139号。

【农机推广】 2020年,共推广轨道运输机663条,简易保鲜库12个,微耕机406台,微灌设备275台,旋耕机2台,拖拉机1台,使1286户农户受益。

2020 年 7 月 21 日，县农机服务中心举办灌阳县油茶生产全程机械化创新示范基地建设项目技术培训班　县农业机械化服务中心　提供

为提升油茶产业的机械化水平，县农业机械化服务中心协助广西中源公司申报并实施 2020 年优势特色农作物生产全程机械化创新示范基地建设项目，项目总投资 375.8 万元，财政补助资金 180 万元，业主自筹资金 195.8 万元。建成 350 亩核心机械化示范基地，有效提高油茶基地的机械化作业水平，机械化率达到 70% 以上。解决油茶基地茶果、肥料等的运输、茶果剥壳分选、茶果烘干、机具存放等问题。摸索出一套在全区可复制、易操作的油茶生产机械化技术推广模式。

【农机购置补贴】 2020 年，全县完成农机购置补贴资金 2156.82 万元，是完成绩效任务的 21 倍。受益户数 1286 户，补贴机具数量达 1962 台套。全面落实先购机后申请补贴、具体操作环节与经销商分离等措施。利用各乡镇圩日、大接访活动、“3·15” 活动日发放宣传资料 5000 份，接待群众咨询 1500 人次，面对面宣传政策 2000 人次。开展“送农机购置补贴政策进村入户”活动，到乡镇、村进行实地宣传，现场解答老百姓疑问，与村 “两委” 座谈，以点带面，提高群众对补贴政策的知晓率。在各乡镇政府公开栏及人员集中处张贴补贴宣传栏，加大补贴政策影响力。

【农机产品质量监督与管理】 2020 年，以购置补贴农机具为重点，开展系列农机产品售后质量监督工作。县农业机械化服务中心组织工作人员对全县农机经销商进行不定期的抽查，主要检查农机是否具有生产厂家、合格证、生产地址铭牌，使用说明书、三包凭证等，是否具有符合要求的推广鉴定证章、安全标志和安全防护装置，共检查 6 家农机销售企业，200 个产品型号，产品数量达到 220 台套，总价值达 60 万元。严把质量关，打击非法制售伪劣农机产品行为，加强对坑农害农事件的查处，净化农机市场，防止损农坑农事件发生，依法维护群众的合法利益。

【农机培训】 以农业机械化实用新技术、新机具为主，以农业机械化实用机具和实用技术作为主要内容开展技能培训，并结合促进农民致富，广泛开展农村党员培训；举办多形式的培训班，进行各类农机化教育培训 417 人次，其中拖拉机驾驶员培训 27 人次，其他农机操作人员培训 390 人次。

（县农业机械化服务中心）

## 脱贫攻坚

【概况】 灌阳县扶贫开发办公室（简称县扶贫办）属县人民政府工作部门、为正科级行政单位，主要负责全县扶贫的相关工作。2020 年是脱贫攻坚的收官之年，始终坚持 “精准扶贫、精准脱贫” 的基本方略，统筹安排，狠抓落实，为打赢脱贫攻坚收官之战奠定坚实的基础。2015 年至 2020 年全县已实现 67 个贫困村摘帽，10621 户、40622 人脱贫（其中 2020 年全县 633 户、1989 人脱贫摘帽），贫困发生率由 15.62% 降至 0，实现整县脱贫摘帽。

年内，灌阳县共筹集安排各级财政扶贫资金39766.77万元，支出38860万元。共收到自治区下达的涉农整合资金11974.87万元，支出11704.66万元。办公地址位于江东新区。

**【拓宽增收渠道】** 通过扶持发展特色农业、建设扶贫车间、开发公益性岗位，实施家庭手工业项目等方式拓宽增收渠道。2020年，开发非固定性村级扶贫岗位1873个，安置贫困劳动力就业1858人，累计下发岗位补贴224.25万元；全县18个深度贫困村共安排90个建档立卡贫困户公益性岗位，48户极度贫困户共安排38个公益性岗位，另外10户已实现灵活就业或签订自愿放弃协议。灌阳县完成建设扶贫车间78个、示范性扶贫车间2个，扶贫车间补贴已按规定全部发放到位，共吸纳建档立卡贫困户801人就业。

**【兜底保障】** 全县有农村低保对象10637户、17279人，2020年，发放农村低保金5829.51万元。全县新增农村低保对象1758户、2246人，城市低保对象42户、68人，新增特困人员供养对象195人。建档立卡贫困人口纳入社会救助保障11536人，建档立卡边缘户纳入社会救助保障326人，建档立卡监测户纳入社会救助保障354人。对收入不稳定、持续增收能力较弱、返贫风险较高的边缘户和脱贫监测户，及时跟进实施临时救助，有效防止其返贫。全县全年临时救助资金共支出103.67万元（含实物救助20万元），救助人次达2285人次，其中：建档立卡贫困人口救助497人次，救助金额29.69万元。

**【社会帮扶】** 建立健全指挥体系、责任体系、督查体系、奖惩体系“四大工作体系”，完善机关单位定点扶贫、企业联系扶贫、社会力量参与扶贫的工作机制，有效构建全县上下协同推进的大扶贫格局。

**【产业扶贫】** 全县“5+2”优质稻、杉、牛、李、猪、柑橘、鸡特色产业覆盖率达98.08%；共有108个新型经营主体或产业基地（园），每个村均有1个以上新型经营主体或产业基地（园）覆盖，新型经营主体或产业基地（园）带动村内贫困户比例均已达到30%以上。培育创业致富带头人342名，确保每个贫困村不少于3名创业致富带头人。制订《灌阳县2020年种植业示范场奖补工作方案》《灌阳县2020年养殖业示范场奖补工作方案》等产业奖补文件，县财政自2018年起连续3年每年列支5000万元，鼓励贫困户积极发展特色产业，贫困户2020年产业“以奖代补”项目共申报资金5594.61万元，惠及贫困户15878户次。精准开展“转移式”劳务培训、“菜单式”专业知识培训等，2020年共发放短期技能以奖代补补助资金60人4.8万元，组织开展农村实用技术培训班，对群众的农用技术进行培训。年内，全县138个行政村开展培训140期，共6817人次参加培训。

**【村级集体经济】** 全县142个村（社区）集体经济总收入1377.14万元，所有村（社区）集体经济收入均达5万元以上，其中10万元以上的村26个，20万元以上的村10个，50万元以上的村3个。

2020年2月17日，派驻县委办纪检监察组对县扶贫办派出驻村扶贫工作队员开展集体提醒谈话　　县扶贫办　提供

同时，持续加大对发展壮大村级集体经济的扶持力度，2020年投入财政资金合计4640万元。

【基础设施建设】 2020年，财政专项扶贫资金安排基础设施建设项目354个，总投资9416万元。全县138个行政村全部实现通行政村道路硬化、通动力用电，村委或中心小学均通有线宽带或无线宽带；20户以上976个自然村（屯）全部实现通沙石路或水泥路。录入2020年扶贫项目及资金投入，全县扶贫项目562个，涉及资金2.03亿元，主要投向产业发展奖补、村级集体经济、扶贫小额信贷贴息、扶贫车间、基础设施、项目管理费等。其中财政专项扶贫资金投入项目447个，涉及资金1.8亿元；财政涉农统筹整合资金投入项目80个，涉及资金2356.54万元。

【教育扶贫】 2020年，实现建档立卡贫困户适龄儿童、少年失学辍学动态清零。及时落实送教上门服务，全县随班就读适龄残疾儿童少年188人，送教上门61人，在专门学校就读43人，政策性休学13人。严格落实各项教育资助政策，做到应助尽助，2020年灌阳县义务教育阶段学生人数26972人，2020年灌阳县共有45766人（次）学生得到各项资助，共发放资助金额2609.73万元。其中，2020年春季学期雨露计划学历补助共补助学生1413人次，补助资金185.93万元全部发放到位；另补发2017—2019年漏补学生575人次，补助资金85.13万元全部发放到位；2020年秋季学期学历补助1378人次，补助资金228.43万元全部发放到位。

【健康扶贫】 落实"198"医疗政策，全县贫困人口52980人（其中现役军人1名，死亡3人）。2020年，应参保52976人，已参保52976人，参保率100%。建立健全建档立卡户人口住院、特殊慢性病门诊医疗费用政府兜底保障机制，建档立卡户住院医疗费用个人实际报销比例达到90%、29种特殊慢性病门诊医疗费用个人实际报销比例达到80%。县内公立医院实行建档立卡贫困户患者"先诊疗后付费"结算机制，在3所县级医院和9所乡镇医院设立综合服务窗口，为贫困户家庭患者提供基本医疗保险、大病保险、医疗救助、财政补助等"一站式"直接结算服务。全县每个行政村均有1所标准化卫生室，村卫生室业务用房、设施配备、乡村医生配备、乡村医生服务等标准化建设方面都达到基本医疗有保障内涵和标准。

【农村危房改造】 全县共有农户84824户，已实现全县农村住房安全有保障；建档立卡贫困户13811户，住房安全有保障率达100%。开展全县所有农户住房安全等级评定工作，出具评定报告，将评定结果进行公示并将住房等级标识牌上墙。全县拆除旧房756户，兑现拆旧资金1953.5万元，通过危旧房改造解决住房问题的农户有19501户（其中推倒重建19158户，维修加固343户）；2020年上级下达四类重点对象农村危房改造任务212户，2020年6月8日至10日，全县完成农村危房改造项目县级联合验收，危改补助资金及时足额拨付到位。落实易地扶贫搬迁工作，共投入资金

2020年12月18日，县扶贫办在盘江村召开村"两委"干部、脱贫群众代表座谈会
县扶贫办 提供

3.02亿元，于2018年底顺利实现1186户、5035人全部搬迁入住，提前完成“十三五”易地扶贫搬迁任务。复垦复绿工作稳步推进，实际入住满两年的应拆除自建独立住房310户，已全部拆除。

**【饮水安全巩固提升】** 全县共有农户84824户，已全部解决饮用水问题且达到安全用水标准，覆盖率达100%。2020年，农村集中供水水质达标率为88.24%，超过全区62%的标准。农村集中供水工程均采用供水到户，一户一表一水龙头的方式建设，村民自建项目亦自行通水到户，分散式供水农户采用引用山泉水、打井等方式引水到户，农户取水方便。全县已建成饮水工程项目327个，均已投入使用。2020年，上级下拨资金300万元，用于建设8处农村饮水安全巩固提升工程，已全部完工。

**【防止返贫】** 部署和培训2020年度灌阳县“一帮一联”工作，对《帮扶手册》登记填写、广西扶贫APP操作等2020年度“一户一册一卡”工作，实现帮扶手册、联系卡信息与国扶系统相关信息同步更新，最终做到信息数据“账账相符”“账实相符”。2020年，顺利实现数据质量“清零”目标，信息数据质量排名全区第一。坚持“两不愁三保障”标准，全力推进精准扶贫、精准脱贫，在完成全县未脱贫贫困人口脱贫摘帽的基础上，着力巩固脱贫成果，防止返贫和新增致贫，确保全县在全面建成小康社会道路上不落一户、不落一人。全县共有脱贫不稳定户169户、654人、边缘易致贫户171户、612人，其中脱贫不稳定户消除风险105户、412人、边缘易致贫户消除风险86户、297人。

**【村级光伏扶贫】** 灌阳县11个村级光伏扶贫电站均已将2020年60%以上的光伏扶贫收益用于贫困户公益性岗位工资和公益事业劳务支出。

**【消费扶贫】** 2020年，共有29家供应商62个产品通过认定，29家供应商销售数据为5299.44万元，其中广东地区销售额为1194.8万元；全县116个基层工会参与工会消费扶贫活动，采购总金额313.25万元，占职工福利支出比重超过50%。开展灌阳特产网上行和消费扶贫等线上线下融合的促销活动，扩大贫困村农产品销售渠道，10月16日，举办以“爱心‘灌’溉汇聚力量，决胜脱贫攻坚收官之战”为主题的灌阳县2020年消费扶贫农产品展示展销会，各扶贫农产品经销商累计销售金额68189元。

**【生态扶贫】** 采取以工代赈等方式组织贫困人口参与防护林建设、储备林营造等林业生态工程建设，加快发展林下经济等生态产业。大力推进贫困地区新一轮退耕还林，在确保县级耕地保有量和基本农田保护任务前提下，对符合退耕政策的贫困村、贫困户实现全覆盖。灌阳县积极落实生态护林员扶贫政策，在全县所有建档立卡贫困户中选聘贫困人口生态护林员1116名。

**【扶贫项目管理】**

扶贫项目管理　2020年实施扶贫项目562个，竣工率98%。全力做好资金监管工作。共筹集安排各级财政扶贫资金4.03亿元，实际支出3.96亿元，支出进度为97%；整合自治区下达的涉农资金1.19亿元，支出1.18亿元，支出进度为98.54%。

小额信贷　2020年，累计发放贷款2763笔，放贷金额11125万元，完成桂林市下达“增百任务”8600万元的129.36%，逾期率0%。

**【工作落实】**

扶贫扶志专项行动　宣传习近平总书记关于扶贫开发战略思想，解读扶贫政策，挖掘先进典型，提升贫困群众内生动力。2020年，在中央级媒体发表稿件9篇，自治区级媒体发表稿件71篇，《今日灌阳》、微报灌阳微信平台共刊发282期，县广播电视台播出110期，编印《灌阳县精准脱贫攻坚简报》24期。实现每个建档立卡贫困户家庭有1名懂政策、明事理、会感恩的脱贫攻坚“明白人”，做到了“四个明白”；10月23日，印发《灌阳县“脱贫感党恩　奋进新起点”主题活动实施方案》，教育引导广大群众树立主体意识，感恩奋进，坚定跟党走的信心决心。

乡镇交叉检查　全县9个乡镇各自抽调精干力量组成交叉检查组，聚焦“两不愁三保障”、信息数据质量、扶贫政策落实等内容进行交叉抽查检查，全面梳理问题，从严落实整改，检查结果作为扶贫成效平时考核结果的重要依据。第一轮交叉检查于2020年7月完成，第二轮交叉检查于10月完成。

2020年5月12日，县气象科普员向群众发放气象科普宣传资料
县气象局　提供

排查整改清零　召开脱贫攻坚问题排查整改清零行动准备工作会议，组建督导组对脱贫攻坚专责工作进行督导，逐村逐户逐项排查梳理问题短板，形成督导工作报告，抓好整改落实，有效巩固提升脱贫攻坚成果。

**【责任落实】** 以脱贫攻坚统揽经济社会发展全局，19个区、市后盾单位及54个县直单位与138个行政村结对，5232名帮扶干部与10898户贫困户结对，精选67名第一书记和282名工作队员驻村帮扶，集中人财物精准发力、合力攻坚，克服疫情不利影响，压实帮扶联系人帮扶责任，完善“一帮一联”“一户一策”工作制度，扎实开展“六个一”帮扶活动。优化驻村工作队伍，及时调整替换44名超龄工作队员，强化队员管理，严格住夜制度。实行县四家班子主要领导领衔的县委常委战区负责制，严格落实“三级书记”抓脱贫责任制和乡镇党委和县级专责组脱贫攻坚述职评议制度，制定《关于进一步强化脱贫攻坚责任落实严格绩效考评的意见》，实行“4+6+N”分等奖惩考核模式。

（县扶贫办）

## 气象工作

**【概况】** 灌阳县气象局是县人民政府主管气象工作的部门，属中直事业单位，实行气象部门和地方政府双重领导以气象部门领导为主的管理体制。主要负责气象探测、农业气象服务、气象预报与公益服务、人工影响天气、防雷减灾工作的组织管理、气象科技信息服务等。办公地址位于灌阳县灌阳镇灌江西路52号。

**【气象服务】** 按照“四全四定”和“一线工作法”要求，认真抓好落实。面对暴雨、强对流等复杂多变的天气过程，严密监测、科学分析、及时预警、主动服务。针对传统节日、灌阳“两会”、高考等各种重大节日、重要活动及疫情防控等开展气象保障服务，得到领导和群众肯定。制作发布常规气象服务材料98期；专项气象服务83期(其中疫情防控专项气象服务69期)；重大气象信息专报11期，重大气象信息快报14期，启动重大气象信息报告党政主要负责人流程8次，启动及升、降应急响应13次，发布预警短信191（包括解除)，预警信号74期次，对2020年出现的11次暴雨过程均准确预报、及时服务，为领导决策提及部门防灾减灾供参考。开展气象灾害风险调查、评估和区划，联合应急、林业、文旅等部门，开展气象预警服务、宣传及风险评估。气象预警大喇叭在线率均高于90%，位于全市前列。深化部门联动，与驻灌部队签订了救灾合作协议，组织开展汛期安全检查，发现问题要求整改并督促督办。

**【服务生态文明建设】** 参与应对气候变化工作，在气候资源开发利用、节能减排降碳、国家湿地公园申报等工作中积极献计献策。为灌阳重大项目建设、风能、太阳能开发利用提供气象服务。主持完成全域旅游示范区国家气候标志申报，观音阁乡通过了区级避暑小镇评审。

**【人工影响天气业务】** 人工影响天气组织机构完成了更名及登记注册。完善“智慧人影”业务体系并在工作中有效运用。强化人工增雨标准化作业站建设管理，完成制度、流程及射界图更新，开展人影专项安全检查，作业设备按时完成年检，作业人员全部完成复训，人工影响天气作业适时开展。

**【现代气象能力建设】** 区域气象灾害监测网络维护及时，运行正常。完善了县乡村三级农村灾害性天气预警发布机制，预警信息发布终端覆盖所有乡镇和行政村，通过气象短信、气象大喇叭、设立咨询服务点、召开气象科普宣传报告会等深入农村、社区开展公众防灾减灾宣传、发放宣传资料近千份。

提升农业气象服务能力　制定为农服务周年方案，发布春耕春播气象服务专报8期，其他专项气象服务82期；开通灌阳水果农业气象服务微信群开展直通式气象服务方式，为大种植户杀虫、施肥等提供准确的天气预报。

助力脱贫攻坚　预警大喇叭覆盖所有贫困村，并开展预警及科普宣传服务，提升防灾减灾气象服务能力。开展党建促脱贫，党员带头深入贫困村开展定点扶贫和产业扶贫，召开科普宣传报告会，落实部门消费扶贫，按时完成扶贫工作任务。

2020年7月2日，县气象局更换文市自动观测站风向风速传感器　　县气象局　提供

实施乡村振兴气象服务专项计划　推进智慧农业气象大数据平台和专业化服务产品推广应用，“直通式”服务覆盖全县种养大户。开展大宗作物、特色作物精细化农业气候区划及农业气象灾害风险区划。

（黄迎雪）

# 林业·水利

## 林 业

【概况】 2020年，全县完成新造林面积8800亩(其中油茶造林4800亩、杉木造林4000亩)，全县森林覆盖率76.71%，活木总蓄积量835.42万立方米。

【林木审批】 严格执行限额采伐制度，加强林木采伐调查设计管理，督促林木采伐调查设计单位严格按照《广西壮族自治区伐区调查设计技术规程》调查设计；严格执行凭证采伐；引导木材加工产业向精、细方向发展，提高木材综合利用率，增加工业附加值；全面提高森林资源营造、利用和保护能力，促进林业可持续发展。2020年共审核发放林木采伐许可证1376份，采伐面积蓄积42583.51立方米，出材量30481.28立方米。

【林地审批】 依法依规审批林区公路37条；完成灌阳县新圩镇平田岩门口建筑石料用灰岩矿采矿权项目、灌平高速、黄西公路扩建项目，共3个长期使用林地审核报批，自治区林业局审批通过；完成灌阳县新街镇马山玻璃用石英矿开采项目、灌阳县水车镇污水处理厂及配套管网工程项目、灌阳县水车镇军发生猪养殖场项目长期用地的初审和上报工作；对国道357灌阳洞井至潮田公路项目进行巡查，发放项目开工告知书，对项目超出红线范围施工的违法行为责令其停工，并进行查处；对国道357永安关经水车至灌阳公路项目林地使用情况进行巡查，在巡查中发现该项目建设施工中存在破坏森林植被的现象，对项目业主单位发出整改函，并进行查处。

【生态公益林、天然商品林管理】 全县生态公益林面积58.95万亩(国家级56.18万亩、自治区级2.77万亩)，2020年管护合同签订及资金兑现率91.30%。6月，开展国家公益林动态调整工作，该工作完成，材料上报自治区审核。2020年，天然

2020年3月16日，副市长谢灵忠(前右三)到灌阳督导千家洞水电站整改及海洋山自然保护区(灌阳县辖区)功能区划工作推进情况

伍秋福　摄

商品林停伐协议签订面积 13.79 万亩，天然商品林停伐协议签订率 92.92%。

**【海洋山自然保护区】** 2020 年 1 月，完成海洋山自然保护区（灌阳辖区）科学考察和功能区划招标工作，技术承接单位为广西林业勘测设计院；2020 年 3 月，完成科学考察和功能区划外业调查，并编制好海洋山自治区级自然保护区（灌阳辖区）功能区划初步方案，于 4 月 20 日在灌阳县召开海洋山自治区级自然保护区（灌阳辖区）功能区划初步方案评审会，修改后将编制好的海洋山保护区（灌阳辖区）功能区划方案报市林业和园林局汇总。

**【名木古树管理】** 对全县古树名木进行管护巡查 2 次，对受病虫害影响的 5 株樟树、1 株枫香树、1 株南方红豆杉进行养护管理；对全县因自然灾害和病虫害死亡的 19 株挂牌古树进行现场核实，形成《古树名木死亡确认决定书》，上传“广西古树名木保护系统”予以注销；对 19 株因病虫害影响死亡或因自然灾害有安全隐患的国家二级保护植物（樟树），按《广西壮族自治区树蔸树木采挖流通管理方法》等相关规定审批砍伐或移植。

**【野生动物保护】** 按照自治区《广西壮族自治区人工繁育陆生野生动物处置指导意见》及《灌阳县人工繁育陆生野生动物处置方案》的要求，全县共完成陆生野生动物处置 78 户，处置率达 100%。其中进行无害化和综合利用处置的养殖场（户）77 户，发放补偿资金 660.69 万元（其中：涉及贫困户 37 户，补偿资金 285.59 万元），转型药用养殖场 1 户，按要求签订《药用蛇定点养殖合同》；联合森林公安、执法大队出动执法人员 100 多人次，出动车辆 20 台次，惩罚非法捕猎、贩卖、滥食野生动物违法犯罪行为；巡查 20 家餐饮店，收缴鸟网约 1000 米、小兽夹 20 只，放生鸟类 4 只；利用 LED 显示屏、悬挂横幅向社会大众广泛宣传“一法一决定”、禁食陆生野生动物、保护陆生野生动植物；在第 30 个“野生动植物保护宣传月”活动中发放宣传册 5000 余份，悬挂横幅 28 条。

**【森林督查及森林资源管理“一张图”年度更新】** 完成“森林督查及森林资源管理‘一张图’年度更新”招标工作，技术承接单位为广西林业勘测设计院；协助技术承接单位做好 2020 年森林督查疑似图斑外业核实工作，及时将违法线索移交执法大队、森林公安查处。

**【“十四五”森林采伐限额编制】** 2020 年 4 月，落实“十四五”森林采伐限额编制工作技术单位，承接单位为广西林业勘测设计院。完成“十四五”森林采伐限额成果编制，并通过自治区级评审。

**【林业有害生物监测预报和防治】** 灌阳县现有林面积 183.58 万亩，应施监测面积 316.12 万亩，全年监测面积 331.11 万亩，监测率为 104.74%。以“提高警惕、严密注视虫情动态、实地踏查、准确测报”抓好 40 个区级中心测报点和其他面上点的监测预报工作。2020 年，全县共发生有害生物面积 3010 亩，主要是马尾松毛虫和黄脊竹蝗。马尾松毛虫发生面积 2020 亩，黄脊竹蝗发生面积 990 亩。防治面积 3010 亩，防治率为 100%，无公害防治率 100%。监测预报准确率为 88.7%，发生率为 0.16%，成灾率 0；全年开展松材线虫病常规巡查外，在全县范围内布控 40 条调查路线，开展春、秋季松材线虫病和薇甘菊普查。在人为活动频繁的马尾松林区悬挂 9 个诱捕器监测松褐天牛的动态，诱杀松墨天牛。2020 年，经监测调查，全县未发现疑似松材线虫病枯死松木和薇甘菊入侵；常年开展省际森林植物及其产品调运工作，共调出木材 10262.23 立方米，苗木 43085 株，种子 375 千克，调运检疫率 100%；调入苗木 56.09 万株，复检苗木 45.5 万株，苗木复检率 81.1%。2020 年，没有发生跨省调运事件，均完成目标管理规定指标；开展松材线虫病疫木检疫执法专项行动，对灌阳县内的 62 家木材加工厂进行全面宣传，对涉及松木的 10 家企业全面清查，填写疫木检疫调查表。经调查 10 家加工厂都没有从外县（疫区）调入松木的情况，现场察看也没有疑似松材线虫病的疫木。通过对灌阳县涉木质光缆盘、包装箱的企业逐一排查，全县有 3 个企业涉及松木光缆、电缆盘13个。执法行动中，没有发现疑似携带松材线虫病的疫木，没有行政案件和刑事案件；多渠道进行林业有害生物防控宣传；利用松材线虫病疫木检疫执法专项行动积极开展宣传，2020年，共发放宣传资料3620份；加强与灌阳电视台的合作，播放区森防站制作的松材线虫病防控专题片。

**【营造林】** 2020年，灌阳县新造林市局下达面积为7400亩，其中油茶造林4800亩；全民义务植树50万株。完成新造林面积8800亩(其中油茶造林4800亩、杉木造林4000亩)；完成灌阳县2020年"植树造林、助推乡村振兴、建设美丽灌阳"主题义务植树活动。种植树种为桂花树、竹柏、罗汉松和灌木球等，主要以桂花树为主。协助做好灌阳县第一批田园综合体村屯绿化美化工作，积极配合乡村办、灌阳镇和新圩镇政府做好调查摸底、规划设计、技术指导等工作，收集整理相关档案佐证材料。

**【示范村屯生态建设】** 2020年，文市镇月岭村代表桂林市纳入全国"全国生态文化村"遴选命名候选名单；《广西壮族自治区绿化委员会关于授予藤县等单位"广西森林城市"系列称号的决定》授予灌阳县洞井瑶族乡椅山村、灌阳镇大仁村和新圩镇小龙村"广西森林村屯"称号，《广西壮族自治区林业局关于公布乡村振兴林业示范村屯(第二批)名单的通知》将灌阳县水车镇同德村宾家桥屯和新圩镇龙桥村杨柳井屯纳入广西乡村振兴第二批林业示范村屯。

**【退耕还林】** 2020年度，组织完成全县9个乡镇2002—2004年度退耕还生态林面积35805.02亩、25541户退耕农户、92983个作业小班的森林抚育管护情况检查验收工作。成立检查验收工作组对文市大户承包退耕还林地开展重新检查验收，经核实灌阳县文市镇2002—2004年度大户承包退耕还林共24个小班面积1568.31亩(含桂岩村下村屯农户面积67.8亩)，保存合格面积1280.46亩，未达保存标准面积287.85亩。完成灌阳县长冲塘良种油茶造林技术推广示范项目选址、合同签订、造林和前期管护工作。

**【林业技术培训】** 共举办培训班47期，培训群众2350人，其中贫困人员1718人，发放林业技术资料2500份。

**【技术推广项目】** 与新街林业工作站一起做好2020年烈溪村良种杉木技术推广项目相关工作，完成推广项目造林地80亩。

2020年10月16日，灌阳县参加首届广西花卉苗木交易会

县自然资源局 提供

**【产业扶贫】** 县自然资源局安排专人负责林业产业扶贫工作，指派联络员常驻县扶贫办，到各乡镇的贫困村开展林业产业扶贫工作，实施林业产业扶贫项目。

生态护林员选聘 灌阳县国家级生态公益面积55.25万亩，涉及106个村委会，3500多个自然村(屯)。2020年，选聘护林员1116人，进行15期培训，人均管护劳务补助8500元/年。

油茶种植 2020年，全县新增油茶种植4800亩。

【集体林权制度改革】

林权抵押贷款推进　2020年,共办理林权抵押贷款业务64起,抵押面积5268.6亩,抵押贷款1878万元。

政策性森林保险　积极协调配合灌阳县三家保险公司,做好全县的森林保险理赔工作,实现灌阳县森林保险全覆盖。2020年,灌阳县政策性森林保险参保任务为206万亩(生态林面积56万亩、商品林面积150万亩),根据2019年度全县林地变更调查数据,已向县财政部门申报参保计划207.52万亩(生态林面积58.94万亩,商品林面积148.58万亩)。

林下经济发展　2020年,向上申报林下经济精品示范基地1个,为桂林灌阳桂灌菌业科技开发有限公司林下种植灵芝示范项目,完成示范点面积300亩,带动农户80户,其中建档立卡贫困户20户。

(县自然资源局)

# 水　利

【概况】灌阳县水利局为正科级行政单位,是主管全县水利工作的职能部门。2020年,县水利局全力推进水生态文明建设,全面推进河长制等重点领域水利改革,为营造"三大生态"、加快实现"两个建成"目标,为灌阳县经济社会跨越式发展提供水利支撑和保障。全年目标完成固定资产投资9722万元,向上争取资金7715万元。猫儿石用水协会经农业农村部、国家发展和改革委员会、财政部、水利部、国家税务总局、国家市场监督管理总局、国家林业和草原局、中国银行保险监督管理委员会、中华全国供销社合作总社联合决定为全国农民用水合作示范组织。办公地址位于灌阳县灌阳镇胜利路66号。

2020年,乌石江小流域国家水土保持重点工程　县水利局　提供

【重点项目水利工程建设】

水土保持工作　2020年,总投资1013.3万元实施北江、乌石江等小流域综合治理面积20.3平方千米。其中:乌石江小流域综合治理工程完成投资505.8万元,完成综合治理面积10平方千米;北江小流域综合治理工程完成投资507.5万元,综合治理面积完成10.3平方千米。

农村安全饮水建设　2020年,全县农户84824户,"有安全饮水"覆盖率100%。全县自来水普及率87.1%,灌阳县农村水质达标率93.42%。枯水期农村集中供水水质达标率为88.24%,超过全区62%的标准。农村集中供水工程均采用供水到户,一户一表一水龙头的方式建设,村民自建项目亦自行通水到户,分散式供水农户采用引用山泉水、打井等方式引水到户,农户取水方便。

中小河流治理　灌阳县中小河流在建工程共15段,分别是广西灌阳县灌阳河新街镇青箱村至鼎锅村河段、广西灌阳县灌阳河黄关镇黄关村河段、广西灌阳县灌阳河黄关镇龙吟村河段、广西灌阳县灌阳河水车乡伍家湾至官庄老村河段、广西灌阳县灌阳河灌阳镇福星村河段、广西灌阳县灌阳河文市镇会湘车田河段、广西灌阳县灌阳镇秀江河秀凤河段、广西灌阳县灌阳镇大源河徐源村河段、广西灌阳县灌阳河洞井瑶族乡牛江口至五家湾大桥河段、广西灌阳县灌阳河黄关镇唐官村河段，广西灌阳县灌阳河黄关镇唐官村河段、广西灌阳县灌阳河文市镇江西渡河段、广西灌阳县灌阳河新街镇车头村河段、广西灌阳县灌阳河观音阁乡大井塘至桃花村河段、广西灌阳县灌阳河牛湾河西山瑶族乡刘家坪至龙家河段，总投资26429万元。

2020年，完工验收项目为广西灌阳县灌阳河文市镇江西渡河段整治工程、广西灌阳县灌阳河新街镇车头村河段整治工程、广西灌阳县灌阳河观音阁乡大井塘至桃花村河段整治工程、广西灌阳县牛湾河西山瑶族乡刘家坪至龙家河段整治工程。

待竣工验收项目是广西灌阳县灌阳河新街镇青箱村至鼎锅村河段整治工程、广西灌阳县灌阳河黄关镇黄关村河段整治工程、广西灌阳县灌阳河黄关镇龙吟村河段整治工程、广西灌阳县灌阳河水车乡伍家湾至官庄老村河段整治工程，以上4个项目资料已报送市水利局，具备竣工验收条件。

**【水利风景区】** 灌阳县“红色沃土·幸福灌江”水利风景区于2020年10月13号获评自治区水利风景区，规划总面积11.67平方千米，其中水域面积6.27平方千米，河道长度55千米。风景区以灌江、大源江、水车水库的水域及河道堤防、水库大坝等水利工程为依托。风景区范围东至水车镇夏云屯，南至新街镇江口村，西至千家洞文旅度假区，北至文市镇达溪村。

**【防汛抗旱减灾】** 2020年汛期，县水利局多次组织召开水旱灾害防御会议，分析汛情形势，找准强降雨区域，加强宣传、培训有关水旱灾害防御的业务。全年发布预警400余次、预警信息3.5万余条，落实防汛责任人552人，总计减少受灾人口10万余人，农田16万余亩，减少受灾损失达3000余万元。

**【水政执法】** 依法治水，贯彻实施水法律法规，加大宣传力度，增强广大群众人与自然和谐相处的理念、水忧患意识和水法治观念；加大水政执法力度，有效遏制无证采砂、私挖乱采现象，避免破坏河道应有的生态平衡；破解建设保障和环境保护“两不误”的难题，对每宗出让的采砂权都认真编制了《出让方案》，内容包括采砂权出让方式、出让期限和挂牌起始价、竞买保证金底价、采砂许可证的办理和出让程序，采砂权基本情况、开采方式、年允许开采量。

**【水资源管理和保护】** 全面贯彻取水许可、水资源有偿使用、建设项目水资源论证制度，规范水资源行政许可审批，做好取水许可台账录入工作。强化水能资源管理，确保水电有序开发。全面落实生产建设项目水土保持“三同时”制度，预防和减少水土流失；坚持水资源开发利用与节约保护并重，开展节水型社会建设；加强城乡居民生活饮用水水源地水资源保护。

**【河长制工作】** 县级河长办组织成员单位利用“世界水日”和“世界环境日”，通过标语、电视、网

2020年9月17日，水利部到灌阳开展水利风景区调研座谈会
县水利局　提供

络、宣传栏等多种形式宣传"河长制"工作的重要性和必要性。2020年，县级河长巡河55次，乡级河长巡河4218次，村级河长巡河9360次。境内江河湖库未出现重大的环保事件。7月1日，广西河长制信息化平台正式启用，各级河长巡河全部采用手机App巡河。县河长办组织各乡镇对广西河长制信息化平台如何使用开展2次集中培训。

（县水利局）

## 广西千家洞国家级自然保护区

**【概况】** 广西千家洞国家级自然保护区属森林生态系统类型自然保护区，总面积12231.0公顷，其中核心区面积6470.2公顷，缓冲区面积1999.0公顷，实验区面积3761.8公顷。主要保护对象为亚热带原生性常绿阔叶林森林生态系统、南岭山地的生物基因，尤其是国家保护的野生动植物物种基因。保护区保存有较完整的自然植被与森林生态系统，森林植被垂直带谱发育完整，拥有华中、华南及滇、桂、黔等多种区系成分，植物区系起源古老，物种荟萃，中国特有属种多，动物区系以东洋界华中区为主，华中区向华南区过渡特征明显，区域内珍稀濒危物种丰富；尤其是低海拔地区分布有大面积结构完整的原生性常绿阔叶林，同时还分布有全国罕见的大面积福建柏群落和长苞铁杉群落，具有重要的保护价值和科研价值。已查明的种子植物共有170科710属1653种。其中有国家一级保护植物4种，分别是资源冷杉、红豆杉、南方红豆杉、钟萼木；二级保护植物18种，特别是福建柏和长苞铁杉有多处呈大面积分布，实为珍贵。保护区内已发现的脊椎动物有236种，隶属5纲27目79科146属。其中国家一级保护动物有黄腹角雉、林麝、白颈长尾雉3种；二级保护动物有25种，已鉴定昆虫922种。保护水源涵养林，保护区地处我国南方湿润地区，降雨量大，河流密布，有大小溪流37条，汇成秀江和僻江流入长江流域洞庭湖水系湘江最大支流灌江，是灌阳县重要水源地。

**【管理机构】** 保护区原为国营灌阳县都庞岭林场。2011年10月，桂林市批准成立广西桂林千家洞国家级自然保护区管理局。2019年机构改革，更名为广西桂林千家洞国家级自然保护区管理处，属桂林市林业和园林局管理的副处级参公事业单位。主要职责是贯彻执行国家有关自然保护区的方针、政策、法律和法规，组织制定和实施自然保护区发展规划，制定自然保护区的各项管理制度并组织实施，组织开展自然保护区建设、管理、科研、宣教、森林防火、社区共建等工作，做好自然保护区内的资源调查和环境监测，依法保护自然保护区内的自然资源和生态环境等。办公地址位于灌阳县西山坪选矿机械制造园。

**【保护区内保护管理】** 新聘用护林员11名，增强护林力量。加强巡护检查和监督，组织开展全域远程巡护9次，各管理站、保护站每月完成固定巡护路线的巡护检查任务，全年野外巡护达600多

2020年6月12日，广西桂林千家洞国家级自然保护区管理处与广西植物研究所签订战略框架协议　　蒋拥华　摄

2020年7月6日，县长卢嵩（左三）陪同国家林草局广州专员办到保护区检查指导工作　熊国春　摄

人次，巡护里程6400多千米。做好保护区内违规水电站的巡查工作，确保电站在整改退出阶段不开展技改、扩建活动，防止新的生态环境破坏行为发生。落实河长制工作措施，加强保护区内河流管理，守护保护区绿水青山，维护保护区生物多样性安全。上报审核自然保护地整合优化和生态保护红线划定成果，完成重点自然保护地遥感监测人类活动图斑实地核查处理、自然保护地大检查专项行动、违建别墅问题清查整治专项行动和卫星遥感监测疑似问题核查等工作，未发现新增违法违规侵占林地等各项人类活动破坏资源情况。

【**森林防火**】 2020年，与各管理站、保护站签订森林防火责任状，完善森林防灭火应急预案，推动森林防火工作有效开展。采用悬挂横幅、张贴标语、宣传车、赠送印有森林防火知识小学生作业本、在保护区路口设置森林防火警示牌等方式开展宣传工作，增强群众森林防火意识。加强火源管理，设立火种存放箱，对重点人员落实了监管措施，在重点区域聘请临时森林防火护林员2名开展防火护林工作。充实了2支森林消防半专业队伍成员，开展防火安全知识教育、扑火技能培训和应急演练，提高队伍森林火灾应急处置能力。严格执行森林防火期领导带班值班制度，加大森林防火工作督促检查力度，确保工作措施落实到位，森林火情有效处置。全年无森林火情发生。

【**科研合作和重点保护野生动植物监测保护**】 与广西植物研究所签订战略合作框架协议，继续开展国家一级保护植物资源冷杉繁育试验。加强以水鹿为重点的野生动物监测，放置红外相机70多台次，逐步完成保护区内红外相机布设全覆盖，实现网格化管理，对野生动物进行有效监测，为专项保护工作打好基础，保护区科研工作迈上新台阶。保护区森林资源“二类”调查工作业已完成。

【**野生动物疫源疫病和林业有害生物防控**】 做好候鸟等野生动物疫源疫病监测防控，落实轮班

2020年9月6日，在千家洞自然保护区内，红外相机监测到的保护动物藏酋猴群　广西桂林千家洞国家级自然保护区管理处　提供

2020 年 11 月 5 日，保护区开展远程巡护

广西桂林千家洞国家级自然保护区管理处　提供

值守制度，充分利用智能巡护系统开展巡护和监测，加强重点时段和区域的巡护检查，及时上报监测数据。按要求开展松材线虫病、马尾松毛虫、黄脊竹蝗等林业有害生物监测防控工作，做到疫情早发现早处治，确保森林资源安全。全年无疫源疫病和林业有害生物疫情发生。

**【宣教科普活动】** 充分利用宣传片、横幅、宣传画(册)、标语、小学生作业本、进学校课堂宣讲等形式开展有关自然保护区法律法规和野生动植物保护宣传活动。加强联防联管，与周边社区村两委干部及群众进行座谈，发放宣传资料，提升群众生态保护意识，促进保护管理工作开展。在阿拉善 SEE 创绿家支持下，与灌阳县教育局、千家洞自然之翼青少年爱鸟护鸟教育中心联合开展中小学“保护野生动物，给小鸟欢乐家园”系列活动，通过在学校举行主题班会、绘画比赛、征文比赛等活动，向老师和学生普及鸟类知识，关心爱护鸟类，推动爱鸟、护鸟活动从小抓起，通过小手拉大手，在全社会形成关注鸟类、保护野生动物和生态环境的良好氛围。

**【基础设施建设】** 整合资金，做好部门预算和项目资金使用计划，因地制宜编制林业改革发展资金实施方案，提高资金使用效益。完成七道水、湾家塘、大凸坳等保护站业务用房改建，湾家塘保护站林道硬化，大凸坳保护站(瞭望台)供电线路防雷工程，大湾林道维护等工程设施建设。

**【安全生产管理】** 加强安全生产教育，及时通报安全生产事故案例，提高安全生产意识；做好节假日、重要会议、汛期、森林防火期等重点时段安全生产教育和提醒工作，防患于未然。落实安全生产责任，与各科室站签订安全生产责任状。加强宣传，悬挂安全生产横幅 6 幅，张贴安全生产标语 50 多条，在危险地段设置安全警示标志。要求各管理站、保护站做好各自辖区，特别是站点内的交通、山洪、地质灾害、架空电线、森林防灭火等隐患排查工作，克服麻痹思想和侥幸心理，对安全隐患做到及时排查、及早排除和整改。密切关注天气预报和上级汛情通报、森林火险通报，及时传达警醒，严防安全生产责任事故发生。

（广西桂林千家洞国家级自然保护区管理处）

## 水库和扶贫易地安置

**【概况】** 灌阳县水库移民工作管理局成立于 2009 年 2 月，机构改革后，改名为灌阳县水库和扶贫易地安置中心。是公益一类事业单位。主要职责是负责做好全县水库移民后期扶持和易地扶贫搬迁后续扶持和后续管理工作。办公地址位于灌阳县扶贫开发领导小组办公室八楼。

**【水库移民后期扶持】** 推进灌江水库移民直补资金发放工作。截至 2020 年 6 月 12 日，发放第一批灌江水库移民直补资金 2135 万元，发放水

2020 年 4 月 21 日，桂林市水库和易地扶贫安置中心检查灌阳县水库安全防汛工作　　县水库和扶贫易地安置中心　提供

车水库移民后期扶持资金 1329 万元；推动资金项目建设和管理，涉及水库移民的 3 个项目都已开工，资金支付进度为 77%；完善制度管理；做好信访积案化解工作；组织库区移民 60 人参加实用技术培训。

【易地扶贫搬迁】

后续扶持　灌阳县在安置点选址时既考虑较为便利的交通、配套设施等生产生活条件，又充分考虑搬迁户搬迁后就业增收、创业发展等后续发展条件。通过建设扶贫车间、开展技能培训、开发公益性岗位、鼓励转移就业、配套农贸市场、发展产业扶持等方式，实现有劳动能力且有就业意愿的搬迁户"一户一人"稳定就业的目标。完成扶贫车间建设 11 个，实现每个集中安置点有 1 个以上扶贫车间，全县 1186 户搬迁户中，除 45 户无劳动能力实施政策兜底外，1141 户有劳动能力且有就业意愿的搬迁户均已实现"一户一人"稳定就业的目标，就业率 100%。

后续管理　灌阳县 6 个集中安置点完成配套基础设施建设，改善搬迁群众生活条件；全县 6 个集中安置点均已成立党支部；对于 1000 人以上的江东移民小区已成立城东社区对搬迁户进行管理，其余不足 1000 人的乡镇集中安置点均已就近纳入当地村委会进行管理；灌阳县 5 个乡（镇）集中安置点依托原有医疗机构以及学校均已实现就近就医、就学的目标，江东移民小区在依托原有医疗机构的基础上建设卫生室，在依托原有学校的基础上配套建设直属机关幼儿园、红军小学及移民中学，为搬迁户就医、就学提供便利；为使江东移民小区尽快融入县城发展，打造环境优美、服务优质的和谐小区，在江东移民小区建设便民利民"九个中心"服务工程，即社区综合服务中心（站）、新时代文明实践中心、就业社保服务中心、文体活动中心、老年服务中心、儿童之家、平价购物中心（农贸市场）、社会治安综合治理中心、物业服务中心，全部建成并投入使用。

旧房拆除　全县易地扶贫搬迁建档立卡贫

2020 年 12 月 10 日，县水库和扶贫易地安置中心检查库区移民生产生活道路进展情况　　县水库和扶贫易地安置中心　提供

困户 1186 户，属于自建独立房的 470 户、连体房的 683 户、保护类住房的 2 户、无房户 31 户。截至 2020 年 11 月 14 日，已拆除 762 套，其中自建独立房 458 套（自建独立房满两年 310 户，已拆除 310 户，自建独立房未满两年已拆除 148 户）、连体房 303 套，已兑现拆旧奖励 754 户，兑现拆旧奖励资金 2034.5 万元。

（唐中富）

## 水文工作

**【概况】** 灌阳水文中心站始建于 1961 年，位于灌阳县灌阳镇卿家村的灌江左岸，是长江流域洞庭湖区湘江水系湘江的一级支流——灌江的主要控制站。站址上距河源 82 千米，下距湘江河口 79 千米，集水面积 954 平方千米。承担灌江的水文监测任务，主要测验项目有水位、流量、比降、降水量、水质监测等。2016 年 5 月，根据自治区水利厅《关于自治区水文水资源局水文测站改革有关问题的批复》，灌阳县中心水文站正式成立，由原灌阳水文站组建而成，2020 年 1 月更名为灌阳水文中心站。是灌阳县域水文行业管理机构，下辖灌阳水文站，文市镇、观音阁乡文明村、西山瑶族乡 3 个水位站，27 个遥测雨量站。其中灌阳水文站为国家基本水文站，观音阁乡、西山瑶族乡、黄关镇、西山瑶族乡大坪村、新街镇三江村、洞井瑶族乡太河村小盘洞屯为国家基本雨量站。

2020 年 3 月 31 日，桂林市水文中心到灌阳检查汛前准备工作

县水文中心站　提供

**【水文监测】** 2020 年，灌阳县辖区降水量主要集中在 4 月至 6 月，其中最大日降雨量为大坪站 218.0 毫米(5 月 15 日）。灌江河段灌阳水文站共出现了 2 场接近警戒水位洪水，其中年最高水位为 247.79 米（警戒水位 248.00 米）；中小河流未出现超警戒水位洪水。

**【水文设施维修】** 2020 年 3 月，完成汛前各项维修保养工作，清理沉沙池，给测流缆道上油及调整缆道循环索，校核水尺零点高程，进行大断面河底高程测量及基本水准点的校核，每月原始资料按时入库等基本工作任务。同时对灌阳辖区内的基本雨量站和大部分中小河流雨量站检查维护。对文市、西山、文明中小河流水位站基本水准点校测工作。

**【水情服务】** 2020 年，主汛期期间，共发布水情专报 20 期，其中强降雨过程水情预测专报 3 期，节假日水情预测专报 4 期；共发布蓝色预警 2 次、水文预报 1 期、水情洪峰快报 2 期、水雨情短信约 3000 条，同时利用桂林水文中心短信平台，为当地防汛成员及市局领导发送水情短信，突出“预测—预警—预报”服务主线，大力推行“一张纸”专报和“一键式”短信快报，及时将预警信息报送地方党委政府并向社会发布，为防汛抗洪部署赢得先机，及时完成水情报讯服务工作。

**【站网监测】** 每月按照时间节点做好资料整编和审查工作。做好测验工作“随测、随算、随整理、随分析”，各项测验资料做到“一制二校”，保证测验资料工作进度和质量。2020年，共施测流量55次，文明水位站施测流量5次，文市水位站施测流量9次并重新定出合格标准的水位流量关系曲线。3月27日，灌阳水文中心站应急组到兴安水文中心站界首水文站开展应急驰援工作，共采用走航式ADCP精准施测流量3次，采用电波流速比测3次，并现场将测验成果信息报送兴安水文中心站。

**【水资源月报】** 每月编写一期灌阳县水资源状况月报，主要评价灌江河流水功能区2个，为省控水功能二级区灌江灌阳饮用、工业用水区和灌江水车—文市工业、饮用用水区。按照各水功能区的水质管理目标进行达标评价（评价采用桂林市水环境监测中心监测结果）。

**【河长制服务】** 灌阳水文中心站作为县河长制办公室成员单位，按职责做好分配工作，负责重要水功能区及县内水质、水量监测评价，协助做好全县河长制工作所需河流水系图的编制。每月对水文（位）站断面上下游1千米进行水文监测环境和设施保护巡查，并按要求上报巡查情况表，共编写11期灌阳县水资源状况月报送达地方党政领导与相关部门。

2020年10月21日，县水文中心站在文市站进行断面测量　　县水文中心站　提供

（县水文中心站）

# 商　　业

## 商务工作

**【概况】** 年内,灌阳县完成社会消费品零售总额10.67亿元,同比增长0.6%。批零住餐方面:批发业2.23亿元,同比下降13%;零售业8.65亿元,同比增长2.9%;住宿业0.21亿元,同比下降16.7%;餐饮业0.9亿元,同比下降14.9%。

**【成品油行业管理】** 2020年,县工信局共对全县加油站进行安全生产监督检查22次,出动人员108人次;与16家加油站签订安全生产目标管理责任书,围绕全县成品油需求量的实际,重点检查各加油站,严查无证无照经营成品油行为,规范全县成品油市场。协同公安局、市场监管局、安监局加大成品油检查力度,确保成品油产品质量和防止无合法来源油品在县内销售。同时对合法企业进行尾气回收装置改造督查及年审工作。强化全县成品油市场监测、监管制度。

**【商务执法】** 2020年,县商务行政执法大队累计执法56次、出动执法人员248人次,其中生活必需品市场供应应急执法6次,共计23人次;美容美发业执法4次,共计16人次;餐饮业执法2次,共计9人次;再生资源回收及商业特许经营执法5次,共计22人次;成品油市场执法22次、共计108人次;单用途商业预付卡5次、共计23人次;对外贸易检查6次,共计26人次;开展其他项执法6次,共计21人次。

**【限上企业】** 灌阳县在原有基础上新培育发展5家"限上"企业(桂林市灌阳县永利农业机械设备有限公司、灌阳县昕晨文体用品销售店、灌阳县金鑫手机销售店、灌阳县妈妈油茶店、灌阳县新街镇老李饭店)。全县现有商贸流通限上企业总数为22家,其中批发企业4家(灌阳县宏泰粮油有限公司、灌阳县同城贸易有限公司、灌阳县君城贸易有限公司、桂林市灌阳县永利农业机械设备有限公司),零售企业及大个体8家(灌阳县新

2020年8月20日,市商务局到灌阳县开展商务工作调研

唐子婷　摄

2020年9月13日，2020年灌阳县特色美食评选暨广西名菜名小吃评审活动在灌阳县举行 罗融检 摄

华书店、灌阳县鸿运汽车销售服务有限公司、灌阳县文华电器经营部、广西德慧食品有限公司、桂林泰士特进出口贸易有限公司、灌阳县人人乐超市、灌阳县昕晨文体用品销售店、灌阳县金鑫手机销售店)，住宿餐饮企业10家(桂林灌阳欧凯华酒店管理有限责任公司、灌阳县优漫酒店有限公司、灌阳红豆杉国际大酒店有限公司、灌阳县云水瑶酒店管理有限责任公司、灌阳县天禧餐饮有限公司、灌阳裕华酒家、灌阳县聚福缘食府、灌阳县味之源餐饮有限公司、灌阳县妈妈油茶店、灌阳县新街镇老李饭店)。

**【对外贸易进出口】** 县工信局努力发展对外进出口贸易。2020年，全县实际完成额1808万元，完成率为181%，超额完成1000万元的指标任务。

**【电子商务进农村】** 灌阳县持续跟进做好电商产业扶贫工作，全年电商交易额达3.79亿元，同比增长25%；村产品网络销售额达6521万元，同比增长8.2%；拉动农村网购消费9836万元，同比增长3.3%；带动就业、创业总人数9000余人，通过电商带动建档立卡贫困户就业、创业人数达到5000多人；2020年建档立卡贫困户培训人数457人；贫困户参加网络销售总人数655人。行政村宽带网络(含移动宽带)覆盖率为100%。已建成电商网点县级运营中心1个、乡(镇)服务站9个、村级服务点162个，全县65个贫困村覆盖率已达到100%。

**【物流网项目】** 物流网项目建设，共有5个物流网项目列入项目库，其中2个列入自治区项目库，分别是灌阳县城南建材机电市场项目、灌阳县惠民(移民新区)生猪屠宰加工冷藏物流建设项目；3个列入市本级项目库项目，分别是灌阳县货运物流中心建设项目、灌阳县新圩镇集贸市场项目、灌阳县观音阁乡集贸市场项目。

**【品牌培育】** 2020年，灌阳县举办特色餐饮名店、特色美食评选工作，推行社会办节、协会办节新模式。推动消费扩容升级，成功举办两期“县长直播带货活动”，开展系列“壮美广西·三月三暖心生活节”。

(县工信商贸局)

## 烟草专卖

**【概况】** 灌阳县烟草专卖局(营销部)负责灌阳县的卷烟市场监管、卷烟营销、卷烟物流配送等工作。2020年，实现卷烟销量8202箱，完成全年销售任务的107.9%，实现卷烟销售额22047万元，同比增长3381万元；卷烟销售单箱金额26879元，完成年计划目标的104.1%，同比增长2059元。年内，把13条物流配送线路优化为11条线路，配送的人均劳效明显提高，成本得到有效控制。办公地址位于灌阳县灌阳镇建设路25号。

2020 年 4 月 10 日，桂林市烟草专卖局（公司）到灌阳县烟草专卖局（营销部）调研指导工作　　县烟草专卖局　提供

【市场监管】 全年共查获各类涉烟违法案件 55 起，查获非法卷烟 126.7 万支，有力地惩罚不法分子的制假行为，极大地震慑制假涉烟分子的嚣张气焰，净化灌阳卷烟市场。

【证件管理】 县烟草专卖局落实"一次性告知""最多跑一次""一次不用跑"3 张清单的要求。建立政务服务好差评制度，由申请人对行政许可工作进行评价。同时，对烟草专卖行政许可事项办结时限进行全面调整，灌阳县烟草专卖局具有权限办理的行政许可事项均缩减至 4 个工作日以内（特殊情况经批准可延长 4 个工作日）。申请材料缩减至只需提供申请表、申请人身份证明及工商营业执照名称、统一社会信用代码或注册号（三项信息提取其中之一即可）。全年共受理新办申请 104 份、延续申请 577 份、变更申请 14 份；受理管理类申请 53 份，其中停业 5 份、歇业 42 份、恢复营业 6 份。全年未发生行政复议或行政诉讼案件。灌阳辖区共有持证零售户 1268 户，解决灌阳县近 2500 人就业问题。

（县烟草专卖局）

2020 年 12 月 23 日，县烟草专卖局到洞井瑶族乡走访调研

县烟草专卖局　提供

## 供销合作

【概况】 灌阳县供销合作社联合社（以下简称县供销社）为正科级公益一类事业单位。2020 年，全县供销系统销售总额完成 11.57 亿元，同比增长 44.26%；利润总额完成 166 万元，同比增长 69.39%；资产总额 6615 万元，同比增长 24.88%；所有者权益 3605 万元，同比增长 61.5%；农资销售额 3.74 亿元，同比增长 47.93%，农业生产购进的农产品总额 2.57 亿元，同比增长 37.73%；再生资源销售额 230 万元，同比增长 109%；农产品电子商务销售额 250 万元，同比增长 7.29%。办公地址位于灌阳县灌阳镇灌江中路 25 号。

2020 年 3 月 6 日，县供销社开展“抗疫助农”农资下乡活动

县供销社　提供

【综合改革】

农业社会化服务　新增土地托管面积 5231.5 亩，测方配方施肥面积 2286 亩，同比增长 11.24%，统防统治面积 2275 亩，同比增长 11.9%，农机作业面积 2537 亩，同比增长 5.84%；建设庄稼医院 1 个。

发展村级“基层社”　推动全县供销系统组织建设，夯实基层基础，构建为农服务体系，成立黄关镇龙吟村供销社合作社、黄关镇李官村供销合作社、新街镇龙中村供销合作社、新街镇葛洞村供销合作社、新圩镇和睦村供销合作社等 5 个村级基层社，发展社员 500 人。新增供销村级综合服务站 18 个。农村经营服务网点扩增至 119 个，全县覆盖率 86.23%。

【项目建设】

灌阳县振合公司地头冷库项目　按照《广西乡村振兴产业发展基础设施公共服务能力提升三年攻坚行动方案》的要求，灌阳县供销社组织实施“产业富民”地头冷库项目建设工作。成功申报振合公司乡村振兴供销冷库项目，该项目总投资 34.95 万元，其中区级补助资金 25 万元，自筹 9.95 万元，完成征地、384 立方米冷库、护坡等建设。该项目的实施，实现冷库年租金收入 20.74 万元；果品损失率从 20% ～ 25% 降低到 5% ～ 10%；同时推动果蔬反季节销售，促进果蔬均衡供应，提供固定就业岗位 10 个，季节岗位 30 人，具有良好的经济效益和社会效益。

【消费扶贫】　灌阳县供销社在县委、县政府的领导下牵头组织县农业农村局、投资促进局、扶贫办等单位和相关企业代表参加 2020 年粤桂扶贫协作消费扶贫对接活动暨第 18 届广西名特优农产品（广州）交易会，通过参展、宣传、推介灌阳县名特优农产品，实现产品销售额 2.32 万元，签订 48 万元的销售意向合同。

（县供销社）

2020 年 8 月 29 日，2020 年粤桂扶贫协作消费扶贫对接活动暨第 18 届广西名特优农产品（广州）交易会——灌阳县专场

县供销社　提供

## 水利电业

**【概况】** 广西新电力集团灌阳供电有限公司，前身为灌阳县水利电业有限公司。2020年，拥有总资产52931.86万元，其中广西新电力投资集团有限责任公司占98.71%的股份，灌阳县电力公司占1.29%股份。广西新电力集团灌阳供电有限公司作为灌阳县唯一的供电法人，主要供电区域为地处高寒山区、人口居住分散的灌阳县行政区域，供电面积1863平方千米，覆盖9个乡镇29万多人口。负责经营趸购电量、城乡电网建设和改造、水电开发经营、发供电工程施工安装、设备及材料配件销售，技术服务咨询等业务。

公司下设8个职能部室，9个乡镇供电营业所，15个变电站，其中110千伏变电站4座，主变7台，容量363.5兆伏安，线路123千米；35千伏变电站11座，主变20台，容量128.5兆伏安，线路294千米；10千伏台区943个，线路1385.5千米。供电电源有桂供、本县小水电、国家电网公司（湖南电网），供电结构中的70%为冶炼厂大工业用电。

**【经济指标】** 全县全年累计完成供电量8.93亿千瓦时；累计完成售电8.438亿千瓦时；综合网损率4.99%；电费回收率100%；营业收入32078.06万元；固定资产投资8846.34万元；上缴税费2723.34万元。资本保值增值率为100.02%；资产负债率7.18%。全员劳动生产率30.24万元/人·年。

**【融合发展】** 公司以文化融合、制度融合、管理融合为导向，致力于与广西电网公司、新电力集团、桂林供电局全面融合接轨。加大合规管理力度，建立健全规章制度，以制度来管人、管事，力求管理规范化。加强南方电网企业文化理念宣传工作，凝聚南网文化共识。全面完成公司在职员工劳动关系处理工作，实现员工身份的真正转变，进一步增强员工“南网人”身份意识。

**【优化营商环境】** 贯彻落实中央“六稳、六保”政策和城乡“低保户”和农村“五保户”免费电政策。共清退2012—2019年“低保户”和农村“五保户”免费电政策电费346.42万元。加强营销抄、核、收管理和监督，持续推进优化营商环境，不断提升优质服务。累计居民用电报装3015户，一般低压用电报装634户，10千伏高压单电源用户用电报装29户。160千伏安容量及以下小微企业都实现免费装表到户，供电可靠率99.64%，透明指数达到100%。畅通客户诉求反馈渠道，累计处理用户投诉82起，咨询和查询业务1296起，完成紧急故障抢修841起。2020年共为用户节约用电成本3513.24万元。

**【项目工程建设】** 持续优化网架结构，全力以赴保障电力供应。加强沟通协调，同心协力，按时、保质、保量、保安全完成2019年第一批农网改

2020年1月16日，广西新电力投资集团有限公司灌阳供电公司新时代文明实践活动中心建成投入使用　　唐子婷　摄

造318个项目19399.11万元、第二批141个项目6090.87万元、2020年第一批9个项目537.19万元、新电力集团及桂林供电局下发630重点扶贫项目50个。

**【安全管理】** 全年生产培训22期，培训人数211人次，员工自我提升意识从“要我学”向“我要学”转变，人人过关“保命”培训考核通过率100%。公司全年无责任人身、设备、电网事故。

**【人力资源管理】** 持续加强年轻干部教育培训和实践锻炼，分级分类对优秀年轻干部开展靶向培训，努力实现人才强企发展战略；积极推进员工能力提升工程，有序开展岗位胜任能力评价，加强班站所长业务培训，切实提高业务技能水平；加强文化认同教育，营造和谐稳定发展环境。多维多角度深化《南方电网企业文化理念》培训宣传贯彻，提升南网文化认知认同度。

（灌阳供电有限公司）

# 旅　游

## 概　述

灌阳县主要景区有千家洞文旅度假区、湘江战役新圩阻击战纪念园、江口村特色文化旅游区(唐景崧故里)、月岭古民居、洞井古民居、大仁村万亩梨园、茶博园、神农稻博园、都庞岭大峡谷、文市石林、春润生态旅游景区、太子山生态旅游区、莲溪庐度假村。2020 年,接待游客总人数 322.59 万人次,完成全年计划数的 154.69%,完成旅游综合总消费 30.11 亿元,完成全年计划数的 146.02%。

## 旅游景区

**【千家洞文旅度假区】** 国家 AAAA 级旅游景区,位于灌阳县灌阳镇苏东村,距国道 241 线仅 1 千米,距国道 76 高速灌阳北出口 15 千米。度假区总体规划面积 2500 亩,以“世界瑶族发祥地千家洞”的瑶族历史文化和国学文化为文化核心,以“亚洲第一水洞”千家洞、“中国最美休闲乡村”小龙村等自然景观为主要载体,打造瑶族历史探秘的溶洞之旅;充满瑶族民俗风情的盘王古寨和瑶家风情街,以及瑶山猎场、同心林、瑶王飞索和盘王药浴等景观景点。度假区配套有千家洞度假酒店、国学堂、农耕文化展览厅、瑶族文化展示厅、亲子农场等,能够为游客提供游览、休闲、度假、研学、演艺等多项旅游服务。

2020 年 11 月 5 日,市文化广电和旅游局到灌阳县千家洞景区调研

县文广体旅局　提供

**【湘江战役新圩阻击战纪念园】** 国家 AAAA 级旅游景区,纪念园 6 个景点分布于 G241 沿线两侧,园区以酒海井红军纪念园为核心,包括下立湾战地救护所、杨柳井红五师指挥所、枫树脚新圩阻击战遗址、排埠江红色教育基地以及沿线十余处战斗遗址。

湘江战役新圩阻击战酒海井红军纪念园　湘江战役新圩阻击战酒海井红军纪念园位于灌阳县新圩镇和睦村,全沙公路路旁,距灌阳县城 18 千米处,占地面积 3500 平方米,建于 2004 年 10 月。2006 年 5 月 25 日,该处被批准为国家级文物保护单位。2014年9月，对酒海井原有的红军烈士陵园进行规划扩建，将散葬于县境内的红军遗骸归葬到酒海井。通过自筹资金和积极向上级民政部门申请立项，修建灌阳县酒海井红军烈士纪念园。该项目规划用地面积150亩，预计总投资8000万元。园区共分六个功能区，分别为主墓区、纪念广场区、入口管理服务区、(左边)纪念场馆区、(右边)纪念公园区、(主墓后)山地瞻仰区。具体项目有纪念广场、红军帽、纪念塔、纪念馆、红军雕塑、烈士英名录及附属设施等。主体工程的主墓区、纪念广场及配套设施建设已竣工。2019年2月24日，新圩阻击战史实陈列馆的建设工作正式启动，总投资规模4100万元，展陈面积为936平方米，9月12日开馆。

湘江战役新圩阻击战酒海井红军纪念园是全国爱国主义教育基地、全国长征精神与廉政教育示范基地、全国重点烈士纪念建筑物保护单位，是灌阳县红色旅游的主要景点和开展红色革命传统教育的重要场所。

新圩阻击战战地救护所　该旧址位于灌阳县新圩镇和睦村下立湾屯，为该村蒋氏祠堂，始建于清道光四年(1824)，砖木结构小青瓦，外墙饰精美的蜈蚣墙体，坐北朝南，宽12米，长19米，总面积230平方米，整个建筑工艺考究，保存完整。1934年11月底，为保证军委纵队和红军主力顺利通过灌阳，抢渡湘江，突破敌人第四道封锁线，红三军团第五师奉命在新圩布防，把该处作为战地救护所。2006年5月25日，该处批准为国家级文物保护单位。

新圩阻击战主战场遗址　2006年5月，新圩阻击战主战场遗址被确定为国家级文物保护单位。该景区中有新圩阻击战陈列馆、大型主题雕塑、风貌改造，石浮雕群、景观雕塑、观景亭、停车场、广场、农家乐、治安亭、产品展示亭、雕塑护栏等附属设施建设，成为县内红色旅游的核心景区之一。

红五师指挥所旧址　1934年11月27日至28日，新圩阻击战红五师指挥所设在新圩龙桥村杨柳井屯的一民屋里。指挥所原有格局与遗址形成时期大致相同，县政府请专家对指挥所遗址进行修缮。杨柳井村建设有新圩阻击战纪念广场、杨柳井水景区、步行街、停车场等功能区及相关配套设施。

排埠江红色教育基地　排埠江红色教育基地位于灌阳县灌阳镇排埠江村委。基地以“不忘初心，牢记使命”为主线，围绕“长征精神”主题，建设有形象门楼、新时代文明实践站、文化广场、红色大讲堂以及停车场、休闲活动广场等配套设施，是各类团队开展红色课堂教育的主要场所。已成为灌阳县国防教育培训基地、中共灌阳县委党校红色教育基地。

红三、红五军团指挥部　位于灌阳县水车镇同德村宾家桥屯，为该村远岗公私宅，始建于清光绪年间，分上下两座，内设天井和厢房，砖木结构，饰小青瓦并配有勾头瓦当，外墙饰马头墙，前门外八字形装饰，两边墙体均书写“九如堂”三字，坐北朝南，总面积289.9平方米，现保存完整。1934年11月红三军团由湖南经雷口关到水车，经先头部队侦察，把当时村最大的“九如堂”选为指挥部。2006年5月25日被批准为国家级文物保护单位。

红军亭　红军亭位于文市镇政府旁的灌江两岸，始建于清代，是红军长征过灌阳时在文市镇抢渡灌江的渡江点和战斗地点。东亭基脚为大四方石料，护有岸坡、阶梯、水埠，亭内地面铺以长形、方形石料，盖小青瓦，为木石结构，亭高5.2米，宽3.4米，造型、装饰古雅，富有地方特点，具有爱国主义和革命传统教育的作用。2006年5月25日被批准为国家级文物保护单位。

**【江口村特色文化旅游区(唐景崧故里)】**　国家AAA级旅游景区，位于灌阳县新街镇，距离灌阳县城10千米，是马山江、安乐源江与灌江的三江交汇处，故称“江口”。江口村始建于西汉前，兴盛于明清，属桂北地区较典型的明清时期的村落民居，是晚清热血翰林、抗法抗日名将、台湾巡抚、桂剧奠基人唐景崧的故乡。2012年，江口村被列入全国第一批“中国传统村落”名录；2014年被列入“广西特色文化名村建设项目”；2017年，唐景崧故居被列为“自治区文物保护单位”；2018年，江口村获第七批“中国传统建筑文化旅游目的地”的称号，是广西区内唯一获此殊荣的村庄；2018

年底，获“广西五星级乡村旅游区”称号。江口村以种植水稻为主，经济作物有国家地理标志品牌灌阳雪梨和中华名果灌阳黑李。旅游区内资源丰富，共有水域风光、生物景观、遗迹遗址、建筑与设施、旅游商品、人文活动6个主类，河段、花卉地、人类活动遗址、综合人文旅游地、地方旅游商品、民间艺术和现代节庆等10个亚类的旅游资源。

**【月岭古民居】** 位于县城北面42千米的文市镇月岭村，祖居为唐氏家族。月岭古民居始建于宋代，属典型的湘南式民居。其中六大院堂保存最为完整，其庭院各立门楼，依次名为“翠德堂”“宏远堂”“继美堂”“多福堂”“文明堂”“锡嘏堂”。每院堂由6幢组成，每幢均为上下两座结构，前设中门、天井和大堂，后有小堂和天井，配有住房、厨房、客房、仓库和传供唱戏用的戏楼，为官府庭院式。每院内均有水井、花园，全村及各院围墙道路均用石围石砌，是目前广西区内保存较为完整的古民宅群落。月岭古民居三面环山，背依灌江，其周围分布的人文景观主要有建于清道光年间的“孝义可风”贞孝牌坊，清乾隆年间的“步月亭”和“文昌阁”，清宣统年间的“百岁亭”以及“催官塔”“将军庙”“古石寨”“唐孔林墓”等古建筑，古建筑工艺精湛，雕刻精美。自然景观有“步月仙桥”“步月岩”“白驹岩”“古井旋螺”“上井石泉”“双发井”等。月岭村文化历史悠久，宋末时期就建有剧团，清初逐渐演变成为具有一定影响的桂剧团，是广西桂剧的创始地。2007年获评广西农业旅游示范点，2013年9月获得第二批中国传统村落，2014年3月获评第六批中国历史文化名村。

**【洞井古民居】** 国家AAA级旅游景区，位于洞井瑶族乡乡政府所在地，紧临洞大公路，属于明清两代的瑶族地方民宅建筑群，具有岭南水乡风格，古民居居民以唐姓为主，至今居住着瑶、汉人家190户、600多人，其中瑶族89户，明清古建筑老宅68座。洞井古民居2012年被列入《中国首批传统村落名录》，2014年获国家民委“中国少数民族特色村寨”称号。古村落坐东南朝西北，依山傍水，风景秀美。每座古宅以中轴线对称分列，面阔三间，中为厅堂，两侧为室，厅堂前方的天井，采光通风，亦有“四水归堂”的吉祥寓意。宅内装饰多为青砖、实木、条石，其木石雕刻技艺精湛，花卉飞禽栩栩如生。民居户户相连，门道相通，既方便沟通、互为照应，也可御敌防盗、能守能攻。洞井村文化底蕴深厚，人杰地灵。自明清以来，该村出过举人、进士等共26名，其中正五品官员2名，六品官员2名，武举人1名。古民居至今还保存有完整的牌匾5块，尤其是唐氏祠堂里，完整地保存着一块罕见而珍贵的清代廉政告示碑。古村内还留有清朝末年的门牌号、武举人的习武石蹬等。洞井村传统文化活动丰富多彩，每逢大型的节庆日，村民舞龙舞狮、载歌载舞，特别是宋宣和年间流传下来的、以骨牌演变而来的“牌灯”舞，距今已有近900年历史，曾代表全县参加桂林市第二届少数民族传统体育运动会和恭城瑶族自治县20周年大庆表演，还应邀参加蓝田瑶族乡第二届“六月六”尝新节文艺会演。洞井牌灯舞正在申报广西壮族自治区非物质文化遗产，洞井牌灯舞已成为瑶乡独特的文化名片。洞井瑶族乡党委、

洞井牌灯舞　　　　县文广体旅局　提供

政府对这片古建筑群高度重视，多方争取项目、筹措资金对其保护和开发，已征地90多亩准备进行配套开发，投入近600万元进行地下管网和园林绿化建设。该村通过美化、亮化、绿化、硬化等基础设施改善村民的人居环境。

**【灌阳茶博园】** 国家AAA级旅游景区，位于灌阳县黄关镇兴秀村大坪山，其中核心区面积2100亩，拓展区面积5000亩，辐射区1万亩。景区按照"五园一基地"建设模式，在核心区打造"丰产栽培示范园、适度密植园、无大小年结实试验园、水肥一体化示范园、油茶品种对比试验园、良种育苗基地"等，积极推广"三良"油茶高产高效栽培技术。2017年，示范区被评为广西现代特色农业（核心）示范区和自治区首批油茶高产高效示范园。景区通过建设油茶良种育苗基地、举办油茶技术培训、引入油茶一体化加工生产线、开展有机食品认证，逐步形成了油茶种植、生产、加工、销售和服务于一体的较为完善的产业体系，是集油茶生产技术示范、加工贸易、油茶文化体验、科普教育、旅游观光为一体的现代特色林业示范基地。灌阳茶博园景区由灌阳旅游开发总公司投资，共投入资金500万元，对景区内的旅游基础设施和公共服务设施进行大规模的开发建设。

**【神农稻博园】** 国家AAA级旅游景区，位于灌阳县中南部，核心区位于黄关镇的联德村，距黄关镇人民政府3千米，距201省道2千米，交通便利。灌阳县"神农稻博园"水稻（核心）示范区是袁隆平院士1000千克高产攻关基地之一，通过采用"超级稻＋再生稻＋绿肥"种植模式，连续8年创广西单产第一，实现袁隆平院士吨半稻梦想，被袁隆平院士誉为"广西超级稻产量第一县"。景区总面积约为3000亩，田园风光与人文景观遥相辉映。主要景观景点有科普馆、袁隆平院士雕塑、文化长廊、丰收广场、稻文化展示中心、稻文化雕塑小品、竹林迷宫、荷花种植、稻田艺术等，以神奇的超级稻为主线，优美的自然风光为载体，这里一年四季有看头，冬春赏两花，夏秋看两稻，依托独具特色的水稻文化、耕读文化、民族文化，集种、学、研、吃、住、娱为一体的神农稻博园。神农稻博园由灌阳县旅游开发总公司投资，共投入资金近3000万元，对景区内的旅游基础设施和公共服务设施进行开发建设。

**【都庞岭大峡谷景区】** 国家AAA级旅游景区，位于都庞岭之下灌阳县境内。都庞岭是南北走向山脉，华中长江水系和岭南珠江水系的界山，是历史悠久的瑶族发祥地；自秦以来华南五岭声名大盛，都庞岭是著名五岭之一，北方王朝统治岭南必经五岭的关隘，其中都庞岭的永安关、雷口关、龙虎关都是进入岭南的著名关口。

发源于灌阳洞井瑶族乡，千万年来湍急的水流切割都庞岭山脉西麓，形成长自洞井大竹园村往下至水车五马山近百里大峡谷。大峡谷由南北两段组成，南段位于灌江上游洞井瑶族乡、观音阁乡；中间是黄关、新街、灌阳镇由灌江冲积形成的河谷田园；北段自灌阳城北郊鳜鱼石入口至水车镇五马山出口，此段大峡谷穿越都庞岭腹地，为大峡谷的核心区域，气势宏大险要，峡谷最深处和2009米都庞岭最高峰形成近2千米的海拔落差，在谷底行走，看不见顶峰，是大峡谷最美、最壮观的一段。

**【文市石林景区】** 国家AAA级旅游景区，位于灌阳县城北部30千米处，是由典型的喀斯特溶岩浸蚀而成，占地面积约5平方千米。文市石林奇石罗列，众峰林立，形态峻峭，具典型的剑状岩溶地貌和复杂的发育历史，可与云南的路南石林相媲美。2012年，该景区被批准为广西地质公园。修建生态停车场和AA旅游厕所。

**【大仁村万亩梨园】** 广西五星级乡村旅游区，位于县城东南方1.5千米，大仁村涵盖白竹坪、米珠山、朱安冲、松树山、杨家亭5个自然屯，大仁村委引导农民依托拥有一定水果种植规模和种植技术优势，走依托科技，做实做强"瓜果"文章的发展经济之路，把大仁村建成全县重要的雪梨、黑李、西瓜、柑橘生产基地，让农民走上了富裕之路。随着村民生活的逐步富裕，村集体经济的不断壮大，村民的科技意识和环境意识的逐步提高，早在2001年，大仁村投资20多万元建起了全县一流的集村委办公、科技培训、党员电教和商业门面为一体的综合楼，把米珠山自然村建设成全县第一个小康文明新村，把白竹坪建设成全县第一个生态村。随后，朱安冲也成为县政府重点打造的生态示范村。可以说，大仁村引领着灌阳乃至桂北地区乡村旅游的发展，是区域内最早进行乡村风貌改造和农家乐开发经营的村庄，各项旅游基础设施完善，并具有较高的知名度。每年农历的二月到三月之间，都是满山梨花绽放的时期。大仁村委会结合县里的传统节日“二月八”农具节，举办一系列的民间活动，组织民间赏花节，观赏万亩梨花绽放景观，舞狮、舞龙、山歌擂台赛，彩调剧表演，斗鸡比赛，斗牛比赛。游人可住农家，吃农家饭，体验农家生活。各个村屯都热闹非凡，游客络绎不绝。

**【太子山生态旅游区】** 广西五星级乡村旅游区，位于灌阳县洞井瑶族乡保良村，距离灌阳县城62千米，距乡政府所在地14千米，村口大门距灌阳洞井—灵川潮田公路1千米。这里地处都庞岭余脉与海洋山交汇处，海拔600米，属亚热带季风气候区，雨量充沛，光照充足，土地肥沃。这里四季分明，昼夜温差大，是一个独特的小气候区，非常适合生态无公害的农作物种植。旅游区依托太子山原始森林景观、600亩优质水果种植基地、洞井瑶族风情、民族村寨等自然和文化资源，打造一个集休闲农业、民俗体验、森林观光、避暑度假、科普研学于一体的乡村旅游区。园区内空气清新、鸟语花香，村落民风古朴，田园风光和自然景观完美融合，极具诱惑的原生态美食和美丽动听的民间传说，是周边市县居民体验“乡味”的理想乡村旅游目的地。

**【莲溪庐度假村】** 广西五星级乡村旅游区，位于文市镇大湾村社拐屯。莲溪庐度假村以溪流、水域为特色，以山、地为拓展空间，整体布局规划，重点设计打磨，建设有流水别墅、月光花园、窑洞酒店、木屋客房、莲溪餐厅等多个特色建筑，以及水上游乐、果树林等多个活动空间，与灌阳县其他旅游目的地不同的特色，每一处都具有与众不同的吸引力，逐渐将庄园建设成为集现代特色农业、观光采摘、休闲度假、水上游乐、生态养生、修心养性于一体的“世外桃源”。

**【春润生态旅游景区】** 广西四星级乡村旅游区，位于灌阳县观音阁乡，旅游区距灌阳县城40千米，距恭城县56千米，外部交通十分便利。旅游区依托灌江和沿岸优良的山形地貌资源，以及乡村田园、古民居、民俗风情等自然和人文资源，打造一个以汽车文化为主题，融合汽车场地越野、汽车营地、攀岩、跑马、乡村旅游、民俗体验于一体的主题文化旅游区。桂林春润生态旅游景区已成功举办3届“全国自然河道汽车越野赛”。

## 旅游开发与建设

**【旅游基础设施建设】** 做好湘江战役新圩阻击战旧址红色旅游、文市石林、月岭古民居景区基础设

云水瑶特色街区　　伍秋福 摄

施建设项目，全县旅游配套设施不断提升。完成灌阳县涉旅场所标识系统、智慧旅游，建设33千米红色风景道、28.9千米休闲绿道、3个汽车旅游营地、游客中心12个、停车场16个、三级旅游游客集散中心1个等。

**【旅游宣传】** 参加区市组织的宣传促销，分别派人员参加2020年（第八届）成都国际旅游展、第五届中国·吉林国际冰雪产业博览会、2020年“广西人游广西”全域旅游大集市、第十七届东盟旅游博览会、2020乐游广西·乡村旅游嘉年华活动，大力宣传灌阳地方特色和优势，吸引更多的游客到灌阳县旅游。

**【旅游标准化示范工作】** 2020年，安排5000万元文化和旅游发展专项资金，用于广西全域旅游示范区建设。推进产业融合，完善供给体系。不断拓展旅游空间，丰富旅游内涵，完善旅游产业要素。湘江战役新圩阻击战酒海井红军纪念园彰显灌阳红色旅游名片，千家洞文旅度假区、江口村、莲溪庐度假村打造灌阳旅游新高地；灌阳油茶、十大碗、红薯粉“一粉十吃”等特色餐饮品牌不断涌现；度假酒店、特色民宿、森林木屋、窑洞房、旅居车营地等特色住宿设施丰富体验；瑶族风情表演、桂剧、夜间灯光秀等常态化演出缤彩纷呈；云水瑶特色街区、莲溪庐度假村等夜间经济持续升温，特色县城不断提升；旅游与城镇化、农业、林业、文化、体育等的融合发展效果良好，“旅游+”“+旅游”融合不断拓展。

2020年9月22日，自治区专家组到灌阳县进行灌江国家湿地公园创建广西生态旅游示范区评定验收　　县文体广旅局　提供

**【品牌营销】** 强力营造大外宣、大旅游、大格局的氛围，借国家平台提升品牌影响，借现代科技丰富营销手段，借节事活动持续加大县域品牌宣传力度，提升“梨园赏桂剧、瑶乡红灌阳”的旅游目的地形象。逐步形成“一龙头、一中心、一廊道、七组团”的全域旅游空间格局，实现乡镇景区景点全覆盖。走出了一条旅游后发展地区的“旅游+红色+扶贫+体育”全域旅游突破之路。2020年9月25日，获得广西旅游标准化示范县称号。2020年11月4日，获得广西全域旅游示范区称号。

**【品牌创建】** 抓好国家A级旅游景区、乡村旅游区、广西生态旅游示范区、星级旅游饭店、星级农家乐、星级汽车旅游营地、星级集散中心创建工作。灌阳千家洞文旅度假区获得国家AAAA级旅游景区称号，灌阳茶博园景区、神农稻博园景区、灌阳洞井古民居景区、都庞岭大峡谷景区、文市石林景区获得国家AAA级旅游景区称号，江口村获得全国乡村旅游重点村称号，灌江国家湿地公园获得广西生态旅游示范区称号，灌阳县大仁村万亩梨园、灌阳县太子山生态旅游区、灌阳县莲溪庐旅游度假区获得广西五星级乡村旅游区，灌阳县春润生态旅游景区获得广西四星级乡村旅游区，观音阁乡获得自治区避暑旅游小镇称号，灌阳县茶花山庄获得四星级农家称号，维也纳酒店、欧凯华酒店、福临门大酒店获得三星级旅游饭店称号，春润汽车旅游营地、莲溪庐汽车旅游营地获得三星级汽车旅游营地称号，灌阳县城市旅游集散中心获得三级集散中心称号。

## 旅游企业

**【广西千家洞圣宝胜旅游开发有限公司】** 成立于2017年11月14日，主要经营旅游开发、景区经营、餐饮、住宿、健康疗养等服务。

**【灌阳县旅游开发总公司】** 成立于1993年7月31日，主要经营旅游开发、服务、接待等。2002年，体制改革政企分离，只保留公司名称，无人员。2017年公司恢复试运行。

**【广西桂林灌阳日升生态特色农业开发有限公司】** 前身为广西桂林灌阳县日升农副产品购销有限责任公司，创建于2005年9月，主要经营生态农业旅游、休闲观光、餐饮服务等。

**【桂林灌阳春润生态旅游开发有限公司】** 成立于2017年3月21日，为有限责任公司，主要经营旅游开发服务、餐饮、住宿、观光农业开发、农家乐观光等。

**【灌阳县莲溪庐投资有限公司】** 成立于2019年3月25日，为有限责任公司，主要经营旅游产品开发、餐饮、住宿、娱乐等。

**【桂林观阳文化旅游发展有限公司】** 成立于2019年4月15日，主要经营文化旅游产业、住宿业、餐饮业、服务业开发等。

**【灌阳县都庞红旅行社有限公司】** 成立于2019年4月3日，旅行社主要提供国内旅游服务、旅行社服务、会议会展服务；文化艺术交流策划、会议策划；住宿餐饮服务、酒店预订服务；旅游景区景点开发。

**【桂林都庞岭大峡谷旅游发展有限公司】** 成立于2017年6月2日。主要经营范围为水上游览业务、演出项目的开发与管理、旅游景区（点）开发与管理、住宿、餐饮服务等。

（唐春凤）

# 财政·税务

## 财　政

【概况】 灌阳县财政局是灌阳县人民政府正科级工作部门，主要负责管理县本级各项财政收支、编制年度县本级预决算草案并组织执行、政府投资基金县财政出资的资产管理、县本级预决算公开、管理和监督县政府性投资项目资金、管理全县会计工作等。

2020年，灌阳县财政收入完成26220万元，完成年初目标38230万元(同比7%增长)68.58%，同比减收9507万元，下降26.61%，其中全口径税收20855万元，同比减收2958万元，下降12.42%；非税收入5365万元，同比减收6549万元，下降54.97%，非税收入占一般公共预算比20.46%。一般公共预算支出完成246335万元，下降2.73%。县财政局获“2019年度全区财政投资评审工作目标考核先进集体”“2019年度财政收支管理贡献奖”“分项指标绩效评价(加大预决算公开)并列全国第一名”。办公地址位于灌阳县灌阳镇新华路1号。

【扶贫资金支出】 2020年，灌阳县利用自治区出台的“绿色通道”以及疫情期间出台的各项政策，推进扶贫项目的建设工作。全县共筹集安排各类扶贫资金40291.30万元，其中包括：中央财政专项扶贫资金7480.35万元、自治区财政专项扶贫资金8928.4万元、市级财政专项扶贫资金3032.07万元、县本级财政专项扶贫资金3420万元，历年未列支的结转结余资金550.85万元，整合资金用于扶贫1172万元，补短板综合财力补助830.09万元，易地扶贫搬迁一般债券资金7160.23万元，市级扶贫项目补助资金30万元，其他扶贫资金7687.31万元。全年全县扶贫资金共支出39645万元，支出进度为98.4%。全年全县共整合各类涉农资金11974.87万元，支出11800.35万元，支出进度为98.54%。

【政府性基金预算执行】 2020年，全县政府性基金收入完成22503万元，占年初预算的35.4%，

2020年7月20日，灌阳县国库集中支付电子化管理改革全面铺开业务培训会在县财政局电教室召开　　县财政局　提供

同比减少23756万元，下降51.4%。全县政府性基金支出完成17123万元，占年初预算的177.6%，同比增加9966万元，增长139.2%。

2020年7月29日，县税务局询问农户梨子采摘、销售情况

县税务局　提供

【社会保险基金预算执行】2020年，社会保险基金收入28293万元，完成预算的107.7%，支出26109万元，完成预算的101.7%；收支相抵，当年结余2184万元，年终滚存结余21421万元，其中：城乡居民基本养老保险基金收入10978万元，支出7107万元，2020年结余3871万元，年终滚存结余20560万元；机关事业单位基本养老保险基金收入17315万元，支出19002万元，2020年结余1687万元，年终滚存结余861万元。

【政府债务】2020年，全县政府债务余额81825万元，其中：一般债务余额57983万元，专项债务余额23842万元。全县偿还政府债务利息2745万元。全县获得2020年新增专项债券资金11000万元，2020年新增专项债券资金完成100%支出。

（县财政局）

## 税　务

【概况】国家税务总局灌阳县税务局（以下简称县税务局）为中直正科级行政单位。主要负责灌阳县增值税、消费税、企业所得税、储蓄存款利息所得个人所得税、车辆购置税等税种的征收管理工作。辖区管户4883户，其中企业纳税人1350户（其中一般纳税人235户），个体纳税人3533户。2020年，以组织税收收入为中心，不断推进依法治税、夯实税收征管基础、提升纳税服务质量等三大重点工作，大力开展“便民办税春风行动”。办公地址位于灌阳县灌阳镇兴灌路22号。

【减税降费】县税务局坚持组织收入原则，开展税收分析预测。通过周密部署、精心组织税收调查工作，对企业的数据进行收集、审核、测算和分析，加强对企业税收的监控管理。同时建立收入质量考核机制，科学考核组织收入工作，不收过头税，努力提高税收收入质量。2020年，累计完成总局口径税收收入21778万元，同比减少3151万元，下降12.64%。完成地方政府口径税收收入20833万元，同比减少2980万元，下降12.51%；车辆购置税完成945万元，同比减少171万元，下降15.32%。

县税务局探索“政府牵头、税务主抓、银行配合”税收共治工作机制，确保减税降费落实落地。2020年1月至11月，累计新增减税降费1700万元，其中2020年新出台支持疫情防控和经济社会发展税收优惠政策减税降费900万元；2019年更大规模减税政策在2020年继续实施形成减税降费800万元。

【优化营商环境】推行办税后台业务前置，简化报送流程，实现纳税次数由全年7次压缩至6次，纳税时间符合要求标准；扎实落实好国家和地方相关优惠政策；组成青年业务骨干团队进行纳税辅导并进行宣传和培训辅导。2020年，为纳税人线上直播培训共11期，参与培训达7414人次。落实“非接触式”办税，推出272项“网上办”，15项线上受理线下办结业务，网报率达99.7%以上，位居全市前列。

2020年11月4日，灌阳县税务局召开深入落实落细“四力”重点要求有序推进税收全面工作专题会议　　县税务局　提供

**【社会保险费和非税收入】** 社会保险费划转税务部门征收，灌阳税务局提升信息化服务水平，实现缴费“多跑网路、少跑马路”，大胆推行“客户端缴费”业务。灌阳县机关事业单位缴费人全面实现客户端缴费，灌阳县局机关事业单位社保费网签划扣率和客户端使用率一直居全市前列。为更好地方便和服务群众，灌阳县税务局与桂林银行灌阳支行携手合作，开展农村金融服务点缴纳“两费”（养老保险费和医疗保险费）业务。从2019年11月起，先后在全县农村金融服务点设立了40个“两费”缴费服务点，使村民足不出村即可完成“两费”缴费业务，开创农村“两费”缴费新局面，实现村民缴费“零跑腿”、便民缴费“再升级”、为民服务“零距离”。

2020年，共组织城乡两险征缴入库8644.78万元，其中城乡居民养老保险1517.24万元，城乡居民医疗保险7127.54万元。机关事业单位保险和职业年金征收费款20568.36万元。

**【税收管理专业化】** 2020年，改变税源管理股不管户的做法，组建建安行业专业化管理团队，将建筑房地产行业的一般纳税人103户划转税源管理股管理。对红砖企业及建筑行业实行查账征收，2020年，建筑行业累计征收税款3856万元，比去年同期增收25万元，同比增长0.006%。

表1　　2020年灌阳县税务局税收收入统计表

单位：万元

| 项　目 | 累计完成数 | 上年同期数 | 比上年同期＋－(%) |
|---|---|---|---|
| 一、税收合计 | 21808 | 24929 | −12.52 |
| （一）国内增值税 | 12748 | 14456 | −11.81 |
| （二）国内消费税 | 7 | 8 | −10.32 |
| （三）国内企业所得税 | 2796 | 3285 | −14.88 |
| （四）个人所得税 | 1334 | 1242 | 7.37 |
| （五）车辆购置税 | 949 | 1116 | −14.97 |
| （六）资源税 | 465 | 494 | −5.84 |
| （七）城市维护建设税 | 595 | 687 | −13.4 |

续表

| 项　目 | 累计完成数 | 上年同期数 | 比上年同期＋—(%) |
|---|---|---|---|
| (八)房产税 | 204 | 213 | −4.25 |
| (九)印花税 | 256 | 152 | 68.35 |
| (十)城镇土地使用税 | 137 | 341 | −59.71 |
| (十一)土地增值税 | 430 | 1526 | −71.78 |
| (十二)车船税 | 492 | 462 | 6.38 |
| (十三)耕地占用税 | 358 | 122 | 193.55 |
| (十四)契税 | 995 | 736 | 35.05 |
| (十五)环境保护税 | 42 | 72 | −41.71 |
| (十六)营业税 |  | 17 | −97.39 |
| 二、其他收入合计 | 35077 | 23195 | 51.23 |

(易姝妤)

# 金融·保险

## 金　　融

【概况】 2020年，灌阳县全辖各类存款总额1060756万元，较2019年年底增加129014万元，增幅13.85%。按存款种类划分：个人存款939639万元，占存款总额的88.58%；单位存款116552万元，占存款总额的10.99%。全辖各项贷款总额为859486万元，较2019年增加33794万元，增幅4.09%。按贷款种类划分：短期贷款245502万元，占贷款总额的28.56%；长期贷款551833万元，占贷款总额的64.21%。

【业务收入】 2020年，辖内各金融机构中间业务收入总额2272万元，较2019年同期增加38万元，增幅1.68%。按中间业务收入种类划分：结算性中间业务收入61万元，占中间业务收入总额的2.68%；管理性中间业务收入35.33万元，占中间业务收入总额的1.55%；代理性中间业务收入201万元，占中间业务收入总额的8.86%；银行卡业务收入1712万元，占中间业务收入总额的75.34%，其他中间业务收入为262万元，占中间业务收入总额的11.56%。

### 中国人民银行灌阳县支行

【概况】 2020年，中国人民银行灌阳县支行根据"夯基础、严管理、促创新"总思路，围绕桂林市中支"四个强化""四个抓好""四个到位"的工作要求，从"传""思""动""督"入手，以六个"扎实"为抓手，扎实推进全面从严治党、从严治行，认真履行好基层央行工作职责，地方经济平稳、持续发展。

【落实稳健货币政策】 落实稳健货币政策，疏通货币政策传导机制，及时传达上级行有关货币政策精神，结合当地情况制订信贷指导意见，安排部署好当前货币信贷工作；维护流动性基本稳定，健全货币政策和宏观审慎政策"双支柱"调控框架；

2020年7月28日，中国人民银行灌阳县支行组织辖内银行业金融机构召开金融支持稳企业保就业工作会议

中国人民银行灌阳县支行　提供

加强宏观信贷政策指导,引导金融机构继续加大对小微企业的信贷支持力度,推动银行普惠小微贷款“量增、面扩、价降”,确保解决小微企业融资难融资贵问题有明显进展;利用地方法人对扶贫再贷款的需求,引导法人机构开展央行内部评级,深化利率市场化改革,促其提高金融管理水平。

**【金融管理服务】** 进一步完善风险监督体系,加强金融稳定基础数据的收集和汇总分析,为防范和化解系统性风险提供参考依据,认真落实金融风险预警体系及应急方案,及时沟通反馈各类安全管理情况,配合公安部门开展反假、反洗钱、扫黑除恶、金融宣传等工作;提升金融预警能力,充分发挥存款保险作用,加强投保机构风险监测和核查范围,做实早期纠正功能,依法合规做好地方法人金融机构评级,落实好保费审核和风险差别费率实施工作,落实重大事项报告工作,督促金融机构切实做好重大事项报告制度,全年共收到辖内金融机构重大事项报告5份,及时准确掌握金融机构风险状况和影响金融稳定的重大事项,为评估金融风险提供了重要参考;加强现场监督力度,7月10日至7月31日,对广西灌阳农村商业银行开展资产质量真实性专项现场核查工作,加大对地方投保机构数据质量的监测和风险把控,严控重点行业和重要领域的风险。加大电信网络新型违法犯罪知识宣传普及,继续开展互联网金融风险专项整治,积极配合政府部门开展扫黑除恶和“断卡”行动;不断完善中小企业风险处置预案,加强大型问题企业风险监测,及时调查了解并上报其经营与融资状况;高度关注房地产和地方政府债务风险,加强对房地产金融风险的研判,配合地方政府稳定房地产市场,抓好防范化解地方政府隐性债务风险相关工作,防控地方政府债务风险向金融领域扩散;加强对民间借贷、非法集资以及其他金融违法行为的监测,保持对突出违规行为高压打击态势,全方位防范金融市场风险。

**【创新金融服务机制】** 2020年,增设独立的征信查询室,7月中旬安装启用个人信用报告自助查询机,缓解柜台人工查询压力,给客户提供高效便捷的查询服务。加强征信用户管理,落实实名制要求,规范征信查询监管系统操作,全面实现征信查询业务的无纸化、全流程、可追溯。全年共查询个人信用报告2935份,企业信用报告42份;在搭建农户信用信息系统的基础上,不断完善系统数据库建设,成功采集农户信息75867户,“三农金融服务室”实现全县138个行政村全覆盖,“四级联创”建设工作有持续推进;深化农村支付服务环境建设,丰富农村支付方式,督促涉农金融机构认真做好助农取款服务点的升级挂牌工作,138个助农取款服务点通过拓展业务范围升级成为“惠农支付服务点”,23个升级成为综合金融服务站。

**【农村支付方式】** 深化农村支付服务环境建设,丰富农村支付方式。督促涉农金融机构认真做好助农取款服务点的升级挂牌工作,全年143个助农取款服务点通过拓展业务范围升级成为惠农支付服务点,28个升级成为综合

2020年10月12日,中国人民银行桂林市中心支行到灌阳县调研农村普惠金融发展及金融支持涉农企业经营情况

中国人民银行灌阳县支行 提供

金融服务站；组织金融机构大力推广移动支付便民工程和云闪付，全年金融机构新增注册云闪付用户 9557 户，累计注册云闪付用户 26396 户。

【助力疫情防控和复工复产】 加大服务实体经济力度，落实 5000 亿、1 万亿专项再贷款再贴现专用额度，推动、督促辖内金融机构依法合规使用再贷款专用额度，重点支持疫情防控重点企业、受疫情影响较大的小微企业和个体工商户。中国人民银行灌阳县支行共发放 8999 万元专项支农再贷款，其中受益金融支持疫情防控企业 6 家、农户 426 户；引领辖内金融机构全力帮扶，做好受疫情影响的企业贷款的延期、展期、续贷工作，推进广西“复工贷”“稳企贷”市县行五大专项行动。灌阳县全金融机构共发放“复工贷”和“稳企贷”10811 万元。

【金融宣传】 通过集中学习、进村入户、定点宣传等方式，开展宣传活动 7 次，内容主要涉及支付结算、银行卡、征信、反洗钱、人民币反假、金融消保、金融诈骗与非法集资等金融知识，受益群众上万人。

【金融改革】 深化 LPR 改革，及时加强窗口指导，促进金融机构贷款利率加点点差稳中有降，切实打破贷款利率隐性下限，降低贷款利率水平。按市场化、法治化原则，稳妥推进存量贷款定价基准转换工作，指导法人金融机构抓住市场利率下行期的时间窗口，尽量通过简便易行的方式签署补充协议，确保转换过程平稳有序。同时加强 LPR 宣传，主动向政府部门沟通解释改革的政策；维护存贷款市场竞争秩序，指导督促金融机构合理定价，严格落实自律机制倡议，加强对结构性存款等产品的管理，保持金融机构负债成本基本稳定。

（刘　莹）

## 中国农业银行灌阳县支行

【概况】 2020 年，中国农业银行灌阳县支行完善各项考核机制，促进对公与零售协调发展，实现风险贷款处置目标，强化“双基”管理，加大从严治行力度，培养良好的合规文化。采取具体的工作措施，以客户为中心开展业务经营，出台全年绩效考核方案，基金、掌银、个贷重点业务推进劳动竞赛方案，贯彻传导分行 PK 赛考核方案。办公地址位于灌阳县灌阳镇建设路 23 号。

【存款业务】 2020 年，中国农业银行灌阳县支行存款余额为 18.12 亿元。其中储蓄存款余额为 16.29 亿元，对公存款余额为 1.83 亿元。

【信贷业务】 2020 年，中国农业银行灌阳支行贷款余额为 10.64 亿元，比年初增长 1.23 亿元。

【中间业务收入】 实现中间业务收入 898 万元，其中零售中间业务收入 834 万元，对公业务中收 64 万元。

【其他业务指标】 信用卡有效户净增 1254 个，信用卡不良率 1.15%。信用卡分期业务交易额 3319 万元，卡消费金额 2.37 亿元；年末掌上银行 MAU 活跃

2020 年 3 月 5 日，中国农业银行灌阳支行对防疫物资生产企业申请贷款绿色通道进行视察　　中国农业银行灌阳支行　提供

2020 年 4 月 7 日，中国农业银行灌阳支行对惠农贷款发放进行实地考察　　中国农业银行灌阳支行　提供

客户 11228 户；聚合码商户新增 1959 个，信用卡智慧商圈完成 1 个；农户建档信息完成有效户 4355 户；新增对公人民币结算账户数 181 户，其中新增八大领域账户 9 户，对公客户数 80 户，交易银行折效客户净增 270 户，新增第三方存管有效账户 785 户，新增医保电子凭证 1974 户；资产处置条线实现表内现金清收 476.9 万元，已核销贷款收回 727.16 万元；农户不良余额 266 万元，比年初下降 166 万元，完成二不良控制任务 400 万元的 150.4%；代理保险有明显进步，摆脱代理保险业务落后行的地位，实现保费 691 万元，农银人寿新单保费 343 万元，代理保险手续费收入实现 47.15 万元。

**【服务“三农”】** 2020 年，中国农业银行灌阳县支行精准扶贫贷款余额 59556 万元，较年初增长 2707 万元，增速为 4.76%，精准扶贫贷款占各项贷款比重为 55.96%。

**【营销策略】** 实施全员营销策略，推动零售产品的营销，确保业务全面发展。年初，根据业务的重点分别针对不同业务出台具体的考核方案，促进重点业务的推进，制定《灌阳县支行年度综合绩效考核办法》《2020 年灌阳县支行“春天行动”考核办法》《全员营销个贷劳动竞赛方案》《灌阳县支行 2020 年零售业务全员营销活动实施方案》等营销方案，促进个贷、贵宾客户、电子银行、ETC 等业务的发展。

**【培养协作精神】** 中国农业银行灌阳县支行关爱基层员工，注重为员工谋福利，积极开展各种有利团结、有效激励活动。开展气排球比赛、厨艺和摄影等文体活动，提升团队协作精神；营销费用向网点倾斜，给每个网点配置营销费用，并与各项存款增量完成进度挂钩，按月均衡配置使用，激发网点员工的营销积极性，支行的凝聚力提升。

（中国农业银行灌阳县支行）

## 广西灌阳农村商业银行股份有限公司

**【概况】** 2020 年，广西灌阳农村商业银行股份有限公司（简称县农商行）面对特殊的新冠疫情和严峻的经济形势，县农商行一手抓疫情防控，一手

2020 年 3 月 16 日，县农商行实地考察灌阳黑李特色农产业

县农商行　提供

抓业务发展，坚持贯彻新发展理念，把握时代新特征、探索工作新规律，下沉金融服务、找准客户需求，不断提升金融服务质效，基本完成各项任务指标。

【存款指标】 2020年，县农商行各项存款余额为612541万元，比年初增长67666万元，增幅12.42%，其中储蓄存款523609万元，比年初增长52856万元，对公存款余额88931万元，比年初增长14811万元。

2020年11月13日，灌阳县"党旗引领+金融先锋"助力乡村振兴暨整村授信项目推进仪式在灌阳镇福星村举行　　县农商行　提供

【贷款指标】 2020年，县农商行各项贷款余额为488122.17万元，比年初增长58465.71万元，增幅13.61%，完成全年贷款发放任务167.04%，其中涉农贷款余额为349305.09万元，比年初增长4434.01万元，增幅1.29%，农户贷款198718.76万元，比年初增加17974.30万元；农村企业及各类组织贷款124241.55万元，比年初减少2269.88万元；扶贫小额信贷余额16110.01万元，比年初增加6364.6万元。

【支持"三农"】 加大乡村振兴战略支持，严格落实普惠金融相关要求，坚守农村金融市场定位和支农支小的服务定位，着力扶持新型农业经营主体，支持发展农业规模化生产和集约化管理，助力打好脱贫攻坚战。加大推进金融服务挺进园区、社区、校区的工作力度。搭建多层次服务格局，提高支农支小服务便利性。结合"党旗引领+金融先锋"助力乡村振兴活动，持续做好整村授信工作，拓宽授信覆盖面及覆盖率。

2020年8月12日，自治区联社到灌阳康乐人粉业有限公司开展实地走访调研复工复产情况　　县农商行　提供

【普惠金融】

农户信贷支持力度　各网点充分发挥人缘、地缘、亲缘的优势，结合当地农业农村经济发展，加大农户贷款营销力度，不断巩固提高农户贷款市场份额。

地方特色农业的金融支持　支持灌阳的雪梨和生猪养殖示范基地建设，围绕优质稻米、无公害蔬菜、优质雪梨、柑橘、香芋等特色优势农产品，做好灌阳农业特色产业金融服务工作；积极支持专业大户、农民专业合作社、农业产业化龙头企业等新型农业经营主体发展,支持农业适度规模化经营。

种植养殖大户的信贷支持　对经营管理相对规范、有一定生产经营规模、收益相对稳定的种养大户、农民专业合作社和家庭农场及时给予信贷支持,促进农业种养业规模化、专业化发展经营。加大金融扶贫力度,金融助力扶贫。2020年,扶贫小额信贷新增(新增、续贷、还清再贷)贷款笔数4249笔,贷款金额16733万元,占全县金融机构新增扶贫小额信贷发放率100%。

个人住房按揭贷款的发放力度　县农商行加大对优质楼盘的营销力度,对地理位置较好、价格适中、符合国家住房产业政策、销售情况良好的楼盘开发商逐一开展营销。2020年,与灌阳县内主要的8个房地产开发项目建立按揭贷款合作关系,按揭贷款余额2.64亿元。

公务员消费贷款推广力度　积极营销公务员消费贷款,通过各网点信贷员进行主动营销,对区域内所有党政机关、医院、学校等企、事业单位进行统一集中授信。2020年,共累放户数247户,累放金额8448.09万元,余额19258.05万元。

履行社会责任　在母亲节、儿童节、端午节、建军节、中秋节等节日推出线上线下活动,举行"勿忘慈母恩""抗疫主题绘画比赛""小小银行家""纵享端午、礼遇全城"等活动,拉近与客户的距离与交流,增加客户黏性。联合冠超市推出线上菜篮子便民服务,同时宣传存款产品。联合中国太平洋保险公司,办理相关业务,赠送客户保额10万元的新冠肺炎人身保险。开展送金融知识进村,共同战疫活动,营销产品,向村民免费发放口罩。对柜面员工进行文明规范服务和营销技能培训,提高网点服务水平和营销技巧。

(广西灌阳农村商业银行股份有限公司)

## 桂林国民村镇银行灌阳支行

【概况】 桂林国民村镇银行灌阳支行是经中国银行保险监督管理委员会广西监管局批准、依法设立的地方性金融机构,于2011年9月30日正式挂牌营业,主要业务范围为:吸收公众存款;发放短期、中期和长期贷款;办理国内结算;办理票据承兑与贴现;从事同业拆借;代理发行、代理兑付、承销政府债券;代理收付款项及代理保险业务;代缴社保业务以及经银行监管管理机构批准的其他业务等。牢记宗旨、服务"三农",紧密结合灌阳县的经济实际,坚持"支农支小"、下沉乡镇,创新服务、稳健发展,着力打造"普惠金融爱心银行"的新型农村金融机构。2020年,桂林国民村镇银行灌阳支行各项存款余额59286万元,较2019年年末增加19257万元,各项贷款余额29293万元,存贷比49.41%。

【支农支小】 坚定不移地走"合作金融、'三农'金融、普惠金融"的合作发展之路。充分吸纳本地热心于"三农"事业、具有创业激情的人才,培育职业化、专业化、规范化团队,确保支行战略目标和发展策略不跑偏、不走形;开展"严要求、守规矩、做实事"专题教育活动,提高员工队伍的综

2020年6月30日,桂林国民村镇银行灌阳支行与灌阳镇上王村举行整村授信仪式　　桂林国民村镇银行灌阳支行　提供

合素质和战斗力；提出“不抽客户一支烟、不吃客户一顿饭、不贪客户一分钱”的行为准则和“守正出新、敦行致远”的发展理念；倡导“做好人、存好心、做好事”的信贷文化，做到阳光办贷、廉洁办贷，以良好的团队树立良好的企业形象。

【支农惠农】 桂林国民村镇银行灌阳支行结合县域农业特色经济相继开发“农户贷”“支农贷”“三农贷”等产品体系，对灌阳黑李、雪梨、砂糖橘、农家乐等产业进行精准扶持，用实际行动支农惠农，全力支持全县脱贫攻坚工作。支行不断让利于民，在“免”字上做足文章，免除小额账户管理、账户开立、电子银行业务、短信提醒4大项18条收费项目，并根据农户资金需求急、短、小的特点，优化审批流程，缩短农户贷款时间，解决农户农业生产所需资金的燃眉之急。2020年，桂林国民村镇银行灌阳支行涉农贷款余额达22821万元，农户小额贷款余额达9010万元，涉农贷款占比达77.91%。

【提升服务能力】 桂林国民村镇银行灌阳支行始终将提高服务质量作为全行的重点工作，统一员工思想，规范员工行为，加强服务礼仪培训，增强员工主动服务意识，想客户之所想，急客户之所急，坚持在各种场合用语文雅、礼貌，微笑服务，热诚待客，以优质服务吸引更多的客户前来办理存贷款等各项业务。在网点内设置各类告示牌、宣传牌、客户意见簿、服务监督电话号码、老花镜、验钞机、便民医药箱等；制定《前台业务差错处罚管理办法》《关于提高信贷业务办理效率的管理办法》《大堂经理考核办法》等有关规章制度，要求全体人员从台面布置到柜面清洁，从服务用语到面部表情，全部做到规范统一；加强内外监督，支行经常对办理业务的客户进行回访，对支行人员的服务态度和质量进行明察暗访，并广泛征求客户的意见和建议，及时发现和纠正服务中的不规范行为。

（桂林国民村镇银行灌阳支行）

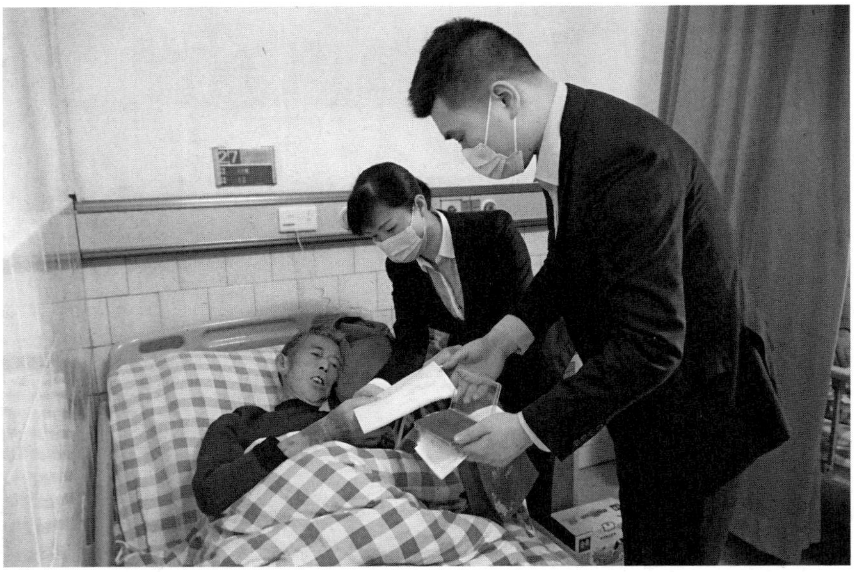

2021年3月16日，桂林国民村镇银行灌阳支行工作人员主动上门为客户服务　　桂林国民村镇银行灌阳支行　提供

## 桂林银行股份有限公司灌阳支行

【概况】 桂林银行股份有限公司灌阳支行成立于2018年12月26日，是入驻灌阳的首家智慧银行，始终秉承普惠金融服务宗旨，服务“三农”、助农、惠农，竭诚为广大老百姓提供优质、高效的金融服务。2020年，各项存款余额9.38亿元，其中对公存款0.68亿元，储蓄存款余额8.70亿元；各项贷款余额22.75亿元，其中对公贷款余额13.66亿元，个人贷款余额9.09亿元；对公客户数174户。

【支持“三农”和实体经济发展】

服务地方实体经济　拜访全县规模以上企业20余户，小微企业100余户，走访富农贷客户1000余户，紧密对当地农业、工业、旅游等主管部门，充分了解全县的支柱产业信息，了解小微企业的金融需求，全面做好金融服务。支持灌阳县“双百双新”产业园的园区企业桂林新视达新材料科技有限公司、桂林中电新材料科技有限公司，支持房地产开发企

2020年12月29日，桂林银行股份有限公司灌阳支行采购本地特色农产品上行销售　　桂林银行股份有限公司灌阳支行　提供

业灌阳县灌源投资发展有限公司、桂林市富杰房地产开发有限公司，支持文市镇石材企业灌腾开发有限公司等当地龙头企业，助力县域经济发展。全年支持上述企业授信金额7.07亿元，实际投放贷款金额7.07亿元。

打造“最专注服务乡村振兴的银行” 围绕当地特色农业、服务农村集体经济，桂林银行股份有限公司灌阳支行摸排灌阳县当地农业支柱产业信息，围绕当地特色农业，积极探索农村金融，针对优质家庭农场、专业大户、农民专业合作社和农村集体经济，精准提供优质的金融服务。全年办理富农贷、漓江农村信用卡累计800余笔，授信余额330余万元。

践行普惠金融　桂林银行股份有限公司灌阳支行通过速贷、乐税贷、商户小微速贷等线上贷款产品，满足企事业单位员工、个体公司户等经营消费需求。同时针对优质的个人按揭客户，通过发放个人住房按揭、个人商铺按揭等贷款品种提供解决个人资金需求。全年累放户数140笔，授信金额4730万元。

创新金融科技　桂林银行股份有限公司灌阳支行通过桂林银行网银系统，突破传统的纸票办理方式，利用桂林银行网银无纸化操作，快速地办理银行承兑汇票贴现，当日即可实现资金到账，解决企业电子票据贴现难题，助力企业快速发展。2020年共办理银行承兑票贴现14笔，累计金额2726万元。

**【助力乡村振兴】** 搭建多层次服务格局，积极推进移动支付惠民便民工程，打通农村金融服务“最后一公里”。与辖内138个行政村共签约铺设86家农村普惠金融综合服务点，覆盖率达62%，其中正式挂牌营业的农村普惠金融综合服务点55家；打造扶贫农产品上行平台，通过进驻党群服务中心展厅、联合商户建立百盛优爱心扶贫超市，积极探索以“金融＋电商”的新模式，助力贫困户的优质农产品上行，借助桂林银行小能人电商平台，将灌阳县优质扶贫农产品推广至全区。全年上行销售农产品青箱村、坪洞村服务点红薯粉0.9万千克、石丰村服务点九龙泉生态米及瑶源大米10.95万千克、黄关面条4.19万千克、龙吟村服务点雪萝卜0.3万千克；服务点开展敬老爱幼活动，在传统节假日对各村留守老人、留守儿童、贫困户进行慰问，并组织反假币、防诈骗等金融知识宣传活动；持续加强乡镇小微支行、农村金融服务点建设，扩大服务覆盖面。

（桂林银行股份有限公司灌阳支行）

## 保　　险

### 中国人民财产保险股份有限公司灌阳支公司

**【概况】** 中国人民财产保险股份有限公司灌阳支公司开办业务险种有机动车辆保险、财产保险、责任保险、船舶、货物运输保险、农业保险、社会医疗保险、个人非车险业务保险。2020年，实现保费2890.25万元，其中车险保费收入1345.25万元，财产保险收入 99.35 万元，责任保险收入 56.12 万元，船舶、货物运输保险收入 2.19 万元，意外健康保险收入 212.01 万元，农险保险收入 747.09 万元，社会医疗保险收入 428.24 万元。

【理赔情况】 2020 年，中国人民财产保险股份有限公司灌阳支公司共支付保险赔款 1416.50 万元，其中车险赔付 684.36 万元，政策农业保险赔付 211.47 万元，非车非农支付赔款 520.67 万元。

【社会责任】 2020 年，中国人民财产保险股份有限公司灌阳支公司累计缴纳增值及附加税额 52.86 万元，代征代缴车船使用税 254.53 万元，代扣代缴个人收入所得税 0.98 万元。

（范秋霞）

## 中国人寿保险股份有限公司灌阳支公司

【概况】 2020 年，中国人寿保险股份有限公司灌阳支公司实现保费收入 9725.17 万元，较上年同期增长 11.2%，其中包括长期险首年保费 1621.90 万元，短期险保费 2374.05 万元，续期保费 5729.22 万元，业务结构进一步优化。

【保险业务发展】 中国人寿保险股份有限公司灌阳支公司响应中央服务“三农”的号召，推进人身保险行业服务最广大人民群众的普惠性目标，帮助贫困群体摆脱“因病、因灾致贫、返贫”的恶性循环，积极开展小额人身保险、计划生育爱心保险、计生关爱保险等普惠民生保险业务，不断深化民生保险创新实践，扩大小额保险覆盖面，缓解意外事故和疾病等风险对低收入家庭造成的冲击。把承担社会和行业责任为己任，充分发挥保险的经济“助推器”和社会“稳定器”作用，真正起到了促进改革、服务经济、稳定社会、造福人民的保障作用。

【社会责任】 中国人寿保险股份有限公司灌阳支公司辖内管理干部职工及代理营销人员共计 300 人左右，公司长期以来保持稳健发展态势，为当地人才就业提供了稳定的发展平台，2020 年，营业税及附加以及代征代扣税款合计 33 万元，税额及同比增长比例在当地产寿险公司中均名列前茅。

【诚信服务】 2020 年，组织开展“少儿艺术节”“牵手国寿　健康同行”、健步走活动、各种 VIP 主题、关注广西分公司微信平台“关注有礼”等客户服务活动。年内，共处理各种赔款给付金额 602 万元，寿险死亡给付金额 98 万元，医疗给付金额 392 万元；坚持“快速、主动、优质”理赔，为灌阳当地持续推进保险保障工作，有效服务“三农”政策做出应有贡献。

【风险防范】 中国人寿保险股份有限公司灌阳支公司严守各项监管要求，守牢风险底线，努力实现资本、规模、风险、收益之间的平衡，对各主要业务流程进行深入梳理，全面排查公司日常经营管理环节中存在的风险隐患，并针对存在的问题及时整改，保持公司持续健康发展。

（中国人寿保险股份有限公司灌阳支公司）

# 经济管理与监督

## 经济管理

【概况】 灌阳县发展和改革局是县政府职能部门，正科级行政单位。2019年3月机构改革，加挂灌阳县粮食和物资储备局牌子，不再保留原县粮食局、县物价局牌子。其主要职责：负责全县国民经济和社会发展战略、总体规划、年度计划；搞好国民经济综合平衡；加强全县经济运行监测，协调解决经济运行中的重大问题；加强投资宏观管理，调控全县全社会投资总规模；指导推进和综合协调全县经济体制改革，协调推进专项经济体制改革等。办公地址位于灌阳县灌阳镇胜利路39号。

【主要经济指标】 全县全年地区生产总值同比增长5.2%。第一产业增加值同比增长5.7%；第二产业增加值同比增长5.1%，规模以上工业增加值同比增长16%，规模以上工业总产值下降10.2%；第三产业增加值同比增长3.8%；固定资产投资同比增长10.6%；财政收入完成2.62亿元。

【重点项目指标】 全年82个项目共完成投资21.1亿元，占年度计划投资的70.33%，其中自治区层面项目3项完成投资2.15亿元、市级层面重大项目27项完成投资15.26亿元，均超过区市年初预定目标。全县全年争取上级资金13.88亿元，占全县年度目标12.9亿元的107.6%。其中获得2020年自治区乡村振兴项目16项，补助资金5285万元；中央预算内项目10个资金9037万元；专项债券2个11000万元；抗疫特别国债8177万元；其他各专项资金10.5亿元。做好"国家重大项目库""壮美广西·发改云""五网"等在库项目进度报送，跟进中央预算内、抗疫特别国债、地方政府专项债券、自治区乡村振兴项目协调管理。

【复工复产】 为扭转新冠疫情情况影响，恢复服务业发展，先后出台《灌阳县支持打赢疫情防控阻击战促进经济平稳运行若干措施》《坚决打赢

2020年7月15日，灌阳县"五网"项目建设工作推进会暨重大项目联审联批联席会在县政府四楼会议室召开 唐显才 摄

疫情防控阻击战做好农产品销售和农业生产的工作措施》等政策，以及在上级疫情防控系列税费减免政策的支持下，服务业企业快速复工复产。全年完成创建21家标准化典型标杆企业，实现年度新增规模以上营利性服务业企业1家。

**【节能减排】** 全县能耗总量为39万吨标准煤；万元GDP能耗同比下降20%。

**【重点领域改革】** 做好全县优化营商环境指标推进计划和补短板计划，开展督查并解决存在问题，减免企业开办刻章费用，灌阳县政务服务做到"有呼必应、有诉必理、有理必果"。健全信用承诺、联合奖惩等机制，通过广西投资项目在线审批监管平台完成审批类项目建议书批复105项，完成可研批复37项，完成初步设计及概算批复5项，备案类81项。在县政府门户网站公开2020年度项目投资批准结果信息147项。阶段性降低企业用水用电成本措施，减免企业水电成本约653万元，推动电动汽车充电服务收费等价格机制改革。

**【疫情防控】** 履行好全县疫情防控生活物资综合协调职责，实施生活物资市场价格日报制度，做好价格监测。全县猪、牛、羊肉价格涨幅分别为77.60%（前腿肉）、15.02%、9.0%外，粮食、蔬菜类价格方面基本保持平稳。按照上级文件协调做好价格临时补贴发放工作。采取社会救助和保障标准与物价上涨挂钩联动机制，发放价格临时补贴约819万元，惠及困难群众2.17万人次。

**【粮食安全】** 完成粮食销售量1.9万吨贸易粮，占上级指标1.3万吨的146.15%；做好粮食平衡抽样调查；做好粮食安全检测、防灾监控工作，提高应急防灾减灾能力。

**【订单粮食收购】** 国有粮食企业2020年订单粮食总购进3270吨，同比减少1777吨。其中：早籼稻购进1700吨，同比减少1700吨，优质稻购进1570吨，同比减少77吨。

**【粮食销售】** 2020年共销售3683吨，其中自治区储备粮销售出库早籼稻2183吨，同比减销3640吨，实现销售收入423.69万元，同比减幅67.83%，县级储备粮轮换销售早籼稻1500吨，同比增销100吨，实现销售收入321.51万元，同比增幅14.83%。

**【价格监测】** 2020年，全县主要副食品价格呈现"粮油价稳猪菜价升果禽价降"，与2019年同期相比价格涨幅较大的有猪肉、牛肉、羊肉等肉类产品，涨幅分别为77.60%（前腿肉）、15.02%、9.00%；价格下降较大的有活鸡、活草鱼、苹果、液化气等品种（规格），降幅分别为13.47%、3.98%、15.30%、4.47%，其他主要副食品价格基本保持稳定。2020年，猪肉价格一直高位运行，平均价格为27.15元/500克，最高价格达35元/500克。1月到9月，与2019年同期相比价格都有不同程度的涨幅，分别为141.67%、189.09%、125.00%、125.00%、100.00%、125.00%、107.14%、31.82%、12.00%，10月至11月，价格下降，降幅分别为10.71%、14.81%，12月持平，总体来看，上半年涨幅较大，同比涨幅为134.29%，下半年涨幅趋缓，同比涨幅为20.91%。受新冠疫情影响，蔬菜价格都有不同程度涨幅，与2019年同期相比，大白菜、胡萝卜、西红柿、土豆、青椒等价格涨幅分别为24.41%、14.89%、15.66%、25.83%、15.31%。

**【降价减负】** 从2月1日起，灌阳县工商业和其他类别用电统一按原到户电价水平的95%进行结算；对疫情防控期间暂不能正常开业、复工的企业，采取支持性两部制电价政策。2020年，共计减免企业（个人）用电成本656万余元；从2月1日至6月底止，对灌阳县非居民用水和特种用水（不含污水处理费、水资源费）按10%幅度降低价格，共计减免企业（个人）用水成本7.5万元。

**【价格临时补贴】** 年内，为做好社会保障与物价上涨挂钩联动工作，由发改局牵头，与县民政、财政、人社、退役军人事务局等部门及时启动社会救助和保障标准与物价上涨挂钩联动机制，向困难

2020 年 10 月 20 日，灌阳县召开 2020 年全县前第三季度经济运行分析会暨重大项目推进会　　县发改局　提供

群众发放价格临时补贴。灌阳县 1 月至 8 月共发放价格临时补贴 819 万余元，共惠及符合条件的困难群众 2.17 万余人。9 月，因未达到价格临时补贴启动条件而停止。

【收费管理】 9 月至 10 月，对全县实施行政事业性收费的单位，以及实施政府定价的经营服务性收费的单位开展收费统计工作，共对县公安局等 20 个单位发放自查表，实施收费的单位（县直）共 14 个，收费金额 1900 万余元；做好灌阳县行业协会商会收费清理工作。与县市场监督管理局、县民政局一起，通过对县直各相关部门发放自查表和对行业协会登记部门调查等形式，通过清理，全县登记的行业协会只有灌阳县水电行业协会，没有违规收费情况。

（县发展和改革局）

## 市场监督管理

【概况】 灌阳县市场监督管理局为县人民政府工作部门，主要负责全县市场综合监督管理、主体统一登记注册、市场监督管理综合行政执法、全县市场秩序、产品质量安全、食品安全、药品、医疗器械和化妆品安全、特殊食品和食盐质量安全、知识产权、科技和信息化、个体私营经济发展、打击传销、反不正当竞争、商标广告管理、标准计量、认证认可、特种设备等监管工作。全县市场监督管理实行县、乡（镇）、村（社区）三级网格化监管。全县市场监督管理通过专项定向检查、日常监督检查方式开展工作。2020 年，未发生食品安全事故。办公地址位于灌阳县灌阳镇兴灌路 42 号。

【行政审批登记】 2020 年，全县共有内资企业 250 户，注册资本 154557 万元；私营企业 1331 户，注册资本 638167 万元；个体工商户 9162 户，从业人员 15295 人，注册资本 133712 万元；农民专业合作社 518 户，出资额 71854 万元，成员 4554 人。新注册私营企业 128 户，注册资本增加 108669 万元。新注册登记个体工商户 1155 户，从业人员增加 2344 人，注册资金增加 23759 万元。新注册登记农民专业合作社 24 户，出资额 2575 万元。

【消费者权益保护】 2020 年，共受理处理消费者投诉、举报、咨询共 126 件，为消费者挽回各项经济损失 5 万元。

【农资市场管理】 2020 年，开展农资打假专项行动，对化肥市场进行全方位巡查，共出动执法人员 346 人次，检查经营户 196 户次，发放宣传资料 1200 余份。

【商标管理】 指导和帮助“灌阳县农业农村局水果技术推广中心”申请“灌阳雪梨”地理标志证明商标，并获得中国地理标志证明商标。千家洞矿泉水获“广西市场监督管理局审批上报国家局备案通过中国地理标志保护产品”，以及竹林仿野生灵芝栽培技术等商标和专利的申请注册。截至

2020年11月20日，全县商标注册申请件数65件，注册件数34件，有效商标注册量为392件；全县专利申请量为7件，授权1件，有效量22件。

2020年5月25日，县市场监督管理局开展护肤日宣传活动

县市场监督管理局　提供

【广告管理】 配合环境综合治理工作，规范广告发布行为。取缔省道沿线违法广告12块，净化乡镇广告标语30条，集中整治县城内广告发布栏、公共信息栏、电子银幕展板3处，制作发布公益广告6次。开展固定形式印刷品广告、虚假违法广告、计划生育药械市场广告等专项治理行动6次，出动执法人员89人次，执法车辆22台次，责令整改经营户78户。

【特种设备安全监管】 2020年，在各特殊时段专项检查工作中，共出动检查车辆39车次、检查人员236人次，发放宣传资料1000份，检查各类特种设备使用单位38家，发现安全隐患企业1家，发放特种设备指令书2份，督促整改2家，督促2家特种设备使用单位建立健全特种设备安全管理制度和岗位安全责任制度及安全技术档案，督促5家企业派出人员参加特种设备操作业人员培训考试，指导2家企业制订应急专项预案，其中1家已完成应急演练，办理各种特种设备使用登记证36个，建立健全特种设备档案。加强涉矿企业特种设备安全监管。先后组织人员126人次，对全县10家涉矿特种设备使用单位所使用的压力容器、起重机械、电梯等设备进行全面排查。

【标准和计量工作】《地理标志产品　灌阳红薯粉》《地理标志农产品　灌阳雪梨采摘园服务规范》2个广西地方标准于2020年10月29日在广西市场监督管理局官网上公开发布；11月，向市监督管理局上报《灌阳油茶制作技术规程》的立项申请，制定《灌阳油茶制作技术规程》地方标准；对新街镇、文市镇集贸市场的电子秤进行专项监督检查；完成辖区内各医疗机构的计量器具监督检查工作；红豆杉国际大酒店有限公司通过第四批桂林市服务业标准化试点评估；10月，完成全县辖区内涉及冶炼、木材加工等7家重

2020年5月22日，县市场监督管理局开展食品监督检查

县市场监督管理局　提供

2020 年 12 月 1 日，县市场监督管理局开展食品安全知识宣传进社区活动　　县市场监督管理局　提供

点用能企业能源计量审查工作。

【质量强县】 制订好年度工作计划，明确工作重点，将工作目标任务分解到相关责任单位，全县产品质量、工程质量、服务质量、生态质量得到明显提高。

【食品监督抽检】 2020 年，全县食品抽检共计 772 个批次，其中区市级抽检 183 个批次，县级抽检 196 个批次，市县农产品 243 批次，区级评价风险抽检 150 个批次；食品流通环节共抽检样品 718 批次，其中 713 批次合格，5 批次不合格，合格率为 99%；食品生产企业共抽检 4 批次，合格率为 100%；餐饮企业全年共抽检 50 个批次，48 个批次合格，合格率 96%。全县重点食品产品质量检测合格率达到质量强县绩效目标 95% 以上的要求。配合桂林康乐人粉业有限公司的“粉爸粉妈”酸辣螺蛳粉于 2020 年 9 月 20 日获得香港标准及检定中心颁发的香港优质“正”印认证证书。

【食品药品安全】 2020 年，全县共有食品生产企业 16 家，食品生产加工小作坊 105 家；餐饮企业 386 家(学校食堂 54 家，中小型餐饮 332 家)；食品流通企业 2069 家。保健食品经营单位(不包括在食品流通企业兼营)41 家。药品经营企业 216 家。共出动执法 5626 人次，检查涉食单位 2096 家次。全县无重大食品安全事故或群体性食物中毒事件发生。

【市场治理】 2020 年，共立案查处案件 54 起，累计罚款 22.6 万元；组织开展以元旦、春节、“两会两节”、壮族“三月三”、“五一”、中秋节、国庆等重点时段，以桶装水、儿童食品、婴幼儿配方奶粉、白酒、肉制品、动植物油等为重点品种，以校园及周边地区、学校食堂、学生营养餐、农村食品市场等重点区域的食品安全专项整治。共开展专项整治 22 次，出动执法人员 800 多人次，重点检查食品经营户 1169 户次；组织执法人员对疫情商品(主要是口罩)可能会涉及网络广告和交易市场 120 户次逐一进行排查，无这类网站和网店。

【疫情防控】 疫情期间，县市场监督管理局在全县范围内进行食品药品安全监管。共出动检查人员 1000 余人次，巡查全县 50 余家零售药店及医疗机构，餐饮企业 168 家、农贸市场 6 家、超市、食品经营户 400 余家；联合县教育局完成全县 26 所中小学校、幼儿园开学前的疫情评估验收工作；取消农村办酒聚餐活动 80 场共计 1200 余桌，近 1.2 万人餐次。酒店聚餐取消 95 场共计 1460 余桌，近 1.46 万人餐次。疫情发生后，全县“12315”投诉举报热线平台共接到各类咨询、投诉 40 起，其中涉及农村集中聚餐 16 起。

【扫黑除恶专项斗争】 加强宣传教育，充分利用会议、LED 显示屏、报刊、QQ、短信等多种途径宣传相关法律法规和扫黑除恶相关知识，向企业发放宣传画、扫黑除恶通告、张贴宣传标语，并向从业人员发放扫黑除恶宣传资料；开展打击传销、保健品专项整治、打击假冒伪劣食品药品、无照无证清理等执法活动。对全县烟花爆竹销售行业进行价格专项检查。

（唐诚义）

# 审　计

【概况】 灌阳县审计局为县人民政府正科级职能部门，主要负责全县的审计工作。2020年，县审计局共完成11个审计项目，审计资金总额345179万元，审计发现违纪违规资金0.28万元，管理不规范金额3564.92万元，应缴财政金额473.81万元，应减少财政拨款或补贴7.1万元，应调账处理金额3084.29万元，已上缴财政金额473.53万元，已减少财政拨款或补贴7.1万元，已调账处理金额3024.67万元，提出规范性管理意见和建议13条。办公地址位于灌阳县灌阳镇东华路68号。

【财政审计】 2020年，县审计局共完成财政审计项目1个，审计管理不规范金额3361.17万元。审计中充分利用信息化手段，运用大数据分析方法，对预算编制、批复、调整情况、收入支出预算执行、财政改革制度执行、财政部门内部控制制度、县本级财政债务资金、预拨经费、其他应收款和其他应付款、财政存量资金管理等情况进行审计。通过开展预算指标系统、财政大平台支付系统的数据关联分析，从预算编制、指标管理、集中支付等环节加强对财政资金的跟踪和监督。

【行政事业审计】 2020年，县审计局对9个经营类事业单位2018年至2020年财务收支情况进行审计，重点关注单位资产及债权债务情况，共完成5个项目的审计工作。

【社会保障审计】 2020年，县审计局完成社会保障审计项目1个，主要是对灌阳县2019年保障性安居工程资金投入和使用绩效进行审计。

【经济责任审计】 2020年，县审计局完成经济责任审计项目2个，审计资金总额5246万元，管理不规范金额132.53万元。审计重点关注领导干部任职期间执行上级经济法规和政策、资金使用管理、单位内控管理、遵守各项廉洁规定等情况。对审计发现的问题，分别向被审计单位提出加强现金支出管理、严控“三公”经费支出规模、规范财务管理等切实有效的审计建议。

【固定资产投资审计】 2020年，完成固定资产投资审计项目1个，管理不规范金额7.1万元。规范基本建设项目管理，提高建设项目质量，发挥资金的使用效益。

【专项资金审计(调查)】 2020年，县审计局开展应对新冠肺炎疫情防控资金和捐赠款物专项跟踪审计。审计中围绕上级审计机关确定的审计目标、审计对象、审计内容和重点开展工作，坚持具体情况具体分析，全面客观辩证审慎地看待发现的问题。把做好疫情防控财政资金和捐赠款物审计监督作为重大政治责任，促进疫情防控资金物资规范和高效使用，专项审计工作取得实效。

（县审计局）

2020年2月26日，县审计局配合社区做好疫情防控工作

县审计局　提供

# 统　计

【概况】 灌阳县统计局是主管全县统计工作的正科级行政单位。2020 年，灌阳县统计局获国家统计局广西调查总队“2019 年度广西主要畜禽监测调查工作二等奖”“广西第四次全国经济普查先进集体”称号。办公地址位于灌阳县灌阳镇胜利路 39 号。

【统计服务】

重大问题预警监测　完善 GDP 核算相关支撑指标数据联审评估制度，精心打造经济运行监测预警体系，细化分解 GDP 核算 13 项指标，实时测算指标增速变动对 GDP 的影响，做到月度数据有分析、经济走势有研判，突出问题有预警。

剖析经济运行现状　围绕全县年度目标，分析数据背后的原因，深入剖析经济趋势、产业发展、结构优化等态势，注重分析的针对性、实用性和前瞻性。共撰写统计分析 22 篇。

丰富统计服务内涵　为社会公众提供“面对面”统计服务和“点对点”的电话咨询服务，共接待统计信息咨询 300 余人次；为县“两会”提供数据，向社会及时发布《灌阳县国民经济和社会发展统计公报》，编制《灌阳统计》《统计月报》等，向省、市、县等相关媒体平台报送信息 80 余篇。

【第七次全国人口普查工作】 完成第七次全国人口普查工作组建机构，选聘、培训普查指导员和普查员，落实“两员”补贴、物资设备和普查经费 402.47 万元；学习广西普查实施方案和普查工作细则，做好普查登记、数据质量抽查、数据处理汇总和数据发布等各阶段路线图、时间表；开展普查现场登记，推进电子化采集，提高普查登记效率；建立健全普查数据质量追溯和问责机制，依法依规开展普查，确保普查数据真实；开展普查宣传，实现人口普查“家喻户晓，人人支持”。

2020 年 11 月 17 日，统计人员第七次人口普查数据核对

县统计局　提供

【常规统计工作与专项调查】 完成 2019 年度各专业年报、2020 年季报和各专业定期报表，编写完成 2019 年统计公报，完成农业统计、城乡住户调查、贫困监测、基本单位统计、服务业统计、劳动工资统计、人口劳动力抽样调查、文化产业统计、工业交通科技统计、能源统计、投资建筑房地产业统计、贸易统计、四大工程、信息化、社会环境、计生妇儿监测、统计专业技术资格报名等各项常规、专项统计调查总结工作。

【统计改革】 做好 GDP 统一核算配套改革，做到统一核算标准，配合上级统计部门完成各个季度的 GDP 核算评估。提高国民经济核算基础数据质量，为统一核算改革提供扎实的数据支撑；深化服务业统计改革，抓好电子商务统计改革，完善批零住餐财务状况统计调查和转型升级统计监测；推进投资统计改革，强化全流程数据质量控制，加大入库数据审核、事中数据质量监控、事后数据质量评估与核查。

2020年10月20日，统计人员入户登记和电子数据采集

唐显才 摄

万份。开展执法检查，对5家规模以上工业企业、2家批发零售企业、1家服务业企业进行统计执法检查；完成全县9个乡镇统计、各类企业统计数据质量核查、统计违法行为调查和机构规范化建设专项督查。

【名录库更新维护】 利用县直行业主管部门资料，加强对新增单位、已入库单位、拟入库单位的跟踪监测，通过与县行业主管部门的通力合作，深入乡镇、企业一线摸排，为全面及时反映全县经济社会发展态势，不断夯实基础。全县共成功申报“四上”企业6家。

（县统计局）

【统计规范化建设】 加强乡镇和企业统计工作规范化建设，定期检查乡镇及企业，要求所有乡镇按照规范化工作标准做好各项工作，所有联网直报企业统计台账要标准，加强“四上”企业培育，为“四上”企业做好技术支持和硬件保障。做好视频系统延伸工作，减少会议开支。

【数据质量】 实行统计数据质量分级负责制，把数据质量责任真正落实到岗、落实到人；实施统计业务流程质量的全面管理和控制，抓好源头数据质量，抓好联网直报数据审核报送工作，加强重点企业数据质量跟踪监测。加强专业间、部门间数据的关联性、逻辑性的科学评估，使宏观数据更加衔接匹配；提高全县统计人员的业务素质和解决实际问题的能力本领，参加统计部门举办的统计业务培训。

【依法治统】

完善数据质量控制办法 严格实施2020年统计局“双随机一公开”抽查工作，为提高数据质量提供职责清晰、流程合理、监管有力的制度保障。

统计执法宣传 加强法制宣传，全县共举办涵盖统计法规制度等内容的各类培训班2期，参加培训人员100余人次，印发统计宣传资料1.2

## 自然资源管理

【概况】 灌阳县自然资源局是县人民政府职能部门，正科级单位。主要负责全县自然资源、国土空间规划及测绘、地质、防灾减灾、森林资源、林业等相关工作。全年实现自然资源总收入60047.02万元，其中土地收入5954万元，矿产收入1200万元，增减挂指标收入52893.02万元。2020年共受理各类不动产登记业务10540件，办理不动产权证4769件、不动产登记证明5561件，通过“广西不动产登记最多跑一次”网上服务平台办理2619件，新建商品房买卖合同网签备案124套，备案面积1.8万平方米。办公地址位于灌阳县灌阳镇兴建路11号（第一办公区）；灌阳县灌阳镇胜利路68号（第二办公区）。

【行政审批工作】

行政审批事项 2020年，跟踪落实全县城乡规划建设审批项目40个；全年组织召开7次会审会、4次专题会审会，会审项目议题96个。

*农村居民建房* 与县住建局、财政局、乡镇政府完成第二批次的农村居民建房奖补验收，验收农户493户。完成两个批次的建房用地审批工作，涉及农户462户，面积60.62亩。完成农村宅基地审批权限下放乡镇工作交接。

*土地收储工作* 年内，市级下达全县的收储绩效任务量600亩，已完成868.94亩，占全年任务的145%；报批下达的任务量200亩，已完成188.36亩，另有2宗土地在12月底完成报批；出让下达的任务量200亩，已完成224.39亩，全县完成招拍挂土地出让12宗，出让面积225亩，占全年任务的113%，成交价款5954万元。实施城镇低效用地开发项目2个，出让面积15亩，收缴出让金1170万元；划拨下达的任务量200亩，已完成659.77亩；全县共支出征地资金6279.79万元，完成征地1655亩。主要涉及有工业园区、357国道、长文公路、黄西公路、文市小学等项目建设征地。

**【城乡建设用地增减挂钩项目】** “十三五”以来，全县已完成城乡建设用地增减挂钩土地复垦项目8个，面积4500亩，获市局验收批复面积3492.8亩，正在实施增减挂钩项目4个，拟新增耕地1606亩，易地扶贫搬迁拆旧复垦纳入城乡建设用地增减挂钩项目1个，拟新增耕地52.55亩，项目施工基本完成，进入县级初验阶段。通过实施以上13个城乡建设用地增减挂钩项目，已成功挂牌出让结余指标交易2087.88亩，增加财政收入5289.30万元；预计还可获得节余周转指标650.98亩，获得收益16300万元，收益全额用于全县脱贫攻坚，其中安置补偿6800万元，配套基础设施投入2100万元，安装太阳能路灯2000余盏，惠及全县1.5万户。

*2020年4月16日至17日，桂林市城乡建设用地增减挂钩工作现场会在灌阳召开　　县自然资源局　提供*

**【不动产登记工作】** 2020年，共受理各类不动产登记业务10540件，办理不动产权证4769件、不动产登记证明5561件，通过“广西不动产登记最多跑一次”网上服务平台办理2619件、新建商品房买卖合同网签备案124套，备案面积1.8万平方米。

**【国土空间规划编制与村庄规划编制工作】** 完成国土空间规划（2020—2035年）的招投标工作，中标单位为区自然资源厅国土规划院和中国城市设计院；完成报批用地1宗（已缴费），文市石材基地项目，面积13.05公顷（195.78亩）。正在报批4宗，包括灌阳县红色实训基地项目、水车水利站项目、水车污水处理厂、大仁村观景台项目、马家坪加油站项目等，面积总计约4.11公顷（61.63亩）；完成规划修改及规划调整项目11个，面积29.15公顷，其中规划修改6个，面积26公顷，包括文市石材基地项目、脱贫攻坚四大战役5所学校；规划调整5个，面积3.15公顷，包括大仁村观景台、灌阳县红色培训基地、水车污水处理厂、马家坪加油站、西山加油站。全年共办理规划两证共计56宗，总用地面积35.94万平方米，总建筑面积57.98万平方米。加强全县“两违”建设治理，有效遏制“两违”建设行为，减少违法建设存量。

**【矿产资源管理】** 完成灌阳县新街镇上甫石英矿和马山

2020年2月17日，灌阳县2020年第一次国土空间规划委员会会议在县委三楼会议室召开　　县自然资源局　提供

石英矿出让工作，成交价分别为550万元和650万元；完成2座绿色矿山验收工作，即灌阳县文市镇百塘湾饰面用灰岩矿和灌阳县黄关镇东阳村萤石矿；完成灌阳县矿产资源总体规划(2021—2025)编制的招标工作，招标价40万元，编制单位为广西壮族自治区区域地质调查研究院，完成规划初稿。

**【信访处纠】** 全年共有山林土地权属纠纷案件54件，其中新发案件20件，处理积案13件，新增案件18件，新增案件的调解率达90%；接待来人来信291次，调处县级信访案件14件，市级信访案件6件，自治区级以上案件3件，共23件；接受听证案件2件；召开听证会5件，接受复议案件6件，一审诉讼13件，二审诉讼7件。

**【自然资源“三调”和“二调”工作】** 灌阳县“三调”耕地数为9768公顷，“三调”耕地数为19406公顷。全县全面开展原耕地恢复属性标注工作，将“三调”初始数据中标注为“工程恢复”图斑13723.03公顷，经核实后修改为标注“工程恢复”属性图斑面积为8097.37公顷，减少5625.66公顷；标注“即可恢复”属性的图斑面积为5618.06公顷，增加5618.06公顷，最大限度保障全县耕地保有量。

2020年，全县三调成果已通过国家验收，全县组织开展农村乱占耕地建房状况调查工作，自治区下发的第一批调查图斑16098个，第二批补充图斑3989个，经内业分析处理后，需调查图斑数为4151个，领取国家图斑7875个，经内业分析处理后需调查图斑759个，三批次需调查图斑总数为21008个，已完成调查举证20320宗，完成信息录入18208宗。

完成遥感影像内业判图、实地外业踏查建标、第一轮小班区划工作以及全县小班区划，基本属性识别、外业补充调查、全林实测，激光雷达数据获取和数据预处理，“林业二类调查”成果数据已通过自治区评审。

完成测绘地理信息保密自查及地图市场检查工作，并顺利通过区厅测绘处实地检查。

**【耕地保护工作】** 开展易地扶贫搬迁拆除旧房复垦验收工作，分别对西山瑶族乡、新街镇、水车镇等乡镇145户拆旧复垦户进行验收，验收达标合格124户。

永久基本农田划定成果全面核实整改工作　重点结合国土空间规划编制，找准划定不实、违法占用等问题，全面梳理整改，实事求是开展整改补划工作，确保永久基本农田面积不减、质量提升、布局稳定。2020年5月，完成全县永久基本农田划定成果全面核实整改工作并通过验收。

设施农用地备案工作　2020年上半年共有10宗设施农用地备案，经过现场踏勘，内业套图审核后均符合报备条件。

征地管理工作　实施征地区片综合地价，依法保障被征地农民合法权益。协助县政府制订印发《关于实施征地区片综合地价的通知》。按新标准做好《灌阳县人民政府征收土地公告》(灌阳县文市石材产业基地项目)等6个项目批后的两公告一登记。做好灌平高速公路、357国道、全灌

2020 年 4 月 1 日，县自然资源局与广西区调院签署战略框架合作协议

县自然资源局　提供

高速公路三个项目占用基本农田调整补划工作。

2019 年耕地保护督察发现问题和历年例行督察“挂账”问题整改工作　针对2019年全县在耕地保护督察中发现的8项问题，按照职责分工把问题落实到具体部门，并逐项逐宗明确整改措施、整改时限。

中央环保督察反馈自然保护地问题整改工作　按照《关于对千家洞国家级自然保护区、海洋山自治区级自然保护区（灌阳县辖区）内水电站收回行政许可的通知》要求，对10个水电站涉及林地手续、土地手续进行全面梳理：其中办理使用林地手续的有3个水电站；办理土地使用手续的有7个水电站。因使用林地手续是由自治区林业局审批，报请上级林业主管部门依法收回（撤销）3个水电站的使用林地行政许可。对以县人民政府上报上级部门的土地批复手续，建议县人民政府报请上级部门收回（撤销）建设用地行政许可手续。

第三次国土调查耕地分等调查评价工作　制订灌阳县第三次国土调查耕地资源分等调查评价工作方案，通过招投标确定作业单位。在2020年底完成并提交成果。

**【农村能源工作】** 2020年完成4个沼气工程项目建设。分别是灌阳县黄关镇猫儿石村养殖粪污集中处理项目、灌阳县新街镇坪涧村养殖粪污集中处理项目、灌阳县新街镇青箱村养殖粪污集中处理项目、灌阳县新圩镇潮立村养殖粪污集中处理项目；2017年至2019年共13个能源项目全部通过自治区验收；结合“安全生产月”先后到各乡镇进行安全督促检查。7月至8月，对全县2014—2019年中小型沼气工程项目的安全管理和运行进行重点检查，全年没有安全事故发生；对2021年拟申报建设项目进行实地调研和核查，共申报自治区本级财政预算项目9个、资金300万元，其中有机垃圾沼气化处理项目7个、资金280万元，太阳能公共照明示范项目2个、资金20万元；参加业务培训，提高农村能源系统项目申报、建设管理、安全生产、数据统计等业务水平。

**【国土空间综合整治与生态修复】** 2020年全面实施2019年立项4个城乡建设用地增减挂钩项目。4个项目立项总面积1605.98亩，实施面积1288.36亩。经县级初验，复垦为农用地面积1225.00亩，其中耕地面积1038.42亩。项目已完成投资3000万元。完成新圩镇小龙村等2个村全域土地综合整治项目市级立项并批复。组织完成全县105个矿山矿点实地核实采矿权矿区及生产生活用地范围，矿山地质环境及土地复垦现状，并拍摄、上传现场照片。调查成果将作为全县矿山生态修复基础数据，作为历史遗留废矿山申报国家及自治区矿山生态修复项目储备库的重要依据。

**【打击自然资源违法行为】**

森林督查卫片工作　2020年下发灌阳县图斑193个：其中国家下发灌阳县涉嫌违法线索图斑44个，已完成3个，自治区下发灌阳县涉嫌违法线索图斑149个，有关问题正在调查处理中。

土地、矿产卫片工作　2020年全年共下发卫片图斑34个，其中8个图斑为设施农用地，已全部完成外业核查工作。

*非法开采碎石或非法占地加工碎石整治工作* 2020年，自然资源局、环保局、公安局等部门开展联合执法专项行动，对全县辖区内18处涉嫌非法开采建筑用砂石进行取缔，对非法机械设备依法进行全部拆除。

*文市大理石矿山执法工作* 通过巡查和监控共查获3起非法开采案件，对非法开采的大理石荒料一律没收，非法开采机械设备进行收缴或捣废，并处罚款。

*案件线索或投诉工作* 2020年共收到9宗案件线索或投诉。其中6宗为涉林案件，已及时处理完毕；3宗为涉及土地纠纷案件，2宗已处置完毕，另1宗为黄关镇李官电站案件，尚在调查中。

*专项行动* 2020年度，开展“打击破坏野生动物资源违法犯罪专项行动工作”“昆仑2020”等专项行动。行动中查处刑事案件立案28起，破案28起，采取强制措施31人，其中逮捕3人，取保28人，移送县人民检察院审查起诉28件，起诉31人。检查农贸市场、餐饮店等100余处，收缴野生动物36只，其中活体野生蟾蜍12只，将其野外放生；死体鸟类12只、山鼠11只、野猪1头，对死体进行集中焚烧和无害化处理，收缴捕兽夹26件，发放宣传资料7000余份，开展普法教育26次。

**【自然资源防灾减灾】** 包括森林防火、地质灾害预防和安全生产工作。

2020年7月6日，国家林草局驻广州专员办到灌阳县开展森林督查工作　　县自然资源局　提供

*森林防火* 1月至10月，灌阳县共发生一般森林火灾1起，过火面积1.6公顷，受害森林面积0.9公顷，森林受害率0.004‰；开展各种形式的宣传活动，发放森林防火宣传围裙和《森林防火条例》《森林防火安全知识》《炼山安全知识》《森林火灾的安全扑救和紧急避险》等资料6万份；共出动流动宣传车56台次；编辑、发送森林防火手机短信20万条；定制森林防火宣传横幅56幅、书写森林防火临时标语300余份，全年没有出现炼山跑火成灾的现象。在重点防火期，县自然资源局加强重点林区、重点单位、风景名胜景点的森林火灾隐患排查、巡护，全年排查隐患10处，并责令限期整改。

*地质灾害预防* 2020年，全县共发生地质灾害4起，崩塌2起，滑坡1起，地陷1起，其中地陷造成两栋2层房屋开裂，财产损失约10万元，没有人员伤亡。开展宣传活动，利用传统节日、乡镇圩日进行定点宣传，向社会公众和从业人员集中宣传地质灾害、法律法规和自救互救方法等有关知识，发放宣传材料6000多份，张贴20多条标语、横幅；开展地质灾害紧急避险知识培训；开展“汛前排查、汛中巡查、汛后复查”。2020年共巡查、排查隐患点106人次，43个地灾隐患点落实监测人，发放地质灾害防灾避险明白卡134份，地质灾害防灾工作明白卡31份；向上级争取资金312万对各隐患点进行治理。

*安全生产* 根据全县各个矿山、木材加工企业的安全侧重点，组织开展矿山、木材加工企业安全的自查和重点抽查，每季度不少于2次，日常检查每月不少于5次。2020年，共检查非煤矿山企业6家和木材加工企业130家，排查安全隐患310处，已整改310处。开展安全生产宣传教育工作。利用“4·22”地球日、“5·12”防灾减灾日、“安全生产月”和“安全生产八桂行”、森林防火宣传月等

时机发放一系列《防灾减灾手册》《森林防灭火扑救知识》《安全生产常识》《地质灾害基本知识》等安全生产宣传资料1.41万余份。

（县自然资源局）

## 应急管理

**【概况】** 灌阳县应急管理局系整合县安全监管局、县民政局、县水利局、县林业局、县国土资源局、县地震局、县消防大队7个部门的相关职责重新组建的政府职能部门。2020年，全面强化“保安全、护稳定”政治责任，牢固树立全灾种大应急理念，稳步推进应急管理领域改革发展，基本形成符合县域实际的应急管理体制。办公地址位于灌阳县灌阳镇民乐路6号（县消防救援大队院内）。

**【安全生产日常监管工作】** 2020年，全县开展安全生产日常监管执法检查企业920家次，检查场所585处，排查安全事故隐患584项，完成整改583项，整改率为99.8%。

工矿商贸和冶金冶炼行业　执法检查企业30家次，检查场所40处，排查安全事故隐患20项，完成隐患整改20项，整改率为100%；

危险化学品和烟花爆竹　执法检查企业60家次，烟花爆竹零售点50个，场所80处，排查安全事故隐患86项，完成整改86项，整改率100%；

消防领域　检查单位500家，发现火灾隐患278处，督促整改火灾隐患277处，整改率为99.6%；

道路（水上）交通领域　检查单位46个，场所197处，排查安全隐患49处，完成整改49处，整改率为100%；

建筑施工行业　检查单位51个，场所51处，排查安全隐患155处，完成整改155处，整改率为100%；

特种设备行业　检查单位96个，场所61处，排查安全隐患2处，完成整改2处，整改率为100%；

其他行业领域　检查企业134家次，场所138处，排查安全隐患25项，整改25项，整改率为100%。

**【安全隐患大排查大整治行动】** 2020年，全县组织开展安全隐患大排查大整治行动人员432人次，共检查企业（经营点）395家次，检查场所466个，检查各类车辆556台次，排查安全隐患223处，完成整改223处，整改率100%。完成市级重点整改的鹤龙村至下泡村通村道路临崖路段安全隐患整改工程；10处县级重点整改安全事故隐患已整改7处，其他3处按计划整改中。

2020年5月20日，灌阳县启动全县洪涝灾害Ⅳ级响应全力做好防汛工作　唐子婷　摄

**【重点行业领域“打非”和专项行动】** 2020年，应急、市场监管、公安交管、住建、自然资源、农业农村、道路交通、消防等部门共开展集中整治和“打非”行动151次，惩治和纠正违法违规行为2265人次，查处违法违规车辆124起，酒后驾驶48起；查获非法经营、储存50余家，查获非法产品数量600余件，查获非法产品价值6万余元，刑事（行政）拘留11人；行政处罚121人次，行政罚款143.4

万元；取缔非法加油点1个。

**【安全生产月活动】** 2020年，全县共设置咨询台48个，展示展板82块，横幅131条，LED屏宣传165条，共发放宣传材料9.3万份，接待群众咨询3000人次；开展安全宣传进企业活动22场，参与166人次；开展安全宣传进农村活动22场，参与1305人；开展应急救援演练25场。

2020年5月21日，市应急管理局到灌阳就应急工作进行调研
唐子婷　摄

**【安全生产专项整治三年行动工作】** 制订全县安全生产专项整治三年行动计划总方案和2个专题实施方案、9个专项整治实施方案，并按照《方案》贯彻落实。

**【应急管理事务】** 2020年，及时调整充实各类指挥机构，完善分工，充实职能，建立健全应急联动机制，强化统筹协调指挥；加强应急预案管理，健全完善应急预案体系；开展生产安全事故和自然灾害应急预案的摸底统计、培训报备、执法检查等工作；各乡镇、有关部门灵活开展突发性地质灾害、水库防汛、电力抢修、危险化学品和烟花爆竹事故应急处置以及森林防火、校园安全等联防联治联演；应急勤务响应，严格落实24小时带班值班制度，做好应急值守、信息报送工作，确保汛情、灾情、险情和政令信息畅通。

**【森林防灭火】** 利用森林防火宣传月及乡镇圩日，开展各种形式的宣传活动，发放森林防火宣传围裙和《森林防火条例》《森林防火安全知识》《炼山安全知识》《森林火灾的安全扑救和紧急避险》等资料5万份；出动流动宣传车46台次；编辑、发送森林防火手机短信7万条；在重点林区、火灾多发地区和交通路口悬挂森林防火宣传横幅66幅、张贴森林防火临时标语850余份。“清明节”期间，加强重点林区、林缘地带、墓地巡逻巡查，加强重点林区、重点单位、风景名胜景点的森林火灾隐患排查治理，排查隐患25处，并责令限期整改，完成整改25处；全县共制订森林火灾应急预案12个，专项应急预案1个。其中县级应急预案、观音阁1号公益林区专项应急预案各1个；乡镇应急预案9个，千家洞自然保护区应急预案1个，灌阳林场应急预案1个。全县有专业森林消防队伍1支50人，半专业森林消防队18支316人，群众消防队18支248人；火源管理队伍18

2020年12月7日，灌阳县开展森林火灾应急预案演练　罗融检　摄

支78人,应急分队9支152人;严格执行重点森林防火期24小时领导带班、值班制度,发生森林火灾及时按规定程序处置,及时、准确、完整、规范地进行信息报告。

**【防汛抗旱】** 县、乡成立防汛抗旱指挥部,落实小(2)型以上水库以行政首长负责制为核心的防汛责任制,并将小(2)型以上水库行政责任人和技术责任人在《今日灌阳》、政府门户网站上向社会公布,接受社会监督。重点堤防、中小型水库、重要涵闸、农村水电站、工矿企业等都落实了防汛责任人和管护人,全县27处地质灾害点落实监测人员;完善《灌阳县洪涝灾害应急预案》《灌阳县自然灾害救助应急预案》《灌阳县抗旱应急预案》《灌阳县地质灾害应急预案》《灌阳县气象灾害应急预案》等系列县级专项应急预案,组织开展1期水域应急救援演练。同时督促各乡镇、各部门修订完善乡镇和部门防汛应急预案,并按要求制定应急演练计划。县级储备草袋0.4万条、麻袋0.6万条、编织袋0.88万条、纺织布0.7万平方米,照明设备17套、铅丝0.2吨、桩木38立方米、块石0.03万立方米、砂石料0.25万立方米、橡皮舟2艘、救生衣306件、排涝设备1套、电缆线3000米、警报器3台、铜锣8个等防汛物资;组建50人的综合应急救援队伍并进行应急救援业务培训。县财政下拨每个乡镇1万元资金用于防汛物资储备,各乡镇依托村"两委"、村民小组长和民兵应急分队组建390人的防汛抗旱抢险队伍;坚持24小时值班和领导带班制度,畅通信息报送。强化对山洪灾害隐患点、圩堤险工险段、在建涉水工程的巡查防守,及时处置安全隐患;以全区"防汛宣传季"为契机,通过气象大喇叭、电视、短信、传单、标语、板报等多种形式展开宣传活动,普及防汛减灾知识,增强公众水患意识,提高各部门、广大干部群众防汛减灾避险自救互救能力。

（唐永明）

## 招商引资

**【概况】** 灌阳县投资促进局,是县人民政府直属公益一类事业单位。2020年全县在建项目35个,内资累计到位资金32.25亿元,完成全年任务数的104.03%。办公地址位于灌阳县灌阳镇胜利路89号。

**【"三企入桂"在谈项目】** 全县"三企入桂"在谈项目15个,其中央企1个,湾企7个,民企7个。分别是中国有色桂林矿产地质研究所投资0.5亿元大理石石英砂合作项目;香港昱发集团投资2.7亿元石英矿山开采及矿石加工项目;深圳正威线缆制造有限公司投资0.5亿元灌阳县正威线缆生产项目;深圳贝文线缆制造有限公司投资0.5亿元灌阳县新型合金材料加工制造项目;香港宏辉集团投资5亿元国际商贸城项目;广东客商李运旺投资0.5亿元酒海井花海项目;深圳市诺可信科技股份有限公司投资0.6亿元光纤线缆项目;广州市金竹香精原料有限公司投资0.8亿元油茶种植项目;江苏天外望控股集团投资5亿元桂林硅都科技产业园合作项目;山东金牌农业科技有

2020年11月27日,灌阳县参加第17届中国——东盟博览会桂林市产业推介暨项目签约仪式

县投资促进局　提供

限公司投资0.3亿元杜仲种植及深加工项目；安徽德力日用玻璃股份有限公司投资2亿元石英砂矿山开采及玻璃生产项目；云南锡业集团（控股）有限责任公司投资2亿元精锡加工项目；浙江温州融资担保公司投资0.2亿元矿泉水开发项目；桂林都庞岭大峡谷旅游发展有限公司投资1.1亿元的灌阳都庞岭大峡谷旅游开发建设项目；藤县众慧贸易有限公司投资0.3亿元的灌阳县新圩红色旅游花海生态农业园项目。

**【“三企入桂”新引进项目】** 新引进签约项目11个，其中央企入桂项目2个，民企入桂项目8个，湾企入桂项目1个，分别为：中核汇能新圩农业光伏电站项目，总投资12亿元；国家电投灌阳县200兆瓦农、林光互补光伏电站项目，总投资8亿元；双胞胎集团养殖产业链二期投资项目，总投资5亿元；灌阳县深度开发高品位石英系列产品项目，总投资4.5亿元；灌阳县上甫村石英矿开发利用项目，总投资0.8亿元；桂林远征通信科技有限公司光纤产品生产项目，总投资2亿元；广西宸鸿木业有限公司生产项目，总投资1.1亿元；灌阳瑶乡小镇康养旅游智慧产业园项目，总投资30亿元；灌阳天盈石业有限公司建筑石料用灰岩矿采矿权项目，总投资0.5亿元；桂林康乐人粉业有限责任公司康乐人方便米粉生产项目，总投资1亿元；灌阳县神农农业科技开发项目，总投资0.5亿元。

**【招商引资】**

招商力度 2020年，县委书记共接待客商二十余批次，率队赴北京、南京、合肥等地考察，促成瑶乡小镇康养旅游智慧产业园、地德深度开发高品位石英系列产品开发、中核汇能新圩农业光伏电站、国家电投灌阳县200兆瓦农、林光互补光伏电站等项目招商落地；县长共接待客商20余批次，率队赴珠三角地区招商，促成远征通信光纤产品生产项目、双胞胎集团养殖产业链二期项目等项目招商落地；分析梳理特色产业、重点产业集群，特别是对疫情结束后产业发展趋势进行研究，有针对性地进行项目策划包装；对在谈项目及投资意向清晰、意愿强烈的重点项目，精准发掘企业需求，找出关键因素，提前进行有准备的招商；招商项目可以重点以网络渠道进行发布，通过政府门户网站、微信公众号、区投促局平台等方式，高频次、高精度、大范围地发布出去，践行“不见面”招商。

创新机制 统筹“三企入桂”项目洽谈工作，对重大项目、重点问题专门研究，提前谋划好项目的土地、资源、政策等要素，促进“三企入桂”项目与政策体系的精准匹配和衔接平衡，全力促进“三企入桂”在谈项目签约落地。同时加强与相关部门的协调配合，为项目落地提供各类要素保障。

创新体系 通过微信、电话会议等方式，了解企业诉求，通过“不见面”招商等方式为企业解决实际问题，与投资企业形成合力，共防疫情、共渡难关，助力企业健康发展；着力提高招商服务队伍的业务能力和专业水平，为项目配备“专职保姆”，为企业提供专业化、精准化不见面服务，以优质服务推动项目洽谈推进、落地开工。

（周 芬）

2020年11月9日，县委书记周春涌（右二）带队到安徽省合肥市考察石英砂产业链项目　　县投资促进局 提供

# 文化·体育·卫生·融媒体

## 文化体育

**【概况】** 灌阳县文化广电体育和旅游局是县人民政府正科级工作部门,主要贯彻落实中央、自治区党委、市委和县委关于文化、广电、体育、旅游和综合行政执法工作的方针和决策部署,在履行职责过程中坚持和加强党对文化、广电、体育、旅游和执法工作的集中统一领导。2020年,做好旅游发展指标统计上报、文物修缮和保护、扶贫攻坚工作,积极推进文体旅项目,完成固定资产投资、品牌创建、文化旅游宣传、体育、文化旅游市场秩序整治等工作。办公地址位于灌阳县灌阳镇胜利路5号。

**【文化基础设施建设】** 新建村级公共文化服务中心21个。推进灌阳县图书馆、文化馆综合楼建设项目,综合楼总建筑面积8800平方米,总投资2200万元。

**【文化活动】**

文艺演出　完成2020年"金猪报捷瑞鼠迎春"大型春节联欢晚会,参加桂林"漓江之声"、桂林市第十二届"我邀明月颂中华"爱国诗词朗诵大赛、"决胜小康　奋斗有我"第八届全区基层群众文艺会演、完成小品《瑶泉》《撸起袖子加油干》《万众一心战疫情》《携起手来抵疫情》《抗疫山歌》《武汉加油　中国加油》等作品,《万众一心战疫情》入选自治区党委宣传部"防控抗击新型冠状病毒肺炎疫情"主题艺术作品征集活动推荐作品。完成75场戏曲进乡村的文艺演出。

活动开放　全年,接待读者3万人次,外借图书3万册次。到14个村开展送春联活动,送出春联6000副,到农家书屋业务辅导10次,培训乡镇文化站人员2期。开展流动服务,免费送书到基层6次,赠书2000余册次;义务为基层图书馆发放相关资料和送出"盲人电子阅读机"40台。

**【知识工程】** 举办"百年追梦,全面小康"爱国主义教育征文比赛、"我们的节日·七夕节"传统图

2020年8月17日,广西青少年男子篮球锦标赛在灌阳举行

县文广体旅局　提供

书展览、“红色文化”爱国主义教育讲故事比赛；举办声乐、舞蹈、大合唱、彩调唱腔及基本功、桂剧唱腔及基本功、软笔书法、美术等各类培训，受训人数近900人次。

**【文化市场管理】** 做好全县文化旅游经营场所、博物馆、图书馆、文化馆、体育中心、广播电视播出机构和文物建筑等单位一氧化碳中毒及火灾防控工作，开展夏季安全消防大检查、卫地专项整治行动、文化和旅游市场百日攻坚专项整治行动和A级景区提升与旅游市场专项整治工作。

**【文物博物】** 做好全县博物馆预防性保护和免费开放工作；完成湘江战役旧址修缮二三期结算及四期维修收尾工作，做好湘江战役第五期修缮保护勘察设计及申报工作。保护好县内现存的红军标语；完善县内不可移动文物143处的档案收集整理及上报；做好区域内文物古建筑及文物保护单位的抢救性保护、文物保护单位的消防安全及巡查工作。灌阳县被列入第二批革命文物保护利用片区分县。

**【非遗名录】** 灌阳红薯粉制作技艺、灌阳竹编技艺列入桂林市第六批市级非物质文化遗产代表性项目名录和第八批自治区级非物质文化遗产代表性项目名录。

**【群众体育】** 7月，举办灌阳县“篮协”杯男子篮球联赛；8月8日开展千人健步走和八段锦展示活动，重阳节组织老年人大联动健步走和门球比赛；10月，举办灌阳县干部职工气排球赛；11月，举行灌阳县“体彩”杯中学生篮球赛、灌阳县青少年五人制足球赛。各乡镇、各体育协会、县直各单位开展篮球、气排球、广场舞、太极拳剑、拔河、滚铁圈等各项趣味活动。年内，全县经常参加体育健身人数达18.1万，比2019年增加13%。

**【竞技体育】** 组织灌阳县运动员参加桂林市中小学生田径运动会；参加桂林市中小学生五人制足球赛小学女子组；参加桂林市初中生七人制足球赛女子组；参加2020中国体育彩票“遇龙河杯”第11届桂林市大众篮球赛。年内，灌阳县承办广西青少年女子篮球锦标赛、广西青少年3V3篮球锦标赛、广西青少年男子篮球锦标赛、广西青少年网球锦标赛。

**【体育基础设施】** 全年向上争取到位资金955万元，新建体育公园2个（水车镇水车村、西山瑶族乡小源村），健身步道3条（灌阳县千家洞、文市镇玉溪村、洞井瑶族乡红山脚），七人制足球场1个（观音阁乡大井塘），五人制足球场3个（洞井瑶族乡太子山、文市镇大湾村、水车镇水车村），安装健身路径8条器材96件。灌阳县全民健身中心和体育场健身项目、6连片多功能球场以及相关附属设施全面竣工并投入使用。

**【体育产业】** 全年体育彩票销售453万元。打造广西青少年体育竞训基地、广西球类运动发展中心灌阳竞训基地，建成灌阳春润和灌阳千家洞2个汽车宿营基地。完成全县户外运动资源调查规划的编制工作，并适时开展户外运动和开启产业招商。

（唐春凤）

灌阳红薯粉制作技艺　　县文广体旅局　提供

# 卫生健康

【概况】 灌阳县卫生健康局是县人民政府正科级工作部门。2020年，全县有各级医疗卫生机构16家，其中二级综合医院1家，中医医院1家，妇幼保健院1家，疾病预防控制中心1家，卫生计生监督所1家，民营医院3家（兴灌民医院、灌江医院和宏泰精神病医院），乡（镇）卫生院9家（其中中心卫生院3家），乡（镇）卫生计生办、计划生育服务所各9家，诊所、卫生室、医务室共326家；有卫生工作人员1543人，其中执业医师316人，执业助理医师115人，注册护士536人，药剂人员62人，检验人员50人，其他155人，乡村医生309人；医疗机构床位共962张。办公地址位于灌阳县灌阳镇双桥路。

【医药卫生体制改革】 灌阳县作为国家第二批县级公立医院综合改革试点县、国家紧密型县域医共体建设试点县，坚持以人民健康为中心，以紧密型县域医共体建设为重点，扎实开展分级诊疗体系建设，满足群众健康需求，努力提升全县人民健康水平。

医联体建设　灌阳县公立医院集团（紧密型县域医共体）建设按照集约化、专业化、科学化改革发展思路有序开展，在2020年全区医联体建设县级考评中位列红榜，已经连续三年红榜。灌阳县公立医院集团与桂林医学院附属医院紧密型三二一医联体建设效果显现，县域医疗技术服务水平有效提升，自2019年7月以来，桂林医学院附属医院先后派驻灌阳县公立医院集团专家16人，其中博士2人、硕士13人。

现代医院管理　灌阳县人民医院2020年作为国家建立健全现代医院管理制度试点医院，顺利通过复评，国家卫生健康委体制改革司专门致信灌阳县人民医院肯定取得的成绩。县人民医院在积极做好新冠肺炎疫情防控救治的同时，紧紧围绕建立健全现代医院管理制度的重点领域和关键环节先行先试，攻坚克难，探索创新，在加强党的领导、制度建设、质量安全、精细管理、薪酬分配等方面为全国建立健全现代医院管理制度积累宝贵经验。

【疫情防控】 2020年，灌阳县无疑似病例、无确诊病例。县人民医院、县妇幼保健院共收治留院隔离医学观察病人132人次，其中从武汉返灌入灌人员11人，接触武汉返灌入灌人员17人，已经解除留院隔离医学观察措施132人。县疾控中心共排除疑似疫情9起，追踪管理密切接触者79人，采样送检1771份，检测结果全部阴性。

发热病人排查和管控　县卫生健康、公安部门会同各乡镇严格落实联防联控措施，协同开展发热病人排查和管控工作，对“四类人员”进行网格化摸排和健康监测，全年累计登记管理发热病人1713人，集中隔离管控入境人员51人，居家隔离管控其他返灌入灌人员3145人次。

疫情监测和流行病学调查处置　县疾控中心

2020年5月16日，县卫生系统开展志愿者活动

县卫健局　提供

坚持每天24小时疫情值班值守，严格落实每日新发疑似病例2小时内完成网报、12小时内完成实验室检测、24小时内完成流行病学调查“三个时限”要求，快速精准开展流行病学调查和处置；开展国外入外境、国内重点地区返灌入灌人员、冷链食品以及其他重点行业、重点人群的新冠病毒监测，严防疫情输入传播。全年累计采集送检疑似病例核酸检测样本32份，湖北(除武汉外)到灌返灌人员核酸检测样本123份，武汉到灌返灌人员核酸检测样本62份，国内其他重点地区到灌返灌人员核酸检测样本277份，口岸入境人员核酸及血清抗体检测样本41份，市场从业人员核酸及抗体检测样本226份，生鲜鱼、禽、畜产品及冷链食品和笼具、地面污水等外环境核酸检测样本473份，其他重点人群核酸检测样本535份；开展疑似病例疫点及集中隔点等重点场所卫生消杀2892平方米、外来车辆卫生消杀32台。

交通检疫体温检测　根据疫情防控工作需要，从县公安交警、交通运输、卫生健康等部门抽调人员，对全县16个进出口实施交通联合检疫管控措施，24小时不间断值守，对出入人员及车辆进行登记、消杀和体温测量等工作，其间累计检测车辆63448台次，检测体温超过17万人次，劝返1808人次，为全县人民生命健康筑起“外防输入”的第一道安全屏障。

高风险人员集中隔离医学观察　加强对县委党校、天逸宾馆等集中隔离点的采样送检、卫生消杀、监督指导和入境人员转运等工作，并从灌阳镇卫生院抽调医务人员组成专班，入驻集中隔离点进行24小值守，对国外入境和国内重点地区返灌入灌人员进行集中隔离医学观察。其间累计隔离重点疫区返灌入灌人员55人，其中湖北返灌入灌人员37人，国外入境人员16人，澳门入境人员1人，其他重点人员1人。

复工复产复学疫情防控　县卫生健康部门会同工信商贸、教育等部门针对复工复产复学可能面临的疫情风险，及时组织县疾控中心人员参与复工复产企业疫情防控检查指导和学校疫情防控评估验收等工作，并统筹安排9个乡镇卫生院和县直3家公立医院，对全县各级各类学校疫情防控工作进行点对点的帮扶指导，确保疫情防控工作每一个细节、每一个关键步骤落实到位。

健康宣传教育与风险沟通　大力普及疫情防控知识，并根据疫情发展变化调整宣传重点，通过微信、手机短信、气象大喇叭和横幅标语、宣传展板等形式进行有针对性的宣传教育，及时向公众解疑释惑，指导特定人群防护。县疾控中心通过微信公众号发布公开信2封、疫情防控知识宣传6期，印制宣传资料3.5万份(册)、宣传展板15个，在人员密集场所悬挂横幅标语8条，发送手机短信5次、60万条，气象大喇叭宣传2期，第一时间提醒武汉返乡人员注意居家隔离，提示公众避免聚集、戴口罩。

医疗物质保障　通过不同渠道，多方协调，统筹抓好口罩、防护服、电子体温枪、消毒剂等防控应急物资的紧急采购、接收和分发等工作，确保新冠肺炎疫情防控工作有序开展。累计筹集普通口罩25.59万个，N95口罩277个，N94口罩1700个，防护服(含隔离衣)1008套，医用手套7300副，护目镜171副，电子体温枪170把，84消毒液1610桶(瓶)，免水洗手消毒液2.6万包(瓶)，75%酒精4250瓶。

核酸检测能力建设　县疾控中心、县人民医院分别依托现有实验室场地积极开展新冠病毒核酸检测实验室建设工作，并分别在2020年7月、8月正式投入使用。这2个实验室单日最大检测量可达1万人次以上，其中县疾控中心是全市最先建成并投入使用的县级核酸检测实验室。县疾病预防控制中心累计完成国外入境和国内重点地区人员、冷链食品监测以及其他重点人群等样本核酸检测1167份，县人民医院累计完成发热门诊患者、住院病人及陪护人员等人群核酸样本检测13478人次。

重点人群新冠病毒疫苗接种　2020年12月29至31日开展第一批次重点人群新冠病毒疫苗接种工作，共完成接种500人次，其中交通运输人员132人次，冷链食品相关从业人员118人次，一线医务人员154人次，一线公安干警82人次，其他有关人员14人次。

**【基本医疗服务体系建设】** 完成黄关镇中心卫生院业务用房，项目于4月竣工验收，总投入250万

2020年8月19日,灌阳县卫生健康系统庆祝第三个中国医师节文艺会演在县会议中心举行　唐显才　摄

元;完成新街镇中心卫生院业务用房,项目于7月竣工验收,总投入500万元。全县乡镇卫生院标准化建设达标率88.8%。

【中医药事业】 基层医疗卫生机构中医诊疗量占基层医疗卫生机构诊疗总量的20%,人民群众看中医的公平性、可及性和便利性得到明显改善。2020年,中医药在新冠疫情中起到关键性的治疗作用,使广大人民群众对中医信任度不断增高,中医药事业得到蓬勃发展。

基础建设　2020年,完成灌阳县中医医院的新院建设并投入使用,县级综合医院全部设有标准化中医科和中药房,县级妇幼健康服务机构能够提供中医药服务;全县9个乡(镇)卫生院配有8个设有标准化中医科(馆)和中药房,72%以上的村卫生室能够提供最基本的中医药服务。

技术推广　通过组建公立医院集团、医师多点执业等方式,邀请桂林市医学院、市中医院相关专家到灌阳县多点执业或者定期出诊、巡诊,进一步提高全县中医药民族医药服务能力。并在县中医医院重点选派有中医专业特长、懂沟通、有基层卫生院服务经验的专家,到乡镇分院任职,定期开展中医适宜技术推广和诊疗服务。

管理服务　县各级医疗卫生机构管理人员和中医药服务团队开展以中医药健康管理服务规范和技术规范为主要内容的专题培训,注重发挥县中医医院、县人民医院和县妇幼保健院对乡镇卫生院的技术指导作用,提高中医药健康管理服务能力。2020年,全县老年人和儿童中医药健康管理率达到65%以上。全县各级医疗机构根据《健康教育中医药基本内容》积极开展中医健康教育,在健康教育印刷资料、音像资料的种类、数量、宣传栏更新次数以及健康知识讲座、公众健康咨询的次数等方面,中医药内容不少于40%。

基层签约服务　各乡镇卫生院贯彻落实《关于推进家庭医生签约服务的指导意见》,基本实现每个家庭医生团队都有能够提供中医药服务的医

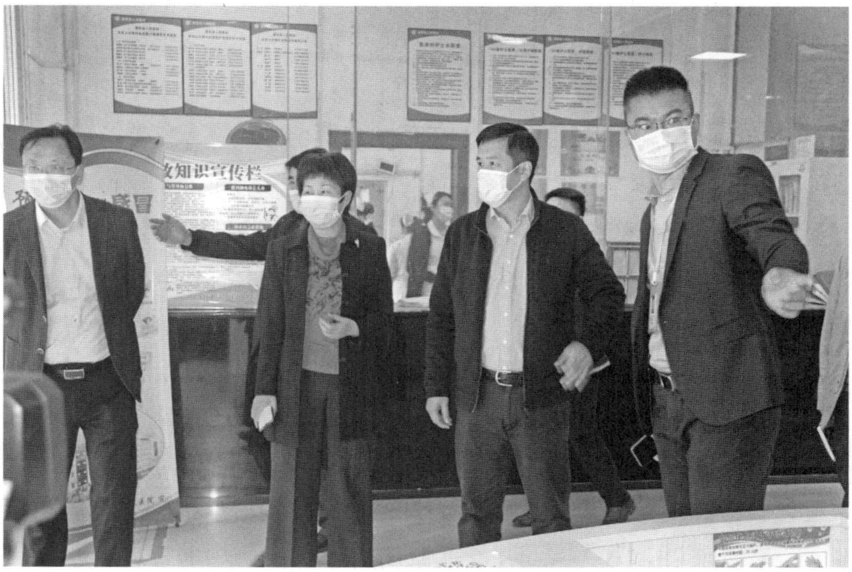

2020年11月4日,县长卢嵩(右二),县宣传部部长陈春虹(右三)一行到县医院检查疫情防控工作　县卫健局　提供

师或乡村医生。注重签约服务效果，努力让居民通过签约服务能够获得更加便利的中医药民族医药服务，引导居民主动签约。

【基本公共卫生服务】 2020年，累计建立规范化居民健康档案222738份，规范化居民建档率达91.21%。高血压建档15340人，糖尿病人建档5001人，重性精神病人建档1087人；为适龄儿童建立预防接种证2142人，建卡率为7.39‰，接种率分别是：卡介苗100%、脊髓灰质炎疫苗99.60%、无细胞百白破疫苗99.67%、麻类疫苗99.66%、乙肝疫苗99.69%、乙肝疫苗首针及时接种率为97.70%、A群流脑疫苗99.64%、乙脑疫苗99.69%、甲肝疫苗99.48%。加强免疫疫苗报告接种率分别为：脊灰疫苗99.82%，麻腮风99.83%，A+C群流脑99.40%，白破99.25%，乙脑99.54%；无突发公共卫生事件，无甲类传染病发生，登记并报告辖区内乙、丙类传染病93例；全年有产妇2116人，建立《保健手册》2114人，建册率达99.90%；孕产妇系统管理率为95.12%，住院分娩率为100%，产后访视率为96.23%；共有0～6岁儿童20094人，累计建立《保健手册》19103人，建册率为95.06%；0～3岁儿童人数8510人，0～3岁儿童系统管理人数为8169人，系管率为95.99%。全年新生儿活产数2150人，访视2074人，新生儿访视率为96.47%。全年开展学校卫生巡查1118户次，生活饮用水巡查205户次。

【家庭医生签约服务】 家庭医生签约服务以贫困户为主要签约对象，在各乡镇全面推开，全县以乡（镇）、村为单位签约覆盖率达到100%，全县组建签约团队61个，家庭医生签约服务人数127462人，签约率52.19%。其中重点人群签约服务人数20906人，签约率86.46%。建档立卡贫困户和计划生育特殊家庭签约服务率99.99%。

【重大妇幼公共卫生项目】 实施妇幼健康“23免4补”惠民政策。免费增补叶酸应服用人数1703人，叶酸服用人数1841人，叶酸服从率为92.5%；地中海贫血初筛1555人次；婚检率为97.19%。对35～64岁妇女进行两癌筛查，全县乳腺癌筛查人数6212人，完成率110%；宫颈癌筛查人数6170人，完成率110%。

【防治艾滋病攻坚工程】 2020年，灌阳籍艾滋病病毒感染者和病人累计报告405例（艾滋病病毒感染者205例，占50.62%；艾滋病病人200例，占49.38%）。累计报告死亡的艾滋病病毒感染者和病人126例，现存活的艾滋病病毒感染者和病人279例，按全县总人口29.3万人计算，人群感染率为0.95‰。

全年，全县艾滋病抗体初筛检测共17220例，较上年增长20.32%，严格按照要求开展艾滋病检测和母婴阻断工作。在押人员检测553例，无阳性人员；暗娼检测85例，接受艾滋病和梅毒检测并知晓检测结果的比例100%，发放检测卡72人，检测卡发放率84.7%，检测人员建档率100%；婚前保健接受艾滋病咨询人数为2345人次，接受艾滋病感染抗体检测人数2345人次，无阳性人员；孕期接受艾滋病咨询孕妇数为1507人，接受艾滋病感染抗体检测孕妇为1507人，检测率100%；住院分娩产妇数为1699人，孕期和产时接受艾滋病咨询产妇数为1699人，接受艾滋病感染抗体检测产妇数为1699人，产妇HIV抗体咨询率、检测率均为100%；无阳性产妇，艾滋病母婴传播率为0。

开展高危场所摸底调查活动2次，开展高危行为干预活动12次，发放防艾宣传资料1360份，安全套7020只，接受干预性服务从业人员及管理人员349人次，经性传播干预措施月均覆盖暗娼91.5%。住宿业公共场所安全套9860只，放置率达99%，经营性娱乐场所艾防宣传画张贴率、宣传资料摆放率达100%。

落实“四免一关怀”政策，将艾滋病患者及其家庭纳入城乡低保救助范围，致孤老人实行五保供养，致孤儿童实行专项救助，无监护人的孤儿和愿意进福利院的致孤老人入住福利院，出资资助艾滋病患者及家庭成员参加新型农村合作医疗和城镇医疗保险，将艾滋病患者严重机会感染者纳入大病救助。全年全县艾滋病病人和艾滋病感染者及家属享受低保人数达188人，城市低保14人，受艾滋病影响儿童专项救助3人，救助总金额90.26万元；临时医疗救助178人，救助金额1.23万元；自愿关怀救助覆盖率100%。

【突发公共卫生事件应急处理】 在县内部分学校、托幼机构开展以手足口病、肠道传染病为重点的传染病防控工作检查；在全县托幼机构、学校建立呼吸道传染病的晨检制度，并强化医疗机构肠道门诊管理，认真落实各项防治措施，各类传染病得到有效控制；巩固和强化结核病防治工作。组织有关医疗卫生单位开展手足口病、H7N9禽流感疫情防治知识培训。

【爱国卫生】

爱国卫生运动，助力疫情防控　开展以“共建卫生家园　共享健康佳节”为主题的冬春季爱国卫生运动、抗疫爱卫“五大清洁行动”“防疫有我·爱卫同行”爱国卫生月等活动，组织人民群众广泛参与，大力开展群众性环境卫生整治，引导人民群众养成良好卫生习惯和生活方式，助力疫情防控。

病媒生物防治　年内，采购灭鼠药1万包、灭蟑螂药1万包，无偿提供给县直各单位、各乡镇开展除“四害”工作；委托桂林市灌阳县飞鹰卫生消杀服务中心对全县所有的农贸市场、车站、县城公厕、主干道、垃圾中转站等重点场所进行21轮次全面消杀并统一投放灭鼠、灭蟑、灭蚊药物，降低“四害”密度。

卫生创建工作　2020年，灌阳县创建自治区卫生乡镇2个、自治区卫生村4个，自治区卫生先进单位2个；创建桂林市健康乡镇2个，健康村4个、健康单位2个。2020年12月31日，灌阳县城被自治区爱卫会命名“广西壮族自治区卫生县城”。

【红十字会工作】 县红十字会开展“红十字博爱送万家活动”，发放温暖箱50箱，价值15390元；有17人参加造血干细胞采样入库工作，1人造血干细胞匹配成功，挽救1名白血病患者。全年通过省、市红十字会审核，帮助3名白血病患者申请基金资助。

## 计划生育

【概况】 2020年，全县共确认符合奖励扶助条件的对象5790人，其中国家农村部分计划生育家庭奖励扶助对象2505人，奖励金额360.72万元；广西农村部分计划生育家庭奖励扶助对象(55～59周岁)3000人，奖励金额216万元；计划生育家庭特别扶助对象45人，奖励金额61.8万元；广西农村计划生育奖励救助对象87人，奖励金额10.06万元；城镇居民独生子女父母年老奖励72人；落实81名非财政拨款企事业单位实行计划生育人员退休时增加工资的优惠政策；为全县独生子女户和双女结扎户共13325人代缴城乡居民医疗保险费332.45万元。为100名农村

2020年9月29日，灌阳县红十字会第一次会员代表大会在县卫生健康局七楼会议室召开　　唐显才　摄

独生子女、双女结扎户女儿考生办理了中、高考加分证明；兑现独生子女保健费11.68万元，兑现率为100%。奖励扶助对象个案上报率和奖励资金发放到位率均达100%。

【计生协会】 2020年，全县共有1354户计划生育家庭免费参加计生家庭爱心保险，参保费67700元，理赔案件9件，理赔金额58356元。完成计生家庭关爱保险任务13303份，参保费665150元，其中地方财政补助133030元，群众自费532120元，理赔511件，理赔金额372105.9元。

全县落实区、市计生家庭小额贴息贷款任务28户，贷款金额56万元，为计生家庭贷款贴息37050元。

（周红艳）

## 融媒体

【概况】 灌阳县融媒体中心是县委直属公益一类事业单位，由县委宣传部代管。主要负责全县新闻报道、全县新闻业务管理和对外通联工作；开展网络传播秩序整治；负责自办节目、刊物、微信平台、广告的策划、采制、审查、包装以及播出编排和管理工作；负责做好融媒体指挥中心设备的维护和保养，演播大厅维护、检修，中心技术管理、设备维护、网络维护管理和安全保障等工作；负责做好台山转播台灌阳台的无线发射台站的运行维护工作。办公地址位于灌阳县灌阳镇胜利路5号。

【新闻宣传】

专题报道　县融媒体中心做好电视、微信公众号等平台的维护和新闻发布工作，弘扬社会主义核心价值观、引领社会新风。同时，围绕全县“精准扶贫”“乡村振兴”等中心工作，通过开设栏目，做好相关新闻、专题报道，助力全县中心工作顺利推进，圆满完成全县“两会”宣传报道。

抗疫宣传　2020年疫情期间，共开设专栏16个，发布疫情电视新闻248条，微信800余条，短视频一条，公益广告147条，时长14501分，广西云更新全县抗疫新闻信息289条，县外各级媒体用稿达160多条。集中发掘报道奋战在防控一线的党员干部、医务人员、公安干警和广大市民群众积极投身疫情防控、守护人民健康的典型事迹和感人故事40余篇。还通过原创战疫歌曲《有你宅精彩》《梨花乡韵》、战疫诗歌朗诵、快板、山歌、三句半等形式为战疫营造良好氛围。

日常报道　通过微信平台和通联微信群，注重倾听基层心声，发挥舆论监督作用，并为百姓提供服务性新闻报道，包含交通出行、天气、医疗健康、生活常识等信息、资讯。融媒体中心规定电视新闻每天播报至少4条新闻，每个微信平台每天至少发布6条信息。年内，电视台发布视频新闻876条，其中扶贫内容40条。《今日灌阳》、微报灌阳微信平台共发布栏目268个，发布新闻报道3706余条，其中脱贫攻坚84条，复工复产45条，公益广告47条。《今日灌阳》报纸出版49期。

2020年2月16日，县融媒体中心到文市镇采访疫情防控相关情况

县融媒体中心　提供

**【对外宣传】** 县融媒体中心精心策划选题、主动寻找有价值的新闻亮点。在广西云灌阳分端平台累计更新1400余条,并积极向总端推送优秀稿件,参与做好“磨难压不垮、奋起正当时”专题、为武汉加油海报等活动。

2020年8月17日,县融媒体中心直播广西壮族自治区青少年篮球比赛　　县融媒体中心　提供

**【新闻、广播电视安全播报】** 融媒体中心执行编辑初审、总编把关、主要领导亲自审稿的三审制度。严禁播出、刊发未经审核的稿件和网络信息,确保播出内容安全。并要求各部门强化播出值守、监控,确保新闻播出零事故。

**【业务培训】** 为使全体员工尽快掌握“广电云平台”业务,除选派骨干人员积极参加上级组织的业务培训,同时中心还积极与区广电云协调,6月10日由中心主任带领记者、编辑等业务骨干一行前往区广电云参加一对一业务培训。

(县融媒体中心)

# 教育·科学技术

## 教　　育

【概况】 灌阳县教育局是灌阳县人民政府主管教育工作的正科级行政机构。2020年，县教育局被广西壮族自治区统计局评为广西新时代基层统计工作规范建设示范单位，县民族小学、县直二小获广西优秀少先队集体，县直属机关幼儿园被评为广西壮族自治区示范幼儿园，红旗初中被广西壮族自治区爱国运动委员会表彰为卫生先进单位，县直一小获全区模范职工之家称号。办公地址位于灌阳县灌阳镇灌江西路7号（其中教学研究室、勤工办、招生办、灌阳县科学技术情报研究所、灌阳县科学技术开发中心的办公地址位于灌阳县灌阳镇学洲区学雅苑B–4号）。

学校　2020年，灌阳县有中小学校158所，普通高中2所，其中自治区示范性普通高中1所；初中11所（其中九年一贯制学校1所）；小学14所（其中高年级寄宿制小学6所）；1～4年级村级教学点131个。幼儿园50所（其中公办幼儿园20所，民办幼儿园30所），市级示范幼儿园1所；学校附属幼儿班75个。

学生　2020年，有中小学生30810人，其中：高中生3881人、初中生9103人、小学生17826人；在园幼儿8045名。特殊教育学校0所，随班就读学生164人、送教上门学生60人。

教师　2020年，有中小学专任教师2615人，其中幼儿园专任教师366人（公办幼儿园专任教师44人）。

教师与师生比例　教师与师生比例为1∶21.98；小学专任教师1260人，师生比为1∶14.15；初中专任教师694人，师生比为1∶13.12；高中专任教师295人，师生比为1∶13.15。全县专任教师中研究生及以上学历5人，本科学历1558人，专科学历639人。

每万人口在校生　2020年灌阳县幼儿园每万人口在校学生为271.79人；小学为602.23人；初中为307.53人；普通高中为131.11人。

基础教育普及程度　2020年，灌阳县小学适龄儿童入学率为100%；小学生年辍学率为0%；

2020年5月12日，灌阳县翰林教育基金会揭牌成立

县教育局　提供

普通初中年辍学率为0%；普通初中毕业生升学率为90%；巩固率101.68%。高中阶段教育毛入学率90.3%。

基本办学条件　小学校园面积为448327.9平方米，生均25.15平方米；校舍面积为175037.37平方米，生均9.82平方米。普通初中校园面积为289687.25平方米，生均31.82平方米；校舍面积为164305.27平方米，生均18.05平方米；九年一贯制学校校园面积为18800平方米，生均26.37平方米；校舍面积为8258平方米，生均11.58平方米。普通高中校园面积为138072.2平方米，生均35.58平方米；校舍面积为86358平方米，生均22.25平方米。

**【教育经费收入与支出】** 2020年，灌阳县教育经费总收入46184.95万元，比2019年多104.76万元，增长0.23%。其中财政拨款收入43894.34万元，比2019年多235.52万元增加0.54%；预算外资金收入2243.93万元，比2019年多17.24万元，增加0.77%。教育经费总支出46178.43万元，比2019年少118.30万元，下降0.26%。其中财政拨款支出44132.25万元，比2019年多367.28万元，比上年增长0.84%；预算外资金支出2046.18万元，比2019年少485.58万元，比2019年减少19.17%。总支出中，人员经费支出32410.58万元，公用经费支出13518.85万元，基建支出203.08万元，其他支出46.42万元。

**【学前教育】** 2020年，新建乡镇、村幼儿园3所(新街镇葛洞村、灌阳镇仁江村、新圩镇大龙村幼儿园)，实现乡镇中心幼儿园全覆盖、3000人以上的乡村幼儿园基本覆盖。县直属机关幼儿园连创市级、区级示范性幼儿园。全县公办幼儿园20所，民办幼儿园30所。在园幼儿8045人，其中公办幼儿园在园幼儿占比50.8%，普惠性幼儿园覆盖率91.08%。学前教育三年毛入园率90.41%。

**【基础教育】** 县城教育资源扩面，解决大校额、大班额问题；乡镇教育资源提质，缩小城乡差距；教学设备升级，信息化建设迈出新步伐。城乡基础设施、仪器设备实现基本均衡；师资力量实现基本均衡；校容校貌、校园文化、精细化管理等在基本均衡的基础上有巨大变化；推动教育各领域改革创新，革除教育体制机制弊病，教育教学质量显著提升。2020年的高考、中考成绩实现历史性突破，高考、中考刷新历史纪录，实现200人大关“双突破”。高考一本上线首次突破200人大关，达209人，比2019年净增31人。中考一等生首次突破200人大关，达228人，比2019年净增36人；学科全A学生14人，比2019年增加5人。全学段教育质量展现出良好的发展态势。

**【基础设施建设】** 2020年，办学条件得到新改善。灌阳县国典实验中学于秋季学期交付使用，正常开学；灌阳县高级中学江东校区于11月开工建设，推进顺利；灌阳县第二高级中学学生宿舍楼顺利竣工使用、教学综合楼已经进入扫尾阶段。新圩镇大龙村幼儿园、新街镇葛洞村幼儿园、灌阳镇仁江村幼儿园，水车完小、灌阳镇上王小学、新街镇葛洞小学、新圩镇光明小学教学综合楼、文市镇高年级寄宿制小学学生宿舍楼全部交付使用。全县中小学

2020年，灌阳县国典中学及健身中心工程项目成果图

县重点办　提供

完成教育子网建设，接入光纤教学班715个，2100多名教师通过教学资源平台，实现教育资源共享。

【教师队伍建设】 实施公开招聘教师制度，2020年公开招聘控制数编制教师243名，择优选调县直学校教师94名；实施《灌阳县义务教育学校校长教师轮岗交流实施方案》，实行校长交流、教师交流，激活教育系统活力，实现城乡学校师资力量基本均衡；实施支教、走教、返聘计划，并保证各项经费落实到位；提高待遇，稳定队伍，足额发放乡镇教师生活补助，年终绩效与公务员同等享受；教师平均工资略高于公务员平均工资。每年召开教师节表彰大会、县四家班子进乡入校进行专项慰问等；及时兑现《灌阳县奖学奖教办法》，调动教师的教学积极性，激发学生学习文化知识的兴趣；评先推优，树立典范，85名教师获得市、县优秀教师称号；1300人次教师参加"国培""区培"；882名教师参加县级名班主任、新入职教师培训；成立灌阳县翰林教育基金会，举行第一批集中募捐仪式，得到爱心企业、社会各界无偿认捐资金5000多万元，到位资金2700余万元；教研活动、"一师一优课"晒课活动顺利开展，教师队伍整体素质正在逐步提升。

【教育扶贫】 落实义务教育控辍保学"双线四包"责任制，组织开展寒假大家访、春季大劝返和夏季"清零"行动，实现失学辍学人数动态"双清零"。首创专门学校，51名失德失范学生得到矫治，经验在全市推广。开展精准资助，实现贫困学生"应助尽助"。深入开展"推普脱贫乡村行"，着力提升乡村教师和贫困青壮年劳动力普通话水平，义务教育保障战役各项目标任务如期完成。全县顺利通过2020年度自治区"四合一"、桂林市"六合一"扶贫成效考核。灌阳县成功承办2020年桂林市"扶贫感党恩　奋进新起点"进校园现场会。

【教育安全】 2020年，教育系统牢固树立"安全责任重于泰山"理念，推行学校安全教育经常化、安全管理制度化、安全检查精细化、校园周边环境治理常态化。不断提高师生、家长的安全意识和自我防护能力。完善学校安全风险防控体系，推动学校人防、物防、技防建设达标提质，强化应急疏散演练，重点加强校车安全、预防溺水、上下学安全、消防安全、传染病防控、食品药品安全等重点工作。完善校园及周边安全风险评估和预警、安全隐患排查和处置机制，依法加强对"校闹"和校园欺凌的治理。强化广大师生防震减灾意识，每学期各学校进行一次地震应急疏散演练，提高广大师生防震减灾的自我救护能力。高度关注重点人群的动态，畅通信访渠道，及时化解各类矛盾。严格执行信访信息报告制度，建立健全信访处置预案，杜绝非正常上访及群访恶性事件的发生；疫情防控取得新成效。教育系统坚守岗位、忠诚履职，同心同德、协同作战，构建起县局、乡镇、学校、年级、班级五级防控网络，形成责任全覆盖、工作无死角的防控大格局，筑牢校园疫情防控安全墙，共同呵护全县师生安全。全县三批次开学平稳，教学有序。24813名中小学生通过网上平台进行上线学习，切实做到"停课不停教不停学"；投入疫情防控资金80多万元，储备

2020年9月3日，灌阳县开展红烛杯"三笔字"比赛

县教育局　提供

2020年12月4日，灌阳县2020年国际志愿者日系列活动暨“宪法宣传周”启动仪式在县观澜购物广场举行　　县教育局　提供

各类防疫物资。精细制订2020年高考、中考疫情防控工作方案，县委教育工委329名党员奔赴47个卡点执勤守卡，1280名党员自愿捐赠疫情防控资金100664元。

（李向阳）

## 科学技术

【科技扶贫项目实施】 2020年，实施灌阳县贫困村科技特派员服务创业基地及科技能力建设与示范项目、科技特派员服务灌阳县油茶产业建设与示范项目，助力贫困村、贫困户脱贫摘帽。以项目课题为载体，组织广西中源农业发展有限公司申报桂林市国家可持续发展议程创新示范区示范基地建设项目。2020年完成灌阳县贫困村科技特派员服务创业基地及科技能力建设与示范项目验收。

【服务高新技术企业】 2020年，开展高新技术企业培育工作，实地走访调研相关企业，并加强与大学、科研院所的沟通交流，挖掘创新点，加大对新工艺、新技术的研究开发，协助企业申报高新技术企业。培养企业的知识产权意识，加强知识产权的保护力度。

【科技成果转化】 2020年，组织桂林灌阳尚农农业发展有限公司与灌阳林中仙灵芝种养专业合作社达成“鲜嫩甜玉米制备桑黄菌丝块的方法”科技成果转让；广西日辉农业科技有限公司与广西象州黄氏水稻研究所达成“农渔立体生产自动化工程系统”科技成果转让，2个科技成果技术在灌阳运用，发明人亲自到现场指导。该转化项目在桂林市科技局、来宾市科技局登记备案。

【科技特派员工作】 2020年，选派46名科技特派员，根据贫困村的产业和经济发展需求，结合科技特派员自身的特长，充分发挥自身的技术优

2020年4月28日，灌阳县科技特派员水产产业服务团到全县贫困村开展科技服务　　县教育局科技股　提供

势，以技术指导、技术服务等形式，指导帮助农户引进新品种、开发新产品、使用新技术。不断提高合作社、基地的科技实力，培训农民1000余人，为全县科技产业扶贫提供有力支撑。

2020年8月11日，灌阳县举办2020年科技成果转化培训

县教育局科技股　提供

**【国家可持续发展议程创新示范区建设】** 2020年，筛选出4个可持续发展项目（广西灌阳灌江国家湿地公园试点建设项目、规模化养殖废水达标处理一体化设备研制及工程示范、灌阳镇排埠江村新特农作物产业扶贫示范基地项目、灌阳县乌石江流域水环境综合治理项目一期）上报桂林市可持续发展办公室，定期跟踪4个可持续发展项目，了解实施进度情况。

**【科技普及】** 组织县科普联成员20多个单位，邀请灌阳县科技特派员，开展“科技下乡活动”。直接面向“三农”的科普大型宣传活动2场次，展出技术宣传展板2块、接待咨询群众800余人次，发放宣传材料1万余份。

（蒋彩丽）

# 社会生活

## 人力资源和社会保障

【概况】 灌阳县人力资源和社会保障局(简称县人社局)属县人民政府工作部门。2020年,以人社扶贫工作为中心,助力全县脱贫攻坚;开展公共就业服务,就业局势保持稳定;落实社会保险政策,确保各项指标稳中求进;完善制度,规范管理,深入推进人事人才工作;强化职能,严格执法,切实维护劳动者合法权益;切实做好根治欠薪工作,保障工人工资支付。办公地址位于灌阳县灌阳镇江东新区都庞岭路82号。

【人力事务】

事业单位招聘工作 2020年,灌阳县公开招考事业单位62人。

专业技术、职称改革 2020年,灌阳县共有508人申报各类资格,其中正高7人,副高213人,中级82人,初级206人。

申报审核工作 严格执行程序,做好初中高级职称的资格审查和材料上报工作;认真贯彻自治区文件精神,对乡镇从事专业技术工作人员全部实行政策倾斜;组织各类专业技术人员参加网络学习工作。

【社会保险】

养老保险 灌阳县养老保险参保人数169699人,完成任务的169685人100%。其中企业参保21251人,缴费人数12073人,完成全年缴费任务12000人的100%,养老保险费收入7481万元,完成全年缴费任务7450万元的100%;机关事业单位参保8658人,其中缴费人数5447人,完成全年缴费任务5400人的100%;城乡居民参139790人,完成全年参保任务139285人的100%,待遇领取人数43928人,发放率100%。

失业保险 2020年,灌阳县失业保险参保人数为9663人,完成全年任务9200人的105%。

工伤保险 2020年,灌阳县工伤保险参保人数10594人,完成全年任务10500人的101%。

社会保障卡发放 2020年,灌阳县社保卡累计完成制卡270947张,发放267621张,待发放

2020年8月4日,自治区人社厅到灌阳江东新区移民安置点调研就业和社保服务 县人社局 提供

6326张,完成任务28.76万张的97%。

降费政策落实　2020年,阶段性减免企业社会保险费1577.26万元,其中城镇企业职工基本养老保险减免涉及单位234个,人数2905人,减免金额1482.38万元;失业保险涉及单位数222个,人数3038人,减免金额60万元;工伤保险涉及单位数223个,人数3067人,减免金额34.88万元。

**【劳动监察和劳动人事仲裁】** 2020年,立案受理劳动仲裁案件共13件。其中以仲裁裁决结案的4件,以仲裁调解结案的9件。涉案金额83万元,结案率100%。

**【根治欠薪工作】** 确保欠薪案件、涉及人数、涉及金额明显下降,确保不出现治欠保支3条红线。全年全县查处工资类等违法案件5件,涉及人数15人、涉及金额20.5万元,实现三个大幅下降。

**【就业服务】** 2020年,灌阳县城镇新增就业2901人,完成全年目标任务1400人的207.21%;失业人员再就业499人,完成全年目标任务370人的134.86%;就业困难人员实现再就业146人,完成全年目标任务145人的100.69%;城镇登记失业率控制在5.5%以内,期末城镇登记失业率为3.41%,比目标任务低2.09个百分点。农村劳动力转移就业新增6631人次,完成全年目标任务3900人次的170.03%。就业局势保持基本稳定。

**【就业补助资金】** 2020年,上级下达灌阳县就业专项资金433万元,2019年国库指标滚存结余170.03万元,共计603.03万元。共支出607.06万元,其中公益性岗位补贴113.56万元,享受补贴74人次,深度贫困村公益性岗位补贴64.8万元,享受补贴90人,极度贫困户公益性岗位补贴支出26.94万元,享受补贴38人,公益性岗位社保补贴80.93万元,享受补贴74人次,深度贫困村、极度贫困户公益性岗位意外险补贴3.53万元,享受补贴235人,灵活就业的就业困难人员社保补贴18.14万元,享受补贴37人,企业新增岗位社保补贴9.74万元、净增岗位171人次,企业或社会组织吸纳贫困家庭劳动力社保补贴23.41万元,享受补贴25人,职业培训补贴36.13万元,享受补贴334人,职业技能鉴定补贴15.61万元,享受补贴580人,职业培训建档立卡贫困户生活费补贴58.07万元,享受补贴1241人,扶贫车间就业奖补156.2万元,享受补贴919人。

(唐志明)

# 民　　政

**【概况】** 灌阳县民政局是县人民政府工作部门,正科级行政单位,主要负责社会行政事务管理、基层民主政治建设、社会救助与福利等方面的工作。2020年,县民政局践行"民政为民、民政爱民"的工作理念,积极构筑城乡社会救助体系,切实抓好保障基本民生、创新社会治理、强化社会服务等工作。办公地址位于灌阳县灌阳镇建设路26号。

**【城乡低保】** 提高低保标准和补助水平,足额发放低保资金,将城市低保标准每人每月由660元提高到750元,农村低保标准每人每年由4500元提高到5300元;将农村低保分类补助水平A、B、C档分别提高到每人每月335元、250元、230元,城市低保分类补助水平A、B、C档分别提高到每人每月530元、450元、390元。2020年,城市低保对象有613户1171人,城市低保覆盖率为3.4%。共发放城市低保金660.43万元,救助1.48万人次,月人均补助447.87元;农村低保对象有10637户17279人,农村低保覆盖率为6.68%,全年发放农村低保金5229.24万元,救助19.59万人次,月人均补助266.9元。

**【特困供养】** 城市特困人员供养标准提高到975元/人·月,农村特困人员供养标准提高到575元/人·月。特困人员全护理标准提高到每人每月860元,半护理标准提高到每人每月430元。2020年,有农村特困人员2197户2308人,城市特困人员26户26人,2020年共发放特困供养金28683人次

1641.82万元，发放特困人员护理补贴1375人次93.5万元。

【临时救助】 按照“托底线、救急难”的要求，将遭遇突发性、临时性、紧迫性基本生活困难的居民家庭和个人均纳入救助范围。建立健全临时救助备用金制度，进一步简化优化审核审批程序。2020年共支出临时救助资金111.18万元（含实物救助20万元），救助2311人次。落实社会救助和保障标准与物价上涨挂钩联动机制。全年共发放价格临时补贴772.25万元（其中低保对象679.79万元、特困人员救助对象89.87万元，孤儿和事实无人抚养儿童2.59万元）。

【兜底保障】 2020年将11536人建档立卡贫困户纳入低保、特困保障范围，占全县建档立卡贫困总人口数的21.7%。同时将边缘户326人和监测户354人纳入社会保障范围。还对纳入低保的极度贫困户每人额外增发20元/月，全年共增发4.43万元。

2020年7月20日，灌阳县公墓选址工作专题会议在县政府三楼会议室召开
县民政局 提供

2020年9月28日，县民政局检查养老机构安全生产工作
县民政局 提供

【低保救助专项治理】 2020年，新增农村低保对象1676户2147人，新增城市低保对象41户66人，新增特困人员供养对象186人，清退低保对象626户805人。

【基层政权工作】 完善村务监督委员会基础设施建设，配齐配全硬件设施，提高村务监督委员会的工作职能；配合县委组织部完成村“两委”换届前期工作，全县138个行政村、4个社区全部实现支书主任一肩挑；推进黄关镇李官村红白事服务中心建设试点工作。

【社会福利工作】 2020年，全县共有养老服务机构111家1680张床位，每千名老年人口养老床位数为27张（按全县老年人口6.1万人计）；全县共发放高龄老人生活津贴9.56万人次379.46万元；保障孤儿基本生活，从2020年10月1日起，孤儿基本生活养育标准提高到每人每月900元，有孤儿24名和事实无人抚养儿童65名，全年共发放孤儿基本生活保障金

2020年11月4日，县民政局在西山瑶族乡大坪村进行灌阳县与全州、兴安县三县联合勘界

县民政局　提供

801人次45.03万元，对17名符合福彩圆梦孤儿发放助学金159人次13.42万元；建立灌阳县农村留守儿童关爱和困境儿童保障联席会议制度，有留守儿童1416人和困境儿童664人。六一国际儿童节对80名困境儿童按每人800元进行慰问，发放慰问金6.4万元。

**【社会事务工作】** 加大对流浪乞讨人员街面巡查和救助力度，全年共救助受助人员56人，救助金额3.6万元，协助上级救助站救助返乡人员16人次，通过托养方式对6名无法查明身份人员进行管理。加强对肇事肇祸精神病患者的救助和安置，在桂林市福利医院救助安置（住院治疗）18人，治疗费用50万元；扩大残疾人护理补贴对象范围，残疾人两项补贴标准提高到每人每月80元，全年共发放补贴10.08万人次810.24万元；推进婚姻登记和收养登记工作，全年办理婚姻登记2136对，其中结婚登记1330对，离婚登记393对，补发登记413对，婚姻登记合格率100%；依法办理收养登记1例；推进殡葬改革，落实殡仪馆、公墓项目建设选址工作。

**【社会组织工作】** 推进社会组织网上年检，整治非法社会组织，加快建立社会组织活动异常名录和严重违法失信名单，推动社会组织健康发展。2020年，全县登记的社会组织101家（包含社会团体60家，民办非企业单位41家），注销社会组织2家。共年检民办非企业单位30个，社团组织48个。

**【区划地名工作】** 完成第二次地名普查档案材料的移交工作，开展不规范地名清理整治，加强灌阳与兴安、全州三县行政区域界线联检，完成政府驻地整改工作。

（唐广斌）

## 医疗保障

**【概况】** 灌阳县医疗保障局（简称县医保局）成立于2019年3月31日，是县人民政府正科级行政单位。主要负责全县医疗保障，推进医疗、医保、医药“三医联动”改革。办公地址位于灌阳县灌阳镇江东新区创业路6号创业大厦六楼。

**【医疗保障基金工作】** 2020年，采取“双随机”和全覆盖等方式对全县定点医药机构进行医保基金使用情况进行检查，要求各定点医药机构认真全面自查整改，对存在违规行为的医药机构，责令按时退回违规医疗费用。全年共追回医保基金12.85万元。

**【居民参保】** 2020年，全县建档立卡贫困人口53036人，符合参保条件应参保人口53036人，实有参保人口53036人，参保率100%。推进全县居民参保工作，县医保局督促指导各乡镇进行排查摸底和追缴，解决相关工作经费，全县参保人数256546人，参保率98.99%。

**【差异化医疗保障补助】** 2020年，县医疗保障专责小组下发《灌阳县扶贫开发领导小组医疗保障专责小组关于明确我县医疗保障差异化政策的通知》，县医保局协调各单位做好贫困人口个人缴费补助工作。

2020年6月4日，市医疗保障局到灌阳县新街镇虎坊村卫生室调研指导

县医保局　提供

**【医保扶贫"98"政策】** 2020年，全县符合兜底保障规定，住院医疗费用实际报销比例达到90%政策落实情况：已兜底的住院人次数为4029人次，兜底金额为418.75万元；符合兜底保障规定，门诊特殊慢性病门诊医疗费用实际报销比例达到80%政策落实情况：已兜底的门诊人次数为8409人次，兜底金额39.27万元。

**【特殊慢性病卡认定与办理】** 县医保局统筹协调各乡镇对重点贫困人口患慢性病筛查和宣传。2020年，在县乡（镇）医院组织开展多次集中认定活动，共办理慢性病卡3245人。

（县医疗保障局）

2020年6月4日，市医疗保障局到灌阳县开展医保扶贫工作调研

县医保局　提供

## 退役军人事务

**【概况】** 灌阳县退役军人事务局于2019年3月挂牌成立，是县人民政府工作部门。主要负责军队转业干部、复员干部、离休退休干部、退役士兵和无军籍退休退职职工的移交安置工作和自主择业、就业，退役军人服务管理、待遇保障工作；组织开展退役军人教育培训、优待抚恤等；负责全县拥军优属工作；负责烈士及退役军人荣誉奖励、军人公墓管理维护、纪念活动等工作；指导并监督检查退役军人相关法律法规和政策措施的落实，组织开展退役军人权益维护和有关人员的帮扶援助工作。办公地址位于灌阳县灌阳镇建设路26号民政局五楼。

**【服务保障体系建设】** 建成1个退役军人服务中心、9个乡镇退役军人服务站、138个村委和4个社区退役军人服务站，其中建成的4家全国示范型退役军人服务中心(站)，工作人员全部到位。各村(社区)站长补贴从2020年7月开始发放。切实解决退役军人服务的“最后一公里”问题，全县基本形成、覆盖全员、专业规范的服务保障体系。

2020年11月3日，市政府督查灌阳县退役军人服务保障体系建设

县退役军人事务局　提供

**【拥军优抚工作】** 全县有优抚对象5900多人，其中领取国家抚恤和生活补助的对象1885人。2020年，严格按照优抚工作有关政策要求，组织全县各乡镇深入开展对优抚对象进行了多次核查，对部分优抚对象待遇补助进行了规范清理，依法依规做好优抚对象优待抚恤补助金发放工作。

**【褒扬纪念工作】** 组织特定人员对县革命烈士陵园、湘江战役新圩阻击战酒海井红军纪念园以及各种烈士纪念设施开展祭扫活动，并倡导鼓励烈士亲属和社会各界等祭扫人群通过网络向英烈寄托哀思、致敬缅怀，协助做好湘江战役新圩阻击战酒海井红军纪念园成功创建为国家AAAA旅游景区。为烈属、军属和退役军人等家庭悬挂“光荣之家”牌匾；组织开展立功受奖现役军人送喜报进家庭34人次；春节、“八一”期间召开退役军人座谈会20余次、走访慰问退役军人及其他优抚对象3000人次，并对县内驻地官兵进行慰问；在车站、码头、电影院、医院、超市、银行等公共服务机构全面设置“军人依法优先”专门窗口(通道)；落实义务兵家庭优待金发放工作；发放大学生义务兵鼓励金48人；落实各类重点优抚对象的医疗补助1270人。认真落实帮扶援助政策，对部分生活确有困难或因重大变故陷入贫困的退役军人和其他优抚对象进行帮扶，惠及76人，帮扶资金17万元。

2020年9月30日，灌阳县举行“烈士纪念日”公祭活动

县退役军人事务局　提供

**【权益维护工作】** 把落实政策作为治本之策，全力依法保障退役军人军属合法权益。按照“三到位一处理”原则，做好来电来访接待，落实“一人一册”“一案一册”登记工作。全年共接待退役军

表 2　　**2020 年灌阳籍官兵荣立三等功人员表**

| 序号 | 姓名 | 籍贯 | 服役部队 | 获得荣誉 |
|---|---|---|---|---|
| 1 | 荣　嵘 | 广西桂林灌阳县新街镇 | 解放军 75220 部队 | 三等功 |
| 2 | 曹　政 | 广西桂林灌阳县新街镇 | 武警广东支队深圳大队 | 三等功 |
| 3 | 蒋德豪 | 广西桂林灌阳县新圩镇 | 解放军 75560 部队 | 三等功 |
| 4 | 蒋梦洁 | 广西桂林灌阳县黄关镇 | 海警总队广西支队北海大队 | 三等功 |
| 5 | 范云浩 | 广西桂林灌阳县新圩镇 | 武警部队第二机动总队第六支队 | 三等功 |
| 6 | 曹　文 | 广西桂林灌阳县新街镇 | 武警部队第二机动总队第六支队 | 三等功 |
| 7 | 周小超 | 广西桂林灌阳县洞井瑶族乡 | 武警崇左支队 | 三等功 |
| 8 | 卿　逾 | 广西桂林灌阳县灌阳镇 | 解放军 91269 部队 | 三等功 |
| 9 | 唐咸敏 | 广西桂林灌阳县灌阳镇 | 武警广东总队执勤第二支队 | 三等功 |
| 10 | 余明贵 | 广西桂林灌阳县灌阳镇 | 西藏军区政治工作部 | 三等功 |

人或其他优抚对象来电来信 32 封 100 多人次；来访人员 150 余批 350 余人次；妥善处理网络信访件（含市民热线）11 件；全县没有出现一起非法上访事件及规模集访、非访现象。

**【安置和社会保险接续工作】** 落实安置就业创业工作，至 9 月底，从市退役军人事务局接收退出现役的符合由政府安排工作条件退役士官，全部妥善安置到位。接收退役士兵报到，组织退役士兵参加学历教育、职业技能培训、适应性培训。设立专门窗口做好退役军人集中报到时段的党员党组织关系一站式接转工作。2020 年，养老核查、缴费完成 160 人，医保核查完成 160 人，部分退役士兵社会保险接续工作如期完成。

**【军休管理服务】** 组织军休干部赴全州红军长征湘江战役纪念园开展庆“七一”主题党日活动以及上级军休的各项活动，切实加强全县军队离退休干部的服务工作。

（卿东发）

## 民族宗教事务

**【概况】** 灌阳县辖 9 个乡（镇），有瑶、汉、回 3 个世居民族，138 个行政村中有 33 个是瑶族村，1517 个自然屯中有 291 个瑶族自然屯和 1 个回族自然屯（新街镇龙云村白家屯）。全县总人口 29 万人，其中瑶族人口 2.6 万人，回族人口 220 人。灌阳县佛教协会于 1994 年 4 月成立，灌阳县经批准登记的合法宗教场所 6 处（西山高草禅林寺、灌阳县黄关镇云台寺、灌阳县新街镇九龙岩禅正寺、灌阳县华山清凉寺、灌阳镇文昌阁、灌阳县基督教）。全县共有教职人员 22 人，居士 46 人，信众约 4 万人。宗教场所建筑面积约 2 万平方米。

**【民族宗教政策宣传】** 广泛宣传，发挥舆论导向作用，为民族团结进步营造良好的社会氛围。把

2020 年 2 月 1 日，县委统战部检查宗教活动场所防疫情况

罗融检　摄

党的民族宗教政策的宣传教育贯穿于经济社会发展全程，分步有序地开展民族团结进步创建活动，通过全方位的宣传教育，切实提高广大干部群众对民族宗教政策法规的了解掌握，增强对各民族团结进步重要性的认识。

【民族地区基础建设】 通过发展民族经济，增加群众收入，为民族团结进步夯实物质基础。2020 年，全县获得各级少数民族发展资金 379 万元（其中国家级资金 369 万元，市级 10 万元），共实施项目 13 个，受益少数民族 2204 人。加上其他民生资金的大量投入，全县少数民族地区的生产生活条件得到了很大改变，少数民族群众生活水平有了很大提高。

【开展民族文化进校园活动】 组织指导县民族中学、洞井民族中学、县民族小学开展“三月三”瑶族长鼓舞等系列民族舞蹈，丰富师生文化生活。县民族小学对校园进行民族化改造，增添民族气氛。实施民族团结进步示范点建设项目，建设民族学校特色文化长廊，购置龙、狮、瑶族长鼓、长号、牛角号、龙、狮等民族文化道具和 100 多套瑶族服饰，开展系列文化活动，增加各民族融合与团结。

【民族文化保护传承】 开展桂林灌阳“二月八”农具文化节暨千家洞瑶族文化旅游节活动，加强对民族文化的保护和传承。在“二月八”千家洞瑶族文化旅游节期间，开展“二月八”民族技艺一条街活动；在“二月八”巡街游行活动中，千家洞民族歌舞队、瑶族长鼓舞队表演最具民族特色。

【民族宗教工作】 通过印发宣传手册等形式开展民族宗教政策、法律、法规宣传活动；向上级部门申报 2020 年寺观教堂维修专项经费，做好寺院的维修工作；开展依法治理乱建寺庙宫观和露天宗教造像的摸底调查登记备案工作，对全县的民间信仰进行调研，组织学习法律法规和党的宗教政策。重视民族团结进步创建工作，培育示范典型。2020 年共培育市级示范单位 8 个，区级示范单位 1 个；强基础重建设，财政扶贫资金在少数民族地区实施项目 12 个，总投资 369 万元，受益人口 4060 人。

【宗教活动场所管理】 帮助宗教活动场所建立各项管理制度，加强财务管理；开展抵御境外利用宗教进行渗透，维护正常宗教秩序和宗教活动场所的团结稳定；成立宗教节日活动协调机制，按时定期对宗教活动场所饮食防火、水灾、电力设施、危房等方面的安全隐患进行排查。

【民间信仰管理】 指导民间信仰活动场所加强民主管理，制定完善管理制度。全县 9 个乡（镇）基本完成对 11 处主殿建筑面积 50 平方米以上和单次活动规模 1000 人以上的民间信仰活动场所的登记建档，相关材料已上报市民宗委存档。把民间信仰工作纳入县、乡、村三级宗教工作网络和乡、村两级责任制管理。

（县委统战部）

## 老龄工作

【疫情常态化管理】 做好老年人疫情常态化管理。新冠疫情期间,扎实做好宣传动员工作,共印发宣传资料2万份,在4个社区、9个乡镇分别利用流动车高音喇叭在大街小巷向老年人宣传不要出门、居家卫生知识,挨家挨户发放宣传资料,对身体不适、无人照顾的老人指定专人负责,提供一定的帮助。

【第二届老年健康宣传周活动】 通过充分利用报刊、广播电视、网络、新媒体、户外媒体等宣传平台,多形式、广覆盖、全方位地宣传老龄健康相关政策、人口老龄化国情市情及相关科普知识,宣传《中华人民共和国基本医疗卫生与健康促进法》等法律法规。宣传阿尔茨海默病预防与干预、老年失能预防、老年宜居环境、老年人维权等,在城区和乡镇发放宣传资料600余份。

【开展"敬老月"活动】 2020年"敬老月",全县开展形式多样的文化艺术活动。组织县老年大学文艺队参加桂林市第十七届老年人文艺会演;与县老年体协一起组织170人进行全国中老年健步走大联动活动。以"孝老爱亲,向上向善"为主题,深入开展"积极老龄化、健康老龄化、幸福老年人"宣传教育,使教育活动"进机关、进企业、进学校、进社区、进养老机构、进乡村",在全社会倡导积极看待老龄社会、积极看待老年人和老年生活,积极做好全生命周期养老准备,利用新闻媒体开展专题研讨宣传,广泛增强全社会积极应对人口老龄化的思想观念。在县城、黄关镇、新街镇、新圩镇进行"敬老月"宣传活动,发放政策保健知识宣传资料2000份。同时开展形式多样的老年人文体活动。拨款4万元给各基层协会组织开展棋牌比赛、门球比赛、太极拳比赛、书法、健康知识宣讲等活动。

(周红艳)

## 城乡居民生活

【城乡人口】 2020年,灌阳县人口出生率11.3‰,上升0.4个千分点;死亡率7.1‰,上升1个千分点;人口自然增长率4.2‰,下降0.6个千分点。年末总人口为297048人,比上年末增加1331人。年末人口城镇人口89355人,乡村人口207693人。

【居民生活收入】 2020年,灌阳县城镇居民人均可支配收入35122元,增长1.5%;农民人均可支配收入12942元,增长8.3%。城镇职工和城乡居民基本医疗保险参保人数272623人;城乡居民社会养老保险续保缴费人数165191人,年满60周岁符合领取养老金待遇人数47231人;全年新增城镇就业人数2901人,城镇登记失业率3.41%。享受政府最低生活保障的人数18451人(城镇居民1172人,农村居民17279人)。年末全县金融机构各项存款余额1060756万元,同比增长13.8%,其中居民储蓄存款余额939639万元,同比增长11.3%。全年社会消费品零售总额达106702万元,比上年增长0.6%,其中城镇60146万元,下降4.6%;乡村46556万元,增长8.2%。

(县统计局)

# 乡　镇

## 洞井瑶族乡

【概况】 洞井瑶族乡位于灌阳县南端，东与观音阁乡相邻，南与恭城瑶族自治县栗木镇交界，西与灵川县大境瑶族乡接壤，北与兴安县漠川乡相连。是灌阳县两个少数民族乡之一，属于自治区深度贫困乡。行政区划面积212.2平方千米；总人口9093人，少数民族人口共计2773人。辖9个行政村，156个自然村，112个村民小组。

2020年，打好疫情防控"阻击战"、脱贫攻坚"收官战"、经济发展"持续战"。太子山生态旅游区获评广西五星级乡村旅游区。洞井古民居景区获评国家AAA级旅游景区。洞井瑶族乡椅山村获评第一批国家森林乡村。乡政府办公地址位于洞井瑶族乡洞井街026号。

【农业】 抓种植业，鼓励规模化种植，巩固提升原有6大种植基地、8个县级产业示范场和4个村级产业示范点，新建1个春种示范场。继续发展养殖业，逐步扩大养殖规模，引进灌阳县益多福生态养殖项目，提升现有的18个肉鸡场、1个蛋鸡场、7个生猪场的产量；鼓励农户散养土鸡、土鸭、猪、牛等家畜。

【旅游】 与桂林大龙集团洽谈对接，推进洞井瑶族乡旅游开发项目。因地制宜坚持"旅游+"互动融合发展思路，突出"古、瑶、绿"三大优势，持续打造休闲农业体验游、瑶族民俗风情游、丛林徒步探险游等三大旅游路线，旅游点和服务业相继营业。灌阳县太子山生态旅游区获五星级乡村旅游区，灌阳县洞井古民居景区获国家AAA级旅游景区称号。

【基础设施建设】 基础设施建设逐步完善，2020年硬化村屯道路13条11.54千米，洞井至潮田公路（灌阳段）已硬化路面81.73%，桂平岩村桂平岩小学至半边山屯盖板涵项目顺利完工，桂平岩大桥重建项目完成桥梁架设，农村电网升级改造顺利进行，全乡村级活动场所已全部达标。

2020年5月11日，市总工会到洞井瑶族乡易地扶贫搬迁集中安置点调研　　洞井瑶族乡政府　提供

2020 年 5 月 18 日，自治区文旅厅到洞井瑶族乡椅山村调研基础设施建设项目　　洞井瑶族乡政府　提供

**【精准扶贫】** 因户施策，全乡 29 户 91 人建档立卡贫困人口已全部脱贫，贫困发生率从 29% 降到 0，加强 10 户 46 人脱贫监测户和 2 户 9 人边缘户的返贫预警和精准帮扶。

**【社会事业】** 城乡居民基本医疗保险参保率达到 98% 以上（贫困户达到 100%）。完成养老保险办理和核查工作，贫困户参保率达到 100%。低保做到“应保尽保、不落一人”；进一步改善医疗卫生条件，医护人员素质得到进一步提高。抓好义务教育控辍保学工作，完善“双线四包”责任制，保持“零辍学”记录。加强中、小学基础教育，全面提高教育质量。工会、工商联、共青团、妇联、科协、残联、退役军人、武装、动物疫病防控等工作取得新成效。

（洞井瑶族乡政府）

## 观音阁乡

**【概况】** 观音阁乡位于灌阳县南部，地处灌江上游，东邻黄关镇，南与恭城县交界，西与洞井瑶族乡毗邻，北与兴安县接壤。行政区划面积 131.4 平方千米，耕地面积 10515 亩；总人口 9353 人，其中有瑶族、回族、彝族、壮族等 8 个少数民族，共计 838 人。辖 6 个行政村，51 个自然村，73 个村民小组。乡政府办公地址位于灌阳县观音阁乡街上 18 号。

**【农业】** 发展现代特色农业，扶持培育龙头企业、专业合作组织等经营主体，农村专业合作社增加到 25 家，引导适度规模经营，土地流转面积达到 5230 亩。粮食生产持续稳定，水果种植总面积达 13521 亩，粮食种植面积达 7200 多亩。全乡打造种养规模标准示范场 6 个，创建乡级示范园 1 个，村级示范点 2 个。中草药材、马蹄、芋头等特色经济作物种植规模持续扩大，杉木、油茶等经济林木稳步发展。

**【工业】** 重点抓好工业转型发展，推动木材加工、水电等工业产业改造提升，促进工业经济健康运行。2020 年，全乡工业总产值、农林渔牧产值、农民人均纯收入等经济指标稳步提升。

**【项目建设】** 积极配合上级有关部门推动重大项目建设，扎实推进灌平高速境内路段征地工作，配合完成大井塘至桃花村灌江河段整治工程。2020 年，观音阁乡基础设施项目 9 个，涉及 4 个行政村，共计资金 531.6 万元。其中，第一批财政专项扶贫资金共安排 3 个项目，涉及道路硬化项目 2 个，新建护坡项目 1 个，共计 390.3 万元；第二批财政专项扶贫资金共安排 3 个项目，涉及道路硬化项目 3 个，共计 115.9 万元；市本级奖补资金安排 3 个项目，涉及道路护坡项目 2 个，桥梁加固项目 1 个，共计 25.3 万元。

**【环境整治】** 实施“幸福乡村”建设，开展乡村风貌提升和农村人居环境整治行动，观音阁乡 17 个基本整治型村庄、1 个设施完善型村屯的

2020年10月17日，观音阁乡开展“九月初一”婆王节活动

观音阁乡政府　提供

整治和建设工作基本完成，打造自振村马歧江屯生态宜居示范村屯。开展“清洁乡村”巩固提升、“厕所革命”整村推进、污水治理推进等“六大行动”，重点整治无序建房、非法乱占耕地建房等问题。强化灌江国家湿地公园保护，抓好环境突出问题治理，集中整治清理集镇大桥周边河道“四乱”现象，打击处理非法采砂5起，开展非法捕鱼整治行动10余次，训诫教育、处罚5人。围绕沿线、河道、重要节点等开展集中整治活动50余次，清理乱堆乱放220余处，清理河道垃圾60余千米，新建、改建卫生厕所202个。清理村段河道淤积砂石1.5万余立方米。

【公共服务】新建村级篮球场2个、村级医疗室1个，改造村级图书室5个，改造村级公共服务中心6个。6个行政村的办公楼、宣传栏、文化室、网络宽带、村民合作社等均已达标。

2020年9月11日，灌阳县脱贫攻坚明白人“四个一”活动现场会在观音阁乡召开

观音阁乡政府　提供

【脱贫攻坚】2020年，4座危房改造均已实现入住。脱贫户12户37人已完成“双认定”程序并脱贫摘帽，全乡贫困发生率下降到0。实现适龄儿童“零辍学”，贷款余额逾期率为0，贫困人口医保参保率、各村住房保障率和各村安全饮水达标率均达100%。2020年春季中、高等职业学历教育共补助（雨露计划）63人次，发放补助金额7.88万元，2020年秋季中、高等职业学历教育共补助（雨露计划）74人次，发放补助金额10.95万元；2020年共发放四批贫困户产业奖补513户272.23万元，边缘户总申报3户1.35万元，特色产业覆盖率达100%。

【社会稳定】推进平安乡村建设，加强社会治安网格化管理，“一村一协警、一屯一警助”工作模式全面推行，政法和综治的基层基础更加扎实。健全司法调解、人民调解、法律援助等工作机制，开展“七五”普法活动，加强《环境保护条例》、禁毒防艾、计划生育、道路交通法等法律法规知识宣传，不断提高群众法律意识，全年共调解各类纠纷111件，其中邻里纠纷56件，损害赔偿纠纷25件，婚姻家庭纠纷12件，合同纠纷2件，山林土地纠纷11件，道路交通事故纠纷1件，房屋宅基地纠纷1件，生产经营纠纷1件；调处成功104件，调处成功率93%。全乡现有在册社区矫正服刑人员6名，对所有社区矫正人员全部建立档案，均无脱管和重新违法犯罪的现象发生。

（刘　群）

## 西山瑶族乡

【概况】 西山瑶族乡始建于1957年，位于灌阳县西部，距县城34千米，西与兴安县相邻，西北与全州县接壤，北、东、南三面与县内灌阳镇、新街镇、黄关镇、观音阁乡4个乡镇交界，总面积188平方千米，耕地面积9930亩。辖10个行政村，140个村民小组。共4814户13265人，全乡居住有汉、瑶、壮、回等民族，少数民族人口占总人口的44.8%。境内山水奇秀，古有民谣云："西山多福地，仙境盐田源；五马口朝天，二牛颠倒颠，狮子坐水口，御笔点青天"。乡政府办公地址位于西山瑶族乡街上。

【项目建设】 向上争取5250万元项目资金，将黄西公路升级为三级公路，2020年已完成通车任务；完善项目库，实现全年投资619.6万元，逐步逐项将全乡村屯道路、桥梁、护坡、农田水利等基础设施纳入规划，确保全乡达到20户以上的所有村屯实现路面硬化；借助全乡生态环境、物种丰富等优势资源，大力发展养老、养生等大健康产业，加快推进西山瑶族乡生态旅游发展；以下涧村小茶源屯为中心，连接李家村江口屯、下涧村方田屯，盐塘村黄泥磅屯和横路头屯区域，规划建设西山瑶族乡红豆杉康养小镇一期项目；做好项目申报的前期工作，打造红色教育基地，推进红军小学扩建，完成中心幼儿园主体建设。

【生态建设】 以乡村振兴为发展目标，统筹推进农村人居环境整治，大力实施植树造林、改厨改厕和污水处理等，不断巩固好"自治区生态乡镇"建设成效。全乡森林覆盖率达92.8%。建立健全西山瑶族乡"美丽西山·清洁瑶乡"长效保障机制，乡村生态环境得到不断改善。西山瑶族乡获自治区卫生乡镇称号，盐塘村邓家屯、鹰嘴村大水口屯、小源村堰高田屯获自治区卫生村称号。

【精准扶贫】 支持扶贫产业发展，2020年村级"3+1"特色产业覆盖率达100%，建成灵芝菌、黑老虎、油茶扶贫产业示范场5个，认定就业扶贫车间6个，新增30余个就业岗位，全乡产业以奖代补资金合计支出283.9万元，惠及387户1527人。2020年，全乡共有17个基础设施扶贫资金项目，总投资619.6万元，全乡6个贫困村全部摘帽，全乡563户2042人实现全员脱贫。贫困发生率从2013年最高的12.04%降低为0，确保脱贫路上不落下一人。

2020年11月12日，县长卢嵩（右四）走访西山小源村贫困户

西山瑶族乡政府　提供

【民生保障】 2020年，发放各类就业稳岗补贴超过12万元；发放高龄补贴14万余元，发放残疾人两项补贴45万余元，救助服务智力、精神、身体残疾690人次，全力救助老幼病残等弱势群体。加大中小学基础设施投入，中心幼儿园建筑主体已经完成；建立部门联动、齐抓共管的工作方案，形成控辍保学长效联动机制，春、秋季学期入学率达到100%，生活补贴发放面达100%，营养午餐惠及每一位学生；医疗卫生条件进一步改善，医护人员素质进一步提高。

2020年4月24日，西山瑶族乡的村民"打油茶"
西山瑶族乡政府　提供

【疫情防控】 建立乡、村、屯三级责任制，实行疫情防控网格化管理，做到联防联控，通过成立疫情防控临时党支部，充分发挥基层党组织的战斗堡垒和党员先锋模范作用，党员干部始终冲在第一线，带头入村宣传、排查、守卡。疫情期间，组织党员干部发放疫情防控宣传资料1.1万份，面向广大干部群众累计发放口罩3.18万只，发放各类消毒液150余瓶。同时在进乡、村处设立疫情防控点，守住全乡人民的"生命安全线"。

2020年2月9日，县委书记周春涌（右一）到西山瑶族乡督导疫情防控工作
西山瑶族乡政府　提供

【基层党建】 推行党员"初心红田"服务群众机制，划分乡、村、片、屯组四级"红田"，共148名"田长"，打通党员服务群众的"最后一公里"。2020年，创建三星级、四星级、五星级党组织各1个，全乡星级化党组织覆盖率达60%。

【党风廉政】 2020年，召开扶贫领域腐败和作风问题警示教育、廉政相关会议15次，召开典型案例通报会5次。集体约谈78人次，提醒谈话8人，督促完成10个村财务清查，立案4件，结案4件，其中涉及扶贫领域1件。

【意识形态】 2020年，全乡完成国家级新闻4篇，自治区新闻6篇，市级新闻10篇，桂林党建网14篇、桂林文明网8篇，灌阳党建20余篇，《今日灌阳》90余篇。推进"学习强国"平台学习常态化，2020年获"学习强国"工作先进单位称号。

【社会维稳】 对全乡境内地质灾害隐患点实行包保责任制，有效遏止重大安全生产事故的发生；充分发挥防汛抗灾工作领导小组及河长制工作领导小组的作用，及时有效应对灾情，把受灾损失降到最低；不断加强违建别墅清查整治，严厉惩治非法捕鱼、非法采砂等行为，强化社会治安管理；通过开展扫黑除恶行动，持续保持"严打"整治高压态势，群众安全感和满意度稳步提高。

（西山瑶族乡政府）

## 黄关镇

【概况】 黄关镇史称黄牛寨、黄牛市，1984年经自治区人民政府批准设镇至今，是灌阳县最早的建制镇之一，是一个拥有两千多年历史的桂北古镇。位于灌阳县中南部，坐落在都庞岭和海洋山之间，地理位置优越、交通便捷，东与湖南江永县交界，南与恭城瑶族自治县相接，西南与观音阁乡接壤，西与西山瑶族乡毗邻，北与新街镇互依，镇政府所在地距县城21千米，国道241线贯穿全镇，规划建设的灌平高速设有黄关互通。全镇总面积210.3平方千米，辖15个行政村，445个村民小组，居住着汉、瑶、苗、壮、侗等各族人民，总人口4.69万人。

镇退役军人服务站被评为2020年度全国示范性退役军人服务中心（站），陆增勇2020年被中央政法委授予"平安卫士"称号；灌阳茶博园景区、神农稻博园景区荣膺国家AAA级旅游景区。镇政府办公地址位于黄关镇滨江路33号。

【经济指标】 农业总产值6.04亿元，农产品加工业产值9.65亿元；主导产业（优质粮）产值0.81亿元，主导产业农产品加工1.25亿元；全镇财政收入2483万元，城镇居民人均可支配收入32159元，同比增长7.6%；农村居民人均可支配收入11917元，同比增长10.5%。

【农业】 大力推进"稻甲天下·茶香万家"田园综合体建设，20个子项目稳步推进，其中水稻文化展示中心等3个项目基本完成，景观工程等13个项目有序实施，特色果蔬种植基地等4个项目抓紧设计即将开工建设，预计2021年3月前全面完成。突出抓好稳定粮食生产工作，完成水稻种植面积29217.8亩，完成退果（林）还粮面积1217亩，幼林果园套种2500亩，流转退果、退林及弃耕抛荒耕地种粮400亩。新增生猪、肉牛和沃柑、茶叶种植示范场7个。投入财政扶持资金420万元发展贫困村集体经济，贫困村集体经济收入稳定达到5万元以上。

【脱贫攻坚】 实现全镇95户贫困户306人脱贫摘帽，高质量全面完成年度目标。边缘户和脱贫监测户共39户149人消除返贫风险。成功申报产业奖补共896.62万元，完成4.92万亩2019年秋冬种验收工作。实施基础设施项目53个，已竣工51个。扶贫小额信贷逾期率清零，新增发放贷款1632.88万元，完成奋斗目标数的116.1%。发放"雨露计划"补助资金58.9万元，惠及贫困学

2020年2月3日，黄关镇举行新型冠状病毒感染的肺炎疫情防控突击队授旗仪式

黄关镇政府 提供

2020 年 6 月 9 日，黄关镇召开中国共产党黄关镇第十六届代表大会第五次会议　　黄关镇政府　提供

学品环境管理排查工作，落实禁烧工作常态化管理。多次开展惩治非法采砂、非法捕鱼、非法排污、河湖“清四乱”等专项整治行动。

【民生工程】 全镇医疗保险和建档立卡贫困人口医疗保险参保率分别达 98.1%、100%，贫困人口城乡居民养老保险参保率达 100%。贫困户慢性病办理 1026 人，实现应办尽办。按时足额发放养老金、低保金、五保金、高龄津贴等，惠民政策更多地普及广大人民群众。完成 738 名退役军人和其他优抚对象建档立卡工作。完成第七次全国人口普查工作。

生 428 人。控辍保学成效明显，实现适龄贫困学生“零辍学”。

【城镇化建设】 抓好灌阳县油茶小镇项目建设，着力打造成为自治区级油茶产业发展特色小镇。贫困群众住房安全保障工作扎实推进，累计发放 97.7 万元危房改造资金，39 户危房改造竣工入住；完成 346 亩城乡建设用地增减挂钩项目，灌平高速（黄关段）征地拆迁完成 500 亩，迁移坟墓 162 座。唐官村河道整治工程竣工投入使用。农村土地管理日益规范，完成宅基地审批 25 户，设施农用地初审 2 宗，执法监察动态巡查 90 次，地质灾害点巡查 28 次，行政强制拆除 1 次，遏制违法用地、违法建设的违法行为。

【生态建设】 做好“散乱污”企业整治、畜禽养殖污染治理专项行动，完成 5 件环保信访件的调查处理及整治工作。抓好中央环境保护督察“回头看”及固体废弃物环境问题专项督察反馈意见整改工作。做好危险废物、危险化

【平安建设】 2020 年，全镇扎实做好“六稳”工作，全面落实“六稳”任务，统筹疫情防控和复工复产，人民群众生命财产安全得到有力保障，经济发展稳中向好。落实安全生产责任制，加大道路交通、烟花爆竹、危险化学品等重点行业隐患排查整治力度，开展 28 次安全生产执法大检查。加大

2020 年 11 月 27 日，黄关镇第十六届人民代表大会第六次会议在镇政府五楼会议室召开　　黄关镇政府　提供

矛盾纠纷排查，调处各类矛盾纠纷121件；持续加大扫黑除恶工作力度，查处1起以威胁手段敲诈他人财物案件，处理上级部门转办扫黑除恶线索5件。全年共立治安案件40起，治安调解5起，行政处罚50人；共立刑事案件30起，侦破20起。

（伍秋芳）

## 新 街 镇

【概况】 新街镇位于灌阳县中部，集镇所在地距县城12千米，东与湖南省江永县交界，南、西、北分别与黄关镇、西山瑶族乡、灌阳镇接壤。全镇区划面积167.8平方千米，辖21个行政村，244个自然屯，455个村民小组，总人口为4.4万人，居住着汉、壮、瑶、回、彝等民族。新街镇历史文化底蕴深厚，清末抗法抗日名将、台湾巡抚、桂剧奠基人唐景崧就出生在新街镇江口村，境内有古城岗遗址、古城岗古墓群、果子园古墓群、上头坪古墓群、丁塘口古墓群。镇政府办公地址位于新街镇滨江路018号。

【经济指标】 2020年，新街镇生产总值完成60328万元，其中第一产业14030万元；第二产业35678万元；第三产业10620万元。完成固定资产投资500万元。工业总产值完成5.01亿元，其中规模以上工业总产值完成12610万元。

【工业】 大力推进招商引资和项目建设工作，地德科技有限责任公司落户西山坪产业园区，基本完成硅基产业矿山核心区租赁工作，逐步优化矿区基础设施建设，达到正式开采硅矿条件。不断完善西山坪工业园区水、电、路等配套基础设施，“双百双新”科技产业园初具规模，稳步推进康乐人粉业二期建设。

【农业】 大力实施乡村振兴战略，进一步探索“一村一品”“一村多品”“多村一品”的优质高效种植模式，百香果、雪梨、黑李、蓝莓等特色产业发展效果明显，申报7个村级现代特色农业示范场，1个乡级现代特色农业示范园。新增李子种植160亩，黑老虎30亩，桃子翻新种植120亩。肉猪出栏5.37万头、家禽出栏23万羽、肉类总产量5248吨。新增规模养殖场4个，规模扩建养殖场5个，21个村集体经济项目建设有序展开。

【生态建设】 抓好环境保护工作，坚决打击环境污染行为，处理环境信访问题5件。强化沿江环境综合治理，整顿养殖场乱排放1家，配合县市容局做好污水处理厂排污管下移工作，完成保护区内生活污水的收集处理和集镇范围内生活污水排入污水处理厂处理。继续开展非法采砂、非法采矿、非法捕捞专项整治行动。全年共组织开展6次环境卫生专项整治大行动，开展4次非法采矿、采砂，非法捕捞专项整治行动，为全镇发展创造良好的生态环境。

【文化旅游】 实施“文旅兴镇”发展战略，依托良

2020年2月16日，新街镇政府到邓家村督查疫情防控工作

新街镇政府　提供

好的自然风光和深厚的历史文化底蕴，做好“用文化聚合力、用文化显特色、用文化求提升”三篇文章，把江口村、石丰村、龙炼村等建设成休闲古色绿色旅游示范点，全镇乡村旅游产业稳步发展。桂林观阳古镇特色文化旅游度假区项目正在有条不紊加紧推进。

【脱贫攻坚】

工作格局　坚持“主席带队侧重党建、镇长带组侧重扶贫、书记抓党建促脱贫攻坚”的领导工作格局，扎实开展“大走访、大排查”工作，脱贫攻坚亲情帮扶“五个一”等工作，脱贫攻坚全面全力推进。

扶贫成效　顺利完成全镇113户365人贫困人口稳定脱贫，全面高质量完成脱贫攻坚任务。8月，央视财经频道到永富村进行直播报道走村直播看脱贫活动。10月，永富村被央视财经频道“对话”栏目邀请到延安参加节目录制活动，向全国展现灌阳县脱贫攻坚成效；龙云村召开脱贫攻坚明白人“四个一”活动现场会；进一步精准基础数据。组织力量对全镇所有贫困户基础数据进行全覆盖复核，要求帮扶联系人对发现的问题做到立行立改，确保数据真实有效；完成22户2020年脱贫户住房安全保障任务，开展住房保障“三清零”（危改住房未入住清零，老人及家庭成员住危旧房清零，贫困户及农户住危房清零）；完成车头村、烈溪村第三方评估抽查检查，按照抽检标准都达到要求；完成扶贫巡视整改工作。对各项整改共制定70项整改措施，完成整改108项，建立长效机制6项；着力培育优势扶贫产业，加强产业实用技术培训，协助县农业农村局、产业组完成25场产业实用技术培训，培训1420人次，完成贫困户申请产业奖补，涉及产业扶持资金902.78万元

基础设施建设　投资1027.62万元实施30个基础项目建设，其中43.71万元用于2019年相关项目的结算资金。完成13.43千米扶贫基础道路硬化，新建砂石路6.17千米，完成护坡建设2387.76立方米，新建独立桥梁1座，受益人口1.46万人。全镇100%农户达到安全用水标准。

落实惠民政策　围绕“三保障一安全”四大战役，在义务教育上大力执行“双线四包”工作机制，完成2名建档立卡贫困户辍学学生重返校园；2020年春季，用于教育助学金60.15万元，雨露计划34.28万元；实现全镇农村居民参加基本医疗保险参保率达99.58%，建档立卡贫困户人口参保率100%。

【社会事业】

基础设施　创建农村综合应急“16133”工作体系。在娘北、烈溪、三江等村各安装摄像头1～2个、配备对讲机1台。全镇244自然村屯都安装大喇叭。突出抓好民生工程建设，滨江东路改扩建项目建设第三期已完工，完成改厨改厕300座。

民生工程　完善人口信息化管理，全面加强社会保障工程，进一步落实好救灾救济、五保、低保等社会保障制度，做好残疾人救助、大病救助等工作，切实做好合作医疗和养老等社会保险工作。全镇新农保参保人员18032人，发放养老金人数

2020年8月24日，新街镇政府与桂林市电信公司签订“数字乡镇”管理服务平台建设协议　　新街镇政府　提供

8195人，累计发放养老金1279.16万余元；新增享受农村低保367人；医疗救助64人次，救助金额16.78万元；临时救助53人次，发放救助金额9.22万元。

（新街镇政府）

## 灌阳镇

**【概况】** 灌阳镇位于灌阳县中部，是全县政治、经济、文化中心，东与湖南省道县、江永县相邻，南与新街镇接壤，西与西山瑶族乡、全州县交界，北与新圩镇、水车镇相连，行政区总面积393.3平方千米，耕地面积46590亩，辖26个村委会、4个社区，386个自然屯，421个村民小组，总人口103650人，其中农业人口52329人，非农业人口51321人，有15个少数民族，计6515人。灌阳镇属亚热带季风气候，气候温暖，雨量充沛，无霜期长，土地肥沃，镇内森林资源丰富，有林面积20余万亩，用材林主要有松、杉、竹，经济林有油茶、油桐和山苍子等；千家洞原始森林中生长有福建柏、红豆杉、长白铁杉等名贵珍稀物种；主要盛产雪梨、优质李、沙糖橘等。镇政府办公地址位于灌阳县灌阳镇灌江北路86号。

**【农业】** 坚持“以点带面”，全力打造产业示范基地，推进农业特色化、规模化、品牌化发展。完成粮食播种面积6.6万亩，创建种植业示范场1个，养殖业示范场5个。

**【旅游】** 秉持“全域旅游”理念，以“红、古、绿”为核心，持续实施红色旅游场点市场化运营，做强做大做优红色旅游。大仁村万亩梨园被评为自治区五星级乡村旅游区。千家洞文旅度假区被评为国家级AAAA级旅游景区。

**【生态建设】** 坚持“绿水青山就是金山银山”的理念，建设幸福生态家园。深入推进农村人居环境整治和乡村风貌提升行动，扎实开展“三清三拆”工作，20个村清理村庄垃圾271处720.3吨，10个村清理乱堆乱放89处3246平方米，3个村清理池塘7个871平方米，20个村清理沟渠122条36.77千米，3个村拆除广告招牌9处43平方米，3个村拆除乱搭乱盖17处1180平方米，23个村拆除废弃建筑161处2.41万平方米。持续推进“村收、镇运、县处理”垃圾清运模式，推行城区周边11个村清扫保洁向社会购买服务，全镇生态环境综合整治向纵深推进。固化“河长制”，全面落实治河管河主体责任。严厉打击非法捕捞、采砂制砂和选矿等违法行为，开展日常执法210余次。完成6宗违规建房拆除复垦工作。完成县城和乡村规划审批审核36宗。健全村（社区）“一约四会”制度，全面推进“走进新时代·倡导新风尚”移风易俗活动。

**【项目建设】** 健全重大项目协调推进机制，及时梳理并协调解决项目建设难题，发挥好重大项目建设指挥部作用。依法依规完成千家洞（黑岩）圣宝胜景区120亩土地征收及违法建筑强制拆迁工作，完成灌平高速土地征收近1000亩，完成任务的90%以上。

**【脱贫攻坚】** 2020年灌阳镇获全国脱贫攻坚先进集体称号。

*基础设施* 2020年，规划设计扶贫项目58个，涉及资金1242.06万元，已全部竣工。

*产业扶贫* 发放产业扶持金1167.08万元，全镇“5+2”特色产业覆盖率98.81%。

*村集体经济* 通过“资金入股、物业租赁、资产盘活、产业带动”等方式发展壮大村级集体经济，深入推进大仁村集体经济产业配套型发展模式市级试点工作。全镇村级集体经济总收入达355万元。

*住房保障* 成立工作专班，实行班子领导负责制，严格落实约谈制度，扎实推进住房安全保障巩固排查，整合资金60.22万元，落实住房巩固提升工作，确保农村危房实现动态清零。

*易地扶贫搬迁* 全镇共180户易地搬迁户，其中88户自建独立房的拆除任务已全部完成，90

2020年1月19日，灌阳镇召开脱贫攻坚巩固提升工作推进会

灌阳镇政府　提供

户连体房中有50户已完成拆除，39户填写不拆除旧房情况认定表，其余3户为无房户。累计为138户搬迁户发放拆旧奖励金170万元。培育扶贫车间4个。

扶贫基础工作　完成数据清洗4461条。组织开展3次脱贫攻坚村级交叉检查工作，制定问题清单每日清零制度，对标对表找差距、补短板。

帮扶责任落实　通过强化驻村第一书记（工作组长）及驻村队员管理，全面落实工作队脱产驻村制度，加大扶贫督查检查力度，开展扶贫干部应知应会知识测试3次，进一步压实帮扶责任。按照“部门联动，责任落实”的联动协调机制，培育2714个脱贫攻坚“明白人”，让广大贫困群众充分了解政策、吃透政策，发挥榜样示范作用，巩固脱贫成果。

**【社保工作】** 完成新农合、新农保缴费任务，全镇新农合参合率达98.23%，贫困户参合率、参保率均为100%；完成城乡居民养老保险待遇资格认证，养老待遇发放率100%。城镇新增就业570人，农村劳动力转移新增就业750人。

**【健康工程】** 严格按“三制四有五统一”标准对村卫生室进行规范管理。推进乡村医生签约服务，实现计生家庭、贫困户全覆盖。做好特殊慢性病办卡工作，发放宣传资料2800份，1511人办理慢性病证。

**【社会管理】** 开展扫黑除恶专项斗争，在镇、村（社区）设置举报箱31个，举报电话全部公开。2020年，受理各类案件176起，其中刑事案件72起。破获涉毒案件1起，打掉吸毒窝点1个。

**【基层党建】** 落实全面从严治党主体责任，坚持思想建党和制度治党相结合，着力净化党内政治生态，提高党建工作水平。

村（社区）“两委”换届选举　4月，成立调研工作领导小组，制定调研方案，专题听取各村调研情况，做到底数清，情况明。确保高效、高质完成换届选举工作。此次换届共选举产生新一届村（社区）“两委”班子成员264名，其中女性99人，占比37.5%。大专及本科学历66人，占比25%；高中及中专104人，占比39.4%；初中及以下94人，占比35.6%。平均年龄45.3岁，其中60后96人，70后78人，80后68人，90后21人，形成老中青年相结合的阶梯形队伍。

干部学习教育　2020年，组织党委中心组理论学习12次，开展各类培训26次。

基层组织建设　划分党员“初心红田”，选定二级田长30个，三级田长108个，四级田长338个，深化党员服务。发展党员43人。按照“三星级”以上标准，抓好抓实2个软弱涣散（后进）党组织整顿提升工作。扩大党员在致富带头人中的比例，全镇有致富带头人38名，其中党员11名，入党积极分子4人。

两新党组织建设　2020年，新成立两新党组织3个。根据星级评分标准和相关要求，开展两新党组织“星级化”管理。

执纪监督　落实全面从严治党主体责任约谈会，健全督查机制，开展扶贫领域腐败和作风问题专项治理工作,深挖涉黑腐败和黑恶势力“保护伞”。2020年,集体约谈220余人次,召开典型案例通报会2次,转发学习典型案例通报6期,立案12件,其中扶贫领域1件。

(灌阳镇政府)

# 新圩镇

**【概况】** 新圩镇地处灌阳县北部,总面积191.2平方千米。全镇交通便利,国道241线穿境而过,并有灌凤高速出入口设在该镇新卫村。东与水车镇交界,南邻灌阳镇毗邻,西北与全州县接壤,东北与文市镇相邻。镇政府驻地距县城15千米,辖16个村委会、118个自然村、244个村民小组,全镇总人口25818人,其中农业人口21923人,有瑶族人口927人。耕地33645亩,其中水田21675亩,旱地11970亩,主栽水稻、西红柿、红辣椒和桃、李等作物。镇政府办公地址位于灌阳县新圩镇新圩街203号。

**【农业】** 2020年,全镇粮食播种面积3.81万亩,其中水稻2.11万亩。抓好水果改扩种,在全镇范围内发放桃、李等特色优势水果苗木6.3万多株,种植面积达1350余亩。抓好优势经济作物的推广,新圩优势经济作物种植面积达1.8万亩,其中西红柿5500多亩,红辣椒8000多亩。与各村监管员签订农产品质量安全责任书,利用重大节假日、水果上市高峰期等进行宣传和检测。指导粮食、水果、蔬菜种植大户建立健全生产档案,确保农产品质量安全。抓好产业脱贫示范点建设,利用贫困户产业扶持政策,抓好2个50亩以上种植示范点及2个500头以上生猪养殖示范点建设,带动贫困户发展产业。田园综合体建设凸现成效。已完成村庄立面改造、农村人居环境整治,农业观光园、四季采摘园休闲道项目、酒海井休闲长廊、草莓园道路、农耕文化展示厅、标准化连体大棚、农产品销售服务站点建设。

**【新型城镇化示范乡镇建设】** 新圩镇立足实际,高起点、高标准筹划建设项目28项,从市政设施、公共服务、人文风貌、产业发展等方面为示范乡镇建设厘清建设重点和关键节点,奠定建设基础。突出产业、项目、脱贫三大要素。多方筹措1.2亿元城乡建设资金,实施城镇基础设施、公共服务设施项目18个。完成市场、公园、垃圾中转站、垃圾焚烧场、污水处理厂及管网、饮用水扩建工程、主街道及重要节点弱电管网下地及美化亮化、客运站、公共停车场、候车亭、红色文化广场等基础设施建设。

2020年8月11日,双胞胎集团新圩镇平田养殖基地举行投产仪式

新圩镇政府 提供

**【红色旅游开发】** 以红军湘江战役·新圩阻击战旧址保护与开发为引擎,重点建设湘江战役新圩阻击战酒海井红军纪念园、下立湾红军战地救护所、杨柳井红色旅游新村、15千米红色骑行道及沿线特色产业观光带等红色旅游精品景观。其中湘江战役新圩阻击战酒海井红军纪念园三期新圩阻击战史实陈列馆等项目全面建成使用;杨柳井红色旅游新村项目完成

进出主干道硬化、人工湖、休闲亭、主题雕塑、雨污管网等工程；新圩已成为区内外传承红军长征精神、进行爱国主义教育的重要基地，湘江战役新圩阻击战纪念园成功创建为国家AAAA级旅游景区。酒海井红军纪念园设置的30个简易摊位解决了新圩镇易地搬迁集中安置点贫困户的就业问题。新圩镇旅游集散中心已建成，旅游业现已成为新圩镇加快发展的支柱产业。

**【脱贫攻坚】** 新圩镇围绕“精准扶贫、精准脱贫”，举全镇之力打好“脱贫攻坚战”。

产业发展　大力培育发展村级“3+1”特色产业。全镇“5+2”特色产业覆盖率为99.05%，贫困村“3+1”特色产业覆盖率99.59%。

“三保障”落实　全镇贫困生获得学生补助、雨露计划2225人次，资金158.38万元；参加城乡居民医疗保险（含大病和同类型保险）24332人，参保率98.3%，其中贫困人口及边缘户参保率100%；通过新建、维修及盘活置换等方式，实施四类人员危改29户，已全部竣工入住。

基础设施　2020年完成扶贫资金基础设施项目27个、实际拨付资金795.42万元。

扶贫整改　全面完成中央第二巡视组对广西开展脱贫攻坚专项巡视“回头看”反馈广西问题、2019年国家脱贫攻坚成效考核反馈广西问题、自治区扶贫成效考核“四合一”实地核查发现反馈问题、统筹抓好脱贫攻坚专项问题整改问题75个，完成率100%。

**【疫情防控】** 做好疫情宣传、重点人员排查及管控等相关工作。组织人员对村屯内公共区域开展清洁卫生活动，全面进行保洁和消毒。排查登记管控重点人员，及时安排重点人员到指定位置做好隔离检测。通过微信信息、发放宣传单、悬挂横幅、流动宣传车、农村气象大喇叭等媒介，大力宣传新型冠状病毒疫情防控知识，做到家喻户晓、人人皆知。配合县交警部门守好灌阳北收费站检测点，从镇政府、卫生院、派出所、计生站及各村抽调80余人，分两班全力配合县交警、交通、卫健等部门进行24小时值守，切实做好严防疫情输入。

**【综治平安建设】** 2020年，新圩镇加大经费投入，向上争取资金23多万元，完成五个村级综治中心的规范化改造。安装监控摄像头182个。在全镇主要道路和各行政村悬挂横幅50余条，并通过LED宣传屏宣传法律知识。同时利用圩日开展扫黑除恶、平安建设“双提升”、禁毒等宣传活动，发放宣传资料1万余份。强化引导，畅通信访渠道。严格落实“四个一”制度，将上访变为下访和主动约访，向群众宣传和解读国家政策、法律，帮助解决实际问题。加强对影响社会稳定的“三敏感”问题的排查调处力度。2020年，新圩镇共排查出各类矛盾纠纷247起，化解237起。

**【党建工作】** 贯彻落实新时代党的建设总要求，推动全面从严治党向纵深发展。巩固和拓展主题教育成果，加强党员、干部理想信念教育，进一步增强“四个意识”、坚定“四个自信”、做到“两个维护”。

2020年12月22日，新圩镇举办“脱贫感党恩　奋起新起点”专场文艺会演

新圩镇政府　提供

实施“提质聚力十大行动”，铸造“长征路上的好支部”，打造长征精神党建先锋带，突出新圩“红色小镇”主题，不断提升“星级化”管理水平，打造坚强有力的战斗堡垒。

落实党员“初心红田”制度，全镇共划分“初田红田”166个，加大服务群众力度，推动各级党组织及无职党员发挥作用，切实加强流动党员的教育管理。

【换届工作】 做好2021年村“两委”换届准备工作，对全镇16个村委开展换届工作调研，并按难易程度分别制定预案，扎实有效选优配强基层党组织带头人，真正把基层组织的积极性调动起来。

（新圩镇政府）

## 水 车 镇

【概况】 水车镇位于灌阳县城东北部，东与湖南道县交界，南与灌阳镇毗邻，西接新圩镇，北连文市镇，灌江穿镇而过，是灌阳县水果种植基地以及旅游胜地，辖区内有灌江小三峡、官庄千亩桃林以及九出九沕景区等。行政区划面积208平方千米，辖14个行政村、139个自然村、313个村民小组。耕地面积34046亩；总人口33767人，其中农业人口31802人；少数民族有瑶族、壮族、侗族、毛南族、苗族、哈尼族、彝族、水族等，共405人。

2020年，水车镇江塘村获区党委组织部第四批“三星级农村基层党组织”称号，水车镇都庞岭大峡谷获“国家AAA级旅游景区”称号。镇政府办公地址位于水车镇水车街099号。

【农业】 全镇春季水稻播种面积17435亩，比2019年增长6.3%，占全年计划任务的49.4%。完成退果(林)还粮面积105亩，完成幼林果园套种粮食种植面积2410亩，占计划任务面积80.3%，完成弃耕抛荒耕地种粮170亩，占计划任务的85%。重点打造同德村柯利源特色农业种植示范基地，主要种植桃、李、枇杷、杨梅、西瓜(套种)等约2000亩，基地采用“企业+基地+合作社+农户”的模式，带动周边村50余户贫困户就业，年产值近2500万元，该基地套种的中华38型优质大豆850亩，产出12.75万千克，增收63.8万元。

【工业】 2020年，实现工业总产值21956万元，其中完成规模工业总产值2368万元；完成工业固定资产投入7110万元；完成固定资产投资8650万元；完成新上工业项目2个。

【基础设施建设】 2020年，包含规划编制、产业发展、乡镇建设、长效管理、乡村建设5大方面共29个项目，计划总投入资金1.7亿元。29个项目已全部开工建设，集镇风貌改造完成600米立面改造；同心创业园商住楼项目完成1、2、3号楼外墙装修；体育健身场所和面积不小于2000平方米的市民广场和文化楼建设已完成90%；停车场及配套设施完成平整、夯实场地；农贸市场公厕、休闲公园公厕的主体正在建设；农贸市场完成主体建设；完成集镇雨污管网建设；镇区主要道路硬化整修开工建设。2020年完成357国道水车段征地近100亩，长水文公路改扩建工程征地15亩。

2020年，水车镇同德村宾家桥新农村建设　　　水车镇政府　提供

2020年4月19日，第五批新型城镇化示范乡镇绩效评价综合考评工作组到水车镇调研　　水车镇政府　提供

【平安建设】 全年防汛抗旱工作措施得当，有效应对各种自然灾害。深入开展扫黑除恶专项斗争，严厉打击涉黑涉恶团伙及个人。推进农村治安防控与天网无缝对接，共安装小天网摄像头194个。

【基层党建】 共接收入党积极分子10名，吸收预备党员10名；发展正式党员7名。充分利用新时代文明实践所（站），开展理论学习60余次，开展活动16次。成立网络宣传队伍，提高各级媒体上稿率，中央级媒体上稿6篇，《广西日报》上稿9篇，区级网络媒体上稿40多篇。

【精准扶贫】 2020年，全镇实现67户225人脱贫攻坚目标。对2月到6月外出务工的285人贫困劳动力发放交通补贴7.81万元，发放514人稳岗补贴44.52万元；2758名学生得到各项义务教育资助，共发放资助金额180.41万元；申报并发放雨露计划共计181人次，补贴金额23.47万元；帮助23户四类人员申请危改指标，发放补助资金53.85万元；贫困户产业“以奖代补”项目共申报资金772.60万元，共惠及贫困户1228户；累计新增贷款460笔，放贷金额1554.9万元，完成桂林市下达“争百任务”8600万元的108.6%，逾期率0%。累计完成易地搬迁户拆除旧房108户；实施基础设施项目建设26个，共投入738.44万元，涉及贫困村道路硬化、护坡项目、桥梁建设等。

【社会保障】 发放农村低保户871户2110人共494.80万元，五保户271人，其中集中供养五保户17人，按时发放保障金9.2万。发放残疾人两项补贴总计61.57万元，剔除低保户63户144人，为五保户和困难户发放棉衣棉被130余件，救助金额20.76万元；安排13名深度贫困村极度贫困人员在公益性岗位，城乡居民养老保险新参保64人，完成养老保险待遇资格认证5000余人，应参保人员100%参保，到龄人员100%领取保险待遇。

【反腐工作】 全年共收集问题线索11条，立案9件，结案9件，个别提醒谈话14人次。

（水车镇政府）

## 文市镇

【概况】 文市镇位于灌阳县境内东北部，毗邻湘桂两省三县（广西全州县、灌阳县、湖南道县）。辖21个村委会、115个自然屯，233个村民小组，全镇总人口4.2万人，总面积154平方千米。境内资源丰富，物产众多，环境优美，交通便利。大理石、花岗石量多质优。石材产品已成为全镇企业的龙头产品，形成长达6千米的“石材一条街”，有“桂北石材第一镇”之美誉。文市镇旅游资源丰富，有文市石林、月岭古民居、“孝义可风”石牌坊、文昌阁、步月亭、催官塔、文峰塔、将军庙、唐孔林墓、石寨和白竹岩等名胜古迹。境内永安关，自古为湘桂两省区的重要通道。

2020年，文市镇获“广西壮族自治区卫生镇”称号;文市镇莲溪庐度假村获得2020年第二批广西四星级(含)以上乡村旅游区(农家乐);文市镇石林景区获国家AAA级旅游景区;文市镇莲溪庐汽车营地获桂林市三星级汽车旅游营地;文市镇陈家坪村党支部获自治区四星级党组织称号,文市镇联合村、王道村党支部获自治区三星级党组织称号;文市镇吉田村获“自治区文明村”称号。镇政府办公地址位于灌阳县文市镇建设东路001号。

**【农业】** 推进农业产业化发展,以产业兴旺引领乡村振兴,柰李、雪梨、优质稻、生猪等优势产业稳步增长提升。集中整治农村乱占耕地建房和耕地“非粮化”行为,全力保障粮食生产。完成王道村祥顺养牛场、玉溪村古生态农业园、文市村真自在农场、大湾村莲溪庐农旅结合点等12个特色农场扩建升级。

**【工业】** 完成规模工业总产值8.7亿元,占全县规模工业产值的38%;规模工业增加值同比增长8.7%;全年完成工业投资3500万元;全年新增规模以上工业企业3家。工业园区完成征地测量460余亩,园区内道路建设完成规划并稳步推进,园区至达溪村道路顺利开工,百塘湾、王道等矿山租赁工作稳步推进。

**【项目建设】** 新建10米宽、200米长的园区大道,建设提升标准厂房8万平方米。灌阳县村级集体经济产业园正式启用,年租金可达330万元以上,参与项目村每年平均可获得4万元的稳定集体经济收益,为当地提供200余个工作岗位,解决贫困群众“家门口”就业问题。

**【旅游】** 乡村旅游转型升级,以旅游“双创”为契机,“红、古、绿”特色旅游品牌形象逐步提升。西就村石林道路建设进展顺利,2020年,石林景区被评为国家AAA级旅游景区。大湾村“莲溪庐农庄”农旅结合点项目建设顺利推进,莲溪庐旅游度假区被评为广西五星级乡村旅游区,形成全域旅游发展新格局。

**【“美丽文市·宜居乡村”建设】** 坚持“绿水青山就是金山银山”的理念。加快推进“美丽文市·宜居乡村”建设,与浩博公司签订保洁协议,配备16名专职保洁人员,建成2个垃圾焚烧炉,增设120个垃圾桶。推进“三清三拆”工作,拆除危旧房221余座,清理沟渠池塘溪河淤泥、漂浮物和障碍物467余处。落实河长制,做好中央环保督察“回头看”问题整改,扎实开展污染防治工作。

**【脱贫攻坚】** 2020年,文市镇107户贫困户347人全部脱贫摘帽,贫困发生率降至0。基础设施进一步完善,实施并竣工扶贫项目55个,拨付资金1155.46万元;发放小额贷款2496.15万元、“雨露计划”补贴92.08万元。低保覆盖率达6.1%,发放低保金891.82万元。2020年,21个村集体经济总收入167万余元,所有村集体经济收入均达5万元以上,其中10万元以上的村2个,20万元以上的村1个;适龄儿童入学率达100%,建档立卡贫困家庭学生“零”辍学;慢性病办证率达90.8%,

2020年2月6日,文市镇政府到新冠肺炎守卡点检查

文市镇政府 提供

贫困人口参保率、家庭医生签约率100%；发放产业扶持金643.9万元，全镇“5+2”特色产业覆盖率98.06%。

2020年7月22日，自治区县域经济发展分类考核组到文市工业园区调研
文市镇政府 提供

【疫情防控】 制订班子成员包村、村委干部包片、党员干部包户的网格化制度，划分22个片区80个网格全方位管控。第一时间组建疫情防控临时党支部，设置镇级卡口3个，检测点6个，累计检测车辆6592台次，乘客13097人，全镇无确诊病例和疑似病例。组建党员志愿服务队，利用大喇叭进行地毯式宣传，全镇共张贴宣传标语600多条，发放传单1.53万份，劝散群众聚集18起，劝阻村民规模办丧事酒席10余起。

【党建工作】 坚持摸实情、解难题，走访群众1269人次，完成调研课题15个，梳理难题18个，解决15个，为民办实事108件。严格党员教育管理。实施党员设岗定责和积分量化管理，调整撤换6名问题村干部，整顿提升1个软弱涣散村级党组织。全年共发展预备党员33人。从致富能人、返乡青年、退伍军人等各类人群中择优选拔后备干部171名，平均年龄41岁；着力打造五星级党组织1个、四星级党组织2个、三星级党组织2个，完成镇直机关党组织规范化建设和3个“两新”党组织星级化创建。结合“初心红田”党员服务群众机制，推广提升党员“五亮”品牌（亮身份、亮承诺、亮职责、亮实绩、亮评议），激发党员在推动全镇经济文化社会发展中的争优意识。

【社会稳定】 2020年，文市镇共发放各类扫黑除恶宣传单4.5万份，与各村签订扫黑除恶责任书150余份，张贴公告50份。利用微信群转发扫黑除恶政策等共计200多次。通过宣传活动，扫黑除恶专项斗争工作家喻户晓、人人皆知。加强各村综治队伍建设，推行巡逻队夜巡制度，对重点人群进行集中摸排，为推进乡村振兴营造良好环境。加大矛盾纠纷调处力度，推行“一村一协警、一屯一警助”工作模式，群众对社会治安满意率达96%以上，全镇平安村达98%以上。强化安全生产管理，召开安全生产专题会议12次，开展安全生产培训6次，全年全镇范围内开展安全隐患排查、烟花爆竹等易燃易爆危险品排查12次，开展消防安全大型演练1次，多次组织石材企业、商场及各村“两委”干部进行消防安全培训及防汛演练，安全生产事故零发生。

（文市镇政府）

# 附　录

## 灌阳县国民经济和社会发展第十四个五年规划和二〇三五年远景目标纲要

灌阳县人民政府

2021 年 3 月

### 前　言

“十四五”时期(2021—2025 年),是我国全面建成小康社会后、开启社会主义现代化强国建设的第一个规划期,是广西建设“南向、北联、东融、西合”[1]全方位开放格局、全面融入大湾区、加快自贸区建设的发展期,也是全县如期实现脱贫攻坚摘帽后,全面实施乡村振兴战略、高质量发展县域经济的关键时期。以全县未来五年发展规划纲要为指导,在构建国内国际双循环[2]相互促进的新发展格局背景下,坚持战略思维、目标引领和问题导向,抓住新机遇,应对新挑战,理清发展思路、找准发展定位、明确发展战略、增强发展动力,才能确保全面深化改革在重要领域和关键环节取得决定性成果,确保经济高质量发展取得实质性进展,确保“十四五”新时代全县各项目标胜利实现。根据《中共灌阳县委员会关于制定国民经济和社会发展第十四个五年规划和二〇三五年远景目标的建议》,特制定本规划。本规划是全县未来五年发展的行动纲领,是各专项规划的统领。

### 第一章　攻难克坚　砥砺前行

“十三五”期间,全县坚持以习近平新时代中国特色社会主义思想为指导,以“四个全面”[3]为统领,围绕既定目标和发展战略,党群同心,齐心协力,抢抓机遇,迎难而上,克服经济下行压力、脱贫攻坚任务重和新冠疫情影响,推动了全县经济社会全面发展,为“十四五”时期全面推进乡村振兴战略、高质量发展县域经济奠定了扎实的基础。

#### 第一节　“十三五”发展成效

“十三五”期间,全县着力转方式、调结构,夯基础、增后劲,抓改革、激活力,办实事、惠民生,大力开发生态、旅游等资源,推进生态种养、红色旅游、生态城镇、基础设施等建设工程,优化了产业结构和布局,增强了全县整体实力。五年来,先后获得国家“全国十佳生态休闲旅游城市”“全国国土资源节约集约模范县”“广西科学发展先进县”“广西高质量发展进步县”等称号,小龙村获得“全国最美休闲乡村”美誉,黄关镇李官村获评“全国民主法治示范村”。《湘江战役灌阳新圩阻击战旧址》列入全国红色旅游经典景区名录,公立医院改革“灌阳模式”得到国家充分肯定并在全区大力推广。

全县经济稳中向好。2020年实现生产总值增长5.2%，一二三产增加值分别增长6.6%、5.1%、3.8%，固定资产投资增长10.6%，社会消费品零售总额增长0.6%；产业结构不断优化，发展质量持续提升，三次产业比由2015年41.2∶19.9∶38.8调整为2020年42.3∶16.6∶41.1。与2015年相比，2020年城镇、农村居民人均可支配收入分别增长10430元、6093元。

脱贫攻坚全面胜利。“十三五”期间，全县认真贯彻落实脱贫攻坚的部署要求，全面完成“两不愁三保障”[4]等指标。截至2020年底，67个贫困村全部出列，全县易地搬迁安置1186户5035人，共实现13835户52828人脱贫，贫困发生率降至0%，顺利实现全县脱贫摘帽，脱贫攻坚取得全面胜利。

## 专栏1　脱贫攻坚成果

产业扶持方面。全县“5+2”特色产业覆盖率达98.07%。共有112个新型经营主体或产业基地（园），覆盖所有贫困村，共有342名创业致富带头人，358名产业发展指导员。发放产业奖补资金共计1.7亿余元，惠及贫困户13831户。

村级集体经济方面。累计整合项目资金1.84亿元用于扶持发展壮大村级集体经济。2020年，全县142个行政村（社区）村集体经济收入已达5万元以上。

基础设施建设。共投资3.08亿元，项目1145个。全县138个行政村已全部实现通行政村道路硬化，全县20户以上976个自然村（屯）全实现通沙石路或水泥路。

安全住房方面。住房安全保障率达100%，其中建档立卡贫困户保障率达100%。2018年底顺利实现1186户5035人全部搬迁入住，实现有劳动能力且有就业意愿的搬迁户均至少有1人就业目标。

义务教育保障方面。目前无建档立卡贫困家庭子女辍学。雨露计划等资助人数19.32万人次，发放资助金额1.27亿元。灌阳镇初级中学（移民中学）已全部竣工验收。

基本医疗保障方面。全县建档立卡贫困人口符合参保条件应参保率达100%。实现建档立卡户人口住院医疗费用个人实际报销比例达到90%、29种特殊慢性病门诊医疗费用个人实际报销比例达到80%。

贫困村饮水安全方面。全县已建成饮水工程项目327个，农户有安全饮水覆盖率达100%，农村集中供水水质达标率为93.42%，超过全区62%的标准。

就业扶贫方面。全县共建成扶贫车间79家，带动农村劳动力就业2689人，吸纳贫困劳动力就业695人，发放扶贫车间建设奖补资金194万元。截止2020年底，共与128名建档立卡贫困户签订公益性岗位劳务合同，选聘贫困人口生态护林员2911名。累计培训19663次员，实现有培训需要的贫困农户实用技术培训率达100%。

社会扶贫方面。“中国社会扶贫网”全县累计注册16132人，其中建档立卡贫困户累计注册13540人，注册率为98.06%，爱心需求累计对接成功44项4756次，爱心资金捐助总额达43948元。

综合保障性扶贫方面。2016年以来共发放纳入特困救助供养人员基本生活费6584.89万元。符合参加城乡居民养老保险的建档立卡贫困人员全额由政府代缴参保费，参保率达100%。

扶贫扶志方面。实施文化扶贫，加快推进贫困村公共文化建设“六个一”全覆盖，全县138个行政村村级公共服务中心已建成达标138个。

扶贫组织保障方面。全县共有驻村工作队员359名（其中工作队长1名，乡镇工作分队长9名，贫困村党组织第一书记67名，工作队员282名）。

扶贫资金保障方面。截至2020年12月底，累计发放扶贫小额贷款10484笔，放贷金额3.88亿元，覆盖贫困户5606户（借款人数5869人）、边缘户19户。

党建扶贫保障方面。目前全县共有农村星级党组织59个，打造了“初心红田”党建品牌。

现代农业再创佳绩。三大水果产量领先全市、油茶产业领先全区，超级稻单产创广西九连冠。与国家杂交水稻中心、广西农科院、广西特色作物研究院的合作进一步加强，荣获“超级杂交稻高产攻关与示范先进示范基地”称号，袁隆平院士工作站永久落户。创建了一批区、市、县、乡级现代特色农业示范园（区）、田园综合体，吸引了双胞胎集团等农业龙头企业，带农助农能力不断增强。农村承包土地确权登记颁证率96.8%、承包合同签订率100%。

工业振兴持续加快。工业园区建成区域全部实现“三通一平”，文市和西山坪污水处理厂建成，成为桂林市首个国家增量配电网改革试点。新建改造标准厂房13.6万平方米，园区产值年均增长6.7%。出台《加快灌阳县工业高质量发展二十三条政策措施》支持产业发展，新增工业规上企业家17家，规上工业企业增至30家，国家高新企业新增3家。引进中电新材料、新视达新材料、地德、恒丰、远征通信等“双百双新”[5]企业形成硅基、精锡、合金新材料产业集群。康雷石材、雅高石材等一批项目竣工投产。初步形成石材、石英砂硅基新材料、合金新材料三大特色优势产业集群，呈现出集群化、规模化、园区化发展。荣获2019年全市推进工业振兴先进单位和全市产业大招商工作先进县。

现代服务业突飞猛进。建成2个AAAA级、6个AAA级景区及一批星级乡村旅游示范区。湘江战役新圩阻击战酒海井红军纪念园成为自治区爱国主义教育基地和广西区委党校革命传统教育基地。千家洞AAAA级旅游景区重装开业，唐景崧故居、月岭古民居、洞井古民居等得到了修缮。成功举办了“二月八”“六月六”节庆以及中国·灌阳2018全国山地户外运动挑战赛，成功承办了2020年全区青少年篮球、网球赛。“十三五”共接待游客总人数933.13万人次，完成旅游综合总收入92.9亿元，分别比“十二五”增长506.87%和632.65%。荣获广西旅游标准化示范县、广西全域旅游示范区。建成灌阳大市场和文市商贸城大型农贸市场。引进了天益超市、冠超市等综合性大型超市，北部湾银行灌阳支行、桂林银行灌阳支行正式开业。

生态文明建设卓有成效。重点开展了海洋山自然保护区确界、非法采石采砂、非法捕鱼（猎）、非法排污、河道垃圾清理、农村面源污染防治等专项治理工作，名木古树挂牌保护和灌江国家湿地公园建设工作有序推进。全县森林覆盖率达75.73%，居全区前列。水、土壤、大气污染防治成效显著，主要河流考核断面水质达标率100%，县城环境空气质量优良天数保持在300天以上。文市镇社拐屯等5个村屯跻身自治区绿色村屯行列，生态村创建率达91.3%，区级生态乡镇创建率达100%，顺利建成自治区级生态县。

城乡融合发展实现新格局。绕城公路及移民安置新区、体育文化中心、江东新区大市场、创业实训基地、新妇幼保健院、新政务中心、解放桥等县城重要节点项目建成。黄关、新街、新圩、文市等4个镇级污水处理厂、9个乡镇卫生填埋场顺利完工，县城生活垃圾无害化处理率达100%。党群服务中心、社保就业服务窗口、人民调解委员会、村级卫生室和广播电视网络等实现行政村全覆盖，全县141个村（社区）活动场所全面达标升级。乡村客运通达率92.7%。实施城乡建设用地“增减挂”[6]惠农政策，惠及全县9个乡镇近10万名农村居民。全县国家级传统村落达26个。“全域党建·清风灌阳”“党旗领航+”活动提升了基层治理能力。

基础设施建设成绩斐然。灌平高速公路全线启动，国道357、国道241及多条县乡联网和旅游景区道路开工建设，农村道路实现村村通，“内通外联”的交通网逐步形成。完成了新街镇江口段等河道综合整治工程12.78公里，秀江、盘江等小流域综合治理面积90.63平方公里；完成了第五批小型农田水利重点县工程和水车水库灌区东西干渠节水配套改造工程。完成了46个农村饮水安全巩固提升工程，受益人口2.95万人。完成新一轮农村电网改造。全县138个行政村宽带网络覆盖率达89.13%（已接通123个），全部通上12M以上宽带网络。

民生事业持续改善。“十三五”期间全县教育、文化、卫生等社会事业全面进步。截止2020年底，共推进为民办实事项目168项，总投资约

30亿元。新建县直机关幼儿园江东分园、县红军小学、县国典实验中学,消除了县城中小学大班额;改造校舍面积约10万平方米,新建学校11所。建成老干部活动中心综合楼和一批村级文化场所、社区健身中心等公共文化设施,县城中心体育场完成全面改造。《灌阳县千家峒瑶族传说》和灌阳瑶族油茶技艺展示基地列入自治区级非物质文化遗产名录,《唐景崧传》《桂剧·传承》发行成功,新圩阻击战红色文化资源的保护开发工作稳步推进。广西第一家红色书店灌阳红色书店揭牌营业。公立医院综合改革获得国务院办公厅通报表扬。城乡社会保障水平稳步提高,城乡居民社会养老保险制度实现全面覆盖,全民医保体系基本建成。社会救助和应急管理能力得到有效提升。社会治理有效,“一村一协警、一屯一警助”模式全区推广。

## 第二节 “十三五”发展差距

作为区定贫困县和国家重点生态功能区,与发达地区和全县各族人民日益增长的美好生活需求相比,全县经济社会发展仍有差距。

总体发展水平亟须提高。全县主要经济指标与区市要求和群众期盼相比还有较大差距,仍处在自治区三类县、桂林市第二方阵的水平。人均生产总值、人均财政收入、城乡居民收入以及脱贫质量等离高质量发展和满足人民群众日益增长需求目标差距较大。产业发展短板明显。工业主要集中在冶炼、石材、农林产品加工、水能发电等行业,以资源型为主,能耗高,产业链短。农业既不大也不强,种植业品种老化,效益低;养殖业规模小,抗衡市场风险能力不佳,受市场因素影响大。服务业起步晚,起点低,发展后劲还需逐步增强。全县城乡区域发展和收入分配差距依然较大,群众在就业、教育、医疗、居住、养老等方面依然面临不少难题。

巩固脱贫攻坚成果与乡村振兴需要有效衔接。尽管2019年全县实现了脱贫摘帽,但依然存在产业发展难,基础设施档次低,就业不充分,收入不稳定,整体“造血”功能不足,返贫风险大等问题,特别在义务教育、基本医疗、住房安全还存在不少薄弱环节,整体脱贫攻坚质量仍需巩固和提高。乡村振兴实施还停留在浅层次,还局限于点、局部工作,农村基础设施、基本公共服务、民生短板多,城乡之间和工农之间要素不平等交换、收入分配差距依然较大等问题依然较为突出。

经济社会发展要素仍需集聚。从全县多年的发展情况看,土地、金融、技术、人才等关键要素短板突出,集聚程度不够,支撑能力不强,配置效率不高。产业链不完整,上下游合作不紧密,协同创新少,产业附加值低。缺乏整套人才发展机制,高端人才吸引力不足。金融体系支撑能力不够,中小企业贷款难、成本高问题依然没有解决。规上企业数量偏少,产业集聚程度较低。土地开发方式粗放,利用率低。

营商环境需要进一步改善。“十三五”期间,尽管制定了一系列优惠政策和制度,全县营商环境得到不断优化。但仍存在政务服务便利度较低、数据共享程度不高、一些干部思想不够解放,不同程度存在能力不足、本领恐慌的问题。

**专栏2 “十三五”时期规划主要指标完成情况**

| 类别 | 指标 | 2015年绝对值 | 2020年规划目标 | “十三五”规划年均增长(%) | 2020年绝对值 | “十三五”年均增长/五年累计(%) |
|---|---|---|---|---|---|---|
| 经济发展 | 1. 地区生产总值(亿元) | 68.58 | 98.5 | 7.5 | 71.5 | 0.84 |
| | 2. 人均地区生产总值(元/人) | 23119 | 31774 | 6.6 | 24084 | 0.82 |
| | 3. 财政收入(亿元) | 3.4 | 4.66 | 6.5 | 2.62 | −3 |
| | 4. 固定资产投资(亿元) | 54.1 | 87.1 | 10 | — | 14.05 |
| | 5. 社会消费品零售总额(亿元) | 16.72 | 24.57 | 8 | 10.67 | 7.7 |
| | 6. 工业增加值(亿元) | 30.76 | 49.5 | 9.9 | 4.43 | 6.3 |

续表

| 类别 | 指标 | 2015 年绝对值 | 2020 年规划目标 | “十三五”规划年均增长(%) | 2020 年绝对值 | “十三五”年均增长 / 五年累计(%) |
|---|---|---|---|---|---|---|
| 经济发展 | 7. 服务业增加值比重(%) | 24.8 | 27.3 | — | 41.1 | [5.28] |
| | 8. 城镇化率<br>常住人口城镇化率(%)<br>户籍人口城镇化率(%) | 33.2<br>26.2 | 38.2<br>31.2 | — | 30.08 | [3.88] |
| | 9. 接待旅游总人数(万人次) | 36.13 | 50.58 | 7 | 322.6 | 54.94 |
| | 10. 旅游总收入(亿元) | 3.33 | 5.1 | 8.9 | 30.11 | 55.33 |
| 创新驱动 | 11. 每万人口发明专利拥有量(件) | 0.5 | 1 | +0.1 | 1 | — |
| 民生福祉 | 12. 常住人口(万人) | 29.66 | 31 | 0.89 | 29.7 | 0.027 |
| | 13. 城镇居民人均可支配收入 | 24692 | 35449 | 7.5 | 35122 | 7.3 |
| | 14. 农村居民人均纯收入 | 6849 | 10299 | 8.5 | 12942 | 9.6 |
| | 15. 城镇调查失业率(%) | 3.24 以内 | 3.21 以内 | — | 3.41 | [0.17] |
| | 16. 城镇新增就业人数(人) | 4571 | 10000 | — | 2901 | −8.69 |
| | 17. 农村贫困人口脱贫(人) | 42554 | 40100 | — | 2017 | −45.66 |
| | 18. 城镇保障性住房建设和棚户区改造(套) | 1928 | 2328 | — | 828 | −15.55 |
| | 19. 劳动力平均受教育年限(年) | 9 | 12 | — | 13.8 | 8.92 |
| | 20. 基本养老保险参保率(%) | 93 | 97 | — | 100 | [7] |
| 资源环境 | 21. 耕地保有量(公顷) | 20032 | 19406 | — | 19406 | −0.633 |
| | 22. 新增建设用地规模(公顷) | 45.647 | 市下达 | — | 20 | |
| | 23. 单位生产总值能耗降低(%) | — | 市下达 | — | 20 | — |
| | 24. 单位生产总值二氧化碳排放量降低(%) | — | 市下达 | — | — | — |
| | 非化石能源占一次能源消费比重(%) | — | 市下达 | — | — | — |
| | 25. 万元生产总值用水量(立方米 / 万元) | 346 | 市下达 | — | 234.7 | −7.47 |
| | 26. 主要污染物排放量降低(%) | — | 市下达 | — | — | — |
| | 其中:化学需氧量(%) | — | 市下达 | — | 10 | — |
| | 氨氮(%) | — | 市下达 | — | 1.1 | — |
| | 二氧化硫(%) | — | 市下达 | — | 6.8 | — |
| | 氮氧化物(%) | — | 市下达 | — | 13.1 | — |
| | 27. 森林覆盖率(%) | 74.59 | 75 | — | 75.89 | [1.32] |
| | 28. 森林蓄积量(万立方米) | 828 | 910 | — | 835 | 0.169 |
| | 29. 地表水质量:达到或好于 III 类水体比例 | — | 市下达 | — | 100 | — |
| | 劣于 V 类水体比例 | — | 市下达 | — | — | — |

注:1. 地区生产总值、人均地区生产总值、全员劳动生产率增速按不变价计算。2. [ ]内为五年累计数。

### 第三节 发展机遇与挑战

“十四五”时期,国际国内宏观经济形势正在发生新的深刻变化,既是经济社会发展的战略机遇期,也是各种深层次矛盾和问题的凸显期,我县发展机遇和挑战并存。

从国际看,世界正经历百年未有之大变局,新一轮科技革命和产业变革深入发展,国际力量对比深刻调整,人类命运共同体理念深入人心。同时国际环境日趋复杂,不稳定性不确定性明显增加,新冠肺炎疫情影响深远,经济全球化遭遇逆流,世界进入动荡变革期。从国内看,我国制度优势显著、经济长期向好、社会大局稳定,国内大循环为主体、国内国际双循环相互促进的新发展格局加快形成,我国发展仍处于并将长期处于重要战略机遇期;国家大力推进新型城镇化、推进新时代西部大开发,全面推进乡村振兴,全力实施“粤港澳大湾区”国家战略,加快推进生态文明建设,为我县经济社会发展带来新机遇。从区内看,广西加快实施建设西部陆海新通道等国家战略,构建“南向、北联、东融、西合”全方位开放格局,大力推动桂林国际旅游胜地升级发展,同时桂林建设国家可持续发展议程创新示范区,深入实施“两个振兴”[7],为我县实现更高水平开放发展带来新机遇。

我县经济总量小,可用财力不足,三次产业结构亟待进一步优化,工业驱动力不强和短板明显,农业现代化水平较低,第三产业发展后劲不足。农村总体落后,村集体经济薄弱,巩固脱贫攻坚成果任务依然艰巨,城乡基础设施、公共服务和收入水平差距依然较大。城乡要素流动、乡村规划建设、社会治理、文化传承发展、生态文明建设亟待加强。新阶段既面临生态文明建设和“两型社会”[8]建设战略目标下的资源环境约束,同时又受到基础设施条件欠优和优质生产要素集聚不够的制约。全县与全区全市平均经济发展指标和民生指标差距明显。县域之间产业布局同质化和市场竞争更加激烈,新旧产业接续“断档”,在集聚科技、人才、创新型企业方面处于明显劣势。

## 第二章　顶层设计　构建新蓝图

全面贯彻落实国家、自治区、桂林市关于“十四五”经济社会发展的有关精神,结合全县资源禀赋和经济社会发展基础,确定全县“十四五”期间经济社会发展总体思路。

### 第一节　指导思想

高举中国特色社会主义伟大旗帜,坚持以毛泽东思想、邓小平理论、“三个代表”重要思想和科学发展观、习近平新时代中国特色社会主义思想为指导,全面贯彻党的十九大和十九届二中、三中、四中、五中全会精神,围绕“建成生态经济可持续发展示范县”目标,积极融入新发展格局,深入贯彻新发展理念,以推动高质量发展为主题,以深化供给侧结构性改革为主线,以稳中求进为总基调,以解决全县发展不平衡不充分的矛盾为统揽,坚持创新引领、绿色发展,坚持农业农村优先发展,坚持将工业振兴、乡村振兴放在第一位,巩固拓展脱贫攻坚成果,积极参与桂林国际旅游胜地建设,积极推动全县新型城镇化建设。按照“两县一区”的发展定位,全面推进三次产业融合升级发展,构建以现代农业为基础、新型工业为主导、现代服务业为有力支撑的优势产业体系。全面深化改革开放,切实补强基础设施和公共服务短板,构建形成富有活力创新体系、全方位的开放体系、高品质的公共服务体系、现代化的政府治理体系、特色鲜明的文化创新体系和协调融合的城乡发展体系。加快推进文化建设、生态建设、社会建设,推进县域治理现代化,逐步将灌阳建设成为经济持续发展、生态环境优美、文化魅力独特、社会文明和谐的新时代现代化县域经济体。

### 第二节　基本原则

坚持党的全面领导。坚持和完善党领导经济社会发展的体制机制,坚决维护党中央权威和集中统一领导,始终同以习近平同志为核心的党中央保持高度一致,为实现高质量发展提供根本保证。

坚持以人民为中心。坚持人民主体地位,坚持共同富裕方向,始终做到发展为了人民、发展依靠人民、发展成果由人民共享,维护人民根本利益,激发全县人民积极性、主动性、创造性,更好实现人民对美好生活的向往。

坚持新发展理念。把新发展理念贯穿灌阳发展全过程和各领域,坚持用新发展理念管全局、管根本、管长远,积极融入新发展格局,切实转变发展方式,推动质量变革、效率变革、动力变革,实现更高质量、更有效率、更加公平、更可持续、更为安全的发展。

坚持改革开放创新。坚持全面深化改革、全方位扩大开放,加快推进县域治理现代化,破除制约高质量发展、高品质生活、高效能治理的体制机制障碍。突出担当作为，创新实干，以敢冲善拼的勇气和韧劲，推动更大范围、更宽领域、更深层次对外开放，持续增强发展动力活力，争当重点生态功能县高质量发展尖兵、先进。

坚持系统观念。胸怀“两个大局”[9]，加强前瞻性思考、全局性谋划、战略性布局、整体性推进，统筹发展和安全，积极调动各方面积极性，着力固根基、扬优势、补短板、强弱项，注重防范化解重大风险挑战，实现发展质量、结构、规模、速度、效益、安全相统一。

坚持敢于突破发展。准确把握全县所处的发展阶段，发挥特色优势，放大现实优势，挖掘潜在优势，培育新型优势，努力推动资源型优势产业发展，保持经济发展速度和惯性，力争比预期目标完成得更好，在区域发展中走在前列、勇当尖兵。

### 第三节 发展定位

按照“两县一区”的总体发展定位，实现县域高质量发展。

生态经济可持续发展示范县。坚持生态立县战略，坚持走绿色发展、生态富县的科学道路，加强生态环境保护和修复，着力加强重点流域水环境综合治理、美丽乡村建设、“污水零直排区”建设及畜禽养殖废弃物资源化利用等工作，加大环境保护执法力度，保持现有森林覆盖率，大力发展生态工业，做活生态旅游，“十四五”期间，创建为生态经济可持续发展示范县。

乡村振兴示范县。将巩固脱贫攻坚成果与乡村振兴战略实施有效衔接，按照“产业兴旺、生态宜居、乡风文明、治理有效、生活富裕”总要求，通过逐步分级推进，提升农村人居环境，推动农村产业发展，增加农民收入，补齐农村公共服务短板，促进农村社会文明和谐。用 3 年时间在全县范围创建 20 个示范村，引领全县乡村振兴战略实施，走出具有灌阳特色的乡村振兴发展道路。“十四五”时期，将我县打造成为自治区级乡村振兴示范县。

健康旅游服务集聚区。利用良好的自然环境和丰富的文化元素，依托现代互联网技术，大力实施“生态 + 文化 + 康养 + 旅游”行动计划，以建设国家长征文化公园(灌阳段)为契机，修复红军长征三过灌阳以及其他重要人文景观，挖掘放大红军长征精神和非物质文化遗产的文化价值；以建设申报西山国家长寿公园、国家山地户外运动基地等为方向，继续完成灌江国家湿地公园、洞井 AAAA 景区、瑶乡小镇、江口村等一批国字号品牌项目建设，谋划建设西山国家长寿公园、国家山地户外运动基地、奥林匹克公园等项目，大力发展革命教育、康养旅游产业，打造桂林健康旅游新一极。

### 第四节 二〇三五年远景目标

展望二〇三五年，我县将建成生态经济可持续发展示范县，与全国同步基本实现社会主义现代化。综合实力显著提升，经济总量和城乡居民人均收入将迈上大台阶；科技支撑能力显著增强，基本建成高水平生态创新型城市；基本实现新型工业化、信息化、城镇化、农业现代化，基本建成具有灌阳特色的现代化经济体系；开放水平大幅提升，形成全方位开放发展新格局；平安灌阳建设达到更高水平，基本建成法治灌阳，基本实现治理现代化；建成工业强县、农业强县、文旅强县、生态灌阳、健康灌阳，教育高质量发展，全民素质和社会文明程度达到新境界；生态环境质量继续位居全区前列，广泛形成绿色生产生活方式，美丽灌阳建设达到新高度；基本公共服务实现均等化，城乡区域发展差距和城乡居民生活水平差距显著缩小；人民生活更美好，人的全面发展、全体人民共同富裕取得明显的实质性进展。

### 第五节 “十四五”主要目标

锚定国家、自治区、桂林市二〇三五年远景目标，综合考虑国内外发展趋势和我县发展条件、优势、潜力，坚持目标导向和问题导向，今后五年我县经济社会发展要努力实现以下主要目标。

经济发展质效明显提升。充分挖掘增长潜力，保持经济持续健康发展，经济增长速度不低于全市平均水平，经济总量明显提升，工业振兴、乡村振兴、文旅振兴取得显著成效，经济结构更加优化，农业基础更加稳固，具有灌阳特色的现代产业体系基本形成，城乡统筹协调发展成效明显，形成高质量发展新格局。

生态文明建设明显进步。生态文明制度体系不断完善，生态经济加快发展，生产生活方式绿色转型成效显著，生态系统治理水平不断提高，主要污染物排放总量持续减少，重点环境问题得到有效整治，国土空间开发格局持续优化，生态环境质量持续改善，城乡环境更加宜居宜人。

人民生活品质明显改善。实现更加充分更高质量就业，居民收入增长高于经济增长速度，城乡收入差距缩小。教育、医疗、养老等公共服务体系更加健全，基本公共服务均等化水平明显提高。脱贫攻坚和乡村振兴实现有效衔接，脱贫成果巩固拓展，全县乡村逐步向产业兴旺、生态宜居、乡风文明、治理有效、生活富裕方面迈进。

社会治理效能明显优化。依法治县迈出坚实步伐，社会公平正义更加彰显，共建共治共享的社会治理体系更加健全，基层基础更加巩固，政治生态持续净化优化，防范化解重大风险体制机制不断健全，突发公共事件应急能力显著增强，发展安全保障更加有力，法治灌阳、平安灌阳建设取得新突破。

**专栏3　“十四五”时期经济社会发展主要指标**

| 类别 | 指标 | 2020年实际 | 2025年目标 | 年均增长/五年累计(%) | 指标属性 |
|---|---|---|---|---|---|
| 经济发展 | 1. 地区生产总值(亿元) | 71.5 | 102.6 | 7.5 | 预期性 |
| | 2. 人均地区生产总值(元/人) | 24084 | 33464.54 | 6.8 | 预期性 |
| | 3. 财政收入(亿元) | 2.62 | 3.34 | 5 | 预期性 |
| | 4. 工业增加值(亿元) | 9.15 | 14.74 | 10 | 预期性 |
| | 5. 常住人口城镇化率(%) | | | [5] | 预期性 |
| | 6. 户籍人口城镇化率(%) | 30.08 | 35.08 | [5] | 预期性 |
| | 7. 旅游总消费(亿元) | 30.11 | 53.06 | 12 | 预期性 |
| 创新驱动 | 8. 每万人口发明专利拥有量(件) | 1 | 1.25 | 4.5 | 预期性 |
| 民生福祉 | 9. 居民人均可支配收入(元) | 19614 | 29417 | 8.4 | 预期性 |
| | 其中：城镇居民人均可支配收入 | 35122 | 47007 | 6 | 预期性 |
| | 农村居民人均可支配收入 | 12942 | 19913 | 9 | 预期性 |
| | 10. 城镇登记失业率(%) | 3.41 | ≤3.21 | — | 预期性 |
| | 11. 劳动年龄人口平均受教育年限(年) | 13.8 | 14.5 | [5.07] | 约束性 |
| | 12. 基本养老保险参保率(%) | 100 | 100 | — | 预期性 |
| 绿色生态 | 13. 单位地区生产总值能源消耗降低(%) | — | — | 完成自治区下达目标 | 约束性 |
| | 14. 单位地区生产总值二氧化碳排放量降低(%) | — | — | 完成自治区下达目标 | 约束性 |
| | 15. 城市空气质量优良天数比率(%) | — | — | 完成自治区下达目标 | 约束性 |
| | 16. 地表水质量达到或好于Ⅲ类水体比例(%) | 100 | 100 | — | 约束性 |
| | 17. 森林覆盖率(%) | 75.89 | 保持 | — | 约束性 |

注：1. 地区生产总值、人均地区生产总值、全员劳动生产率增速按不变价计算。2. [ ]内为五年累计数。3. 参考桂林市指标确定。

## 第三章　优化空间布局　规范经济社会发展

科学编制国土空间规划，构建“一核一轴四带”空间布局，形成城镇建设空间、农业生产空间、生态保护空间三大空间格局。强化国土空间分区管控，提高土地资源节约集约利用水平，形成主体功能明显、优势互补、高质量发展的国土空间开发保护新格局。加强生态服务和生态系统维护。坚决遏制耕地“非农化”、防止“非粮化”，确保粮食安全和优质农产品供给。

### 第一节 进一步优化国土空间布局

城镇空间。城镇开发空间面积17560.71公顷，占全县总面积的9.61%，主要分布在灌阳镇、新街镇、文市镇、水车镇、黄关镇和新圩镇，主要承担政治、经济、文化、人口、产业等中心功能，是经济发展和人口集聚的重要区域。依托交通网络和产业园区聚集，重点发展生态工业、生物制药、农产品深加工等加工制造业，以及生态旅游、文化创意产业、商贸物流等现代服务业。

农业空间。农业生产空间面积22862.38公顷，占全县总面积的12.51%，主要分布在文市镇、新街镇和黄关镇；主要承担农业生产和农村生活功能的区域，是种植业、畜牧水产业主要生产基地。重点发展有机健康农业、生态旅游、特色养殖等。按标准化、规模化、组织化经营要求，因地制宜推进生态循环农业基地、生态休闲观光农业基地和绿色食品基地、中药材种植基地建设。

生态空间。灌阳县生态保护空间面积142299.06公顷，占全县总面积的77.80%，主要分布在灌阳镇、洞井瑶族乡和西山瑶族乡；是主要承担生态服务和生态系统维护功能的地域和确保生态安全的重要屏障。重点发展生态休闲养生旅游产业和林下经济。

### 第二节 构建“一核一轴四带”产业空间

按照自治区确定功能区规划，结合当前发展新情况和本地实际，均衡发展思路，构建“一核一轴四带”的产业空间布局。

一核。即以县城（灌阳镇）为核心，把灌阳镇建设为生态宜居城镇。进一步拓宽县城框架，完善新县城功能，以此为龙头带动全县经济发展。

一轴。即沿灌平高速公路为轴线，形成灌平高速公路经济轴。

四带。即文市镇至水车镇的“文市—水车经济带”、文市镇至新圩镇的“文市—新圩经济带”、黄关镇至西山瑶族乡的“黄关—西山经济带”、黄关镇至观音阁乡、洞井瑶族乡的“黄关—观音阁—洞井经济带”。

## 第四章 强力构建产业发展体系 实现工业振兴

坚持工业强县不动摇，按照“一区两园三产业”发展思路，围绕建设“百亿元产业”目标，全力

灌阳县”十四五”县域空间区划图

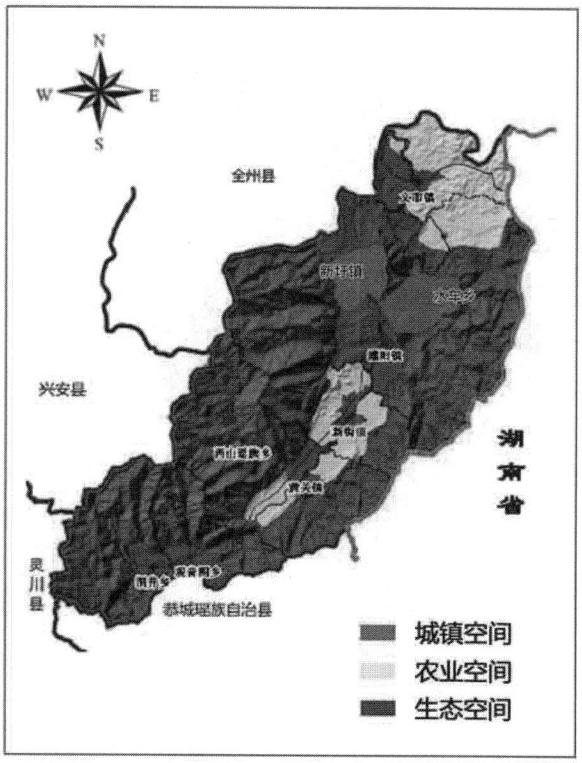


灌阳县“一核一轴四带”产业空间布局示意图

推动“3+N”重点产业集群总量突破、结构优化、效益倍增。到2025年，全县工业总产值超过百亿元，年均增速达8%以上，其中规模以上工业产值年均增速达10%以上。

## 第一节　完善产业发展体系

以创建自治区级A类生态工业园区为方向，加快园区标准化建设，促进园区经济提质增效。做好园区规划修编工作，合理调整产业空间布局，明确园区定位，加快改造和完善园区基础设施，提高园区服务能力。鼓励企业创新和技术升级，提升园区发展活力。力争园区工业总产值超50亿元。

完善园区发展基础。以创建百亿工业园区为目标，强龙头、补链条、聚集群，完善园区路网、管网、标准厂房、人才公寓以及生活配套设施，全力打造高标准产业承接平台。优化“一区两园三产业”布局，推动园区用地向贡献大、效益高、产业链长的项目倾斜。切实加快文市石材工业园、西山坪“双百双新”产业园、石英砂硅基材料产业园、农产品加工产业园、物流园建设。

促进产业集聚发展。抢抓“三企入桂”机遇，加大园区招商力度，招大引强，突出产业链招商育商、以商引商，积极承接东部沿海、粤港澳大湾区产业转移，主动对接石英砂硅基材料、合金新材料、石材、健康食品加工重点产业龙头企业，重构全县现代产业发展体系，形成特色优势产业集聚区，实现产业集聚发展。

提升产业竞争力。鼓励企业创新和科研院所合作，提升自主创新能力和加快科技成果转化，提高企业产品质量，培育自治区级技术创新示范企业。建立推进工业品牌培育的长效机制，鼓励企业培育工业品牌。坚持以本地龙头企业为基础，通过资产重组、控股、参股、兼并、租赁等多种方式扩大企业规模，增强企业实力，促进产业向中高端发展。扩大招商力度，力争引进一批有影响力的行业龙头企业。

推进“互联网＋工业企业”进程。大力推进工业化和信息化深度融合，引导工业企业应用互联网技术和信息技术推进企业生产、经营、管理方式的转变，促进企业转型升级。大力发展电子商务，实现工业企业产品线上线下双向销售。

灌阳县工业园区布局示意图

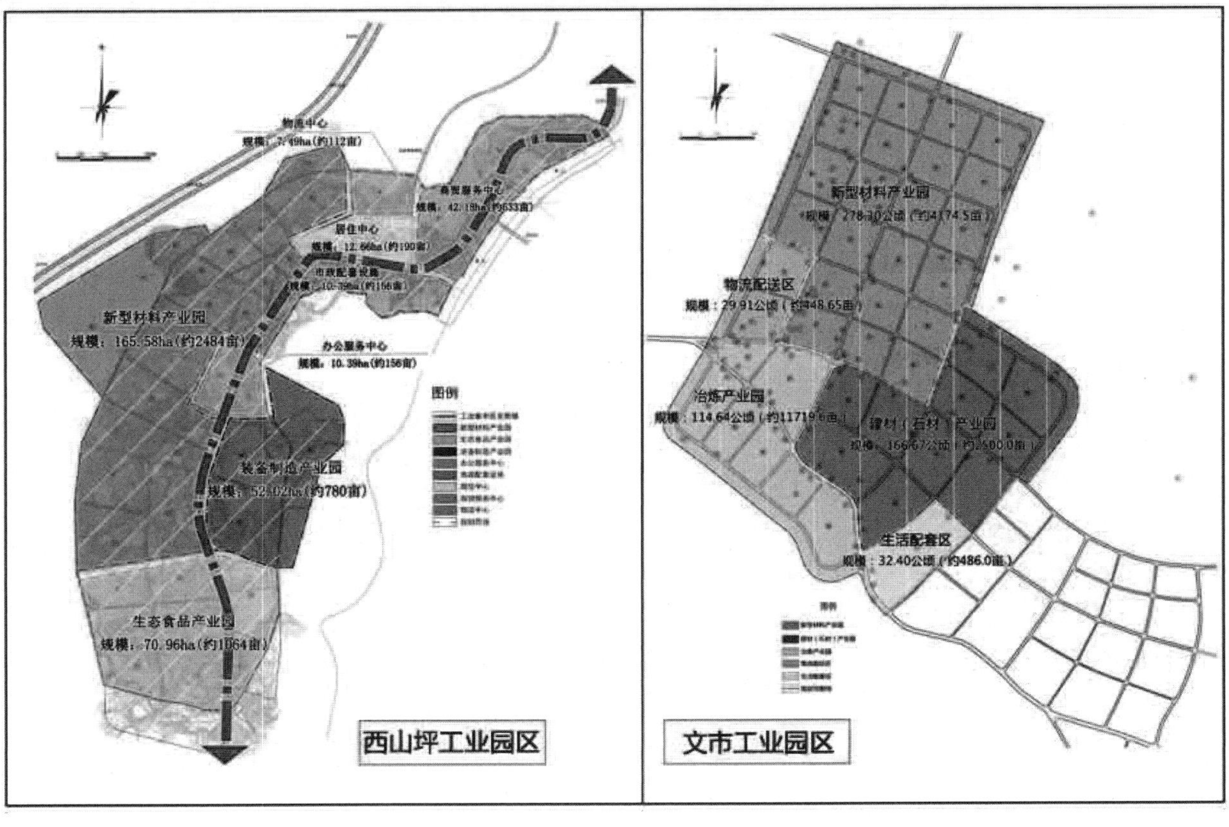

### 第二节　促进传统产业提质升级

坚持产业生态化发展方向，加快推动石材、冶炼、农林产品加工等产业提质发展。

大力推动石材全产业链发展。鼓励规模小的企业进行兼并重组，培育和扶持规模大、技术加工能力强的特色深加工企业，完成县级国有石材公司组建。推进石材产业由开采、粗加工向深加工转型，重点发展技术含量高、文化艺术特色突出的创意型高附加值产品。在“十四五”期间，依托现有的石材精深加工龙头企业，积极引进一批石材产业上下游全产业链龙头企业，形成石材开采、加工、营销、物流全产业链。

改造提升冶炼产业。以生态化改造为方向，支持冶炼企业技改，推进冶炼产业循环发展，提高能源的综合利用，推动冶炼产业向中下游延伸，产品向中高端发展，促进产业业态转型升级。

提升优化农林产品加工。鼓励发展粮食、果蔬、禽畜、林产品及特色农产品深加工产业，重点发展健康食品、功能食品、有机食品、休闲食品、家具等，逐步形成稻米、红薯、葛根、萝卜、茶籽等农产品精细加工产业体系，促进农产品就地加工转化。重点支持县农产品加工园建设，持续推进木材及家具产品，加快矿泉水开发。

### 第三节　加快培育新兴产业

加快培育战略性新兴产业，力争到2025年形成3+N主导产业体系，石材产业、硅基材料、合金新材料、清洁能源产业分别实现综合产值超20亿元、40亿元、30亿元、10亿元。

拓展石英砂硅基材料产业。重点开展石英砂精选和深加工，促进石英砂矿产品加工产业集群发展，力争实现硅基全产业链。以现有投产企业为基础，加大对规上企业的服务，加大招商引资。加快矿权落实，保护好矿区面积。通过推进硅基全产业链开发，力争“十四五”期间打造集上中下游产业于一体的硅基材料产业基地。

做强合金新材料产业。以现有合金新材料项目为龙头带动，继续引进上下游生产加工企业形成产业链。一方面由加工基础材料向电缆线、微型马达、半导体封装等深加工产业链延伸转型。另一方面引导下游有机锡、焊锡企业入驻，打造锡产业链全开发。

稳定发展清洁能源。在稳定发展水电基础上，适度开发风能、太阳能、生物质发电、颗粒燃料等清洁能源。鼓励养殖集中区投资沼气发电。鼓励利用林产业加工废料、农业桔梗等为原料生产工业用颗粒燃料。

**专栏4　园区基础设施**

| |
|---|
| 灌阳县岭南黑白根石材文化产业园、灌阳县工业集中区基础设施建设项目、灌阳县农产品加工园、灌阳县“双百双新”科技产业园、灌阳县石英砂产业园项目、灌阳县现代物流园 |

## 第五章　实施乡村振兴战略　推进农业农村现代化

坚持农业农村优先发展，把乡村振兴作为“三农”工作总抓手，以产业振兴巩固脱贫攻坚成果、带动乡村全面振兴。

### 第一节　全面巩固脱贫攻坚成果有效衔接乡村振兴

建立精准防贫机制。健全防止返贫监测和帮扶机制，做好易地扶贫搬迁后续帮扶工作，加强扶贫项目资金资产管理和监督。加强对脱贫不稳定户、边缘易致贫户以及因疫情原因返贫群众的监测并纳入防贫保障范围，采取多层次、复合式保障性防贫举措，重点解决贫困增量和返贫问题，防止形成新的贫困人口。

筑牢产业发展基础。对中长期特色产业进行扶持，发展全产业链项目、修建产业路，加大新型主体培育。持续发展壮大扶贫产业和村级集体经济，做好脱贫人口稳岗就业。

保持惠农政策的连贯性。深入推进“一巩固三结合”，严格落实“四个不摘”[10]要求，保持现有帮扶政策、资金支持、帮扶力量总体稳定。保持农村交通、水利等基础设施建设，乡村环境治理，风貌整治，土地流转政策以及产业发展规划等。健全农村社会保障和救助制度，完善农村低收入人口帮扶机制。

稳定帮扶关系的延续性。完善驻村帮扶、社会帮扶、企业帮扶的模式，做好易地扶贫搬迁后续工作，做好和对口支援单位的衔接工作，逐步构建精准巩固脱贫工作长效机制。积极引入社会力量。

力争列入国家乡村振兴重点帮扶县。

巩固脱贫攻坚成果与乡村振兴有效衔接。深入推进田园综合体建设和全域土地综合整治，着力构建特色产业体系，生态环保体系、桂北特色乡村风貌体系、宜居宜业的人居环境体系、人文传承的道德体系、管理科学的乡村治理体系、债权清晰的权利联结体系、持续发展的机制创新体系，探索现代农业、乡村振兴路径。

## 第二节　构建现代农业农村产业经营体系

继续建设好以“粮食、果蔬、禽畜、林药”为主的农业产业体系。全面实施“一个融合，六大集群、六大行动”，推动现代特色农业高质量发展。鼓励社会资本投资发展现代农业种植和加工领域，促进农业适度规模经营；鼓励新型经营主体和服务主体进行企业品牌及其产品品牌打造。

保障粮食安全。坚持最严格的耕地保护制度，坚决保障粮食安全。加大农田水利设施、高标准农田建设。防止耕地非农化，实施“退果还粮”行动，大力发展以水稻、红薯、玉米为主的粮食作物。以打造“袁隆平院士超级稻永久科研试验站”为契机，继续推广“超级稻＋再生稻”水稻种植模式，打造优质稻产业带，积极推进黄关、文市、新街等粮食生产基地建设形成产业园。

发展特色种养。出台政策鼓励社会资本投资农业，保持梨、李、桃、柑橘、油茶等特色产业，养牛、养猪、养鱼等养殖业，积极引导原有特色养殖户转型发展。引进新优品种调整产业结构，优化桃、李、梨、柑橘区域布局、品种结构和熟期结构，加大雪梨、李子、桃子等优质水果管护及品种改良力度，建设标准化生产基地。扩大红薯种植面积，加快红薯产业化步伐。大力发展以生猪、肉牛、家禽等为主的传统畜禽养殖，鼓励发展周期短、代替性强的家禽生产，强力推进以土猪、牛等为主导的标准特色养殖。加快推进以鲟鱼为主的冷水性鱼类规模化发展。壮大特色经济林产业与林下经济。扶持灌阳镇、黄关镇、文市镇、新圩镇发展稻鱼共生等生态综合种养。大力建设灌阳油茶示范区、中药材种植示范区、蔬菜种植示范区。

提升新型经营主体的发展质量。支持家庭农场、农民合作社等新型经营主体建设产地分拣包装、冷藏保鲜、仓储运输、初加工等设施；对以上设施用地纳入农用地管理，保障新型经营主体和服务主体的合理用地需求。鼓励各类新型主体提供社会化服务。联合金融、保险机构通过建立新型经营主体和服务主体信用名录、农业生产设施、土地经营权依法合规抵押融资。培养一批引领农林业创新发展、多学科背景的复合应用型农林人才。培养一批懂经营、善管理的村级集体经济带头人。到2025年，年均培训新型职业农民2000人以上；培育各级农业产业化龙头企业5家；创建农民合作社示范社30家；创建示范家庭农场20家。

建立利益联结机制。加强联农带农，建立多种形式的利益联结机制，积极发展契约型、分红型、股权型合作模式，形成龙头企业牵头、新型经营主体跟进、广大小农户参与的农业产业化联合体。有序推进土地经营权入股农业产业化经营。

开发特色食品。重点开发辣椒酱、红薯制品、辣椒酱、黄关面条、腊味、油茶小吃等传统食品；传承特色技艺，改造提升编织、陶艺等传统工艺。做强产品加工，鼓励龙头企业建设标准化、清洁化、智能化加工厂，引导农户、家庭农场建设一批家庭工场、手工作坊、乡村车间。

培育农业品牌。将灌阳油茶、灌阳雪萝卜、灌阳超级稻、灌阳红薯、灌阳黄牛等列入地理标志产品保护申报对象，加大对地理标志保护产品工作的培育、申报，系统打造全县地理标志产品，提高灌阳特色农产品知名度和品牌价值。加强农产品质量安全追溯管理。开发和培育灌阳油茶、火锅、红薯、雪萝卜、茶油等新的区域品牌。加大对区域公用品牌营销推介。对企业开展农业品牌建设培训行动。对获得市级以上知名商标和著名品牌的给予奖励。鼓励支持企业在县内外城市或网络平台建立农业品牌展销中心，打造灌阳农业品牌旗舰店。鼓励金融机构向新型农业经营主体提供以品牌为基础的商标权、专利权等质押贷款。

## 第三节　完善现代农业生产体系

按照聚焦集约要求，夯实现代农业基础，抓好高标准农田建设、农业科技创新与推广应用，进一步完善现代农业生产体系。

抓好基地(产业园)建设。以发展现代设施农业、绿色农业为主攻方向,引导县外农业产业化龙头企业合作创建绿色优质农产品原料基地,推进农业产业基地规模化、现代化、生态化建设,巩固发展“稻鱼、油茶、水果、药材、生猪、肉牛、蔬菜”等绿色特色优势产业,重点打造富硒优质粮食(超级稻)生产基地、富硒油茶生产基地、肉类生产基地、蔬果生产基地、药材生产基地,加快建设县、乡、村三级冷链物流体系和覆盖城乡的一体化冷链体系。大力发展农村电商,拓宽畅通农产品流通渠道。

重视科技成果应用。以袁隆平院士工作站为榜样,加强在科研项目、科研成果转移转化、技术人才培养和使用方面的合作,推动科技成果落地转化。

加快田园综合体和农业融合发展。积极规划和建设不同主题类型的田园综合体和农业强镇。选择有特色的村屯,整片规划、重点开发,建设田园综合体。聚焦超级稻、梨、油茶、生猪等主导产业,吸引资本聚镇、能人入镇、技术进镇,力争将文市、黄关、新街打造为产值超10亿元的农业产业强镇。推进农业与文化、旅游、教育、康养等产业融合,引导新型农业经营主体与小农户建立多种类型的合作方式,促进利益融合。完善利益分配机制,推广“订单收购+分红”“农民入股+保底收益+按股分红”等模式。

**灌阳县现代化农业项目布局示意图**

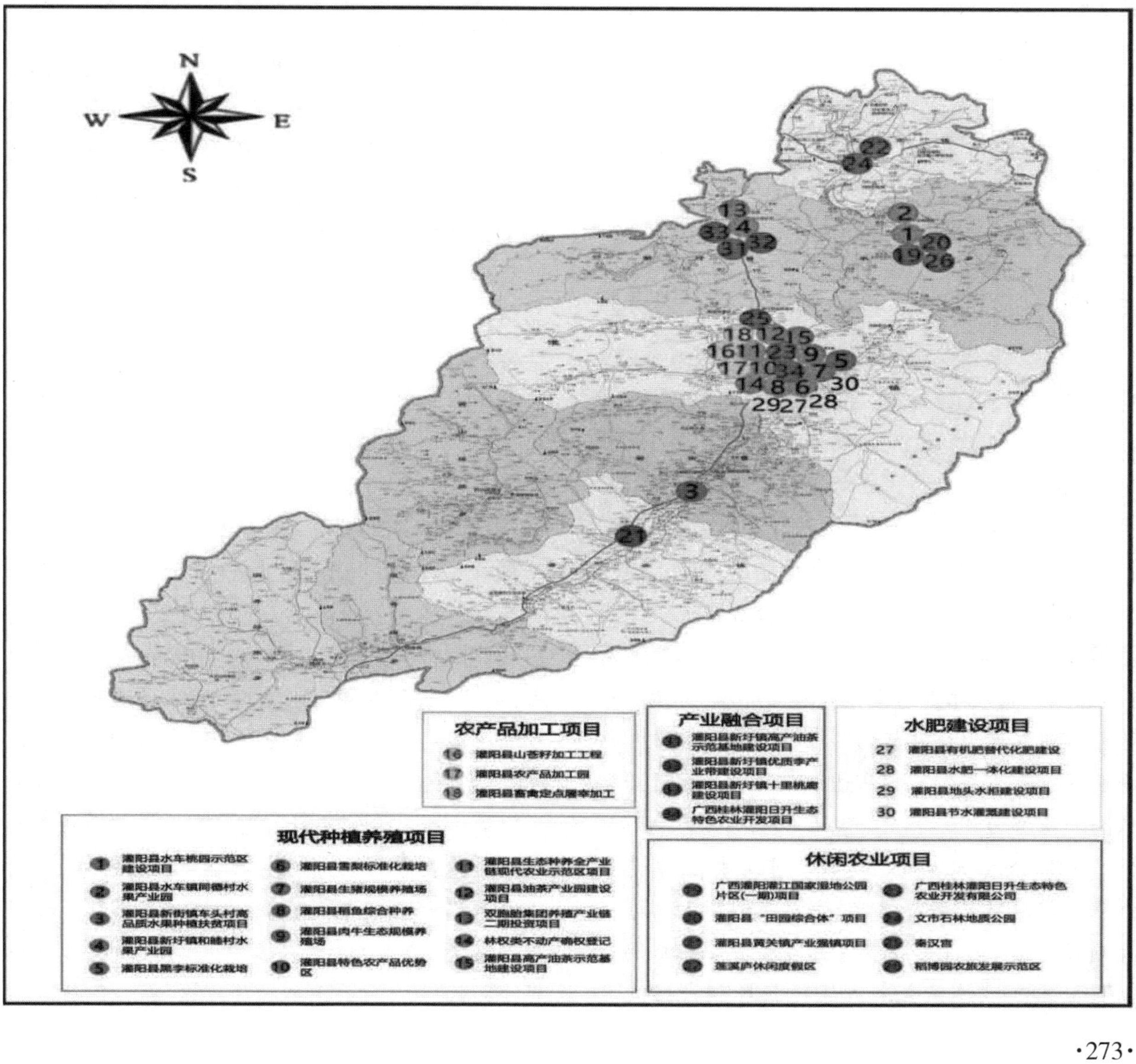

**专栏5　农业现代化项目**

现代种植养殖项目。灌阳县新街镇车头村高品质水果种植扶贫项目、灌阳县新圩镇和睦村水果产业园、灌阳县黑李标准化栽培、灌阳县雪梨标准化栽培、灌阳县生猪规模养殖场、灌阳县稻鱼综合种养、灌阳县肉牛生态规模养殖场、灌阳县特色农产品优势区、灌阳县生态种养全产业链现代农业示范区项目、灌阳县油茶产业园建设项目、双胞胎集团养殖产业链二期投资项目、林权类不动产确权登记、灌阳县高产油茶示范基地建设项目

农产品加工项目。灌阳县山苍子加工工程、灌阳县农产品加工园、灌阳县畜禽定点屠宰加工

休闲农业项目。广西灌阳灌江国家湿地公园试点项目、灌阳县"田园综合体"项目、灌阳县黄关镇产业强镇项目、灌阳县莲溪庐休闲度假区、广西桂林灌阳日升生态特色农业开发有限公司、文市石林地质公园、秦汉宫、稻博园农旅发展示范区

水肥建设项目。灌阳县有机肥替代化肥建设、灌阳县水肥一体化建设项目、灌阳县地头水柜建设项目、灌阳县节水灌溉建设项目

## 第六章　以康养旅游为突破　加快发展现代服务业

实施以旅游为带动的现代服务业发展模式。通过完善旅游发展体系，完善旅游基础设施，推动旅游全域化发展、全产业融合、全要素配套，促进城乡服务业一体化发展，为现代服务业成为全县重要的支柱性产业奠定基础。

### 第一节　加快发展康养旅游服务业

坚持以市场为导向，以打造国家中医药健康旅游示范区(基地)为主线，主动融入粤港澳大湾区生态圈、大桂林生态文化旅游经济圈，将健康养生旅游业发展为全县新的支柱性产业，到2025年全县健康养生旅游总收入达100亿元。打造国家级全域旅游名县。

加快旅游基础设施建设。重点加快推进县红色记忆游客集散中心、红色文化培训中心等重大项目建设，开通集散中心至各景区景点旅游专用接驳车。继续完成湘江战役新圩阻击战酒海井红军纪念园、千家洞AAAA景区的后续建设工作，做好长征国家文化公园(灌阳段)的建设工作。以旅游红道、绿道、古道建设为重点，推进景点连线开发，以湘江战役新圩阻击战酒海井红军纪念园为中心，打通文市、水车、新圩、灌阳镇、西山的南北连接线，完成文市镇勒塘至全州县两河乡大田三级公路(灌阳段)改建工程。积极谋划建设灌阳孔庙(重建)、盘王庙(重建)、婆王庙(重建)、西山长寿公园、森林康养小镇、山地户外运动主题小镇、黄关农业小镇、灌江小三峡、都庞岭大峡谷、地下河"九进九沩"等一批综合旅游项目。以古村落、风电场、水库、红军遗址保护地等为核心建设一批田园综合体、乡村旅游示范区，加快石丰村"三园极地"田园综合体等乡村综合体建设进度。完善提升"一键游灌阳"平台建设。加快月岭古民居、唐景崧故居、洞井古民居以及其他传统古村落保护开发。

重点推进旅游产品开发。加快以"红、古、绿、动"为核心的特色景区、精品旅游线路的开发建设。坚持"旅游+文化"大融合思路，推动文旅融合发展。依托长征国家文化公园(灌阳段)建设，做大做强红色教育培训及红色文化体验旅游、瑶族文化体验旅游和绿色生态观光康旅游三大特色品牌，把灌阳县城打造成为旅游个性独特、民俗风情浓郁、风光秀美的桂北地区主要休闲度假县域。重点发展红色旅游，深挖桂北游击队、桂北瑶民大起义、红军三过灌阳等历史文化资源，突出红军入桂第一关、打响湘江战役第一枪、红军在桂起草第一个少数民族政策地的战略地位，打造国家红色文化教育培训基地和国内一流的红色旅游品牌和精品线路。深挖世界瑶族发祥地文化内涵，打造瑶族同胞寻根问祖圣地，以洞井、西山瑶族乡为中心，举办各类瑶族民俗文化活动，打造灌阳乡村产业品牌节庆。挖掘文市石林、月岭古民居、洞井古民居、唐景松故居等文化旅游元素，提升旅游价值。着力开发以红豆杉和生态有机农业为特色的绿色生态长寿之旅，重点建设国家长寿公园、灌阳瑶乡康养文旅智慧产业园。以灌江国家湿地公园为纽带，打造户外运动品牌。坚持市场化办节模式，高标准办好"二月八"农具节，办好民族乡建

乡周年节庆。推动文化旅游与农林、科技、体育、康养、新型工业等融合发展。

积极发展休闲养生产业。利用全县生态优势和红豆杉特色资源,重点推进桂林灌阳生态旅游景区、西山康养小镇、盘皇殿森林康养文化旅游生态药材基地、灌阳千家洞景区旅游开发设施建设项目建设。积极开发特色养生产品和有机食品。以中医院为平台,建设康养基地。

加强旅游形象宣传推广。积极利用节庆、会展、体育赛事、网络营销、城市品牌推广、网红直播等多种手段宣传。抓住瑶族发祥地这一优势资源,充分利用“二月八”农具节、“六月六”雪梨黑李节等节庆活动进行宣传。主动承接国家、自治区、市各级体育赛事,办好灌阳国家山地户外运动赛,主动谋划一些区域性体育活动,积极参加各类展会进行推介。探索开辟网红直播、搭建专业旅游网站。

## 第二节 着力发展商贸服务业

打造以县城为中心、乡镇为重点、村级为基础的城乡一体商贸流通网络,逐步形成布局合理、功能完善的县级现代服务业体系。

**灌阳县现代服务业项目布局示意图**

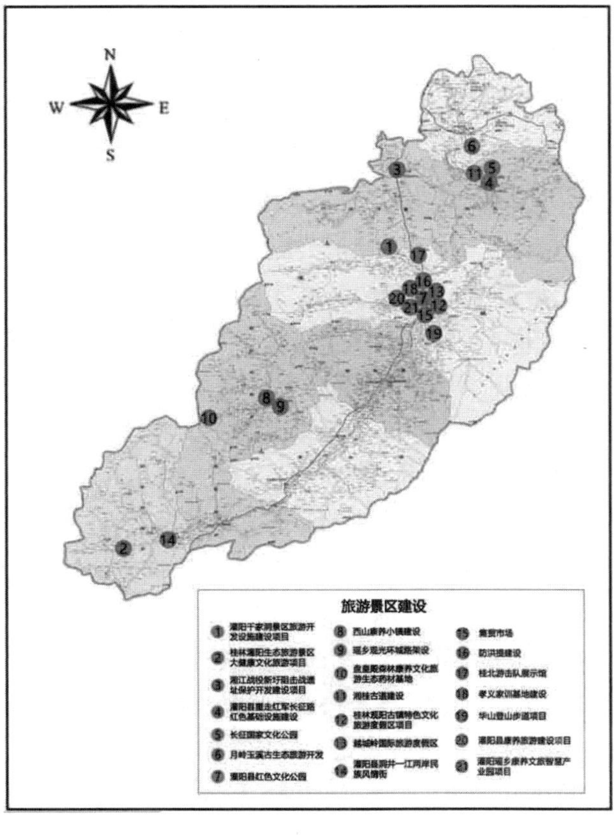


完善城镇服务业。重点完善江东新区商贸基础设施,继续改造和提升镇级农贸市场、供销社购物环境,鼓励在大的行政村、社区开设多功能超市。鼓励县城酒店、餐饮、农家乐环境升级、标准升级。鼓励社会投入开设养老服务机构、培训机构、中医保健机构和文化创意、信息服务、商务服务等机构。

多举措促进农村消费潜力释放。改造提升美容美发、照相、电器维修、再生资源回收等乡村生活服务业,积极发展养老护幼、卫生保洁、文化演出、法律咨询、信息中介、典礼司仪等乡村服务业。深入实施信息进村入户工程,建设农村电子商务公共服务中心,加强农村电子商务人才培养。

构建高效城乡物流综合运输体系。提升物流运输服务的网络化、数字化、智能化水平。推动电商及物流企业规模化、专业化经营,拓展现代化物流系统服务网络。建设一个县级物流园,在每个乡镇建设一个物流中转站。

大力发展金融服务业。规范县域信用秩序,改善信贷环境,全面推进信用体系建设。开发适合产业发展的信贷产品。推动企业进行股权交易融资、订单交易、碳汇交易等试点工作。

**专栏6 现代服务业项目**

旅游景区建设。灌阳千家洞景区旅游开发设施建设项目、桂林灌阳生态旅游景区

大健康文化旅游项目。湘江战役新圩阻击战遗址保护开发建设项目、灌阳县重走红军长征路红色基础设施建设、长征国家文化公园(灌阳段)、月岭玉溪古生态旅游开发、灌阳县红色文化公园、西山康养小镇建设、瑶乡观光环城路架设、盘皇殿森林康养文化旅游生态药材基地、湘桂古道建设、桂林观阳古镇特色文化旅游度假区项目、越城岭国际旅游度假区、灌阳县洞井一江两岸民族风情街、集贸市场、防洪堤建设、桂北游击队展示馆、孝义家训基地建设、华山登山步道项目、灌阳县康养旅游建设项目、灌阳瑶乡康养文旅智慧产业园项目

## 第七章　完善现代基础设施体系提升产业发展支撑能力

“十四五”期间在有序推进5G、工业互联网、物联网等新型基础设施建设的同时，继续加快推进交通运输、水利、信息等现有基础设施智能化改造，着力构建系统完备、高效实用、安全可靠的现代化基础设施体系。

### 第一节　继续完善交通基础

扩大对外联通基础设施建设。积极推进“一铁三高”[11]建设，争取桂郴赣高铁过境灌阳，力争桂林—灌阳—湖南(江永)、灌阳—全州—东安高速公路过境灌阳并开工建设，加快融入桂林“1小时经济生活圈”；继续推进灌平高速、357国道工程建设；谋划推进G241线灌阳绕城公路、灌平高速公路灌阳连接线、灌阳县新圩镇新卫村经平田至文市镇瑶上村道路工程，实现县域内主要节点间便捷畅通。疏通灌江航线，加强渡改桥建设。

改善提升农村交通基础设施。以打造“四好农村路”建设为抓手，重点建设县县村道通路、县乡道联网路、农村公路加宽改造、自然村(屯)道路、危桥改造以及渡改桥等，着力消除断头路。

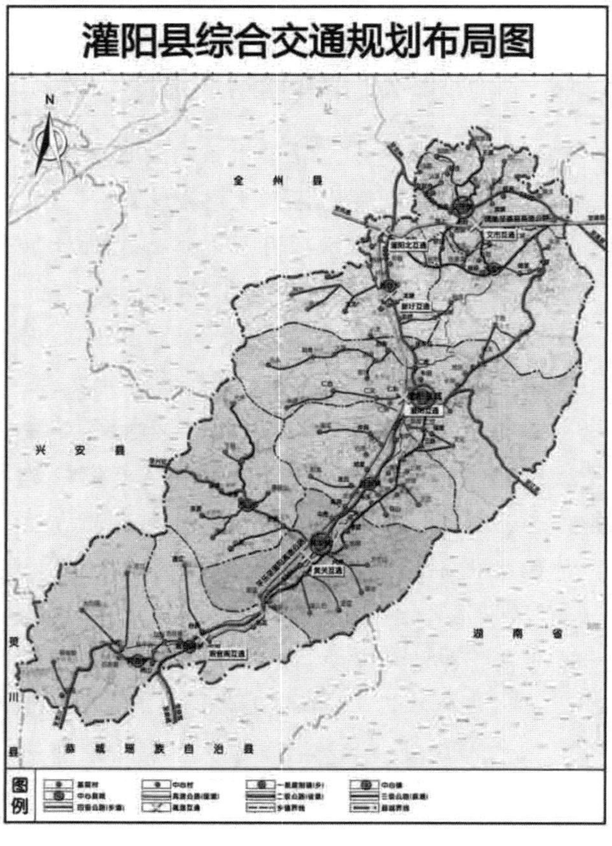


### 第二节　继续夯实水利保障

以防汛减灾为重点，加快推进骨干水源、城乡饮水安全、农田灌溉、防洪、水能资源开发和中小河流治理工程等薄弱环节建设，夯实县域水利基础。

切实做好城乡供水。增强县城供水能力，保障日常生活和工业用水。采取管网延伸扩大供水区域，推动城镇供水设施向农村延伸，实现农村自来水普及率达到90%以上。完善农村饮水工程水质检测监测体系，提升农村饮水安全。

积极推广节水技术。推进农业节水工程，提高农田水利的灌排能力和灌溉水利用系数。重点推进一般中型灌区续建配套与节水改造建设，完成新街、黄关、文市等主要灌区高标准农田建设。在有条件的连片农业生产基地进行滴灌、喷灌等节水灌溉示范，力争新增与恢复农田有效灌溉面积4万亩，新增节水灌溉面积1万亩，农业灌溉用水有效利用系数提高到0.6%以上，重要江河湖泊水功能区达标率95%以上。

加快中小河流治理和水土保持重点工程项目建设。加快推进农村中小型水库特别是病险水库的整修扩容，提高水库蓄水能力和防洪减灾能力，重点加强干旱村庄治理，恢复缺水少水山区年久失修的防洪、灌溉(引水)水渠建设以及山塘改造；除险加固全县1中型水库、3座小Ⅰ型水库、15座小Ⅱ型水库，改、扩建3座小Ⅱ型水库，开工新建中型水库1座。到2025年，主要支流的重点河段堤防达到规划标准，重点乡(镇)达到国家规定的防洪标准，重点低洼地区和粮食主产区排涝标准基本达到5年一遇以上，基本建成基础牢固、洪旱兼筹、节水增效、水资源合理配置和高效利用的安全水利保障体系。

### 第三节　继续补齐通信设施

推动全县现代信息网络基础设施建设。布局建设5G、工业互联网、物联网等新兴基础设施，推动传统基础设施数字化改造，提升公共服务、社会治理数字化、智能化水平。推动“数字灌阳”建设，力争全县境内实现政务服务、远程教学、远程医疗、电子商务、农业科技、智慧旅游、智慧工业、场景监控与公共信息传播等信息服务。实现全县各村以及各20户以上的村民小组通信信号全覆盖、4G网络全覆盖、光纤宽带全覆盖、有线电视全覆盖等“四个全覆盖”。推动“互联网+”向农村延伸，提高村级综合服务信息化水平，逐步实现信息发布、民情收集、议事协商、公共服务等村级事务网上运行。

积极推进农业数字化建设。重点推进自然资源大数据、农业种植资源大数据、农户和新型农业经营主体大数据。依托农业农村基础数据资源体系，加快乡村规划管理信息化，推动乡村规划上图入库、在线查询、实时跟踪。

### 第四节 构建多元能源保障体系

统筹推进电源、输配电、燃气管道、充电设施等四大类项目建设。大力发展清洁能源，积极争取自治区将风力发电项目移出生态功能区产业负面清单，引进光伏发电项目。加快推进农网智能化改造，提高农村供电能力和供电质量。加快推进桂林天然气支线管道工程（灌阳段）前期工作，确保项目尽快开工建设。

### 专栏7 基础设施建设

新能源项目。灌阳县新圩风电场、灌阳县西山风电场、灌阳县黄关风电场、灌阳县观音阁田家界分散式风电、灌阳县仁合风电场、灌阳县天堂界风电场、田家界分散式风力发电场、灌阳茶湾风电场工程、灌阳南江风电场、东鑫风电场、中核新圩农业光伏电站、国家电投灌阳县200MW农、林光互补光伏电站、桂林天然气支线管道工程（灌阳段）

交通类项目。桂永郴赣铁路（红色高铁）、灌阳经恭城至平乐高速公路、东安经全州至灌阳高速公路、桂林—灌阳—湖南（江永）高速公路、灌阳县洞井至灵川县大境战备一级公路、G241线灌阳绕城公路工程、灌平高速公路灌阳连接线、灌阳县长文路（九如堂）至雷口关道路工程、灌阳至顺溪改建工程、灌阳县仁桓经大屋至西山大坪道路工程、灌阳县新圩镇新卫村经平田至文市镇瑶上村道路工程、灌阳县城经下车田至357国道（秀江口）公路工程、灌阳县峡口、江西渡、伍吉大桥3座新建桥梁工程、灌阳县8座危桥加固工程、灌阳县汽车客运站、文市镇绕城公路、灌阳县公共交通充电场

河段防洪治理工程。广西灌阳县水车镇西江上村至德里河段整治工程、广西灌阳县灌阳河洞井乡牛江口至五家湾右岸河段整治工程、广西灌阳县新街镇柳林江白家至凤角山河段整治工程、广西灌阳县灌阳镇大源江叶家至蓝家河段整治工程、广西灌阳县新街镇娘北江女儿桥至唐家河段整治工程、灌阳县灌阳河中小河流治理工程、灌阳县生态清洁小流域水土保持重点工程建设、灌阳县县城涝片治理工程、灌阳县乡镇农村涝片治理工程、灌阳县灌江水系连通及农村水系综合整治工程、灌阳县文市镇桂岩村头坝山洪沟治理工程、灌阳县重点山洪沟治理工程

农田水利清淤修缮工程。灌阳县农田水利建设、灌阳县水利行业监管能力建设项目、灌阳县一般中型灌区续建配套与节水改造

水库建设及除险加固工程。灌阳县小盘洞水库、灌阳县合力水库、灌阳县新建小型水库工程、灌阳县水车水库除险加固工程、灌阳县小型病险水库除险加固工程

农村饮水工程。灌阳县农村饮水安全巩固提升工程

信息类项目。灌阳县国土空间规划(2020—2035年)编制及国土空间规划一张图信息化平台建设项目

## 第八章 加快城乡补短强弱 提升城乡支撑能力

坚持区域协调发展战略，大力推进以人为核心的新型城镇化，突出灌阳特色，优化城镇规模结构，加快推进城乡协调发展。

### 第一节 提升城镇发展品质

按照城乡一体化的总体思路，围绕“一个中心，两个次中心，三条轴线”的城镇空间布局，增

强城镇对人口和生产要素的集聚能力和承载能力，形成以县城—新街为中心，以文市、黄关为次中心，以新圩、水车为重点镇，观音阁乡、西山瑶族乡、洞井瑶族乡等为特色镇，行政村为节点的城乡一体化发展格局。

县城。加快县城—新街一体化建设，进一步拓宽县城框架，统筹推进江东新区、城北片区、西山坪片区、灌平高速县城出口片区建设，加快推进瑶乡小镇建设。建设县城外环城市道路，推进县城市政道路、停车场、交通监控系统建设，推动交通拥堵点建设，打通多条城中村断头路。加快完善县城老区住房、交通、能源、供排水、消防、信息等基础设施建设。加强保障性住房、燃气管网、绿地绿带建设，推进公园、群众广场、医疗机构及文化体育设施建设。到2025年，城区面积超过1800公顷、人口达到6万人左右，建设集城市新门户、文化新地标、产业新引擎、瑶族原生态于一体的AAAA级景区新城。

重点镇。县域北部以文市镇为重点，依托工业基础、旅游资源及交通优势，重点突出旅游业、工业及农贸业。县域南部以黄关镇为重点，依托小水电及南方电网过境优势，重点突出木材加工、农副产品加工和农贸业，加速建成生态林木、农产品加工重镇。

中心镇。以新圩、水车为中心镇，将农村产业融合发展与新型城镇化建设有机结合，引导二三产业向中心镇及产业园区等集中。强化产业支撑，实施差别化落户政策，努力实现城镇基本公共服务常住人口全覆盖，稳定吸纳农业转移人口。将水车、新圩建设成为红色文旅体验小镇、油茶小镇。

特色镇。加快观音阁乡、西山瑶族乡、洞井瑶族乡等特色镇建设。将西山建设为以红豆杉为主题的长寿特色小镇；观音阁建设成为高山生态农业、山地体育运动等为主题的特色小镇，加快发展养生养老房地产业；洞井建设为以瑶族为主题的瑶族特色小镇。

### 第二节　完善城乡管理体系

完善城镇管理体系。充分利用现代科学技术和现代城市管理理念，加强对城镇建设和日常管理。提高县城和集镇道路、桥梁、路灯、排水、沟渠、涵闸等市政设施的维护完好率和公益服务水平。加强城市道路交通管理，规范完善停车收费管理，切实解决县城停车难。提倡垃圾分类，提升完善生活垃圾处理系统，确保城镇生活垃圾无害化处理率达100%。建立和完善城镇管理制度，加大城镇执法管理力度。提高居民的城市管理建设参与意识。

提升乡村治理能力。强化村党支部组织建设和村干部队伍建设。以党建带动各类乡村组织发展。鼓励集体经济组织和农村合作经济组织积极参与乡村社会治理。建立村务联席会议制度，完善村务治理体系，形成以乡村党组织为核心，多种组织共同参与的基本乡村治理格局。积极运用大数据、互联网等现代信息技术，全面提升乡村治理现代化水平。增强干部法治观念和依法办事能力。

### 专栏8　城镇化设施项目

城区供水。灌阳县县城供水备用水源建设项目

城区污水处理。灌阳县农村生活污水处理设施建设项目、灌阳县观音阁乡污水处理设施及配套管网工程项目、灌阳县洞井瑶族乡污水处理设施及配套管网工程项目、灌阳县西山瑶族乡污水处理设施及配套管网工程项目、灌阳县水车镇污水处理厂及配套管网工程项目

道路桥梁交通。灌阳县新街镇江东景观大道项目、灌阳县新街镇青箱大桥改扩建项目、灌阳县新街镇时官营大桥改扩建项目、灌阳县新街镇龙中飞熊大桥建设项目、灌阳县新街镇车头渡口葛洞大桥建设项目、灌阳县新街镇镇区滨江西路改造项目、灌阳县新街镇马山江沿岸滨江路建设项目、灌阳县新圩镇新区主干道联通项目、灌阳县新圩镇新区开发建设项目、灌阳县水车镇二桥、灌阳县双桥路市政道路桥梁工程二期、灌阳县江东道路市政基础设施建设项目

城市综合体建设。灌阳县洞井一江两岸民族风情街、集贸市场、防洪堤建设、灌阳县新圩镇新区开发建设项目、灌阳县水车镇商贸市场建设项目、灌阳县博物馆建设项目、灌阳县非物质文化遗产中心、灌阳县城风貌提升工程、灌阳县观音阁乡沿江绿道建设、灌阳县观音阁乡城镇化示范乡镇建设、灌阳县城乡路灯节能改造和亮化项目、灌阳县城镇排水防涝工程、灌阳县城区综合改造一期工程、灌阳县城江东新区公共停车场建设项目

安置工程。灌阳县棚户安居工程项目

政法基础设施。灌阳县政务服务中心附属基础设施建设工程、灌阳县信息与指挥系统、社区矫正和安置帮教中心(教育培训基地)、"美丽乡村·有法更美"学法用法教育基地、灌阳县红色法治文化公园建设、灌阳县"五好司法所"规范化建设(每个乡镇1个)、灌阳县公共法律服务平台建设、灌阳县法治校园阵地建设、边界矛盾纠纷调处和法治宣传教育基地、灌阳县强制隔离戒毒所、县社区智能综合服务中心、村服务中心、综合楼修缮改造工程

粮站仓储项目。水车粮站仓储项目、新街中心粮站仓储建设项目、灌阳县军供应站综合楼、新街中心粮站仓储建设项目、灌阳县新街粮站、黄关粮站"粮食产后服务"项目、灌阳镇粮站粮食与物资存储仓库搬迁项目

其他项目。灌阳县乡村风貌提升三年行动建设工程、灌阳县村级垃圾焚烧项目、灌阳县生活垃圾分类处理系统建设项目、灌阳县城风貌提升工程、灌阳县数字化城市管理平台建设

## 第九章 传承传统文化 树立文明新风尚

挖掘文化等资源,构建特色文化体系。完善文化服务体系,大力传承和弘扬社会主义核心价值观,推动移风易俗,树立文明新风尚。

### 第一节 提高社会文明程度

坚持马克思主义在意识形态领域的指导地位,深入开展习近平新时代中国特色社会主义思想学习教育,加强党史国史教育,加强爱国主义、集体主义、社会主义、民族团结进步教育,弘扬以湘江战役史实为代表的长征精神,提升爱国主义教育示范基地建设水平。高质量推进县级融媒体中心建设。深入开展群众性精神文明创建活动,持续深化新时代文明实践中心(所、站)建设。推动志愿服务活动常态化。加强家庭、家教、家风建设。弘扬诚信文化,推进诚信建设。加强网络文明建设。统筹宣传弘扬优秀思想观念、人文精神、道德规范等传统文化。

### 第二节 深度挖掘文化内涵

深入推进乡村文化挖掘工作。做好传统古村落建档立卡工作,实行一村一档,争取更多村落列入国家和省级传统村落、历史文化名村名录。深入实施乡村文化"一村一品"[12]工程,整理传统村落、历史文化名村的历史故事、影响事件、优良传统、建筑文化、传统习俗、农耕文明等文化;整理乡村民间故事、表演项目、传统手工技艺、传统节庆、传统风味小吃、历史人物、族规家训、遗址遗迹等文化内容。

深入推进红色文化挖掘工作。深入挖掘民间红色文化资源,加大力度收集整理与红军长征过灌阳有关的实物资料,以及战场遗址、救护所、指挥所等场所。加大红色文化资源研究力度,整理编写红军抗敌故事、军民互助故事。以新圩阻击战史实陈列馆、酒海井红军纪念园等为红色文化传承主体,红军长征灌阳线路为辅助,充分发掘湘江战役首战之地的战略资源价值,创建国家级红色文化传承示范基地。认定一批红色村屯,加大对革命遗址保护和修缮支持力度,保护好相关红色文化,完善红色村屯公共文化基础设施,以文化旅游促进红色教育。

深入推进生态文化挖掘工作。充分利用大数据技术,加大对灌阳生态资源进行系统整理,明确灌阳生态资源的种类、数量,以及土壤、空气、水等元素详细的指标数据,形成完整的生态文化内涵。

充分利用生态资源所形成的优良空气、优质水，以及优质土壤所生长的食物，打造灌阳生态经济可持续发展新格局。

深入推进文化遗产挖掘工作。深入推进文物、非物质文化遗产收集、整理、申报、保护、传承工作。统筹推进博物馆、中草药文化园、非遗传承基地等项目规划建设。全面梳理全县文物、非物质文化遗产种类、数量、分布状况、生存环境、保护现状，建立健全详细目录及资料档案。选出基础好、资料全、有代表性的文物、非物质文化进行市、自治区、国家级文物和非物质文化遗产申报、申遗工作。将“灌阳瑶族油茶技艺”和“灌阳‘二月八’农具节”申报成为国家级非遗名录，推动灌阳千家洞瑶族传说、“六月六”、水车钧窑、尝新节申报自治区级非遗名录。对全县认定的文物古迹、传统村落、民族村屯、传统建筑、农业遗迹保护区(点)进行挂牌保护。加强历史文化名村和传统村落保护。支持非物质文化传人开班办学，传承非物质文化。

推动文化应用。突出世界瑶族发祥地区域文化特色，建设千家洞瑶族博物馆，打造瑶文化产业创意商业圈。积极对接自治区、桂林市重大文化工程，提升壮大文化旅游市场主体，增强文化产业竞争力。精心谋划推进重大文旅项目建设，统筹推进非遗传承基地、旅游康养度假区等项目规划建设。推动传统文化及民族文化与教育、科技、信息、体育、旅游、休闲等产业联动发展，打造有影响力的传统及民族文化精品、文化产业园区和基地。

## 第十章　补齐社会民生短板　共享振兴福祉

加大政府支持带动社会力量投入，增加普惠优质的教育、医疗、养老、托幼等服务供给，解决好教育、就业、医疗卫生、社会保障、社会稳定等民生问题，使人民获得感、幸福感、安全感更加充实、更有保障、更可持续。

### 第一节　逐步缩小收入分配差距

着力提高城乡居民收入。大力发展县域生产力，提高劳动者就业质量，拓宽居民劳动收入和财产性收入渠道。全力落实就业优先政策，大规模开展职业农民培训和外出务工人员职业技能培训，提高劳动者素质，实现更高质量和更充分就业，增加劳动者务工收入。

全力保障城乡居民就业。制定新乡贤回乡政策，鼓励回乡创业带动就业。尽可能创造公共就业岗位和推广以工代赈方式，促进青年群体、进城农民、易地搬迁人员、脱贫不稳定户、边缘易致贫户、其他农村低收入群体多渠道就业。健全完善就业监测和失业预警体系。

落实好国家相关惠民政策。通过提供市场信息、品牌打造、技术服务、产品包装、电子商务等服务，提高农产品的品质和市场竞争力，帮助农民实现丰产丰收。鼓励农村居民以自有资产入股合作社、集体经济，增加财产性收入。鼓励勤劳守法致富，打击和取缔非法收入。积极发展慈善事业。

### 第二节　加快补齐教育事业短板

稳健推进素质教育，提高基础教育质量，促进教育公平。持续增加教育投入，逐步缩小城乡、校际差距，普及村级公办幼儿园(托儿园)。在县城新建2所幼儿园、2所小学、1所初中、1所高中、1所特殊学校。完成灌阳县高级中学江东校区建设，全面化解高中阶段大班额问题；完成普及高中阶段教育攻坚计划任务，逐步实现十二年义务教育。加快教师人才引进、培训，制定激励政策，改善教师待遇，稳定教师队伍。引导优秀教师到农村支教任教。扩大教育对外交流。加快发展以培训新型职业农民为主的继续教育和职业教育。为残疾儿童提供接受平等教育机会。盘活闲置教育资产。加强教育信息化基础设施建设。到“十四五”末，全县学前三年毛入园率达92%，九年义务教育巩固率达98%，高中毛入学率达94%，通过国家督导义务教育优质均衡发展评估。

### 第三节　加快完善城乡医养服务体系

持续完善养老服务体系，补齐康养服务短板，全面提高医疗卫生康养服务水平和突发公共卫生事件的应急能力，逐步解决“看病难、看病贵”问题。到2025年基本完成医药卫生改革目标任务，覆盖城乡居民的健康养老服务制度初步建立。

多渠道增加养老服务有效供给。积极应对人口老龄化,全面推进适老化宜居环境建设,加大对困难群体的帮扶救助力度。推进闲置物业养老化,大力发展居家和社区养老服务,加快建设日间照料中心、托老所等设施。深入推进养老机构公建民营、民办公助等改革,鼓励社会力量兴办养老服务机构。加强养老院管理。重视解决农村养老问题。实施特困人员供养服务设施(敬老院)改造提升工程,2022年底前全县至少建有一所以农村特困失能、残疾老年人专业照护为主的县级层面特困人员供养服务设施(敬老院),每个乡镇至少建一个示范性养老院,在县城建一个标准化康养中心。

增加对公共医疗资源的投入。进一步完善以县级医院为龙头、乡镇卫生院为骨干、村卫生室为基础的城乡基本医疗服务保障体系,加快推进基层医疗卫生机构标准化建设,重点加大对县中医医院、县妇幼院的建设投入。提升精神卫生、心理健康和残疾服务保障能力。巩固基本药物制度,建立覆盖城乡的基本医疗卫生制度。加快健全应急处置、信息、疾病预防控制、卫生监督、医疗救治和人才建设等公共服务,增加服务场所及面积,提高应对突发公共卫生事件和预防控制疾病的能力。强化重大传染病、职业病的防治工作,增强慢性病综合防控能力。落实国家生育新政策。推进"智慧医院"项目实施,加快"互联网+医疗健康"发展。

加强医疗卫生人才队伍建设。保障卫生从业人员合理待遇,提高薪酬吸引力,解决人才外流及人才难引进的难题,重点加强农村卫生、公共卫生专业技术人员和护理人员的培养,通过专业进修、培训、交流学习等方式提高卫生从业人员的专业水平。加快非公医疗机构发展,鼓励发展瑶医诊所。

### 第四节 加快补齐文体公共服务短板

完善公共文化基础设施。加快推进重点文化惠民工程和农村文化建设,在县城改造和建设"三馆一中心"(图书馆、文化馆、博物馆、非物质文化遗产保护中心),完善县乡村三级公共文化设施网络,推进村级公共文化服务中心全覆盖,逐步形成覆盖城乡的公共文化服务体系。构建乡村文化服务设施长效运营机制。加强文化礼堂、乡风家风馆、农家书屋、文化广场等文化阵地建设,统筹乡村公共文化设施布局、服务提供、队伍建设,推动公共文化资源向村屯倾斜。推进乡村有线广播电视数字化一体化发展,提升数字电视网络全覆盖率,完善农村广播电视网络公共服务体系。

深入推进文化惠民服务。支持"三农"题材文艺创作生产,鼓励文艺工作者不断推出反映农民生产生活尤其是乡村振兴实践的优秀文艺作品。开展文化结对帮扶,培育乡村文化人才,引导社会各界投身乡村文化建设。深入实施文化惠民工程。以文化、科技、卫生"三下乡"和农村文化体育活动、传统戏剧、民俗文化进乡村进校园、送文艺精品下基层、文艺志愿服务等系列文艺惠民活动形式,促进电影、图书、科普、文艺演出、全民健身技能进乡村。

丰富群众文化活动。完善农村群众文化扶持机制,鼓励乡镇自创特色文化节目,推进全县乡村文化艺术团队建设步伐。重点扶持民族特色村屯的非遗传人、留守村民,保护传承弘扬民族歌舞、民族艺术,大力开展群众性文化活动。鼓励特色村屯保留差异,重点打造民族节庆活动和民间传统艺术,支持乡贤和文艺工作者深入乡村做志愿者,挖掘、编排和提升传统文艺作品。

### 第五节 完善城乡社会保障体系

实施全民参保计划。引导各类单位和符合条件的人员长期持续参保,基本实现法定人员全覆盖。完善城镇职工养老保险制度和城乡居民养老保险关系转移接续机制,稳步推进机关事业养老保险制度改革,鼓励"多缴多得"和"长缴多得"。以建筑施工等高风险企业为重点,加大宣传和征缴,依法全面推进各类用工单位参加工伤保险,扩大工伤保险覆盖面。完善失业保险制度。全面实施城乡居民大病保险制度,推进居民基本医疗保险制度城乡统筹。加强医保基金的管理和监督,落实"互联网+"医疗服务价格和医保支付政策。

加快完善救助保障体系。完善以低保为核心的社会救助制度,全面实施临时救助制度,推进并加强重大疾病医疗救助等专项救助制度建设。进一步提高城乡低保、保障房建设、特困人员供养、医疗救助、孤儿救助、自然灾害和临时困难救助水平和保障标准。统筹推进扶老、助残、救孤、济困等福利事业发展。积极发展慈善事业。

### 第六节　共建和谐新秩序

规范经济社会秩序。大力推进平安灌阳建设,做好信访维稳、社会治安、交通安全、公共安全、消防安全、应急管理、安全生产等工作,确保社会稳定。加大执法行动,严厉打击销售假冒伪劣农资违法行为,加强食品药品安全监管。整顿市场价格,制止不正当竞争,努力营造诚实守信、公平有序的市场环境。严厉打击乱砍滥伐行为,保护生态环境。严厉打击邪教组织。规范商标、专利的保护和使用。加强应急救援工作,建设乡镇消防机构,提升消防快速反应和应急救援能力。牢固树立安全发展观念,落实企业安全生产主体责任,坚决遏制重特大安全事故发生。

加强党风廉政建设。从严治党,依法治县,加强党风廉政建设、行风建设、效能建设。继续巩固拓展党的群众路线教育实践活动成果,深化“四风”[13]问题整治;进一步清理、规范行政事业性收费,坚决制止“三乱”行为,强化政风行风建设。建立完善投资环境评议制和经济环境投诉制,着力营造商务成本较低、办事规范高效、服务配套完善的投资环境。全面落实廉政工作责任制,完善惩治和预防腐败体系。推进司法建设,彰显公平正义。完善信用评价体系、征信体系,营造良好的信用环境。

加强军民融合。统筹规划建设革命烈士纪念设施,加强烈士纪念设施的管理维护;完善民兵预备役训练基础设施建设。加强国防教育,做好征兵工作。做好退役军人移交安置、优待抚恤和褒扬纪念,推进就业创业工作;完善退役军人服务保障体系建设,做好退役军人保障工作。

推进移风易俗。加强殡仪馆、农村公益性公墓、乡镇集中治丧场所等基础设施建设,完善殡葬公共服务体系。大力倡导节地生态安葬,建立节地生态安葬奖补制度。推进婚丧习俗改革,明确操办标准和要求、违约责任和奖惩措施,引导树立厚养薄葬、节地生态、移风易俗的殡葬新风尚。

完善应急体系。坚持平战结合、补齐短板,健全完善公共安全应急管理体系,增加公共安全应急管理基层基础,提高应对突发重大公共安全事件的快速处置能力。加快应急管理制度制定工作。对现有管理制度进行系统清理,破除部门利益的局限性,实现应急制度体系内部的协调统一。同时加快优化创新公共安全应急管理机制。加强公共安全队伍梯队建设。通过梯队化的队伍体系建设,推动公共安全“防—控—救”各环节的有机结合。加大基层公共安全防控队伍建设,提高基层一线防控处置能力。加强社会协同公众参与。积极引导、吸纳社会力量和有关企事业单位参与公共安全应急和防控工作。加大公共安全和应急知识宣传教育培训力度,切实提升公众自我防护和自救能力。加大公共安全设施建设。加强防灾减灾监测预警和应急物资保障体系建设。把保障人民健康放在优先发展的战略位置,坚持预防为主的方针,织牢公共卫生防护网,完善公共卫生服务体系,提高公共卫生预测预警和应急能力,建设重大疫情应急体系。

### 第七节　全面推进青少年妇幼工作

促进青年全面发展,全面加强新时代少先队工作。坚持党管青年原则,健全党委、政府统一领导下的青年工作联席会议机制,发扬共青团重要作用,维护青年合法权益、预防青年违法犯罪,抓好青年发展重点项目建设,促进青年全面发展。搭建青年成长成才和建功立业的平台,激发青年创新创业活力。加强阵地建设,保障经费投入,健全“公益资助＋政府配套＋志愿者参与”的新时代希望工程资助体系。

保障妇女享有卫生健康服务,完善宫颈癌、乳腺癌综合防治体系和救助政策。持续提高受教育年限和综合能力素质。消除就业性别歧视,保障农村妇女土地权益。推动妇女广泛参与社会事务和民主管理。提高留守妇女关爱服务水平。严厉打击侵害妇女和女童人身权利的违法犯罪行为。

完善儿童健康服务体系，预防和控制儿童疾病，减少儿童死亡和严重出生缺陷发生，有效控制儿童肥胖和近视，实施学龄前儿童营养改善计划。加强儿童心理健康教育和服务。完善农村留守儿童关爱服务体系，健全孤儿和事实无人抚养儿童保障机制。完善落实未成年人监护制度，严厉打击侵害未成年人权益的违法犯罪行为，完善未成年人综合保护体系。

### 专栏9　社会民生项目

教育提质项目。灌阳县高级中学（江东校区）、灌阳县城南小学、灌阳县城北学校、灌阳县城南幼儿园、灌阳县城北幼儿园、灌阳县特殊教育学校、灌阳县党校建设项目、灌阳县红色文化培训中心、灌阳县廉政教育基地建设

医疗卫生项目。灌阳县人民医院住院综合楼、灌阳县疾病预防控制中心业务用房、灌阳县妇幼保健院住院综合楼、灌阳县中医医院医技康复综合楼

康养项目。灌阳县岭南世外森林康养基地、灌阳县优质李产业带建设项目

文化体育项目。峡口红色文化广场、东方红红三十四师纪念广场、入桂关口纪念广场建设、旅游厕所提升改造项目、轿顶山红军主题纪念园、楠木山纪念公园、莲溪庐休闲度假区、文市石林地质公园、黄关秦汉宫、灌阳县足球场建设项目、灌阳县十里桃廊建设项目

保障性安居工程。灌阳县灌阳镇中心养老院、灌阳县桂北康养基地、灌阳县西山康养小镇建设、灌阳县黄关镇中心养老院

防灾应急项目。灌阳县监测预警系统、灌阳综合应急救援服务中心、城乡防灾减灾能力提升行动、灾害事故监测预警站网建设、灾害风险调查和重大隐患排查工程、自然灾害监测预警信息化工程、防灾减灾救灾业务卫星应用工程、安全生产风险监测预警系统、灌阳县信息与指挥系统、灌阳县应急物资装备储备库、灌阳县应急物资储备中心建设项目、灌阳县综合应急救援训练基地、灌阳县综合应急救援服务体系项目、灌阳县政府专职消防队建设项目、灌阳县乡镇志愿消防队建设项目、灌阳消防站建设项目、灌阳市政消火栓建设项目

其他社会项目。灌阳县殡仪馆、公益性骨灰安放设施、灌阳县城市公墓建设项目

## 第十一章　扩大改革开放　营造高质量发展环境

### 第一节　全面深化改革

加大落实上级改革开放政策力度，多领域大胆尝试，主动对接县外资源，主动承接相关领域的试点、示范区建设工作，营造全县开放合作意识。

深化行政体制改革。理顺机构改革后的行政关系。统筹开展行政审批工作，全面推进一站式服务。结合"放管服"[14]及"互联网＋政务服务"[15]工作，完善各部门权力清单、责任清单及财政专项资金管理清单动态调整和监管机制，推行企业投资负面清单管理。推进"扩权强镇"，继续下放经济社会管理权限到乡镇。深化部门预算管理，巩固县级财政改革成果，完善公共财政体系。

深化经济体制改革。主动研究大湾区建设、桂林市创建国家可持续发展议程创新示范区、桂林国家旅游胜地建设等对灌阳经济社会发展的影响，以便精准施策、谋划项目。通过调整城镇土地使用税、实施差别化地价政策、改革工业用地出让方式、实施差别化电价、水价等措施，促进产业结构调整优化升级。推进园区扩权改革，打造现代产业集聚发展平台。推广落实"双容双承诺"[16]。加快企业信用担保体系建设。多措并举吸引社会资本参与公共产品和公共服务的投资、运营管理。

深化要素创新改革。主动与国内高校、科研院所联合建立面向灌阳产业的技术研发中心、实

验基地,与优秀的智力型、知识型、管理型企业建立战略合作关系。细化完善体制内退休官员和科技人员再就业制度,允许他们在符合一定条件下被企业或相关机构有偿聘用。提高土地、劳动力、资本、技术、数据等要素配置效率,激发社会创造力和市场活力。积极应用PPP模式,畅通实体经济融资渠道,激发民间投资活力。

深化农村综合配套改革。根据依法、自愿、有偿的原则,推进土地承包经营权流转,加快发展农村土地股份合作、土地信托等新型经营模式,引入现代管理手段和工商资本要素参与现代农业建设。健全对被征地农民的合理补偿机制。制定农村承包土地经营权抵押贷款试点方案。继续完善和深化集体林权制度配套改革。开展果园、林下产业以及林木权证抵押贷款试点。探索发展村集体经济试点。促进农民就地城镇化。

### 第二节　优化营商环境

营造高效的制度环境。进一步落实“放管服”改革,加快投资项目审批改革。系统整合涉企管理流程,加快实现“多证合一”[17]“一站式受理”[18]。清理规范行政事业性收费和中介服务收费。全面推行权力清单、责任清单、市场准入负面清单制度,引导和鼓励民间资本和各类产业投资基金投资老旧小区改造以及医疗、教育等社会事业领域。依托国家“互联网+监管”[19]系统,依法设立市场主体信用“黑名单”制度。加快互联网技术在市场监管领域的推广应用。加强对风险事项的跟踪预警。利用物联网、射频识别等新兴技术对重点领域建立健全产品安全生产及质量追溯体系。培育发展行业协会、商会等经济类社会组织。建立以保障良好营商环境为主旨的公正严明执法体系。严格公正司法运行体系。加强社会信用体系及企业信用平台建设,建立健全守信践诺机制和失信惩戒制度。强化政府依法行政和诚信意识,确保相关政策的稳定性和连续性。

### 第三节　强化招商引资

加强招商项目管理。谋划和储备一批关联度高带动性强的招商项目,建立充实招商引资项目库。重点引进一批低耗能、低污染、高附加值的企业。强化项目服务,实行一个项目一个专班跟踪服务,提高项目履约率、开竣工率、资金到位率,提高招商引资质量。明确招商引资目标任务分解及考评办法,规范线索推进、投资洽谈和项目入驻审批流程。

立足主导产业抓招商。紧紧围绕“3+N”主导产业开展项目招商引资。立足石材全产业链、石英砂硅基材料、合金新型材料、清洁能源、农产品加工等产业开展“建链、补链、延旅游产业、链、强链”,推动产业集群发展。

### 第四节　深入开放合作

积极融入“一带一路”“中国—东盟自由贸易区”“粤港澳大湾区”等开放合作平台,积极参与“东融”战略,积极参与桂林旅游国际胜地建设,积极参与国际国内大循环格局建设,推动各领域的对外交流与合作。积极融入“湘桂走廊”[20],加强与湖南道县、江永以及兴安、全州等县区协作,打造湘桂红色精品旅游线路,共建“红军长征体验区”;探索与江永、道县、恭城共同打造大“千家洞”瑶族生态旅游圈;力争将灌江流域纳入湘江源头治理工程。积极融入桂林产品销售体系,配合参与桂北湘南物流中心建设,大力发展数字交易平台,不断扩大灌阳品牌市场占有率。

### 第五节　推进创新创业

落实创新创业政策和措施。认真落实国家及区、市有关创新创业政策和措施,鼓励在外经商人员、大学生回乡创业,重点支持技术创新成果创业、电子商务创业。大力宣传袁隆平院士工作站,吸引外部的科技成果到本地转化应用,带动金融资本、产业资本、高技术人才落户。

支持农村创新创业。深入实施农村创新创业带头人培育行动,加大扶持,培育一批扎根乡村的创新创业群体。引导返乡农民在农村创新创业,培育一批充满激情的农村创新创业优秀带头人,引领乡村新兴产业发展。培育一批乡土人才、乡村工匠、文化能人、手工艺人等,领办家庭农场、农民合作社等,创办家庭工场、手工作坊、乡村车间等。

## 第十二章　推进生态文明　建设秀美家园

把生态文明建设融入经济社会发展全过程,以创建国家生态文明建设示范县和“两山”[21]实践创新基地为目标,推动生态保护、生态修复进入生态经济的转化,加速推动产业生态化和生态产业化,加强生态准入,加大生态环境保护力度,强化生态治理和管控,打好污染防治攻坚战,建设美丽新家园。

## 第一节 提高资源利用效率

加强自然资源利用管理。落实自然资源资产产权制度和法律法规,加强自然资源调查评价监测和确权登记。实施建设用地总量、强度双控制度和增存挂钩机制。做好黑白根大理石、石英砂等矿产非再生资源利用规划,明确资源储量和利用方向。加强全过程节约管理,提高利用效率和效益。

加强土地资源管理。通过政府回购、合作重组、租售结合、项目置换等方式,积极整合土地资源,盘活闲置低效用地。规范土地市场,科学有序出让工业和经营性项目用地。制定鼓励集约高效利用土地的产业用地政策,建立完善节约集约用地评价考核体系。严格执行土地投资强度管制。积极推广建设和使用多层标准厂房。

加强水资源统一管理。执行最严格的水资源管理制度,全面实行计划用水,合理调配水资源,规范自备水源管理、强化载体培育、开展节水执法检查、丰富节水宣传形式等多项举措,不断提高水资源的利用效率。在供水管网覆盖范围内和可利用地表水的区域,不再批准新建地下水取水工程,对辖区内公共管网的水量、水压可满足用水需求的区域逐步关停取水工程、注销取水许可证。鼓励企业、小区、学校创建节水型单位。

## 第二节 加强生态建设保护

加快生态建设。完善山地森林生态系统结构,以灌江湿地公园为轴心,保护和修复湿地、草地等生态系统。推动公共交通电动化,以创建绿色县城、灌阳国家湿地公园、西山国家长寿公园建设和灌江源头及流域保护为重点,有计划关停对生态有影响的小水电站。加大矿区恢复,新矿区按照绿色矿区要求进行开采。全面落实防火安全责任,加强林业有害生物防治,实现森林面积和蓄积的双增长。推进天然林、水源林保护和生态公益林建设。调整树种结构,大力发展以红豆杉为主的珍稀树种造林。加强森林资源管护和生物多样性保护,切实保护珍稀、濒危野生动植物、古树名木及自然生态环境。加快和提升城镇、村屯、河流、道路等绿化速度和水平。

加强环境保护。坚持生态优先和资源保护原则,加强对国家级千家洞自然保护区、自治区级海洋山自然保护区建设。加强水污染防治,推进城镇污水处理厂和配套管网建设,提高污染治理效果。加强农村面源污染控制与治理,补集农村污水处理设施,推行开发区污染集中治理,加快城镇生活垃圾集中处理设施建设。严格规范矿山开采管理;建立复垦考核制度。加强城乡饮用水源地和农村自然水体的保护,保障城乡饮用水安全,重点保护包括洞井至三联村段三类水源保护区、三联村至莫家村段二类水源保护区、莫家村至汇入湘江段三类水源保护区。继续开展污染防治行动,深入推进大气污染综合治理等专项行动。强化工业废气、机动车尾气和城市扬尘源污染治理,县城建成空气质量监测系统。到 2025 年,县城污水处理率保持 100%,重点镇污水集中处理率和垃圾处理无害化处理率达 95% 以上。

## 第三节 加强城乡环境综合整治

以重点生态功能区系列考核要求为约束,严格落实环境保护"党政同责、一岗双责"责任制。严格按照划定的水产畜牧禁养区、限养区进行养殖审批。健全"河长 + 检察长"工作机制,统筹推进灌江全流域保护治理,完成灌江国家湿地公园建设。落实最严格的水资源管理制度,切实加强水污染防治,完成水源地一级保护区隔离防护措施建设,全县建制镇污水处理厂和园区污水处理厂项目建成投运;重点做好重点排污企业、涉重金属企业、无牌无证企业、小型选矿企业的安全检查,以及加强小水电、砖厂、燃煤锅炉整治工作,确保全县不发生环境污染事故。加大农村改水改厕工作力度和农村环境综合整治工作,大力推广清洁养殖、生态养殖,有效改善农村生产生活环境。同时开展农村环境质量试点监测,加大农村环境执法力度,促使农村环境得到持续改善,到 2025 年,农村生活污水处理率达 95% 以上,生活垃圾无害化处理 100%。

**专栏10 生态环保和节能减排项目**

| |
|---|
| 环境综合治理。灌阳县矿山地质环境保护与恢复治理、灌阳县灌江流域生态综合治理、灌阳县海洋山自然保护区建设项目 |
| 污垃处理。灌阳县畜禽规模养殖场粪污资源化利用 |

## 第十三章 完善保障措施 确保规划目标实现

以全面加强党的建设为核心，以加强组织领导为关键，以项目建设为重点，以人才保障为支撑，以强化规划落实与监督评估为手段，多举措确保全县“十四五”经济社会发展目标实现。

### 第一节 加强党的建设和组织领导

加强党的建设。以党的政治建设为统领，全面推进全县党的政治建设、思想建设、组织建设、作风建设、纪律建设、法治建设，深入推进反腐败斗争，健全党领导全面依法治县的体制机制，不断提高党的建设质量，提高党领导经济社会发展的能力和水平，提高党科学执政、民主执政、依法执政水平。要按照新时代党的建设总要求，推动全面从严治党向纵深发展。加强思想政治建设摆在首位，教育引导全体党员牢记党的宗旨，紧密结合各部门各单位实际工作，推进“两学一做”[22]学习教育常态化制度化，高质量推动“不忘初心、牢记使命”主题教育取得实效。加强新时代基层党建是确保党的各项经济政策和经济决策贯彻落实的基础。加快提升组织力，统筹推进党政机关、国企、非公有制经济组织、社会组织、街道社区、农村等基层党组织建设。

加强组织领导。在全县“十四五”发展规划统筹协调机制框架下，实行三级书记抓规划落实制度，统筹推进全县“十四五”发展规划执行工作，研究重大政策、重大问题和重点工作安排，跟踪和督促规划各项任务落实。建立规划实施和工作推进机制，加强政策衔接和工作协调。各部门各乡镇要结合发展实际，制定规划实施方案。各主管部门要将“十四五”规划融入工作全过程，构建与之相适应的管理体系。依托“十四五”规划专家咨询智库，加强全县“十四五”规划建设指导。

### 第二节 项目谋划与实施

重大项目是实现全县经济社会高质量跨越式发展的重要支撑。坚持目标导向、问题导向、结果导向，树立项目优先意识，主动研究自贸区建设、工业园区建设、西部大陆通道、高质量发展和广西“东融”战略、县域经济建设等政策，全面对接中央政策取向和投资方向，找准扩大有效投资、推进重大项目的切入点和突破口，加紧谋划一批产业发展、生态文明建设、基础建设以及社会民生等相关的重大项目，储备一批有质量、体量大、牵动性强的大项目好项目；加大项目谋划、项目库建设、项目包装、项目申报力度。做好高速公路互通周围土地储备和开发利用，做好高速路沿线产业带布局。通过积极向上争资、有效激活民资、推动多方融资等方式，多管齐下保障项目资金需求，以项目建设支撑和推动全县经济社会发展。加大全县经济社会发展投入力度，探索政府购买服务、政府与社会资本合作、贷款贴息等方式，吸引社会力量广泛参与，引导工商资本、金融资本投入全县“十四五”发展规划重大项目建设。优先安排重大基础设施建设项目用地，对符合条件的按照相关规定享受补贴。

### 第三节 强化人才支撑

坚持“党管人才”，以技术、管理、服务人才为突破口，大胆创新人才机制体制，加快人才引进步伐和实用人才培养和管理，努力把各类优秀人才聚集到加快灌阳发展上来，为县域经济加快发展提供坚实的人才支撑和智力保障。从管理体制、工作机制和组织领导等方面做出改革措施。建立更为灵活的管理机制，破除人才流动、考核评价、收益分红等方面的体制机制障碍。制定更加积极的人才引进计划，吸引更多优秀人才干事创业、贡献智慧。弘扬创新精神，营造人才培养的良好环境。

### 第四节 强化宣传考核评估

深入开展规划宣传，充分调动广大群众的积极性和主动性，大兴改革创新之风、攻坚克难之风、真抓实干之风，让规划实施成为全社会的自觉行动，形成群策群力、共建共享的生动局面，推动规划目标任务顺利实现。明确规划实施的考核机制，将规划执行考核纳入经济社会绩效考核内容，加大规划实施监察力度，强化人大监督及公众监督。建立规划实施评估机制，做好规划实施中期、后期监测评估工作，定期对经济社会发展指标特别是约束性指标进行及时监测。通过年度计划、财政预算落实规划的要求和目的。层层分解发展规划的任务和目标，通过专项规划细化落实，大力推进规划项目实施；相应责任单位要制定具体年度实施方案，责任单位主要负责人压实主体责任。在内外环境及其他重要原因导致规划未能较好实施时，适时提出调整方案议案，报请县人民代表大会常务委员会审议批准后进行调整实施。

名词解释（注：按在文本中出现的先后排序）

[1]“南向、北联、东融、西合”：2019年9月2日中国国务院新闻办公室在举行“建设壮美广西　共圆复兴梦想”发布会上，广西壮族自治区党委书记鹿心社提出，广西充分释放“海”的潜力、激发“江”的活力、做足“边”的文章，加快构建“南向、北联、东融、西合”全方位开放发展新格局。

[2]国内国际双循环：2020年5月下旬“两会”期间，习近平总书记强调，要“逐步形成以国内大循环为主体、国内国际双循环相互促进的新发展格局”。党的十九届五中全会通过《中共中央关于制定国民经济和社会发展第十四个五年规划和二〇三五年远景目标的建议》，将“加快构建以国内大循环为主体、国内国际双循环相互促进的新发展格局”纳入其中。构建基于“双循环”的新发展格局是党中央在国内外环境发生显著变化大背景下，推动我国开放型经济向更高层次发展的重大战略部署。

[3]“四个全面”：指全面建成小康社会、全面深化改革、全面依法治国、全面从严治党。

[4]“两不愁三保障”：“两不愁”就是稳定实现农村贫困人口不愁吃、不愁穿；“三保障”就是保障其义务教育、基本医疗和住房安全

2019年4月16日下午，中共中央总书记、国家主席、中央军委主席习近平在重庆主持召开解决“两不愁三保障”突出问题座谈会并发表重要讲话。

[5]“双百双新”：“双百”项目是指投资超过百亿元或产值超过百亿元的重大产业项目；“双新”项目是指新产业、新技术项目，其中新产业项目包括战略性新兴产业、新业态、新模式等重点项目，新技术项目是指采用新技术改造提升传统产业的重点项目。

[6]“增减挂”：“土地增减挂”指的是“城镇建设用地增加与农村建设用地减少相挂钩”，依据土地利用总体规划，将若干拟整理复垦为耕地的农村建设用地地块（即拆旧地块）和拟用于城镇建设的地块（即建新地块）等面积共同组成建新拆旧项目区。

[7]“两个振兴”：桂林今年要着重推进“两个振兴”，即工业振兴和乡村振兴。

[8]“两型社会”：指的是资源节约与环境友好型社会。

[9]“两个大局”：2019年5月，习近平总书记在江西考察时指出：“领导干部要胸怀两个大局，一个是中华民族伟大复兴的战略全局，一个是世界百年未有之大变局，这是我们谋划工作的基本出发点。”

[10]“四个不摘”：摘帽不摘责任、摘帽不摘政策、摘帽不摘帮扶、摘帽不摘监管。

[11]“一铁三高”：一铁为桂郴赣高铁；三高为桂林—灌阳—湖南（江永）高速公路、灌阳—全州—东安高速公路、灌平高速公路。

[12]“一村一品”：是指在一定区域范围内，以村为基本单位，按照国内外市场需求，充分发挥本地资源优势，通过大力推进规模化、标准化、品牌化和市场化建设，使一个村（或几个村）拥有一个（或几个）市场潜力大、区域特色明显、附加值高的主导产品和产业。

[13]“四风”：是指形式主义、官僚主义、享乐主义和奢靡之风。

[14]“放管服”：放管服，就是简政放权、放管结合、优化服务的简称。“放”即简政放权，降低准入门槛。“管”即创新监管，促进公平竞争。“服”即高效服务，营造便利环境。

[15]“互联网＋政务服务”：2016年政府工作报告用词。报告原文：（2016年）大力推进

"互联网+政务服务",实现部门间数据共享,让居民和企业少跑腿、好办事、不添堵。简除烦苛,禁查非法,使人民群众有更平等的机会和更大的创造空间。

[16]"双容双承诺":《桂林市园区企业投资项目"双容双承诺"直接落地改革实施方案》提出"双容双承诺",即容缺、容错,企业向政府承诺、政府向企业承诺,强化政府靠前服务,稳步推进投资项目审批容缺受理、承诺办理、先建后验。

[17]"多证合一":"多证合一"是指证照整合改革,是实现企业一照一码走天下。2017年4月28日,国家工商行政管理总局表示,要求2017年10月底前,在全国全面推行工商营业执照、组织机构代码证、税务登记证、社会保险登记证和统计登记证等"多证合一"。

[18]"一站式受理":是指公民或企业只要进入政府综合办公点或政府门户网站,即可解决需要政府办理的所有有关事项。

[19]"互联网+监管":指的是将互联网和监管部门融合,创造新的发展生态,优化营商环境工作力度,"互联网+监管"是国务院部署的"放管服"改革重大任务,是加强事中事后监管,持续优化营商环境的重要举措。

[20]"湘桂走廊":湘桂走廊是位于湖南省与广西壮族自治区之间的狭长平原。湘桂走廊被夹在南岭的越城岭与海洋山之间,自古就是中原通向岭南的交通要道。

[21]"两山":2005年8月15日,习近平到余村调研民主法治村建设时提出了"两山"理论,强调"绿水青山就是金山银山"的生态环保理念。

[22]"两学一做":"两学一做"学习教育,指的是"学党章党规、学系列讲话,做合格党员"学习教育。

# 关于灌阳县2020年国民经济和社会发展计划执行情况与2021年国民经济和社会发展计划(草案)的报告

——2021年3月16日在县第十六届人民代表大会第六次会议上

灌阳县发展和改革局

## 一、2020年国民经济和社会发展计划执行情况

2020年,是执行"十三五"规划纲要收官之年,面对突如其来的新冠肺炎疫情的严重冲击,各级各部门在县委的坚强领导下,深入贯彻党的十九大和十九届二中、三中、四中、五中全会精神,中央经济工作会议和全区经济工作会议精神以及县委十五届七次全会精神,按照"建设壮美广西、共圆复兴梦想"的总目标总要求,落实"三大定位"新使命和"五个扎实"新要求,坚持稳中求进工作总基调,统筹推进疫情防控和经济社会发展,聚焦项目建设、土地征收"两大突破",巩固提升全面脱贫攻坚、县域经济发展、基层党的建设"三大翻身仗"成效。扎实做好"六稳"工作,全面落实"六保"任务,统筹推进稳增长、促改革、调结构、惠民生、防风险、保稳定,保持了经济社会持续健康发展。

### (一)经济运行保持在正常水平

2020年,受新冠疫情影响,我县主要经济指标虽未全面实现年初既定目标,但超额完成全市经济工作专题汇报会确定的预期目标,即地区生产总值同比增长5.2%,全市排名第一;其中一产同比增长6.6%,二产同比增长5.1%,规模工业增加值同比增长16.0%,三产同比增长3.8%,全市排名第一;固定资产投资同比增长10.6%,全市排名第二;财政收入同比负增长26.6%;社会消费品零售总额同比增长0.6%;城镇居民、农村居民人均可支配收入同比分别增长1.5%、8.3%。

（二）发挥优势挖潜力，县域经济实现稳中提质

1. 抓“三农”稳基础，乡村振兴步伐加快。

(1) 强化农业稳产增收。围绕“农业增效、农民增收”的目标，切实稳定粮食生产，加快生猪等养殖业恢复。全年完成粮食播种面积 41.39 万亩，总产量 16.08 万吨；经济作物(蔬菜)种植面积 16.49 万亩，总产量 23.2 万吨；水果种植总面积 27.56 万亩，其中投产面积 25.09 万亩，改种扩种(新种)优质水果 2.5 万亩，全年水果总产量 56.54 万吨。全年生猪出栏 26.69 万头；肉牛出栏 1.098 万头；羊出栏 0.767 万只；家禽出笼 263.66 万羽；水产品总产 0.5736 万吨。

(2) 扎实推进“三农”建设。加快推进高标准农田项目建设，全年建成高标准农田 3 万亩。加快水利等农业基础设施建设。全面实施防汛抗旱水利提升工程，推进农业节水灌溉，加快一般中型灌区续建配套与节水改造、农田水利等项目建设，构建配套完善、节水高效、运行可靠的农田水利体系。高质量完成“四建一通”年度任务目标，“四好农村路”建设全面开展，县道好路率达 83%，乡、村道好路率达 75%。高质量推进田园综合体建设。总投资约 5.63 亿元灌阳县“红色记忆·梨李飘香”田园综合体是我县创建的第一个市级层面的田园综合体，顺利通过桂林市五星级田园综合体验收。同时，进一步加快农村电网项目建设，确保农村人居生产条件持续改善。持续巩固和扩大“三清三拆”专项行动成果，2020 年投入 160 万元，涉及的 2 个镇、8 个村、16 个屯；实施全域土地综合整治试点项目 1 个；完成 9 个乡镇农村乱占耕地建房清理整治工作。15 个乡村振兴(幸福乡村)示范村建设成效初显。

(3) 全面推进现代农业发展。2020 年全县以新型农业经营主体、适度规模经营、产业化经营为抓手，大力发展现代农业。创建合作社 6 家、家庭农场 19 家，大力培育贫困村新型经营主体，全县 67 个贫困村，共有 110 个新型经营主体或产业基地(园)，带动本村贫困户比例均已达到 30%(含)以上。稳步推进灌阳神农稻博园核心示范区、灌阳“梨”“李”产业核心示范区、灌阳油茶产业核心示范区等三个区级示范区提质升级和监测工作，新建县级示范区 2 个、乡级示范园 6 个和村级示范点 49 个，双胞胎集团“灌阳县 40 万头生猪养殖产业链项目”建成投产。持续深化农业农村领域改革，推进土地确权工作，确权面积、确权户均达 100%。推进农村集体产权制度改革工作，摸清了自家底。

2. 抓转型促升级，工业经济提质增效。

(1) “3+N”产业布局初步形成。2020 年根据园区总体规划布局编制了专业园区的详规控规，解决了园区发展方向问题、园区基础设施配套不足问题及项目落地乱的问题。制定完善企业(项目)入园管理办法，强化管理，完善园区基础设施，2020 年新增土地收储 26.4 公顷，完成新建标准厂房 7.6 万平方米，园区基础设施建设投入 0.34 亿元，已基本形成岭南黑白根石材文化产业园、石英砂硅基新材料产业园、“双百双新”科技产业园等特色工业园区，为石材全产业链、石英砂硅基新材料、合金新材料三大支柱产业作为主攻方向的“3+N”产业集群提供了发展支撑，强力推进了产业集群集聚发展。

(2) 强力推进工业项目建设。进一步优化投资环境，落实“容缺审批、容缺受理、双向承诺、先建后验”的工作机制。全年累计在建、续建重大工业项目 15 个，新开工项目 7 个，开工率达 100%。工业项目内资累计到位资金 12.17 亿元。柔丽纸制品、康雷石材加工、宸鸿木材深加工、雅高石材加工、远征通信光纤、宏诚建材等重大项目实现竣工投产并入规；中景润控股集团项目正稳步推进中。

(3) 切实稳存量扩增量。兑现“工业二十三条”等惠企政策，加强企业帮扶指导。重点做好石材全产业链、石英砂硅基新材料、合金新材料深度开发集聚，千方百计抓好工业提速扩量升级，做大增量；石材、石英砂硅基新材料、合金新材料“三大”特色产业 2020 年实现产值 15 亿元。加快规模企业培育，引导中小企业往“专精特新”和单项冠军企业发展，全年培育新增规上工业企业 9 家。实现规模工业总产值 34.05 亿元；规模工业增加值 4.43 亿元，同比增长 16.0%。

3. 抓文旅活商贸，服务业逐步恢复。

(1) 旅游文化成效显著。2020年全县接待游客总人数者322.60万人次，完成全年计划数的154.69%。完成全县旅游总消费30.11亿元，完成全年计划数的146.02%。千家洞旅游度假区、湘江战役新圩阻击战旧址红色旅游基础设施等一批文旅项目稳步推进，一批新看点、新热点竞相成型。广西全域旅游示范区、广西旅游标准化示范县成功创建，新增灌阳千家洞文旅AAAA级度假区、灌阳茶博园景区和都庞岭大峡谷景区等5个AAA级旅游景区及太子山生态旅游区、莲溪庐旅游度假区等一批星级乡村旅游示范区。广西青少年体育竞训基地、广西球类运动发展中心灌阳竞训基地挂牌，广西青少年篮球网球锦标赛成功举办，开展了148场戏曲进乡村的文艺演出。

(2) 服务业逐步复苏。通过广西全域旅游示范区、广西旅游标准化示范县的成功创建及大型文体活动举办，促进商贸经济的稳步增长，社会消费品零售总额同比增长0.6%，实现了“扭负转正”，批零住餐业均出现良好的增长势头，降幅实现大幅收窄，其中：限上零售业销售额同比增长23.3%。创立了“电商扶贫直通车”，建立了贫困村电商扶贫服务站点；积极组织企业参加“壮美广西·三月三暖心生活节”活动，开展党员直播带货活动，拉动消费增长。实现全县67个贫困村电商网点覆盖率达到100%，电商交易额达3亿元；农村产品网络销售额达5835万元。积极培育发展外贸企业，全县共8家外贸进出口企业，累计完成进出口贸易额1509万元，超额完成了市下达23万元的年初目标任务。

4. 抓项目促投资，发展后劲持续增强。

(1) 全力推进项目建设。2020年列入全县推进的重大项目共82项（其中：新开工14项，续建29项，竣工投产15项，前期24项），总投资295亿元，年度计划投资30亿元。市级统筹推进重大项目27项，年度计划完成投资14.56亿元。第一批列入自治区层面统筹推进重大项目3项，年度计划投资1.89亿元。全年完成投资20.2亿元，占年度计划投资的66.4%。市级统筹推进重大项目、自治区层面统筹推进重大项目均达到上级目标要求。

(2) 积极向上争取资金。2020年共取上级资金16.4亿元，占全县年度目标12.9亿元的127.3%。其中争取发改口管理2020年中央预算内投资项目10个资金9037万元、乡村振兴产业发展2020年实施投资项目共16个资金5285万元。获得抗疫特别国债建设项目7个资金5278万元、地方政府专项债券建设项目2个资金11000万元等。

(3) 招商引资卓有成效。自年初以来，我县围绕“强龙头、补链条、聚集群”目标，以“三企入桂”活动作为全年招商引资工作的主要抓手，成立招商组，紧盯全县优势产业，加大走出去招商及以商招商力度，通过招引桂林远征通信科技有限公司光纤产品生产项目、灌阳瑶乡小镇康养旅游智慧产业园项目、灌阳县深度开发高品位石英系列产品项目一批高新企业，破解经济发展难点、痛点、堵点问题，实现了项目带动经济快速发展。2020年成功新引进签约项目11个，其中央企入桂项目2个，民企入桂项目8个，湾企入桂项目1个，总投资65.4亿元。“三企入桂”在谈项目15个，其中央企1个，湾企7个，民企7个，总投资22亿元。

5. 抓污染防治，生态环境持续优化。

(1) 生态环境建设成效显著。2020年，我县以改善环境质量为核心，强化污染防治，全年无突发环境事件发生，生态环境质量持续保持优良。辖区空气质量优良天数达363天，优良率99.29%。地表水环境质量、主要河流水质达标率和城市集中式生活饮用水水源地水质达标率均达100%。成功创建了自治区级生态县、自治区组卫生县城。污染普查工作表现突出受国务院第二次全国污染普查领导小组办公室表彰。

(2) 生态文明建设成果进一步巩固。深入践行“绿水青山就是金山银山”理念，坚持生态立县、绿色发展，严格落实“三条红线”和生态环境准入清单。中央环境保护督察问题整改及自治区生态环境保护督察问题整改稳步推进，中央环保督察反馈问题，11个，已完成整改10个，自治区环保督察反馈问题8个，已完成问题销号7个。持续开展大气污染防治、水污染防治、土壤污染防治工作，制定了《灌阳县大气污染集中整治行动方案》，积极开展工业企业违法排污专项整治行动、农村生活污水治理等专项行动,对企业环境污染管控形成高压态势,倒逼企业增强生态环境保护意识。扎实推进湿地公园试点建设,高质量推进海洋山区划工作。加强生态公益林、天然商品林管理。2020 年完成新造林面积 8916.75 亩,占计划任务的 120.4%,完成油茶低改面积 1000 亩,占计划任务的 100%。

6. 抓脱贫防返贫,摘帽成果全面巩固。

紧紧围绕"2020 年实现 2017 名剩余贫困人口脱贫"这个总目标,持续打好脱贫攻坚"四大战役""五场硬仗",脱贫攻坚实现圆满收官。全力推进产业扶贫工作。县级"5+2"特色产业覆盖率均达到 98.25%、67 个贫困村"3+1"特色产业覆盖率均达到 95% 以上,产业"以奖代补"项目发放奖补资金 5728.587 万元,共惠及贫困户 15989 户次。142 个行政村(社区)集体经济收入均超过 5 万元。落实各项保障措施,实现安全住房保障上"不漏一户"、义务教育保障上"不漏一人"、基本医疗保障上"全覆盖"、贫困村饮水安全"全部达标"。新增扶贫小额贷款 4272 笔、1.67 亿元,分别完成区、市"争百任务"的 194.6%、210.9%;严格落实各项教育资助政策,2020 年灌阳县共有 45766 人(次)学生得到各项资助,共发放资助金额 2609.73 万元,做到应助尽助。创新帮扶方式方法,积极推进消费扶贫,全县共有 29 家供应商 62 个产品通过认定,销售额达 5299.44 万元。积极推进扶贫项目建设,全县扶贫项目 555 个,涉及资金 2.466 亿元,主要投向产业发展奖补、村级集体经济、扶贫小额信贷贴息、扶贫车间、基础设施、项目管理费等,财政专项扶贫资金安排基础设施建设项目 354 个,总投资 9416 万元,主要用于路网建设。

7. 抓城乡建设,美宜居家园。

(1) 市政设施不断完善。积极推进江东新区建设和老城疏解,加快城镇基础设施建设,进一步完善城镇功能。以提升县城品质为目的,科学编制了《灌阳县市政公用设施建设及城市管理"十四五"规划》(征求意见稿)。总投资 8665 万元的污水、雨水、供水"地下管网"开工建设。县城风貌提升工程——县城区综合改造一期工程项目前期工作有序推进。政务服务中心附属基础设施建设工程、灌阳县双桥路市政道路建设工程(二期)、古村落保护工程等项目顺利推进。县城污水处理厂提标改造工程运营正常。县城备用水源工程已经完成了立项、可研、测绘、勘探、设计等前期工作,并获得专项债券 6000 万元。兴灌路环境综合整治改造项目及老旧小区改造工作有序推进。

(2) 人居环境不断优化。水车镇全面完成了新型城镇化示范乡镇建设,自治区第二批特色小镇黄关油茶小镇稳步推进。城乡交通体系不断完善,灌平高速、357 国道、洞潮公路、黄西公路等一大批公路项目加速推进。完成对建设路滨江路、兴灌路、大市场周边等路段的修缮及清理,城区亮灯率保持在 95% 以上。加强道路清扫保洁力度,实现县城公共区域和道路清扫保洁全覆盖,无死角。强化县城园林绿化美化,县城建成区绿地率达 34.1%,绿化覆盖率达 37.85%。加强对已建成的污水垃圾处理设施的监管,污水处理厂各项处理指标均达到环保要求。各乡镇垃圾中转站及焚烧点均按要求管护,垃圾日产日清,正常使用。加强市容乱象整治和"两违"建设处置,城市容貌显著提升,城市空间得到有效净化。

8. 抓民生促和谐,社会事业持续改善。

(1) 城乡居民购买力稳步增长。2020 年,虽然受新冠疫情严重影响,但消费品市场保持稳步增长。我县实现城镇居民人均可支配收入 35122 元,同比增长 1.5%;实现农村居民人均可支配收入 12942 元,同比增长 8.3%。城乡居民收入继续稳定增长,购买力不断增强,全年社会消费品零售总额同比增长 0.6%。

(2) 教育事业取得喜人成绩。新建灌阳镇初级中学已投入使用,灌阳高中江东校区项目已开工建设;灌阳县特殊学校项目前期工作顺利推进,一批乡镇、农村小学、幼儿园建成投入使用,软件设施相继完善,办学条件大幅改善。教育质量持续提高,疫情期间做到"停课不停教、不停学"。2020 年高考一本上线人数首次突破 200 人大关,达 209 人,比 2019 年净增 31 人,600 分以上考生 15 人,理科最高分 652 分。中考一等生人数首次突破 200 人大关,达 228 人,比 2019 年净增 36 人,学科全 A 学生 14 人,比去年增加 5 人。

(3)医疗保障水平优化提升。继续发挥桂医附院专业技术及管理优势,全面提升县级医院综合实力。以集团人民医院为纽带,向上与桂林医学院附属医院开通远程医疗、5G远程门诊。县人民医院重症医学科顺利通过广西医疗卫生重点学科单位评审,实现灌阳县自治区级重点学科建设零突破。建设了具备生物安全二级标准,能够开展新冠病毒核酸检测的PCR实验室,建设了区域相对独立设计规范的发热门诊及符合新冠肺炎应急救治设施负压病区建筑技术的感染性疾病病房,硬件设施进一步完善,全医疗条件和就医环境全面提升。全面推进基本公共卫生服务均等化,公共卫生成效明显。实施慢性病患者自我管理。全县建档205884份,建档率84.31%;全县婴儿死亡率2.24‰,五岁以下儿童死亡率3.92‰,孕产妇死亡率为0;0～3岁儿童系统管理率94%,孕产妇系统管理率95%,妇幼健康服务工作各项核心指标均按时保质完成。全面实行"1+1+1"家庭医生签约服务。家庭医生签约服务率为92.73%,重点人群签约服务率为100%,贫困户签约服务率达100%。全县所有建档立卡的农村贫困户患者住院医治实施兜底政策。

(4)就业和社会保障工作得到加强。2020年城镇新增就业2901人,失业人员再就业499人,就业困难人员实现再就业146人,农村劳动力转移就业新增6631人次,均超额目标任务;期末城镇登记失业率为3.41%,就业局势保持基本稳定。规范合理使用就业补助资金,2020就业补助支出607.06万元,涉及深度贫困村、极度贫困户公益性岗位补贴、就业困难人员社保及扶贫车间就业奖励等。养老保险、失业保险、工伤保险参保率均达100%。参加职工医疗保险人数为16284人,共筹集医疗保险总收入10026.39万元;参加城乡居民基本医疗保险256144人,共筹集医保基金收入6403.60万元。

(5)社会救助及时全面。一是充分发挥社会救助兜底保障作用。全县农村低保覆盖率为6.68%,城市低保覆盖率为3.36%。2020发放社会救助补助资金(含价格临时补贴)8505.83万元,累计发放人次达到24.1661万人次,农村低保、城市低保、农村特困人员和城市特困人员月人均补助水平分别为297.54元、501.78元、600.21元和982.69元。二是全县医疗救助资金共支出1267.57万元,累计医疗救助32775人次。三是县领取残疾"两项"补贴共有9548人,共发放补贴资金11.0291万人次、886.52万元。四是高龄老人生活津贴9.5592万人次379.456万元;发放孤儿和事实无人抚养儿童基本生活费808人次43.48万元。五是全县共有养老服务机构111家、床位数1680张,确保全县每千名老年人口养老床位数达25张以上。

2020年我县文化体育事业、妇女儿童事业、民族宗教事业、残疾人事业等其他社会事业也取得了长足进步,文体活动丰富多彩,妇女儿童权益更有保障,群众的获得感和幸福感进一步增强。同时,编制完成了"十四五"规划纲要,建立了"十四五"规划重大项目库,成功推动桂林经郴州至赣州红军长征高铁、G241线灌阳绕城公路工程、灌阳县岭南黑白根石材文化产业园、灌阳县"双百双新"科技产业园项目、灌阳县瑶乡智慧小镇建设项目等117个重大事项列入自治区、桂林市规划盘子,全面启动灌阳县工业和信息化发展"十四五"规划、灌阳县综合交通运输发展"十四五"发展规划、灌阳县国土空间规划等重点领域规划编制工作,届时将形成全套"十四五"规划体系,争创发展新优势。

一年来,面对复杂多变的发展环境和严峻的发展形势,特别是受到突如其来的新冠疫情的冲击,县委、县政府积极稳妥采取各种应对措施,保持了全县经济社会平稳有序的发展,取得了较好成绩。从发展过程来看,对照县十六届人大五次会议批复的《政府工作报告》和《2020年国民经济和社会发展计划》,我县仍然存在投资拉动不强、要素保障不足、结构不合理、财政收支矛盾突出等问题和困难。对此,我们将在今后的工作中想办法、谋对策,加快产业结构调整,提升经济抗风险能力,力争2021年有明显改观。

## 二、2021年经济社会发展预期目标建议

2021年是"十四五"规划和实现第二个百年目标的开局之年,也是建党100周年,开好头,起好步,至关重要,保持经济社会平稳健康发展将县

有更重要的历史意义。结合自治区、桂林市经济工作会议精神及县委十五届七次全会精神和县政府工作报告要求,建议2021年经济社会发展主要预期目标如下:

地区生产总值增长7.5%,一产增加值增长7%,规模以上工业增加值增长18%,三产增加值增长8%,固定资产投资增长15%,组织财政收入增长5%。(详细指标见附表)

三、2021年国民经济和社会发展的主要任务

围绕2021年发展目标,要重点抓好以下几个方面的工作:

(一)实施乡村振兴战略,加快农业现代化步伐

1. 抓好农业生产,实现农业提质农民增收。全年计划粮食播种面积41万亩,其中推广超级稻播种面积21万亩,早稻播种面积稳定在12万亩以上,粮食总产量稳定在16万吨,确保粮食安全。水果改扩种1万亩以上,实现全县水果总面积达28万亩,总产量50万吨以上。完成蔬菜种植面积16万亩以上,总产量23万吨以上。加大生猪生产力度,力争生猪年出栏30万头。加快土地流转,积极培育新型农业经营主体,实现农业生产产业化、规模化。抓好梨、李、脐橙、沃柑、蓝莓、猕猴桃等水果的标准化生产工作。

2. 推动脱贫攻坚工作和乡村振兴有机衔接。深入推进"一巩固三结合",严格落实"四个不摘"要求,保持现有帮扶政策、资金支持、帮扶力量总体稳定,进一步巩固脱贫攻坚工作成果,以实现高质量发展为主线,建立健全城乡融合发展体制机制和政策体系,加快推进农业农村现代化,全面推进乡村振兴战略工作。

3. 发挥示范带动作用。实施现代特色农业核心区示范园提升工程,不断完善在建示范区的生产和休闲功能,大力推进新建示范区建设工作,积极创建集标准化栽培示范、产品深加工、休闲农业旅游观光带于一体的现代农业核心示范区。进一步完善"红色记忆·梨李飘香"田园综合体,积极抓好"稻甲天下·茶香万家""千家神洞·瑶源秘境"田园综合体建设工作。

4. 抓好农田水利建设。一是要抓好防汛抗旱提升工程,提高防旱抗旱能力确保农业增产增收。二是要继续实施农村饮水安全巩固提升工程。三是要大力推进农田水利设施建设及高效节水灌溉工程。四是要加快水土保持重点工程建设。五是做好灌阳县农村水系综合整治第二批试点县申报工作。六是要大力推进高标准农田建设。

(二)实施工业振兴战略,实现工业提质上档

1. 实现重点产业集聚集群发展。将石材全产业链、石英砂硅基新材料、合金新材料作为主攻方向,用好黑白根大理石、石英砂等资源,推动石英砂硅基材料、合金新材料、石材全产业链、清洁能源等主导产业集群发展。加速推进广西康雷石材有限公司履行上市合作框架协议,力争2021年为上市打实基础,在2022年内实现本地孵化上市,打破我县企业本地上市零的突破。依托工业二十三条等相关政策,以"三企入桂"为侧重点,坚持招大引强,高标准策划引进一批产业链项目落地,发挥园区、企业家和社会能人的作用,开展以商招商、精准招商,切实提高项目签约率和资金到位率,力争2021年再引进实施1000万元以上的工业项目6个,其中亿元以上项目2个,进一步夯实工业经济基础。建立重点企业培育库,通过加大资源整合力度,认真做好新投产企业及新建续建项目服务协调工作,切实抓好新入规企业的源头培育,重点加强对德鑫公司、地德矿业、天盈石业等企业的培育。

2. 在园区建设上有新突破。以创建自治区级工业园区为导向,全面加强园区标准化建设,促进园区经济提质增效,为全县工业经济高质量发展提供优质硬件环境。进一步理顺工业园区的管理体制,打造工业发展投融资平台,强化产业政策引导,加快推进工业园区基础设施建设,切实抓好路网、雨污管网、标准厂房等建设,提高园区产业集聚的综合承载能力。重点抓好岭南黑白根石材文化产业园、石英砂硅基材料产业园、"双百双新"科技产业园的规划和完善。

3. 强化要素保障。加强与区市有关部门对接,最大限度为企业争取工业发展专项资金支持,兑现工业二十三条措施,及时发挥政策引领效用,提振企业发展信心。深入开展"一企一帮"活动,在

破解要素制约、企业减负、融资担保上保驾护航，及时补齐制约企业发展和项目推进的短板，创优工业经济发展环境。坚持开展土地征收年活动，统筹土地征收、出让、环评、施工许可等审批环节，研究制定工业项目供地、审批流程，开通工业项目供地“绿色通道”，为项目落地提供用地保障。

（三）实施文旅振兴战略，推进服务业提质升级

1. 加快推动文旅融合发展。以成功创建广西全域旅游示范区、广西旅游标准化示范县为契机，按照“旅游＋文化”大融合思路，提升文旅融合发展水平。深入挖掘世界瑶族发祥地文化内涵及传统文化资源，推动文旅产业提质升级。加强湘江战役旧址及区域内革命旧址等红色文化文物保护和管理，切实开发红色文化体验游产品。密切关注疫情动态和国家政策，办好“二月八”农具节、“六月六”尝新节等节庆活动，鼓励“灌阳人游灌阳”“桂林人游灌阳”，促进旅游消费增长。

2. 促进商贸流通业发展。指导全县重点超市、商场等商贸流通企业结合重点节日开展好让利促销活动，释放消费需求；组织企业积极参加商品交易会，通过参加交易会提升企业的知名度，扩大市场份额。

3. 继续抓好品牌创建工作。推进A级景区、星级酒店、星级乡村旅游区、星级农家乐、非物质文化遗产、文物保护单位等申报创建工作。继续做好我县红色文化文物保护传承，打响“红色灌阳·户外胜地”特色旅游品牌。合理整合现有旅游资源，打造旅游精品线路，延伸、完善旅游产业链，打造一个集吃住行游购娱于一体的现代服务体系，让游客听得到、进得来、留得下、带得走、想得起。

4. 加强“四上”企业培育。进一步优化和完善拟培育企业库的建设，鼓励达到入库条件的企业完成入库申报。及时掌握在库企业的经营效益，挖掘新增企业的增长点。

（四）推动重大项目建设，发挥投资拉动作用

1. 坚持重大项目带动战略。2021年，计划实施县级层面重大项目70项以上，年度计划投资25亿元以上。聚焦大项目引领，全力推进灌平高速、“双百双新”科技产业园、江东丽苑、灌阳高中江东校区等项目加快建设，灌阳瑶乡康养文旅智慧产业园、双胞胎母猪扩繁场项目（二期）、灌阳县综合改造（一期）等项目开工，桂林方便米粉生产项目、灌阳县正兴大厦等项目建成投产；聚焦强基础支撑，突出抓好“五网”等重大基础设施项目建设，进一步充实和完善“五网”项目储备库，健全项目跟踪、监测、调度和问效机制，强力保障永安关经水车至灌阳公路G357、园区建设等重大项目高效推进。聚焦重点、热点领域，重点推进“双百双新”等工业项目建设。强力推进一批社会民生、生态环保类重大项目，以重大项目建设为载体，推动全县经济社会提质发展。

2. 采取灵活有效的措施机制。全县重大项目前期经费预算不少于800万元。职能审批部门在项目审批中要大力实施“双容双承诺”“五个简化优化”机制，为项目业主提供贴心的、保姆式服务。在项目策划、实施过程中加强沟通对接，提高项目申报的成功率和项目建设进程。探索建立重大项目直接有效激励机制，充分调动全员参与项目建设的积极性。

（五）加快构建新型城镇化体系，推进城乡融合发展

1. 全面提升城市功能。坚持扩容提质和凸显特色并重，统筹推进智慧县城和绿色县城建设，强化城乡规划调控，加快老城区疏解提升，统筹推进江东新区、城北片区建设，全力推进县城老旧小区改造一期工程、灌阳县工人文化宫综合服务项目、灌阳县政务服务中心附属基础设施建设工程等一批项目建设，完善基础设施，提升城市功能。切实推进灌阳瑶乡康养文旅智慧产业园项目、灌阳县红色文化传承示范基地项目、灌阳县油茶特色小镇等项目前期。

2. 推进城乡协调发展。落实新型城镇化示范建设任务，进一步巩固新圩、水车等新型城镇化示范工程成果，启动观音阁乡新型城镇化建设，充分发挥示范带动作用，提高新型城镇化水平。加快实施洞井瑶族乡、西山瑶族乡、观音阁乡污水处理设施及配套管网工程等项目，促进城镇基础设施改造升级。全力冲刺农村人居环境三年行动，农村垃圾、污水治理和村容村貌提升为主攻方向，持

续推进好农村危房改造、改厨改厕、乡土特色、传统村落等重点项目，以点带面推动改善农村人居环境工作。

（六）坚持生态立县，建设美丽灌阳

深入践行“绿水青山就是金山银山”理念，加快推动绿色低碳发展，巩固国家重点生态功能区和自治区生态县创建成果。继续做好生态红线、基本农田保护红线、城镇开发边界的调整划定，坚决打好气、水、土三大污染防治攻坚战。按计划推进未完成整改的中央环境保护督察反馈问题的整改，确保各项措施落实。健全“河长制、林长制”工作机制，统筹推进灌江全流域保护治理和灌江国家湿地公园建设。着力提升环境质量，切实加强森林监管力度。完成中央财政造林补贴项目4000亩调查摸底工作；抓好生态公益林、造林补贴等重点生态工程建设。强化环境执法和风险防范，严厉打击环境违法行为。严格执行重大环境污染事件“一票否决制”，以“零容忍”态度严惩环境违法行为，推动生态环境质量持续改善。

（七）巩固脱贫攻坚成果不放松，保持政策连续性

1. 摘帽“四不摘”，着力完善脱贫不返贫长效机制。把防范返贫摆在更加重要的位置，加强防返贫监测，组织开展对建档立卡贫困户“回头看”，强化帮扶措施跟进，加快推进特殊贫困群体脱贫帮扶政策落实，改善特殊贫困群体生活条件，做到摘帽不摘责任、摘帽不摘政策、摘帽不摘帮扶、摘帽不摘监管。

2. 强化感恩教育，坚定跟党走的信心决心。严格落实上级文件要求，贯彻党的十九届五中全会精神，在全县持续开展“脱贫感党恩　奋进新起点”主题活动，教育引导广大干部群众将感党恩内化于心听党话、外化于行跟党走，奋力谱写新时代灌阳发展新篇章。

（八）大力发展各项社会事业，共享发展成果

1. 细致谋划稳就业。积极开展各项公共就业专项活动，稳定和扩大就业，重点做好“2021年就业援助暨春风行动”工作、“民营企业招聘周”“高校毕业生就业服务月(周)”工作，通过“桂林人才网”官方网站及创建灌阳就业微信公众号，大力开展线上招聘服务活动。加大公益性岗位开发力度，强化贫困劳动力就业援助，促进就业困难群体就业。加强职业技能培训力度，积极引导、支持企业和个人开展职业技能提升培训，破解结构性就业矛盾、提升就业质量，为各类就业困难人员、农民劳动者、“两后生”及有就职需求的高校毕业生提供充分就业机会。

2. 发展教育强基础。全面贯彻党的教育方针，坚持立德树人，大力发展素质教育，健全学校家庭社会协同育人机制，坚守教育质量这一中心，抓早抓好高中考备考，提高“三考”质量。继续完善幼儿园、小学、初中、高中校园基础设施，推进灌阳县高级中学江东校区等教育重点项目建设。推进“县管校聘”改革，强化师德师风建设，引导广大教师明大德、守公德、严私德，争做“四有”好教师、做好“四个引路人”。

3. 主动作为保民生。加强社会保险参保管理，落实好各项社会保险支持乡村振兴工作政策，提升社会保障管理工作。进一步加强医疗卫生基础设施建设，加快乡镇卫生院标准化，继续加强县公立医院集团及三二医联体建设，提升公共卫生服务水平。全面开展社会救助和养老服务工作，推动养老服务机构的转型升级。加强退役军人服务保障体系建设、落实退役军人安置政策，全面推动退役军人工作开创新局面。

大力发展文化、科技、体育、民族、妇女儿童等其他社会事业，抓好安全生产和食品药品安全监管工作，建立健全应急管理体系，大力建设法治社会，维护良好社会秩序，增加公共服务和公共产品供给，提高公共服务均等化水平，提升民众幸福指数，实现社会发展成果全民共享。

（九）坚持全面改革创新，增强发展活力动力

完善鼓励、支持、引导非公有制经济发展的政策体系和服务机制。落实各项惠企政策，加快完善中小微企业和个体工商户发展制度。充分发挥市场在资源配置中的决定性作用，更好发挥政府作用，推动有效市场和有为政府更好结合。进一步深化“放管服”改革，优化政府权责清单制度，强化事中事后监管，全面落实“双随机、一公开”“互联网＋监管”制度，提高审批效率，充分释放改革

活力。深入推进“东融北联”战略,积极融入粤港澳大湾区,积极承接粤港澳大湾区全产业链转移。

各位代表,2020年经济社会发展成绩来之不易,2021年的发展任务更加艰巨。让我们更加紧密地团结在以习近平同志为核心的党中央周围,进一步解放思想、改革创新、扩大开放、担当实干,全力完成各项目标任务,为建设文明和谐幸福美丽新灌阳而努力奋斗!

表3　灌阳县2021年国民经济和社会发展主要指标预期目标(灌阳县发展和改革局)

| 指标名称 | 计算单位 | 2020年全年 | | 2021年计划安排 | |
|---|---|---|---|---|---|
| | | 绝对数 | 增长% | 绝对数 | 增长% |
| 一、生产总值 | 亿元 | 71.53 | 5.2 | | 7.5 |
| 其中:第一产业增加值 | 亿元 | 30.26 | 6.6 | | 7 |
| 第二产业增加值 | 亿元 | 11.87 | 5.1 | | 7.8 |
| #规模工业增加值 | 亿元 | 4.43 | 16 | | 18 |
| #建筑业增加值 | 亿元 | 2.74 | 3.1 | | 11.6 |
| 第三产业增加值 | 亿元 | 29.4 | 3.8 | | 8 |
| 二、工业总产值 | 亿元 | 34.81 | −6.7 | | 18 |
| 三、固定资产投资 | 亿元 | 21.1 | 10.6 | | 15 |
| 四、财政收入 | 亿元 | 2.62 | −26.6 | | 5 |
| 五、社会消费品零售总额 | 亿元 | 9 | 0.6 | | 10 |
| 六、城镇居民人均可支配收入 | 元 | 35122 | 1.5 | | 7 |
| 七、农村居民人均可支配收入 | 元 | 12942 | 8.3 | | 10 |
| 八、万元生产总值能耗 | 吨标煤 | | | 完成上级下达任务 | |
| 其中:规模以上工业万元增加值能耗 | 吨标煤 | | | 完成上级下达任务 | |
| 九、人口自然增长率 | ‰ | | | 完成上级下达任务 | |
| 十、城镇调查失业率 | % | | | 完成上级下达任务 | |
| 十一、城镇新增就业人数 | 人 | | | 完成上级下达任务 | |

# 关于灌阳县2020年财政预算执行情况和2021年财政预算(草案)的报告

2021年3月17日在灌阳县第十六届人民代表大会第六次会议上

灌阳县财政局

## 一、2020年预算执行情况

2020年是极不平凡的一年,突如其来的新冠肺炎疫情使全县财政面临空前严峻的减收增支形势,收入增长更难,支出保障压力更大,财政运行处于“紧平衡”状态。在县委、县政府的坚强领导下,在县人大、县政协的监督指导下,我们紧紧围绕县第十六届人大第五次会议批准的财政预算和各项工作目标,坚持稳中求进工作总基调,坚持新发展理念,统筹稳增长、促改革、调结构、惠民生,努力做好疫情防控常态化下的财政收支管理工作,扎实做好“六稳”工作,全面落实“六保”任务,支持打赢脱贫攻坚战,坚决落实新增财政资金直接惠企利民机制，基本实现了全年财政平稳运行。

（一）一般公共预算执行情况

2020 年，全县一般公共预算总收入完成 261746 万元，占年度预算的 100.97%，下降 4.56%。其中：一般公共预算收入 14030 万元，返还性收入 3331 万元，一般性转移支付补助收入 169050 万元，专项转移支付补助收入 43980 万元，上年结余收入 17941 万元，调入资金 13414 万元。

2020 年，全县一般公共预算总支出完成 261746 万元，占年度预算的 100.97%，下降 4.56%。其中：一般公共预算支出 246335 万元，上解上级支出 886 万元，安排预算稳定调节基金 3792 万元，年终结余 10733 万元。

（二）政府性基金预算执行情况

2020 年，政府性基金预算总收入 51270 万元。其中：当年组织政府性基金预算收入 23182 万元，占年度预算的 109.83%，下降 49.89%，下降主要是受疫情影响，土地出让收入减收；上级补助收入 10089 万元（其中：抗疫特别国债资金 8177 万元）；政府专项债务转贷收入 11000 万元；上年结余 6999 万元。

2020 年，政府性基金预算支出 24790 万元，占年度预算的 93.49%，增长 246.37%，增幅较高主要是年中新增专项债券及抗疫特别国债相应增加安排支出；调出资金 13414 万元；年终结余 13066 万元。

（三）社会保险基金预算执行情况

2020 年，社会保险基金收入 28293 万元，完成预算的 107.7%，增长 40.71%，增幅较高主要是财政补贴收入增加。其中：城乡居民基本养老保险基金收入 10978 万元，增长 17.94%；机关事业单位基本养老保险基金收入 17315 万元，增长 60.34%，增幅较高主要是财政补贴收入增加。

2020 年，社会保险基金支出 26109 万元，完成预算的 101.7%，增长 5.89%。其中：城乡居民基本养老保险基金支出 7107 万元，增长 1.83%；机关事业单位基本养老保险基金支出 19002 万元，增长 7.5%。

收支相抵，社会保险基金预算当年结余 2184 万元，历年滚存结余 21421 万元。

（四）政府债务基本情况

2020 年底，经自治区人民政府批准，自治区财政厅核定我县 2020 年政府债务限额为 84000 万元（一般债务限额 59100 万元，专项债务限额 24900 万元）。

截至 2020 年底，全县政府债务余额 81829 万元，其中一般债务 57987 万元，专项债务 23842 万元。全县 2020 年底政府债务余额均控制在政府债务限额以内。

2020 年全县新增政府债务 11000 万元，通过发行新增政府债券举借。收到转贷新增债券资金 11000 万元（全部是专项债务），用于县城供水备用水源建设及文市石材园基础设施建设。

各位代表，以上报告的 2020 年预算执行数均是快报数，最终执行结果以决算数为准。

（五）2020 财政重点工作

1. 落实积极财政政策，加力增效服务经济发展。一是面对严峻复杂的经济形势和新冠肺炎疫情冲击，财税部门克难奋进、担当作为，落实落细各项稳增长措施，优化办税服务，依法加强收入征管，全年完成税收收入 20855 万元，同时规范非税收入管理，不断挖掘资产资源收入潜力，做实财政非税收入，提高财政收入质量，全年实现非税收入 5365 万元，非税收入占一般公共预算收入比例为 38.2%，较 2019 年降低了 15.2 年百分点。二是充分利用建设用地增减挂项目助力脱贫攻坚政策，全年出让建设用地增减挂节余指标收入 44058 万元，有效弥补了新冠疫情影响导致的财力缺口。三是按照特事特办、急事急办原则，优先保障疫情防控支出，全县投入疫情防控资金 907 万元，支持患者救治、医疗物资采购、一线人员补助、医疗场所改建、医患隔离食宿等，为有效实现“零输入、零感染、零病例”的防疫成果提供了财力保障。四是落实保市场主体政策，支持企业复工复产，积极落实我县支持企业复工复产政策文件，安排企业复工复产贷款贴息 119 万元，支持企业发展 786 万元，为企业减免租金 552 万元。

2. 更加积极有为，保障水平跃上新台阶。积极财政政策更加积极有为，全力保障重点领域资金需求。一是减税降费政策持续加力。在全面落实减税降费政策，全县累计新增减税降费超过 3523 万元（其中减免社保费 1823 万元），让企业

"轻装上阵",让老百姓有实实在在的获得感。二是开源节流水平持续提升。坚持政府过紧日子,县本级会议费、培训费和其他非重点、非刚性、非急需项目支出压减超过10%,全县累计压减一般性支出约2559万元,全部用于疫情防控和稳增长等重点支出。全县累计盘活使用存量资金14771万元。三是争取上级支持力度空前。财政局主动作为,各部门齐心协力争取上级支持,获得上级转移支付达到218273万元,比2019年增加32965万元,增长17.79%,增量和增幅均创近年新高。争取新增政府专项债券11000万元,较2019年增加7500万元,增长214.3%。争取中央抗疫特别国债8177万元。

3.优化财政支出结构,稳步提升民生保障水平。全县民生支出211690万元,占财政支出比重高达85.9%。一是兜牢基层"三保"底线。强化预算管理,加强库款调度,统筹上级转移支付和同级自有财力,实时监测库款运行情况,统筹安排各项财政支出,优化支出结构,压减一般性支出,重点保障民生工程支出,牢固树立过"紧日子"思想,确保全县工资按时足额发放,增强基本民生、基层运转保障能力。在疫情减收之年,牢牢兜住基层"三保"底线、稳住经济基本盘。二是支持教育优先发展。全县教育支出达到34769万元,占GDP的比重达4.85%。落实教育优先发展战略地位和贯彻国家教育发展决策所制定的配套政策措施,大力推进"全面改薄"提升、校舍安全长效机制、灌阳高中江东校区等建设项目,改善办学条件,提高教育公共服务能力;推进城乡义务教育均衡发展、落实各项教育补助、学生资助、学生营养改善工程等。三是支持社会保障和就业。全县社会保障和就业支出40269万元、增长31.01%,持续提高各项社保补助水平,增进民生福祉,基本医疗保险财政补助标准由每人每年520元提高到550元,城市低保最低标准补助水平由每人每月350元提高到390元,农村低保最低标准补助水平由每人每月190元提高到230元,城乡居民基本养老保险基础养老金最低标准由每人每月116元提高到121元。四是支持卫生健康事业发展。全县卫生健康支出33500万元、增长3.22%,重点支持公立医院综合改革、基层医疗卫生事业发展和县人民医院住院综合楼、县疾控中心综合楼等医院建设。五是支持住房保障。全县住房保障支出6528万元。多渠道筹措资金,支持农村危房改造、老旧小区改造、棚户区改造小区外配套基础设施建设等。

4.精准发力,三大攻坚战取得新成效。一是防范化解债务风险。严格按照中央和区相关文件规定,进一步加强债务管理工作,建立健全地方政府举债融资机制,定期向县人大常委会报告政府债务管理情况。严格按照防范化解地方政府隐性债务风险的工作要求,制定了全县存量债务化解计划,依法依规落实各项化解措施,坚决遏制隐性债务增量,牢牢守住不发生系统性风险的底线。二是支持决战精准扶贫。积极统筹安排脱贫攻坚资金超过40100万元、涉农资金12000万元,重点用于扶持贫困村基础设施建设、扶持壮大村级集体经济、小额贷款贴息、建档立卡贫困户住房安全改造及住房质量提升和建档立卡贫困村饮水安全巩固提升工程。其中专项扶贫资金全部纳入扶贫资金进行在线动态监控,基本实现扶贫项目资金绩效目标管理全覆盖,重点打通资金使用"最后一公里",为我县脱贫攻坚取得圆满收官提供了强大的财力保障。三是支持污染防治。推动生态文明建设,统筹安排环境保护专项资金17847万元,用于重点流域水环境综合治理、农村人居环境基础设施建设项目、生态林防护、污水处理、河道整治工程、环境综合整治和优美宜居环境建设。

5.强化监督管理,提升财政资金使用效益。一是主动接受各方监督。主动接受人大依法监督、政协民主监督,认真研究采纳建议提案内容,改进财政工作。全力配合各级审计部门做好财政审计、监督和检查,全面及时做好整改落实工作。二是牢固树立依法理财意识,进一步严肃财经纪律,强化资金监管,加强国库库款动态监测管理和暂付款清理,保障财政安全平稳运行。三是加强中央直达资金常态化监督管理,对直达资金分解下达、资金支付、惠企利民补贴发放等情况实行全覆盖、全过程、动态化监控,确保资金直接惠企利民。四是财政管理基础工作进一步夯实。有效发挥投资评审和政府采购节支作用。全县财政投资评审完成项目送审额84544万元，净核减率4.17%，我县连续三年获全区财政投资评审工作目标考核先进集体。推进政府采购进入平台统一交易工作，加快实施“互联网＋政府采购”行动，积极推进电子化政府采购平台和电子卖场建设工作，全县政府采购完成采购资金58529万元，综合节约率约13.8%。同时国库集中支付电子化管理系统改革已全覆盖。

2020年我县预算执行情况总体平稳，财政工作稳步前进。同时，我县预算执行和财政工作中仍然存在着一些较为突出的困难和问题，主要是：经济下行压力加大，财政增收难度增大，财政实力还跟不上我县加快发展和民生改善需求的步伐，大规模减税降费政策的实施，加大了财政平稳运行的难度；财源结构单一，新兴财源短期内难以见效；刚性支出不断增长，收支平衡难度越来越大；在政府债务管理上，偿债压力较大，风险防控任务重；一些部门的绩效管理意识还比较薄弱，财政资金使用效益还需进一步提升。我们将高度重视这些问题，也将积极采取措施加以解决，也恳请各位代表、委员一如既往地给予理解和支持。

## 二、2021年财政预算草案

### （一）一般公共预算草案

1. 财政收入预算安排

2021年，计划组织财政收入27500万元，同比增长5%，各收入项目安排如下：

税收收入22000万元，增长5.5%；非税收入5500万元，增长2.5%。

2021年，一般公共预算总收入安排234422万元，其中组织一般公共预算收入15091万元，上级补助收入140109万元，上年结余收入10733万元，调入预算稳定调节基金4438万元，再融资一般债券收入4300万元，调入资金59751万元。

2. 财政支出预算安排

2021年，一般公共预算总支出安排234422万元，其中一般公共预算支出229252万元，比2020年预算数增长9%，上解上级支出870万元，一般债务还本支出4300万元。

——一般公共预算支出229252万元，其中：一般公共服务支出23539万元，国防支出275万元，公共安全支出7798万元，教育支出31710万元，科学技术支出157万元，文化旅游体育与传媒支出1978万元，社会保障和就业支出38730万元，卫生健康支出33263万元，节能环保支出4523万元，城乡社区支出11670万元，农林水事务支出31047万元，交通运输支出4378万元，资源勘探工业信息等事务支出393万元，商业服务业等事务支出157万元，自然资源海洋气象等支出3426万元，住房保障支出5601万元，粮油物资储备事务支出170万元，灾害防治及应急管理支出983万元，预备费3000万元，其他支出24260万元，债务付息支出2194万元。

### （二）政府性基金收支预算草案

2021年，政府性基金预算总收入安排81336万元。其中当年政府性基金预算收入63970万元，再融资专项债券收入4300万元，上年结余收入13066万元。

2021年，政府性基金预算总支出安排81336万元。其中当年政府性基金支出安排17243万元，专项债务还本支出4342万元，调出资金59751万元。

### （三）社会保险基金预算草案

2021年，社会保险基金预算收入安排29628万元，其中城乡居民基本养老保险基金收入9459万元；机关事业单位基本养老保险基金收入20169万元。

2021年，社会保险基金预算支出安排27523万元，其中城乡居民基本养老保险基金支出7354万元；机关事业单位基本养老保险基金支出20169万元。

收支相抵，社会保险基金预算当年结余2105万元，年终滚存结余23526万元。

## 三、完成2021年预算工作的主要措施

2021年是中国共产党成立100周年，是开启全面建设社会主义现代化国家新征程的第一年，是“十四五”开局之年，做好各项财政工作意义重大。我们将继续深化预算管理体制改革，加强财政资金管理，积极构建现代财政管理机制，切实提高财政管理和服务水平，为建设美好灌阳提供坚

实的财力支持。

（一）积极发挥财政作用，增强促进经济发展的保障能力

强化各类财政资源统筹整合，不断提高财政保障水平。一是培育挖掘财政增收潜力。继续实施积极财政政策，不折不扣落实减税降费政策，积极培育和壮大财源。严格收入组织原则，依法征税、应收尽收，严禁收取过头税费和虚收空转，逐步优化财政收入结构、提高财政收入质量。二是积极争取上级支持。抢抓国家“十四五”规划重大机遇，及时跟踪了解掌握重大规划论证、重大政策制定、重大资金安排动向，争取把更多事关我县全局长远发展的重大项目和重大事项纳入自治区规划，争取上级更多政策和资金支持。三是加大预算统筹盘活力度。加强预算体系统筹衔接，建立健全同一领域不同渠道资金、财政拨款资金与非财政拨款资金、不同年度间财政资金的统筹机制，打破预算安排“条块分割”局面。加强对部门和单位各类资源的统一管理，将部门和单位取得的各类收入依法依规全面纳入预算管理。四是坚持政府过紧日子。精打细算安排支出，除刚性、重点和急需支出外，县本级其他一般性支出按10%的比例压减，“三公”经费、会议费和培训费按5%的比例压减。压减的“三公”经费，全部用于解决教育领域的突出短板。加强新增支出审核，建立完善预算执行、预算评审、审计查出问题、绩效评估评价结果与预算安排挂钩机制，压减低效无效和不合理支出。

（二）优化支出结构，支持保障和改善民生

一是优先支持教育发展，继续支持改善农村薄弱学校基本办学条件，保障中小学教师工资补贴待遇，落实生均拨款制度和困难学生资助政策，促进教育公平。二是不断完善医疗卫生服务体系建设和社会保障体系建设，完善社会保障基金预算制度，保障退休人员基本养老金按时足额发放。做好民生兜底工作，完善对失业人员、城乡低保户、社会救助人群、受灾群众、残疾人、特困人员、孤儿的社会救助体系，做到应保尽保。继续落实各项常态化疫情防控措施，推进医疗保障制度改革，适当提高城乡居民基本医疗保险财政补助和个人缴费标准，健全重大疾病医疗保险和救助制度。加强疾病预防控制体系和公共卫生体系建设，提高疾病预防和救治能力。三是加快构建现代公共文化服务体系，提高基本公共文化服务的覆盖面和适用性，支持办好“二月八”农具节，支持开展全民健身、全民阅读、送戏下乡、送戏曲进校园等活动，推进文物保护利用和文化遗产保护传承，推动媒体融合发展。四是完善基本住房保障体系，重点支持城镇老旧小区改造和发展租赁住房，加强城镇困难群众住房保障。

（三）深入推进乡村振兴战略，巩固脱贫攻坚成效

一是支持乡村产业、人才、文化、生态、组织等全面振兴，推动巩固拓展脱贫攻坚战成果同乡村振兴有效衔接，保持财政投入力度总体稳定。二是支持实施藏粮于地、藏粮于技战略，加强农田水利建设，推广应用先进适用农业技术，提升农业综合产能。继续大力支持新型农业经营主体培育工程，扶持培育专业大户、家庭农场、农民合作社等新型农业经营主体，推进农村一、二、三产业深度融合发展，提高农业经营效益。三是以农村道路、农村垃圾污水处理、农村改厕、农业面源污染治理等为重点，加快美丽乡村建设，改善农村人居环境，全面提升农村公共服务水平。支持发展壮大村级集体经济，加强农村基层组织运转经费保障。

（四）千方百计筹集资金，支持重点项目建设

一是认真贯彻落实县委和县政府关于“十四五”战略部署，认真学研《国务院办公厅关于保持基础设施领域补短板力度的指导意见》（国办发〔2018〕101号）精神，在脱贫攻坚领域、农业农村领域、生态环保领域、社会民生领域等方面研究对接相关扶持政策，积极争取专项资金支持。二是在防范化解重大风险的同时，有效防范“处置风险的风险”，积极与相关金融部门对接，争取金融支持，保障在建项目顺利实施，避免形成“半拉子”工程。三是引导社会力量增加交通、旅游、养生养老等服务供给，充分调动民间投资积极性；依法合规采用政府和社会资本合作(PPP)等方式，撬动社会资本，特别是民间投资投入补

短板重点项目。四是积极争取债券资金支持，有效保障县城绕城路、357国道、瑶乡康养文旅智慧产业园、县人民医院、灌阳高中江东校区、乌石江流域水环境综合治理工程等重点项目建设资金供给。五是进一步做好土地文章，加大存量用地盘活力度，有效增加土地出让金和城乡用地增减挂结余指标转让收入，努力解决城乡建设资金不足问题。

（五）筑牢法治意识，严格依法理财

一是深入推进财政法治建设。严格贯彻落实预算法、预算法实施条例，牢固树立预算法治意识，硬化预算执行约束，坚持先预算后支出。严格执行人大批准的年度预算，严控预算调整事项，强化预算单位的主体责任。严格执行预决算公开相关规定，主动接受社会监督。二是依法行使财会监督职能。严格规范执法监督检查、审理等程序，推进“双随机、一公开”。精简整合财会监督检查事项，将监督检查重点选择民生、扶贫领域专项资金上来，严肃查处各类违法违纪行为，有效维护财经纪律。三是持续改进预算执行管理。围绕年度收入目标，加强财税收入分析，规范收入征管秩序，不断夯实收入质量。继续强化财政支出管理，继续压减一般性支出，有效盘活存量资金，集中财力支持重点领域支出，在保证资金安全的前提下切实加快支出进度，用好扶贫资金在线监管系统，做好涉农资金的动态监控。四是持续推进全面预算绩效管理工作。在2020年基础上，持续推进全面预算绩效管理工作，建立健全预算绩效监管体系，坚持“花钱必问效，无效必问责”原则，切实提高财政资金使用的效益。五是严守举债融资底线。严格落实限额管理、预算管理、监测预警、定期报告等制度，严禁各类变相举债及其他违法违规融资担保行为，防止新增隐性债务，多渠道妥善化解存量隐性债务，确保隐性债务规模逐年减少。六是建立健全政府采购领域诚信体系，规范财政性资金建设项目造价预算评审。按照推进国家治理体系和治理能力现代化的要求，强化财政制度建设和队伍建设，全面落实内控制度，防范各类业务风险和廉政风险。

1. 落实积极财政政策，加力增效服务经济发展。一是面对严峻复杂的经济形势和新冠肺炎疫情冲击，财税部门克难奋进、担当作为，落实落细各项稳增长措施，优化办税服务，依法加强收入征管，全年完成税收收入20855万元，同时规范非税收入管理，不断挖掘资产资源收入潜力，做实财政非税收入，提高财政收入质量，全年实现非税收入5365万元，非税收入占一般公共预算收入比例为38.2%，较2019年降低了15.2年百分点。二是充分利用建设用地增减挂项目助力脱贫攻坚政策，全年出让建设用地增减挂节余指标收入44058万元，有效弥补了新冠疫情影响导致的财力缺口。三是按照特事特办、急事急办原则，优先保障疫情防控支出，全县投入疫情防控资金907万元，支持患者救治、医疗物资采购、一线人员补助、医疗场所改建、医患隔离食宿等，为有效实现“零输入、零感染、零病例”的防疫成果提供了财力保障。四是落实保市场主体政策，支持企业复工复产，积极落实我县支持企业复工复产政策文件，安排企业复工复产贷款贴息119万元，支持企业发展786万元，为企业减免租金552万元。

2. 更加积极有为，保障水平跃上新台阶。积极财政政策更加积极有为，全力保障重点领域资金需求。一是减税降费政策持续加力。在全面落实减税降费政策，全县累计新增减税降费超过3523万元（其中减免社保费1823万元），让企业“轻装上阵”，让老百姓有实实在在的获得感。二是开源节流水平持续提升。坚持政府过紧日子，县本级会议费、培训费和其他非重点、非刚性、非急需项目支出压减超过10%，全县累计压减一般性支出约2559万元，全部用于疫情防控和稳增长等重点支出。全县累计盘活使用存量资金14771万元。三是争取上级支持力度空前。财政局主动作为，各部门齐心协力争取上级支持，获得上级转移支付达到218273万元，比2019年增加32965万元，增长17.79%，增量和增幅均创近年新高。争取新增政府专项债券11000万元，较2019年增加7500万元，增长214.3%。争取中央抗疫特别国债8177万元。

# 灌阳县2020年国民经济和社会发展统计公报

2020年，是全面建成小康社会和“十三五”规划收官之年，面对突如其来的新冠肺炎疫情的严重冲击，灌阳县在县委的坚强领导下，统筹推进疫情防控和经济社会发展，统筹推进稳增长、促改革、调结构、惠民生、防风险、保稳定，保持了经济社会持续稳定发展。

## 一、综合

根据统一核算，全县生产总值同比增长4.%。其中：第一产业增加值302565万元，同比增长6.6%；第二产业增加值118698万元，同比增长5.1%；第三产业增加值294046万元，同比增长3.8%。一、二、三次产业对经济增长的贡献率分别为52.4%、17.6%和30.1%，分别拉动经济增长2.74、0.92和1.57个百分点。其中，工业对经济增长的贡献率达到15.1%，拉动经济增长0.79个百分点。一、二、三次产业增加值占生产总值的比重分别为42.3%、16.6%和41.1%。

全县财政收入负增长。全年完成财政收入26220万元，同比下降26.6%。其中：一般公共预算收入14030万元，同比下降16.6%；税收收入20855万元，同比增长12.4%，税收收入占财政收入的比重为79.5%，同比增加12.9个百分点。

## 二、农村经济

农村经济稳步发展，农业综合能力得到提高。全县农林牧渔业总产值417273万元，同比增长6.9%

农业生产保持基本稳定，农业产业结构不断优化。全年农作物总播种面积45557.3公顷，比2019年增长5.1%，其中粮食作物播种面积27429.7公顷，比2019年增长4.4%。年末水果总面积达18371.7公顷。全年造林面积594.5公顷。

全年粮食总产量16.1万吨，比2019年增长4.7%。水果总产量55.8万吨，增长16.8%。蔬菜及食用菌产量21.6万吨，增长4.9%。油料作物产量4722吨，增长7.7%。茶叶产量422吨，增长3.8%。生猪出栏26.0786万头，增长0.8%。家禽出栏252万只，增长4.2%。肉类产量2.5万吨，增长0.2%。水产品产量5492吨，增长1.9%。乡村居民用电量6474万千瓦小时，比2019年增长1.9%。年末实有耕地面积16561公顷。

图1　2015—2020年全县生产总值增长速度

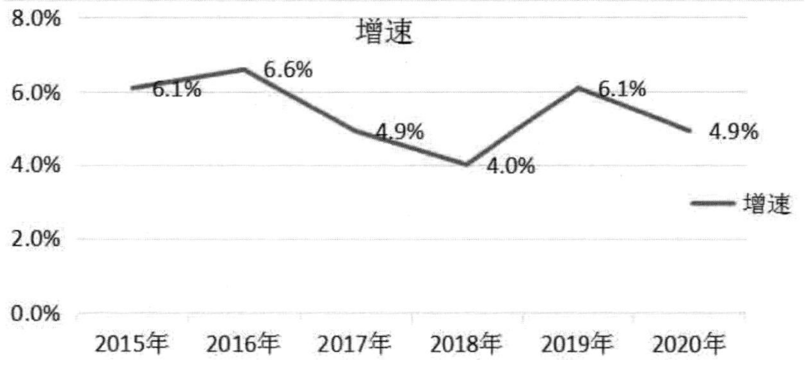


图2　2020年三次产业结构

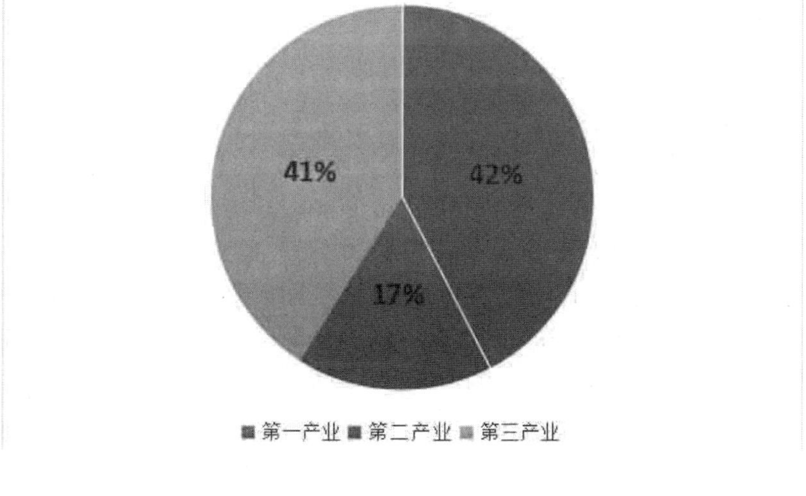

图 3 2015—2019 年全部工业增加值增长速度

表 4 2020 年主要农产品产量及增长速度

| 指标 | 绝对值（万吨） | 比上年增长(%) |
|---|---|---|
| 粮食 | 16.1 | 4.7 |
| # 夏粮 | 6.2 | 11.8 |
| 秋粮 | 9.6 | 0.2 |
| # 稻谷 | 12.0 | 3.2 |
| 玉米 | 1.5 | 24.6 |
| 豆类 | 0.5 | 24.4 |
| 薯类(折粮) | 1.8 | −2.1 |
| 油料 | 0.5 | 7.7 |
| # 花生 | 0.3 | 8.6 |
| 糖类(甘蔗) | 0.5 | −1.0 |
| 水果产量 | 55.9 | 16.8 |
| # 柑橘 | 17.8 | 22.0 |
| 蔬菜产量及食用菌产量 | 21.6 | 4.9 |
| 肉类总产量 | 2.5 | 0.2 |
| # 猪肉 | 2.0 | 1.6 |
| 牛肉 | 0.1 | −15.8 |
| 羊肉 | 0.0 | −17.6 |
| 水产品产量 | 0.6 | 1.9 |
| 禽蛋产量 | 0.1 | 35.0 |
| 茶叶 | 0.0 | 3.8 |

## 三、工业和建筑业

全部工业总产值比 2019 年下降 6.7%，其中规模以上工业总产值同比下降 10.2%；全部工业增加值比 2019 年增长 5.7%，其中规模以上工业增加值同比增长 16.0%。

2020 年灌阳全年规模以上工业实现产品销售收入 986034 万元，比 2019 年下降 4.7%；利润总额 94194 万元，增长 3.7%；利税总额 187337 万元，下降 5.6%。

全年完成发电量 30333.45 万千瓦小时。

建筑业生产发展平稳。全年完成建筑业增加值 27437 万元，同比增长 3.1%。全县建筑业资质等级三级及四级以上建筑企业单位 4 个，完成产值 1.90 亿元，同比增长 18.3%，房屋施工面积 37738 平方米。

## 四、固定资产投资

全年固定资产投资同比 2019 年增长 10.6%。其中按建设性质分，新建投资 410256 万元，改建投资 61748 万元，改建和技术改造 266152 万元。

表 5 2020 年分行业固定资产投资增长速度

| 行业名称 | 比上年增长(%) |
|---|---|
| 固定资产投资 | 36.39 |
| 农、林、牧、渔业 | 40.61 |
| 采矿业 | −19.44 |
| 制造业 | 3.96 |
| 电力、热力、燃气及水生产和供应业 | −71.23 |
| 建筑业 | 3.1 |
| 交通运输、仓储和邮政业 | 380.57 |
| 住宿和餐饮业 | −48.5 |
| 房地产业 | −91.92 |
| 水利、环境和公共设施管理业 | −28.13 |
| 教育 | 208.78 |
| 文化、体育和娱乐业 | −85.81 |

## 五、交通运输和邮电

受疫情期间和全国各地鼓励就地过年政策的影响，交通运输和邮电通信业有所下降，整

图 4　2015—2020 年固定资产投资增长速度

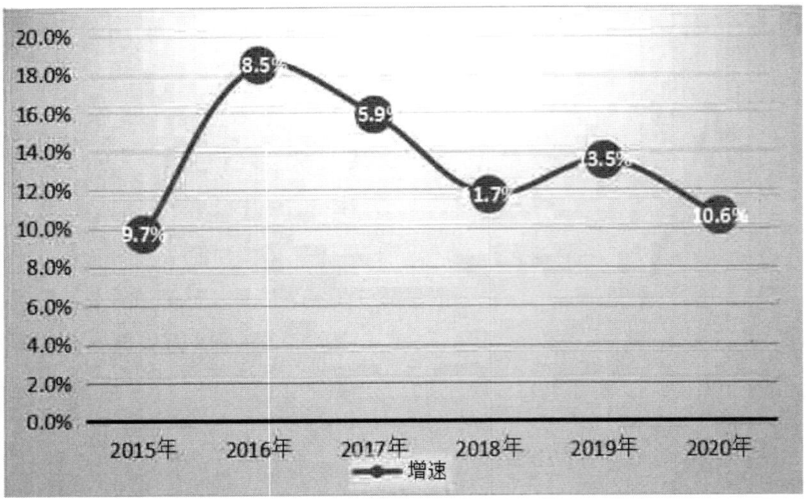


体服务功能有待进一步加强。全年完成全社会客货运周转量 32554 万吨公里，比 2019 年增长 0.73%，完成客运周转量 14630 万人公里，比 2019 年下降 22.2%。

表 6　　2020 年客货运输量及增长速度

| 指标 | 单位 | 绝对值 | 比上年增长(%) |
|---|---|---|---|
| 社会客货运周转量 | | | |
| # 公路 | 万吨公里 | 32554 | 0.73 |
| 全社会客运周转量 | | | |
| # 公路 | 万人公里 | 14630 | −22.2 |

全年完成邮政业务总量 2394 万元，比 2019 年增长 5.3%；电信业务总量 4296 万元，比 2019 年下降 80.1%。年末拥有固定电话用户 9411 户。

## 六、国内贸易

全县城乡市场繁荣。全年社会消费品零售总额达 106702 万元，比 2019 年增长 0.6%，其中：城镇 60146 万元，下降 4.6%；乡村 46556 万元，增长 8.2%。

## 七、金融和保险业

金融运行良好，各项存贷款持续增长。年末全县金融机构各项存款余额 1060756 万元，同比增长 13.8%，其中：居民储蓄存款余额 939639 万元，同比增长 11.3%。金融机构各项贷款余额 859486 万元，同比增长 4.1%。

保险事业较快发展。全年财产保费收入 12615 万元，比 2019 年增长 6.4%；全年财产险赔付 4797 万元，比 2019 年下降 14.3%。

## 八、教育、科技、文化和卫生

教育事业稳步发展，教育质量和办学水平得到提高。全县有小学 145 所(其中普通小学 14 所，教学点 131 个)，初级中学 10 所，九年一贯制学校 1 所，高中 2 所。小学在校生数 17826 人，初中在校生数 9103 人，高中在校生数 3881 人。年末教职工 3022 人，其中，幼儿园 680 人，小学 1295 人，初级中学 704 人，高级中学 304 人，九年一贯制学校 39 人。

科技进步取得新的成就。全县积极开展科技创新、技术攻关和技术开发以及技术成果的推广应用活动，积极申报市级以上科技项目 1 个；专利拥有量 21 件。

文化事业蓬勃发展。全县有艺术表演团体 1 个，县级公共图书馆 1 个，图书 12.8 万册。

医疗卫生条件持续改善。全县现有各级医疗卫生机构 16 家，其中二级综合医院 1 家，中医医院 1 家，妇幼保健院 1 家，疾病预防控制中心 1 家，卫生计生监督所 1 家，民营医院 3 家(兴灌民医院、灌江医院和宏泰精神病医院)，乡(镇)卫生院 9 家(其中中心卫生院 3 家)，乡(镇)卫生计生办、计划生育服务所各 9 家，诊所、卫生室、医务室共 326 家；有卫生工作人员 1543 人，其中执业医师 316 人，执业助理医师 115 人，注册护士 536 人，药剂人员 62 人，检验人员 50 人，其他 155 人，乡村医生 309 人；医疗机构床位共 962 张。

## 九、城市建设和环境保护

城市面貌继续改善，节能减排成效明显。全社会用电量 8.16 亿千瓦时，同比下降 18.8%。单位万元生产总值能耗同比下降 10.6%，规模以上工业万元增加值能耗同比下降 17.4%；二氧化硫和化学需氧量排放总量均控制在市政府下达的控制目标内。

## 十、人口与就业、人民生活和社会保障

计划生育工作取得积极成效。全年人口出生率11.3‰,上升0.4个千分点;死亡率7.1‰,上升1个千分点;人口自然增长率4.2‰,下降0.6个千分点。年末总人口为297048人,比2019年末增加1331人。年末人口城镇人口89355人,乡村人口207693人。

城乡居民收入大幅增加,人民生活水平不断提高。全年城镇居民人均可支配收入35122元,增长1.5%;农民人均可支配收入12942元,增长8.3%。

社会保障事业进一步发展。城乡镇职工和城乡居民基本医疗保险参保人数272623人;城乡居民社会养老保险续保缴费人数165191人,年满60周岁符合领取养老金待遇人数47231人;全年我县新增城镇就业人数2901人,城镇登记失业率3.41%。享受政府最低生活保障的人数18451人,其中,城镇居民1172人,农村居民17279人。

图5 2015—2020年年社会消费品零售总额及增长速度

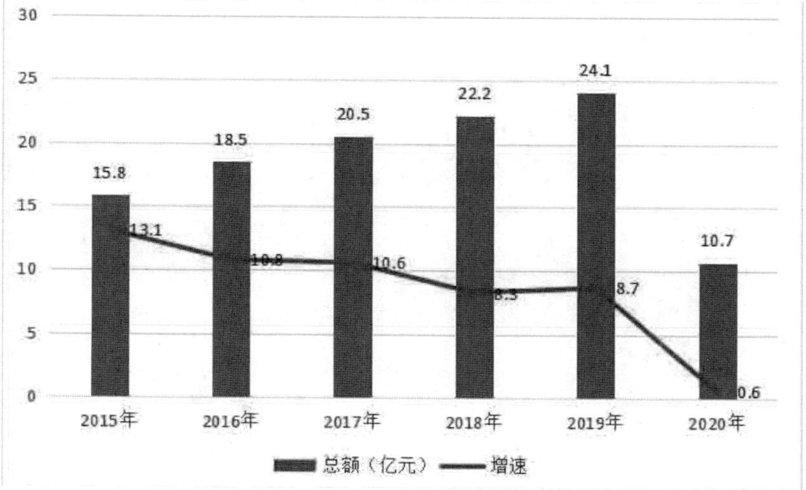


**注:**

1. 本公报所使用的数据均为初步统计数,正式数以统计年鉴为准。

2. 地区生产总值、各产业增加值、农业总产值绝对数按当年价格计算,增长速度按可比价格计算;工业总产值增速按当年价计算。

3. 自治区从2013年开始对计划总投资500万元以上的固定资产投资项目进行统计,计划总投资500万元以下的项目投资不再纳入统计范围。

# 索　引

## 索引说明

一、本索引采用主题分析索引方法。正文(包括条码、文献、资料、图片和表格)中凡具有独立检索意义的完整资料，均可通过本索引进行检索。少数条目名因语言环境需要，在名称前或者名称后酌加修饰词；有的条目名称动词置后；有的条目名称重复的动词作省略；有的条目名称作简化。为突出图片主题，有的图片文字说明作简略处理。

二、索引按汉语拼音字母(同声字按声调)升序排列。类目、分目、次分目作索引款目用黑体字排印，其余均用宋体字排印。表格、图片在其款目后分别注明“表”“图”。

三、索引款目后的阿拉伯数字和拉丁字母(a，b)分别表示内容所在的页码和栏别(即左、右栏)。

四、索引空两字位起排的款目为上一主题的“附见”。同一主题的“参见”只标页码。为便于读者检索，内容有交叉的款目，在本索引中重复出现。

五、“编辑说明”“大事记”等栏目不作索引，阿拉伯数字开头的款目排在索引的前面。

## C



## D

## E



## F



## G

## H

## J

## K



## L

## M



## N



## P

## Q



## R



## S

## T

## W



## X

## Y